我們的生命若與基督一同藏在上帝裡面，就必見到祂的恩典和拯救。
基督要降臨地上建立祂的國度，因此我們的舌頭必須成聖，
為榮耀祂而用，無論得時不得時，總要專心，尋找機會盡力傳揚真理，引人歸向基督。

◎ 編著／亞伯拉罕．歐伯霍特
（Abraham J. Oberholster）

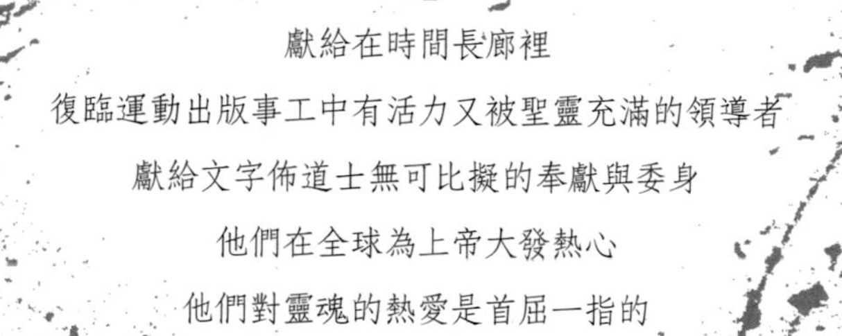

獻給在時間長廊裡
復臨運動出版事工中有活力又被聖靈充滿的領導者
獻給文字佈道士無可比擬的奉獻與委身
他們在全球為上帝大發熱心
他們對靈魂的熱愛是首屈一指的

前言

一本讓我們獲得啟發的書，我們會認為它有用；一本讓我們歡笑或哭泣的書，我們會認為它有趣或有意義。具有上述三種效果，還可以溫暖人心的書，可能就是你手上所拿的這一本。

《恩典的神蹟》是由365則真實的故事所組成。它對文字佈道士的生活和每日經歷神恩典有獨特的見解。

那些尊敬與佩服事工的人，將會在本書中找到樂趣。那些樂於在祂的僕人生活中，看到上帝之力顯現的人，來自世界各地的這些經驗，將具有激勵與鼓舞的作用。對於那些目前從事文字福音傳教的人，以及其他的讀者，建議以本書做為每日的家庭祈禱。

亞伯拉罕・歐伯霍特與他的妻子馬利，嘔心瀝血地編輯本套作品。他們的資料來源是全球性的。對他們而言，這是出於愛的額外付出。他們已經在出版事工服務了42年。他們最近10年的服務是在新加坡的南亞聯合會，他在那裡被暱稱為「布拉恩」（Braam），擔任出版部幹事。出生於南非的亞伯拉罕，不管是在海內外，都在文字佈道中找到喜樂。

出自於對這類書籍需求的敏銳認知，前任的世界出版主管阿本哲勒鼓勵出版這本書，而繼任者喬斯・坎伯斯受託完成書稿。現在全球總會出版事工部很樂意出版此書。

基督復臨安息日會教友與文字是密不可分的。教會歷史肯定透過文字佈道士的努力，以及他們個人佈道的獨特形式，使基督復臨信息持續往前邁進。透過文字，教會被推動前進、滋養與賦予能力。

在廣大的意涵方面，本書是獻給全球所有回應擔任文字佈道士呼召的虔誠教友。這些聖戰士是復臨運動的無名英雄。他們尋找靈魂的生活，乃仿效耶穌個人佈道拯救靈魂的無私事工。祂宣告「人子來，為要尋找、拯救失喪的人。」（路加福音19:10）。

願上帝保守並啟發閱讀本書的人。

——霍華 F. 法高
基督復臨安息會全球總會文字佈道部幹事

致謝

當我們決定編輯一本書，內容包含365位文字佈道士的經驗與信息時，我們了解那不會只是一個人的工作。這需要同心協力，實際上它就是團隊事奉！文字佈道士、牧師、行政人員，更重要的是，在我們這些卑微的人身上，施行這些恩典神蹟的聖靈。

首先，我想要感謝願意將他們的經驗貢獻給本書的人，我們深信這對讀者一定具有鼓勵與啟發的作用，讀者將發現這些經驗幾乎來是自世界各地——俄羅斯、波蘭、日本、北美、南美、非洲、菲律賓、澳洲……等。沒有這些文字佈道士們的努力，以及聖靈透過他們施行恩典的神蹟，是不可能完成本書的。謝謝您，朋友們。

在此感謝兩位紳士，慷慨地允許我們使用他們所收集的文字佈道士經驗。感謝拉斯·湯姆斯與卡斯·布羅得長老，感謝他們多年前所著作的書籍：《無限的冒險》（Adventure Unlimited）與《乘文字之翼》（On Wings of Words）。這兩位紳士在世界上的許多地方領導文字佈道事工。他們多年的貢獻經驗大幅提昇了本書的價值。讀者將在《恩典的神蹟》找到來自這些書籍中不同的體驗。

在幕後耕耘的是我的妻子瑪莉，她負責編輯的打字工作。要謄打365篇經驗談需要許多時間與精力，如果少了這個重要的部分，《恩典的神蹟》將仍然是我內心的一個夢想。讓我們向她致謝。

本書的文字編輯是艾得·奎玲，他與梅爾·里昂合作出版本書。感謝他們在編輯上的協助，讓《恩典的神蹟》一書可以如期出版。

——亞伯拉罕·歐伯霍特

1月/1日・故事1

送遞一本書的奇特方式

「我要召許多打魚的把以色列人打上來，然後我要召許多打獵的，
從各山上、各岡上、各石穴中獵取他們。」耶利米書16：16

上帝利用文字佈道士作為祂的獵人，是無庸置疑的。祂派遣他們到懸崖、山嶺、岩縫，以及四處的屋舍，找尋那些可能永遠聽不到希望與救贖福音的人。這些文字佈道士前往聖靈告訴他們的地方，他們因而擁有最有趣且最具挑戰性的經驗。在受主差遣時，他們是勇敢、無畏、無懼的人。

學生文字佈道士塞加．查旦是俄羅斯基督復臨安息日會的神學生，他經歷不尋常的經驗。在一個週日下午，他帶著上帝之書拜訪公寓住戶，遇到一位對《歷代願望》一書有興趣的婦人。她請他在下一個週日把書送過來。

塞加在那個週日依照約定帶書過來，但是，公寓的門鎖住了。當他敲門時，那位婦女回答他：「年輕人，我無法幫你開門。門鎖壞了，我已經被鎖在裡面兩天了。」

塞加懷疑這是有些人不想買書捏造的藉口。塞加問道：「我可以幫得上忙嗎？」那位婦人的聲音從門後傳過來，請他放心，因為她有足夠的食物，而且她兒子明天就會從莫斯科回來替她解圍。當他準備離去時，他聽到婦人再次叫喚他：「年輕人，你離開了嗎？下樓去，走到街上，抬頭看我住的三樓公寓。」

塞加照做。他走下樓走到街上，往三樓看。他的客戶站在公寓陽台上。她手上握著一根繩子。她緊緊握住繩子的一端，把買書的錢放在袋子裡，綁在繩子的另一端垂下來。塞加清點了書錢，然後把書放入袋子裡，然後那位婦人就把書拉上去。此時，有一群人站在四周注視這個奇特的賣書方式，但他們不知道，這是上帝接觸這位三樓住戶的特殊方式。

上帝以神奇、非凡的方式作工，讓祂任性的小孩可以得到祂的真理。許多人等著有人去拜訪，指引他們找到他們的救主。而那個「某人」可能就是你。如果你願意前往，祂今日將非常樂意以奇特的方式祝福你。或許今天祂想要透過你施行恩典的神蹟。你準備好了嗎？要留意祂在你面前展開的機會。

1月/2日．故事2

聖經故事贏得靈魂

「我實在告訴你們，凡要承受上帝國的，若不像小孩子，斷不能進去。」路加福音18：17

如果我們想要成為祂的謙卑工具，去接觸那些渴望救贖喜樂的人，上帝作為的方式是沒有限制的。

辛普森夫婦與他們十歲的兒子是基督徒。他們喜愛上帝的話語，經常上教堂。有一天有一名學生文字佈道士大衛．加恩來訪，辛普森太太請他入內，很有禮貌地聽他解說一套十冊的《聖經故事》。對大衛而言，那是他可以賣出這套聖經故事的理想家庭：只有一個小孩，基督教徒，似乎是不錯的客戶。他的解說一定很棒，因為辛普森太太決定要買。但她只能在他每個月送一本書過來的情況下購買。大衛心想：「十本書，一個月一本，將要花十個月的時間。」但他還是答應了。他需要錢繳學費，這張訂單收入不無小補。他簽下訂單，約定在月底送第一本書，《聖經故事》第一冊給辛普森太太。

那天是星期二。大衛離開後，辛普森太太開始閱讀她的新書。她很快了解到這本書不僅適合兒童，也是合適父母閱讀。她一開始讀就欲罷不能。一直讀到創世記的故事結束前，一切都很好。當她讀到在第六天黃昏，夕陽有多麼美麗，而安息日即將開始，她停在這裡，非常確定這一定寫錯了。安息日並不是從週五的落日開始。一定是寫錯了。她再看一次，並查閱聖經。然後她變得非常清楚明白，事實上，每週的第七天星期六是上帝的聖日。剛開始她非常震驚，但她思考愈多，她就愈相信。在下一個安息日，辛普森女士到最近的復臨教會。那天的主講人正巧是加恩牧師，也就是大衛的父親。他立即追蹤辛普森太太對聖經研讀的興趣，不久後，辛普森太太受洗，連她的丈夫與兒子也都受洗。

讓我們感謝上帝這樣的神蹟。感謝上帝賜下祂的信息與書籍協助我們傳福音。感謝主，讓大衛與數千名和他一樣的學生，在學校放假的時候，藉由書籍帶著好消息前往無數困苦的人家。在上帝的國度裡，有一天會有許多人握著這些學生的手，感謝他或她帶著真理的書來敲門。

今天，我們為全世界數千名學生文字佈道士禱告。如果你是學生，且尚未參加文字佈道，馬上行動吧！有許多驚奇與祝福正等著你。

1月/3日・故事3

上帝可以用一本書做什麼（第一部分）

「在指望中要喜樂，在患難中要忍耐，禱告要恆切。」羅馬書12：12

文字佈道士羅伯特・西辛虔誠地銷售他最喜愛的書籍《聖經與你》（Your Bible and You）。有一天他賣了一本給奈都夫婦，他們迫不及待地看完這本書，並相信其中所教導的真理。他們開始查經，過了不久，他們每個安息日都到復臨教會作禮拜。新發現的信仰使他們非常快樂，因此他們把這本書送給一位朋友，拉瑪・慕得利。拉瑪有時間看書，因為她先生是漁夫，每次出海有兩個月不在家。當她閱讀此書，便相信書本所教的真理，並開始上教堂。然而，她擔心一旦先生知道她去教會，不知會有什麼反應。她先生傑是個粗人，喜歡喝酒、抽菸、嗑藥，所有漁夫的惡習他都有，過著狂野的生活。

拉瑪開始上教堂不久後，傑從遠洋回家了。他注意到自己的妻子有些不一樣，但他並不想問。在星期六早上，他注意到妻子盛裝打扮，好像要與非常重要的人士見面一樣。他還是沒有說話。當她從教會回來之後，他們吃著前一天準備的菜餚，然後拉瑪告訴先生她改變了生命。她告訴他，她要服事主，成為復臨教會的會友。傑很不高興。他說他生為印度教徒，死為印度教魂。他對她的宗教完全沒有興趣。傑不知道上帝已經為他做了生命的規畫。他不知道他的生命中即將發生一個神蹟，使他完全改變。

傑很快又出海了。她在為他打包行李時，把《聖經與你》放在最下面，她祈求上帝打動傑的心。船隻很快就出海了，船員都忙著自己的工作。傑在三天後才在行李內發現這本書。他非常沮喪。「他的妻子怎麼可以做這種事呢？他對她的宗教不感興趣，他並不想要改變自己的生活。」他用力把書丟到地板上。他有些驚訝，這本書並沒有被摔壞。之後他再把書撿起來，放在艙房內的書架上，與他最近買的一些小說放在一起。他並不想看這本書。

在這段期間，拉瑪在家裡誠摯祈禱，希望神蹟發生。她禱告：「主！即使必須使我丈夫生病，他才會有時間聆聽你的話語，請您幫幫忙吧。」

有一天早上，傑醒來時發現膝蓋嚴重腫脹，無法走路。他不了解為什麼。他去看醫生，醫生要他立即臥床休息，然後奇怪的事情發生了——一個恩典的神蹟，明天早上還有後續發展。

1月/4日・故事4

上帝可以用一本書做什麼（第二部分）

「乃是寬容你們，不願有一人沉淪，乃願人人都悔改。」彼得後書3：9

傑非常擔心，於是去看船醫。醫生找不出傑膝蓋腫脹的原因，他要傑立即臥床，把腿平放，等到船隻抵達港口時，他就會被送醫治療。傑躺在床上無所事事，感到非常無聊。

傑抬頭看著船艙的書架，想找自己還沒看過的小說來打發時間。當他看著書架時，他發現《聖經與你》這本書散發出奇特的光芒，這使他更為擔心，難道他的眼睛也出問題了嗎？腫脹的膝蓋現在也影響他的心智嗎？他把視線移離開書本，但是，當他再度面對書架，他又看到相同的光芒，而且光芒只圍繞著這本書。傑拿下這本書，開始閱讀。他愈看愈有興趣，幾小時後的深夜，他看完整本書才停下來。當他放下書時，感覺到一股奇怪的平靜。他感覺到聖靈在他生命的作為，雖然不知道實際是什麼情況，但他喜歡這種感覺。

傑的船隻很快就抵達一座港口，傑因此可以到醫院治療腫脹的膝蓋。醫生找不出膝蓋腫脹的原因，傑返回船上。幾天之後，他們返回傑家鄉的港口。自從他讀了《聖經與你》之後，他的生命開始改變，他再也不喜歡喝酒或抽菸。他變得非常安靜，因為聖靈在他的生命中作工。在抵達家鄉港口時，傑辭職了。他強烈感覺到，行船的工作已經不再適合他。他回家的那天晚上，告訴妻子上次離家之後所發生的奇事。妻子非常開心，她知道這是上帝在她先生的生命中作工。

這是傑和拉瑪第一次一起上教堂。傑開始研讀聖經，對真理深信不疑。某個安息日，他們在教堂聆聽佈道，牧師是聯合會的出版主任凱伯。傑聽到上帝在那個早晨召喚他，要他成為文字佈道士。他接受召喚。在初始的訓練之後，他為上帝展開漫長的文字佈道士生涯，持續做了近30年。在這些年後，傑非常快樂地看到很多寶貴的靈魂受洗，這是他做工的成果。事實上，引導傑與拉瑪接受真理的同一本書《聖經與你》，也引導六十幾個生靈歸向耶穌。

這是上帝用一本書與一個獻身的人所行的神蹟。當耶穌來臨時，眾人將因上帝的真理而喜樂，大部分的人會回想閱讀我們刊物所帶來的第一次知罪。

1月/5日・故事5

天使是我們的同伴

「在以色列營前行走上帝的使者，轉到他們後邊去；雲柱也從他們前邊轉到他們後邊立住。」出埃及記14：19

在我們的生命中，大部分時間都無法察覺到上帝的保護與引導。每天，天使都擔任我們天父的使者，照顧祂的孩子。人類看過許多天使，不只是在聖經時期，也包括現在。他們是上帝照顧祂子女的特使。

蘿絲和她的朋友朱莉都是婆羅州島沙巴的文字佈道士。她們相信並擁有上帝保護她們的證據，四處為上帝作見證。

某個早上，蘿絲和她的朋友在巴士站等車。她們準備前往離家幾公里的另一個鄉鎮賣書。她們對於當天的盛況感到非常興奮，並且了解當她們與人分享救贖之樂時，每天所帶來的喜悅與快樂。當她們等車時，有一部車經過，一位教會長老準備前往同一個鄉鎮辦事。蘿絲揮手請他搭載一程，但是他對她說：「很抱歉我無法載妳們。車上的空間不夠。」

蘿絲無法了解，因為她看到車內有兩個人的空間。他開走了，她們多等幾分鐘，巴士就來了，帶她們到達目的地。她們對於教會長老那天早晨的行為感到不解。為什麼他會拒絕幫助她們呢？

當她們挨家挨戶推銷時，她們遇到拒絕載她們的那個人。她們問他為什麼早上沒有幫助她們，他說：「我車上只有兩個人的空間，可是我看到妳們三個人站在巴士站。妳們其中有一人身穿白色衣服。」

蘿絲馬上就了解當她們等車時，天使和她們站在一起。她閉上眼睛片刻，感謝上帝對她們的大愛。想到上帝派了特別的天使，在她們等車時陪伴她們。那位天使很有可能陪伴她們一整天。她們看不到他，卻知道他就在身邊。

你感覺到上帝在你的生命中眷顧你嗎？

在你每天工作的地方，你察覺到天使的同在嗎？

你工作時喜歡有天使的陪伴嗎？

今天，我們祈禱可以感受到天使在我們身邊。他們就在那兒，也希望我們知道他們就在那兒。要去工作時，練習對你的天使說話。祂就在身邊。祂將在你面前，就像在以色列之前一樣，當危險從後方來時，祂會撤退並從後方保護你。感謝上帝派遣祂的使者作為我們的同伴。

1月/6日．故事6

另一個天使體驗

「天使真的來到我們的世界。他們並非一直是隱形的。有時候他們會遮掩自己形狀，以人的樣式出現，他們與人類對談，並啟迪他們。」《今日的生活》301頁

今天我們分享另一位文字佈道士的天使體驗。知道我們的天父積極地想要拯救我們的靈魂，因此派遣天使協助你我為天堂做準備，真的非常令人歡欣鼓舞。這些上帝的使者現身保護我們。祂們以各種樣式出現，或許是男人、女人、小孩或其他形式。當我們把上帝的真理帶給那些處於靈性黑暗中的人時，讓我們看顧他們。

羅佩茲是南非約翰尼斯堡的文字佈道士，有一天早上正在拜訪店家，介紹那充滿真理的美麗書籍給店主。那是清晨時分，店家才剛開門營業。他對身為上帝文字佈道士的工作感到滿意，他相信上帝與他同在，不管那天會發生什麼事。

在他拜訪的前幾家店舖當中，有一家是希臘裔老闆。那店裡只有幾名顧客。羅佩茲信心滿滿地靠近老闆，了解耶穌為他而死的真理。在謙恭的介紹之後，他打開公事包展示書籍。那個老闆完全沒有興趣。羅佩茲弟兄竭盡所能要引起他的興趣，但那個人顯然沒有購買的意願。幾次嘗試之後，他放棄了，準備把書放回公事包裡。那時正好有位女士走入店裡，她穿著非常整齊，臉上帶著美麗的笑容。她走向他們兩人，直接告訴那個老闆說：「我建議你買那幾本書。」然後就轉身離開了。

羅佩茲弟兄與那個老闆都非常驚訝，他們之前從未看過那位女士，根本不知道她是誰。老闆取出他的皮夾數錢，然後交給愣在一旁的羅佩茲弟兄，他們沒有進一步的交談。後來他了解，那一定是天使前來勸告那個人買書。那一定是上帝要這個人與他的家人在這時候了解真理。羅佩茲弟兄在上帝協助下，喜樂地離開這家店，他感謝主派遣天使協助他宣揚真理，藉由印刷的書頁拯救另一個靈魂。

上帝在等待，整個天堂都等著協助願意邁開腳步走向需要真理的人的上帝子女。天使與你同在，協助你說服人。那是我們人類的特權，可以與上帝的使者——天使，一起給人希望與拯救。你是否也願意與天使合作？只要你願意就可以。

命運之書

「耶和華說：我知道我向你們所懷的意念是賜平安的意念，不是降災禍的意念，要叫你們末後有指望。」耶利米書29：11

當火車駛離赤塔火車站時已將近午夜，我們都整齊地裹在臥舖裡。火車加速往東開進西伯利亞針葉林帶時，我們三個人都輕鬆地嘆了一口氣。雖然從赤塔市到白力市，行車時間長達44小時，但漫長的旅程剛好成為上週忙碌後重新出發前的休息。全球總會出版部副主任荷西．坎波斯長老與我們的俄語翻譯員伊格爾．普希金原本希望搭飛機縮短這段旅程，但是當我們從往赤塔的夜車下來時，我們的東道主通知我們，飛往白力市的每週航班剛剛起飛。失望之餘卻不灰心，在急忙購買唯一替代方式的火車票後，終於搭上這班火車。

我們帶著好奇心環顧我們的臥舖夥伴。我們很快就知道那兩名年輕人是士兵——一名是蘇俄人、一名是北韓人。北韓士兵對我們的好奇心，不下於我們對他的好奇，不久之後，他手裡拿著一本《歷代願望》，而坎波斯長老透過伊格爾的翻譯協助下，熱切地將我們的基督教事工告訴他。一段時間之後，為我們擔任過三場訓練研討會翻譯的伊格爾，已經了解銷售刊物的專業技巧，於是向這名北韓士兵推銷。

我在這次的旅程中所攜帶《歷代之爭叢書》這一套書並不平凡。在過去幾週的旅途中，我勤勉地研讀、標示、貼標籤，以便作為佈道課程參考之用。這套書非常重要，所以我不辭辛勞地帶著橫越俄羅斯鄉間數千哩路。這套書帶在身邊，方便分享那些吸引人的篇章——那些鼓勵他們又轉而鼓舞客戶購買的篇章。

因此當伊格爾對我說：「那個北韓士兵，想要買你的書！」時，我一則以喜一則以憂。在這段旅程中還有七個佈道會，如果沒有這些書，我要怎麼辦？

很快回顧整個情況。難道是天意讓我們錯過飛機而改搭火車嗎？我可以看到上帝的計畫在運作，感受到上帝已經指定要透過這名北韓士兵的手，把這些書帶到北韓。我信心滿滿地相信這些書將在上帝的特殊指引下旅行，將有註記的書籍，包括《先祖與先知》、《先知與君王》、《使徒行述》與《聖經閱讀》交給士兵歡迎的臂彎。在那感恩充滿歡笑的時刻，我們等待那獲悉後續故事的喜樂日子。另一個恩典的神蹟！這次是發生在俄羅斯。

1月/8日．故事8

康莊大道與偏僻小路

「主認識誰是他的人。」提摩太後書2：19

許多珍貴的靈魂遠離可以聽到上帝拯救計畫的地方，但上帝還是有辦法找到他們。因此文字佈道士扮演非常重要的角色，從以下的經驗可以看出來。

在西里伯群島中央高地一位文字佈道士深入內地，他進入一處大村莊，受到人民的歡迎。他取出畫卷並開始查經，當他下結論時，一個坐在前排的人說：「現在，我要告訴你一件事。」文字佈道士說：「好的，什麼事呢？」那個人回答：「第七日是安息日。」文字佈道士幾乎目瞪口呆，一時說不出話來，因為他知道在那偏遠的地方並沒有教堂，也知道上帝的工人沒有到過這個內地村落。當他恢復鎮定沉著時，他問那個人：「為什麼你說第七日是安息日？」那個人述說了以下的故事：「大約在一年前，我在稻田裡耕種。當我跟在水牛後面工作時，突然聽到一個聲音說『第七日是安息日』。我拉住水牛，看著四周。我身處數英畝大稻田中央，四周並沒有人。

「我認為是自己胡思亂想，我又回頭工作，繼續耕田。我耕作了一小段距離，又再度聽到那個聲音，這次是清楚又有力地說：『第七日是安息日』。我又停下來看著四周，還是沒有其他人。這次我感到非常困惑，因此，我解開犁頭回家去了。我決定閱讀聖經，想了解關於第七天的事。我突然發現不知要從哪裡開始看聖經。我低頭禱告，請上帝指點我聖經裡面是否有談到第七日。然後我決定隨意翻開聖經，然後從翻開之處開始閱讀。我把聖經放在桌上，隨意打開。我閱讀的第一節是馬太福音第28章1節：『安息日將盡，七日的頭一日，天快亮的時候，抹大拉的馬利亞和那個馬利亞來看墳墓。』當我看到這一句時，我知道那天是安息日。」

文字佈道士向那人確認，他對安息日的發現是正確的，並告訴那人，他自己也是遵守安息日的人，且世界上也有許許多多的人遵守安息日。既然知道那個地方有信徒，文字佈道士四處賣書，並在夜晚舉行查經班。農夫並未將他的發現據為己有。他試著在村民的心田播種，因此，這些種子開始萌芽。

幾星期後，文字佈道士返回教會報告，一名牧師便被派遣到那個村落舉行佈道會。佈道會結束後，成立了一個超過60人的教會。另一個恩典的神蹟！

1月/9日・故事9

上帝的方式令人讚嘆

「因我看你為寶為尊；又因我愛你……」以賽亞書43：4

文字佈道士在星期五拜訪一位非常可愛的寡婦，她獨自居住在一間小屋。她對他的書非常有興趣，但是她沒有錢。在考慮片刻之後，她決定購買14美元的聖經。她只能先支付5美元。當她把錢交給文字佈道士時，她說：「我將會祈禱與請問上帝是否會幫助我在星期一之前獲得差額的錢。」

從人的角度來看，這名寡婦要在星期一找到10美元是不可能的。到星期一了，文字佈道士依約來到寡婦的小屋。她平安地站在那裡。她看見他從遠方走近她的小屋，她帶著大大的微笑走到門邊迎接他。文字佈道士馬上就知道上帝又作成這件事了。她非常篤定地從皮夾裡拿出10美元紙鈔交給文字佈道士。然後她告訴他，上帝如何供應她的故事。

她說：「你在星期五離開這裡。到星期六晚上，我還是沒有錢支付我的書，我不知道上帝要如何幫我找到錢。我確定祂不會讓貧窮的寡婦失望。我知道你星期一要再來，我也不想讓你失望。星期六晚上，我正在祈禱時，有人敲門。我去開門，門外站著我之前為他工作的人。看到他時我非常驚訝，並請他進來。然後他告訴我事情的經過以及他為什麼會來。她說：「我到最近才知道妳的先生過世了。我一直感到不安，覺得妳幫我工作時，我付妳的工資太少了。我感覺妳需要10美元。前三個晚上這種感覺非常強烈，使我無法入睡。這裡是給妳的10美元。我要回去睡覺了。」

就這樣，一天又一天在世界各地，天上的使者在幕後運作，回應獻身的文字佈道士與他們親友的祈禱。上帝用千百種我們一無所知的方式供應我們——那是非常真實的承諾。

禱告是非常有力的，但可能是上帝子女的彈藥庫中最受忽略的武器。上帝要我們用誠懇單純的信心來接近祂，就像小孩對父親那樣。他如此渴望為我們打開天上之窗，只要我們願意讓他這麼做。

當我們今日再次委身於祂的旨意和事工時，讓我們為那樣的信心來祈禱。今天以此為你誠摯的祈禱詞。要記得在祂的眼裡，你（和其他人）是珍貴與榮耀的，而且上帝愛你。

1月/10日．故事10

麥加朝聖回教徒羅本

「若有人要跟從我，就當捨己，背起他的十字架來跟從我。」
馬可福音8：34

肌肉發達又強壯的回教徒羅本在他的家鄉馬拉威——南菲律賓的一座回教城市，非常有名。有些人尊敬他，有些人鄙視他、有些人懼怕他，他喜歡這種黑暗力量所帶來的尊敬。

羅本是膽大包天的亡命之徒、殘忍的幫派首腦，他從事綁架、走私與各種非法活動，包括謀殺。他想得到的尊敬是出自於恐懼的尊敬。

屬於馬來族的羅本非常注重自己的回教祖先。他前往麥加朝聖，卻沒有在那裡停留。幾年後，他又作了十一次的朝聖之旅，贏得「麥加朝聖回教徒」的頭銜。

他在馬拉威參加一場音樂比賽遇見了他的生命伴侶。瑪娜在會中演出，這位十六歲的美麗歌手讓他驚為天人。他想娶她為妻，而且付諸行動。他綁架她，逼迫她變成他的新娘。這是羅本的一貫作風。

瑪娜內心充滿焦慮。頭幾年，她一直生活在恐懼當中，時時刻刻擔心丈夫的不法活動。他好像老是惹麻煩，有時候與人鬥毆後傷痕累累回家。但是最後瑪娜對她的環境變得麻木，而且愈陷愈深。她甚至和丈夫一起從事非法活動，賺取不義之財。

有一天，有一個人拜訪他們家。那是文字佈道士歐卡拉瑞。當時羅本不在家，只有瑪娜在家，她對佈道士的說法很感興趣。他對她傳教，她也買了一整套書。當她發現自己有資格報名「時兆之聲」聖經函授課程時，非常高興，而且馬上同意報讀。在完成函授課程後，歐卡拉瑞弟兄回到他們家傳授進一步的聖經研讀。然而，羅本立刻表示反對，並傷害這位忠心的工人，意圖中斷他們的課程，但是他卻做不到。有一股比他強大的力量阻止他傷害文字佈道士，這讓他感到困惑。

瑪娜繼續研讀上帝的話語，學到的真理讓她感到喜樂。一年之後，羅本又到了麥加，她請求受洗。瑪娜、三名子女與大家族裡20名家人都在同一天受洗。

但是故事並未就此結束。羅本回來之後會怎麼做？

1月/11日・故事11

羅本・曼塔

「不要害怕，因我與你同在。」以賽亞書43：5

當羅本第11次前往麥加朝聖時，瑪娜、三名子女與20位家人都已受洗，成為基督復臨安息日會的信徒。瑪娜將自己生命中的轉變錄成錄音帶寄給羅本，向他解釋。她知道羅本會對她的決定感到不愉快。

羅本在預定時間回到家，發現瑪娜和以往不同。她還是瑪娜，但已從過去的嚴厲、粗魯，變得溫柔和善，羅本為此感到困惑。他想知道，我的妻子發生了什麼事？他觀察到瑪娜虔誠地作禮拜。羅本說：「她不僅像回教徒般一天禱告五次，甚至比五次更多！」

過了不久，瑪娜邀他一起上教堂。他立刻就答應了，因為他對一切都很好奇。在教堂裡他發現他很喜歡聆聽聖歌。他對教友們和悅的互動，以及他們當中充滿愛的感受留下深刻的印象。他也再度發現復臨信徒比回教徒更常禱告。

「但星期六不適合作為休假日，」他宣稱，「應該是星期五才對！」

不久，一位改變信仰的回教徒來拜訪羅本。共同研習後，羅本發現守安息日其實也是可蘭經內的教導。羅本喜歡他所學的事物，尤其欣賞他的「新」妻子瑪娜，她的態度激勵了他想要從善的想法。

有一天，羅本受邀參加於碧瑤市舉辦之三個聯合會文字佈道士大會，將有超過2,000名文字佈道士出席。他接受邀請，他對那麼多人和平聚在一起感到驚訝。沒有打架、射殺、暴行。他看到生命出現新的光芒。

1996年末，朝聖回教徒羅本曼塔完全接受基督成為他個人救主，並由迪亞茲牧師為他施行洗禮。眼淚不由得滑落在這位前火爆分子的臉頰上，現在他與救世主面對面，知道自己許多醜陋的罪惡都已被原諒！

「上帝對我的愛是如此神奇，我甚至無法理解！」他吃驚地大聲說道。「上帝在我生命中所帶來的變化已超越奇蹟！」

現在羅本及瑪娜從事文字佈道士的工作，並傳播美麗的福音。羅本更進一步與沙利帕達牧師合作製作定期的廣播節目，幫助其他回教徒了解救贖之樂。整座城市都因為所發生的事而騷動。羅本受到某些暴力的威脅，他平靜地答覆說：「當我做盡壞事時都不怕了，現在我服事我的上帝，何懼之有？」

1月/12日・故事12

一位無神論者想見你

「若有人服事我，就當跟從我；我在哪裡，服事我的人也要在那裡；若有人服事我，我父必尊重他。」約翰福音12：26

這個經驗證實了上帝會聆聽我們的禱告。的確，祂有時會拒絕，但祂更常答應我們。當他說「不」或是「等等」時，是因為祂覺得這樣對我們最好。

以下的經驗來自美國的愛麗絲・萊恩女士。

「我需要一間公寓，所以我找了建設中社區的公寓管理員談談。自我介紹後，我詢問是否有機會在聖誕節前搬進去，他說：『不可能！如果我們讓任何人年初一之前搬進去的話，這棟建築要被課稅11,000元美金！』

「不過他還是讓我看看房子，我覺得正合我們的需要。我就試探性地問他可以不可以讓我搬進去，但他還是說不行。我跟他說：『好吧，我告訴你我現在的決定。我要回家，為此祈禱，若上帝覺得我應該在聖誕節前搬進這棟公寓，我就會搬進來。』

「第二天大約上午九時，我正要去工作，電話就響了。是鎮上的不動產業者打來的。他問我是不是昨天去過良景公寓，並向管理員討論立即搬家事宜的客戶。我說我就是，他說：『那位管理員今天早上為您的事有些心煩！』他頓了一下，我很好奇地詢問管理員為何而煩惱？他說：『昨晚當管理員回家後，他的老闆打電話說決定要衝業績，可以讓顧客馬上搬入。你也知道，那管理員是個無神論者，也不相信上帝，所以這事讓他有些驚訝，他說他想要見你。』

「沒多久我和一位牧師就去公寓找管理員，我發現他正站在建築物前等我們。我打招呼說：『我知道你今天早上想見我。』他似乎不知道該說些什麼，但最後他說：『沒錯，你的禱告看來是成功了。我當時完全不覺得你會有機會在新年前搬進來。現在如果你能禱告讓瓦斯公司給這棟公寓減價的話，我將會很感激。』」

文字佈道士了解祈禱中的力量。上帝知道我們的需要，而且祂承諾供應我們所有的需求，而不是欲望。

不祈禱，不成功。少祈禱，少成功。多祈禱，多成功。

「上帝為祂子民的所定理想，比人類最高思想所能及的還高。」（懷愛倫著，《給父母、教師及學生之勉言》原文365頁）

在日本發生的神蹟（第一部分）

「我未將你造在腹中，我已曉得你；你未出母胎，我已分別你為聖；我已派你作列國的先知。」耶利米書1：5

今天的故事將以日本人神妙忠臣的第一人稱來敘述。

「我的父親神妙義男，在第二次大戰服役時罹患結核病。他的家人為了幫助他與疾病奮戰，竭盡心力買了昂貴的藥品，但不見成效。當父親愈來愈消瘦，我的母親神妙久仁惠轉而從非基督信仰尋找力量，但依然毫無幫助。

「父親在34歲時過世，留下我27歲的母親以及兩個小孩，當時我6歲，弟弟寬治只有2歲。因為失去了我父親的工作收入，我們搬去與外祖父母、舅舅和阿姨同住。母親開始做裁縫，為她小小的家庭謀生存。由於她從早到晚工作，幾乎沒有時間教育及管教我們兩兄弟。

「我母親遇到許多問題，我也是其中之一。我變成不守規矩的小孩，讓母親及其他家人感到痛苦。我不斷被外祖父母、舅舅阿姨們責罵，他們還都批評母親，說她並不是好媽媽。母親與老師們溝通、聽演講，並閱讀許多書籍，拚命為她的問題尋找解答。

「某天，她求學階段的朋友，一位基督徒女士來拜訪她，並建議她信仰基督教得幫助。由於母親的朋友星期日做禮拜，母親也被邀請一起上教堂。但是母親每天都必須工作，只有在停止供電的那一天才能放假。碰巧，星期六是停止供電日，母親的朋友說：『別擔心，我知道有星期六作禮拜的基督教堂！我把妳介紹給他們。』因此，母親就被介紹到基督復臨安息日教會。

「不久之後她開始上教堂，有個文字佈道士來拜訪我們，賣給母親一些雜誌和書籍。教會的牧師與我母親一起查考聖經。母親很喜愛她的新教會，接受耶穌，並決定受洗。當她受洗時，我病得非常嚴重，必須住院治療。母親禱告說：『主啊，若我兒子必須死，我會接受，但若您願意給他生命，我將把他奉獻給您。』當她禱告後，我奇蹟似地痊癒了，在醫院住了1個月終於回家。我當時14歲，不覺得是上帝救了我，相反地，我覺得是醫學技術與現代醫藥讓我痊癒的。當時，為了避免在家裡引起風波，母親保密，未將她受洗的事告訴大家。」

1月/14日・故事14

在日本發生的神蹟（第二部分）

「看哪，我站在門外叩門，若有聽見我聲音就開門的，我要進到他那裡去，我與他，他與我一同坐席。」啟示錄3：20

「我與基督教徒愈來愈敵對，因為我覺得那是外來宗教。我對我母親定期上教堂，讓我很不愉快。我開始對母親抱怨她的「新信仰」，表達我一點也不喜歡她上教堂。外祖父母也很不高興。然而，別人愈批評她的信仰，她就愈堅強。

「當我18歲時，我想要繼續求學。母親建議我說：『你何不申請三育學院？』她真的想要把我送到復臨學校。由於我的選擇很少，只能低聲下氣接受她的建議，即使我心裡依然不確定那裡是我想去的地方。然而，這成為我生命中的轉折點。

「雖然我對聖經不熟悉，也還沒受洗，我被鼓勵成為神學生。第一個暑假時，我被選為學生文字佈道士，這是我生命中另一個轉捩點。暑假結束回校後，我要求受洗，並成為復臨教會的教友。我受洗時剛好是我19歲的生日，從那時候起，我就決定專心成為上帝的工人。

「當時，我母親想要轉職。由於她身為專業裁縫師工作多年，她現在想要當個文字佈道士為上帝服務。她的父母、兄弟姊妹都極力反對她的決定，但她具有堅定的信念與決心。她宣告上帝在她兒子身上的應許，她開始搭火車到離家鄉1小時的松山市推銷宗教書籍。她獨自工作了多年，以支援我們兄弟在三育學院的開銷。暑假期間，我們也成為學生文字佈道士，幫忙賺取自己的學費。在上帝的眷顧下，我們不只是賣書，我們還得到那為我們往後人生帶來許多幫助的經歷。現在我母親依然是個文字佈道士，她因為兩個兒子從事福音工作而感到喜悅。

「我母親是家人中第一個復臨信徒。她的生命是貢獻給別人的。除了她以文字佈道士身分賣書所得到的成果之外，她也讓13位家人成為基督徒，包含外祖父母，他們現在是復臨教會的教友。」

我們讚揚上帝的慈悲與引導，我們為祂在我們文字佈道工作上所扮演的重要角色，而感謝上帝。上帝引導全世界忠誠的文字佈道士們，為祂贏得到珍貴的生靈，就像在日本贏得神妙家庭一樣。

1月/15日・故事15

祂讓瞎子得看見

「我勸你向我買火煉的金子，叫你富足；又買白衣穿上，叫你赤身的羞恥不露出來；又買眼藥擦你的眼睛，使你能看見。」啟示錄3：18

上帝常常給盲者能力，去「看見」祂話中的真理。某些事物是很多人用眼力看不到的。盲人很接近上帝的心。耶穌治好瞎子巴底買。今日祂仍然對瞎子有負擔，並對他們有特殊的愛。以下經驗說明上帝如何「開啟」一位身心皆盲者的雙眼，去找到真理並享受救贖的喜悅。

班尼可女士瞎了——98%瞎了。她只能在有人在她身邊走動時看到陰影的移動，當購買必需品或外出時，她必須完全依賴她的先生。她喜歡她先生讀聖經給她聽，他常念給他聽，雖然他們都不太懂所讀的內容。一天有人到家裡拜訪。文字佈道士亞伯拉罕帶著上帝的書籍在郊區拜訪，這天來到了班尼可夫婦小而乾淨的家中。他介紹《聖經如此說》（Bilbe Speaks）這本書給班尼可夫婦，他們相當感興趣。他們在內心深處有一份真誠的渴望，想知道更多關於上帝的事蹟，以及祂對他們的愛。他們表現出渴望購買其中一本書。但他們也提到他們靠養老金過活，無法支付這筆費用。

上帝以某種方式啟示祂的文字佈道士，依然有機會來幫助這些人。在反覆思考後做了最後的決定：書籍可以留下來，而亞伯拉罕每個月都會過來收取少量的錢。作為額外的酬謝，報名「時兆之聲」的聖經函授課程。班尼可夫婦相當高興，在作過虔誠的短禱後，亞伯拉罕就離開了。

這次拜訪不久後，聖經課程寄到，班尼可夫婦開始認真研讀。接下來幾個月，他們定時繳錢，班尼可夫婦同時因聖經課程而學到不少，幾個月後錢終於付清。聖經課程進展得很好，亞伯拉罕決定讓他們多學一陣子以完成課程。

在某個安息日早晨作過禮拜後，當地復臨教會的門上被貼上便條紙。上面寫著：「請告訴我們如何加入你們的禮拜。你們是幾點開始的？」教堂當天的氣氛非常歡愉。有人拜訪了班尼可夫婦，並誠懇邀請他們到教堂去。繼續研讀聖經之後，他們兩個都受洗成為教堂教友。

現在有千百萬的心靈盲目的人渴望有人能去拜訪他們，或邀請他們到教堂，他們需要有人幫忙他們看到上帝話語中的美麗真理。這個早晨讓我們共同祈禱，讓更多有意願的人走出去，擔任文字佈道士去尋找他們。

1月/16日・故事16

我會再來一次 ◎布魯士・維克懷爾

「教會必須注意到文字佈道的工作。這是她向世人發光的一種方法。然後她要出發，『美麗如月亮，皎潔如日頭，威武如展開旌旗軍隊的』」《文字佈道指南》6頁

我對一位書商及《善惡之爭》這本書心懷感激。這本書以驚人的預言洞察力吸引我母親的注意，並確實提到過去與未來的全球事件，包含宗教與政治。

當時我正年輕，我的野心是擁有並經營一座牧場。然而，家庭、教會以及基督信仰教育的正面影響，讓我重新思考生命的價值。雖然我對廣闊的牧場很感興趣，但在誓會中文字佈道士所說的激勵人的救靈故事，仍深深地吸引我的心靈。我體會到有個世界需要有人去溫暖它。我覺得有罪，如托爾斯泰所說一般，「生命的意義在於服務人群！」我決定要加入全世界文字佈道士的行列。

文字佈道士並不是簡單的工作。那是勇者的工作，需要奉獻、禱告、毅力、信任以及勇氣。他們所得到的報酬不僅是當前的，而是永恆的。

我發現文字佈道可確保用其他方式所無所達成的教育。每道門都提供機會，讓人看到家庭的需要。每一次接觸都提供神與人的互動。

當我敲第一扇門時，我並沒有去思考或夢想有一天會獲得如此殊榮，可以和世界上，包含歐洲、英國、斯堪地那維亞、非洲、南美、澳洲、印尼、中國、北美、菲律賓、亞洲以及七海諸國的文字佈道士一同工作。親愛的朋友，我看著你的容顏、聽著你的聲音，融合在地球各種語言及方言的天上交響中！藉由神聖的指引，你已成為福音中感人的力量。每一年，在你向前的行進中，你拜訪了數百萬個家庭。的確，「在文字佈道士大軍面前，太陽永不落下。」

最近，我們家的電話服務發生故障。電信公司說，問題出在家裡的電線。最後發現，需要在切換電話時做微調。當時我體會到當局若要奪去教會每天所依賴的通訊設施，是多麼簡單的一件事。廣播及電視節目的效益可能瞬間就被扼殺，只要切斷電源！

是的，有一天我們各種美妙的傳播節目將會消失。它會在「各宗派聯合羅馬教皇壓迫上帝的子民」時發生（懷愛倫，《教會證言》原文478頁）。但是，當某些節目消失時——你現在放在世界各地各家庭的書籍，將繼續啟發各地人們的心靈，讓他們為上帝的真理做出聰明的決定。繼續前進吧！文字佈道大軍！

真理追尋者

「義人所結的果子就是生命樹；有智慧的，必能得人。」箴言11：30

通常要人相信真理並不容易，尤其是那些在專業領域中有威望的人。這時就需要一些充滿真理的書籍幫助他們作決定。以下的經驗發生在非洲肯亞，我們在這裡又再度看到上帝的靈在真理追尋者生命中的引導。

克里歐菲斯是一位文字佈道士。某天他向地方學校的女校長推銷書籍。他介紹得非常好，校長訂下聖經的故事系列並約定在月底送到。在離開辦公室之前，他詢問是否可以拜訪其他老師，她馬上把克里歐菲斯介紹給其他職員。其他老師對書籍也很有興趣，並下訂單，約定稍後再寄送。月底時，書籍準時送達並接獲更多的訂單，由於績效相當出色，這位文字佈道士開始每月定期拜訪老師。老師們持續買書，克里歐菲斯也就持續送書。有一位老師歐迪艾帝奧，對所買的書一直保持濃厚的興趣，也由於和文字佈道士的熱誠，這位老師的圖書室有愈來愈多的復臨教會書籍。他圖書室的藏書量最後變得比當地復臨教會一般會友的藏書量更多。某個星期日早晨，克里歐菲斯碰巧遇見正要到教堂的歐迪艾帝奧老師，他是虔誠的聖公會教友，同時也是教區的祕書。他們在街上簡短卻熱烈交談，道別時歐迪艾帝奧老師說：「我一直都在讀你的書，而且我現在相信星期日不是敬拜上帝的日子。」

在短暫交談後，他們道別了。克里歐菲斯無法停止地思考歐迪艾帝奧老師所說的話。他問上帝如何幫助這追尋的靈魂為耶穌作下決定。他設身處地站在歐迪艾帝奧老師的立場，理解要他改變對教會的認同有多麼困難。畢竟，他在教會裡擔任重職，扮演重要的角色，他也和許多具影響力的人一同工作，那些人肯定會說服他不要做任何改變。一天，克里歐菲斯再度去學校拜訪歐迪艾帝奧老師，讓他看一本探討主日的書。忽然間歐迪艾帝奧老師說：「我必須做決定！讓我讀完這整章，然後我會告訴你我的決定。」兩天後，歐迪艾帝奧老師決定加入上帝的教會，作一位守安息日的人。

我們的書可以傳播資訊，就看我們是否願意把它們帶到它們能派上用場的地方。上帝需要手、足幫助祂，向那些其他方法無法達到的人們傳福音。何不把你的雙手雙腳給主用，讓祂行神蹟呢？

1月/18日．故事18

如早晨般清新

「你當買真理；就是智慧、訓誨，和聰明也都不可賣。」箴言23：23

書可能會變舊，但書中的訊息不會老。五年、十年、二十年之後，它始終如一。上帝的福音就是永存的福音，一千年前的喜訊至今依然是喜訊——耶穌還活著，而且祂即將歸來。

上帝特別重視出版工作的原因，一定是祂知道出版事業在傳遞神旨上扮演重要的角色，因為有些人絕對不會去聽講道者的話語。書籍可能會沉睡在書架上好一段時間，但會像定時炸彈一樣伺機而動。購書者可能會對書中訊息不感興趣，但在某處可能有人會拿這本書去閱讀，並為自己的靈魂找到這個喜訊。

以下為多年前的故事，那漣漪般的作用最後影響許多靈魂。

一位文字佈道士在義大利人所經營的餐廳裡，把一本荷蘭文版的《在家研讀聖經》（Bible Readings for the Home）賣給餐廳老闆。文字佈道士離開後，這位義大利人有點疑惑自己為什麼要買一本看不懂的書。後來他想到有一位荷蘭朋友可能會用得上這本書，就把書送給朋友。但那荷蘭人對宗教沒有興趣，就把書放在書架上，二十年來沒有人去閱讀，翻也沒翻過一下。

當時這位荷蘭人有個才三歲的兒子，直到他二十多歲時某天，他在父親的書架上發現這本有趣的書，他拿起閱讀後便無法停下。他發現但以理書、啟示錄的預言非常有趣，遂把這本書留在身邊。某天，這位年輕人接觸到上帝的真理，發現所聽到的事物以及從書中所讀到的都是真實，便決定一生跟隨耶穌。

那位年輕人不但成為基督復臨安息日會的信徒，他還成為牧師，服務多年直到退休。他到南非、辛巴威、納米比亞等國家服務，幫助許多的生靈找到耶穌作他們個人的救主，這些都是從一本書開始。

上帝的話語有能力，所以印刷出來的上帝話語也有能力。懷愛倫說不久在一天當中就會有一千以上的人信主，改變宗教信仰，且大部分人都是因為閱讀上帝的書籍而信主的。這情況今日正在發生，每天有超過1500人受洗——一年365天，而且大多是因為閱讀上帝的書籍而信主，你也可能是這些人之一。

讓我們為那些把「定時炸彈」放在書架上的人祈禱。某天，不知怎麼的，他們將會做到他們原本打算去做的事。

1月/19日・故事19

隱藏的書籍

「我口所出的話也必如此，決不徒然返回，卻要成就我所喜悅的，
在我發他去成就的事上必然亨通。」以賽亞書55：11

康迪西瑞德於戰爭期間出生在烏干達。當他13歲時，他父親離家與別的女人結婚。他母親沒辦法養育所有的小孩，所以康迪求學時搬去與姊姊同住。15歲時，康迪病得很重無法上學，只好回到家鄉。

由於戰爭之故，軍隊常常突襲村莊，搜尋符合體格標準的男人，去從軍打仗。風聞士兵們正朝著村莊過來時，康迪的叔叔躲在矮叢中，以免被抓走。康迪幫忙把叔叔的財產藏在矮叢中，免得被軍人抓走。在叔叔的物品中，康迪發現一本名為《善惡之爭》的書。書名激起了他的興趣，所以他把書帶回家閱讀。他閱讀時，他發現關於安息日的章節，介紹給弟弟之後，弟弟也很有興趣。他們決定問問父親，因他是教堂的領導者。但他們的父親對於那本書，或是關於安息日的教導不感興趣，雖然兩兄弟有些沮喪，但他們還是繼續閱讀《善惡之爭》，並與聖經內容作比較。

康迪的弟弟聽說有些基督徒在星期六作禮拜，他就到鎮上詢問他們是否知道他們倆兄弟所讀的那本書。他非常興奮地回到家，說：「就是他們！」這兩兄弟開始去復臨教會，並發現復臨教會與他們家庭的教會不同。

康迪與弟弟相信復臨教會才是上帝的教會，他們決定受洗。但當父親知道他們的計畫時，非常生氣並威脅要斷絕關係，但他們已經成年，父親沒辦法懲罰他們。康迪與姊姊分享新的信仰，姊姊也欣然接受基督復臨的資訊並受洗。之後父親的另外兩個小兒子到鎮上求學，搬來跟康迪的姊姊一起住，康迪與姊姊就帶他們到復臨學校及教堂。當他們回到父親身邊時，已經是復臨信徒了。

他們的父親真的生氣了！他不准他們上教堂，並給他們許多工作讓他們沒時間上教堂。第二個學年開始，他把這兩個孩子送到別的學校，並安排康迪的弟弟與其他家人同住，他希望這可以讓兩個孩子忘記復臨教會的信仰。康迪的弟弟沒再上教堂，但跟康迪一起住的姊姊依然堅定自己的信仰持續上教堂。

某天一位朋友在街上喊住康迪：「聽說你父親要成為復臨信徒了！」康迪非常震驚！當他去詢問父親此事並知道父親與他的妻子都將受洗時，他非常的高興。康迪從家看到何等大的喜悅，全都源自於《善惡之爭》這本書。

1月/20日・故事20

我們很高興你的到來

「不但如此，我也將萬事當作有損的，
因我以認識我主基督耶穌為至寶。」腓立比書3：8

印刷品的價值常常被低估。很少的基督徒能夠了解有多少的生靈正渴望獲得書籍、雜誌，甚至是一張書頁，來幫助他們更了解耶穌。今天的故事是一位忠實文字佈道士的人生經驗。

強生夫婦都出生在基督教家庭，父母也都信基督教。在他們心靈深處都想更了解耶穌一些。的確，他們每星期都去教堂，聆聽佈道，但他們依然覺得空虛，不因聽道而覺得充實。他們渴望認識耶穌，遵行祂的旨意，但他們不知道該如何做！某天有人來敲門，這位普通人手上拎著普通的公事包、臉上掛著一般的微笑，但他所表現來對他們及對他們靈性的熱忱卻不普通。強生夫婦可以感受到這絕對不是普通的訪問。在拜訪者簡短自我介紹，打開公事包後，他們就明白到這次拜訪有多麼特殊。

這位文字佈道士把《歷代願望》介紹給強生夫婦。他們馬上就表示出興趣。這次購書充滿真誠，甚至讓他們覺得神聖的天使就在身邊守護。訪客尊敬地拿著這本書，並在介紹後放在他們手中，他們也充滿敬意地對待這本書。他們慢慢翻閱，每翻過一頁他們都互相看著對方，彷彿是說：「這就是我們一直在期待的東西！這本書能幫助我們填滿生命中的空虛感！」

完成交易一點都不困難。在文字佈道士詢問是否購買之前，強生夫婦早已決定要買這本書。他們以現金付帳，當書本放在他們手中時，強生太太緊握住書本，並充滿感情地說：「現在你是我的了！」文字佈道士充滿淚光看著眼前的場景。了解真的有人珍惜這本好書是多麼美好的一件事。當他祈禱後離開強生家時，他們握住他的手稍久，並說：「我們很高興你到我們家來！」

這並不是單一案例。許多忠實、真誠的文字佈道士都碰過這種情況，許多快樂、滿足的顧客們都找到親近上帝的路。文字佈道士的報償是何等大呀！目睹主所行的神蹟，這經驗是多麼美好！世界上有超過22,000位的文字佈道士在200多個國家中工作，向飢渴的生靈銷售上帝的書籍，幫助他們知道耶穌是他們個人的朋友和救世主。今天讓我們為他們禱告吧。祈禱上帝今日他們在文字佈道服事祂的指引他們、保護他們，並給予他們僕人的靈。

1月/21日・故事21

被丟棄的書訴說著真理

「然而上帝的道卻不被捆綁。」提摩太後書2：9

你相信巧合嗎？很多人相信，但我覺得基督教徒不該認為那是巧合。我們都知道上帝掌權，祂為了我們的好讓事件發生。我們可能在事發當時看不到任何好處，但在上帝的時間中最後都是好結局。

在南非德班市一個清晨，一名男子正在他的花園工作，享受清新的早晨時光。那天是垃圾收集日，他可以聽到鄰居的狗在叫，還有沿街收集垃圾桶垃圾的卡車噪音。當收集者把垃圾桶中的垃圾倒入卡車裡時，卡車會停個1、2分鐘。這項工作伴隨各種噪音，每週都要發生一次。

卡車停在正在花園工作者的房子附近，他聽到圍籬外垃圾桶被提起的聲音，但他看不到正在工作的人。垃圾桶很滿，最上方是一本書，那是鄰居整理家裡時發現的，因為覺得它沒有用處所以跟其他東西一起丟棄。當垃圾桶被提起時，那本書掉了下來，作業員並沒有把它撿起來丟棄，反而隨手往旁邊的圍籬內一丟，打到了正在花園工作的男子。

一開始他相當不高興，那本厚書打得他很痛。他撿起書並輕聲唸出書名《在家研讀聖經》（Bible Readings for the Home）。這引起了他的興趣，因他前幾天才和妻子討論到聖經中的預言，希望能多了解一些。他馬上放下他的工具，讓他妻子看看從圍籬外飛來的東西。他們一起看著這本書，發現書中有許多他們追尋的道理。幾週後，這對夫婦在信箱中收到一張邀請函，邀請他們參加在德班市會堂舉辦的有關預言的聚會。他們興高采烈出席，並決定確認他們從書中獲得的知識。每次他們都發現，牧師講的與書上說的是相同的故事。他們繼續研讀，加上文字佈道士多次拜訪後，他們決定受洗。他們依然珍惜那本特別的書，那本書在書架上佔有一席特殊地位。

我們可以說那本書被丟進圍籬是個巧合，我們也可以說當時那對夫妻正需要那本書是個巧合。但你不覺得是上帝安排的嗎？你不認為是主的神蹟嗎？

可能在你的書架上，有本書或雜誌是你已不再使用。何不送給可能正在尋找該類型讀物的朋友？如此，你也可以領導別人到耶穌面前，並成為耶穌施行恩典神蹟的工具。

1月/22日．故事22

上帝的書具有力量

「（祂）寬容你們，不願有一人沉淪，乃願人人都悔改。」
彼得後書3：9

上帝有奇妙的方式，引領人民到祂恩典的王座前。無論是最根深蒂固的罪犯、謀殺者或其他人，上帝愛我們所有的人，並要大家都跟隨祂。祂渴望我們良善正直，過和平及幸福的生活，無論周遭發生任何事。

菲律賓人瑟吉歐，年輕時失去他的父親。他家境貧困，在他成長階段，他必須力求生存並養活他的母親。瑟吉歐用盡各種手段謀生。他有時偷食物，有時搶劫或從事其他邪惡活動以賺取金錢。無論他住在哪裡，他都是鄰居眼中的恐怖分子。社區中若傳出瑟吉歐出沒的消息，就會人心惶惶。身為一個強盜，他是個亡命之徒。

有一天他決定跟蹤多明尼哥，一名推銷《善惡之爭》的文字佈道士，他想偷他的背包。瑟吉歐確定袋子裡面有很多的錢。但奇怪的是，每次當瑟吉歐靠近他，想偷背包時，他就變得很沒力，他不懂為何在搶劫多明尼哥時變得虛弱。他似乎只能在多明尼哥向鎮民推銷書時，維持聽得到談話內容的距離。當有人告訴多明尼哥這項詭計時，他卻表示一點都不擔心。

某天傍晚，多明尼哥的客戶之一看到瑟吉歐躲在附近，便向文字佈道士指出他的位置。多明尼哥剛開始有點吃驚，但他的情緒馬上被上帝的承諾取代。他鼓起勇氣走向瑟吉歐，並向他推銷《善惡之爭》。這次推銷完全改變瑟吉歐的態度，他馬上變得很友善，並買下了這本書。

當他讀這本書時，這名強盜發現自己生命逐漸轉變。他發覺到自己離開正道多麼遙遠，並意識到他需要從上天而來的力量才能得到新生。然而撒但並不會輕易地放棄曾經跟隨他的僕人。有長達兩年時間，他在上帝與惡魔之間痛苦掙扎，最後瑟吉歐接受真理並受洗。不久，瑟吉歐和我們一位忠誠的姊妹結婚，並跟隨多明尼哥加入文字佈道行列。他不再搶奪、打劫。社區民眾不再害怕他，他不再是恐怖分子，他現在還教導民眾如何找到永生之路。這是多麼大的轉變！這真是主的神蹟！

上帝的書具有力量。閱讀時，聖靈讓罪犯們認罪悔改，並將服事上帝的渴望放在他們心中。今天，讓我們為尚未聽到主的呼喚的人們祈禱吧。

一封感謝信

「我聽見我的兒女們按真理而行，我的喜樂就沒有比這個大的。」
約翰三書1：4

全世界有許多人因為那充滿關懷、畏敬上帝的文字佈道士的拜訪，成為上帝幸福的兒女們。文字佈道士時而會收到來自充滿感激的人們寄來的信，人們真摯表現出對那些在他們最需要的時候，登門拜訪的文字佈道士的感謝之意。無疑地，上帝會引導我們的文字佈道士前往等待真理的人家裡，讓我們看看下面這封信。

親愛的艾諾：

當你收到這封信時，我相信你早已不記得我們。但是我在《評閱宣報》上看到你的照片和名字，我決定寫信給你。我們是住在堪薩斯州利文沃地下室公寓的一對年輕夫婦，你的造訪已是多年前的事。

在某個醫師診所，我填寫了《聖經故事》的書卡，而星期三傍晚你就來了，剛好比保險推銷員早個30分鐘。我們對此非常的感激，不然我們可能就會把錢花在買保險上。

我先生買了《歷代之爭叢書》、《聖經故事》以及《聖經與你》。這是我們圖書室小小的起步，而現在它已經有幾百本的好書了。我們先「品嚐」《聖經故事》，然後進一步「攝食」其他書籍。我先生深受感動並且受洗，這些書籍以及牧師所撒下的種子終於開花結果。我不知道該如何告訴你，我們的生活因為那充滿真理的書籍以及美好的文字，變得多麼快樂。我們再次感謝你在那天傍晚的拜訪。

很多人抱怨文字佈道士賣的書太貴，但我們甚至願意用兩倍的價錢來換取所得到的好處，感謝你為這充滿挑戰的事業所貢獻的心力！

再次感謝你在堪薩斯州利文沃敲我們的門，並祝你好運。願上帝最豐盛的祝福跟隨你以及你的事業。

在基督裡你誠摯的喬治與凱西艾麗斯

讓我們為正在閱讀上帝書籍的人們祈禱，讓他們理解他們所閱讀的。我們知道當他們閱讀時，聖靈正引領他們、指導他們。

1月/24日・故事24

讓孩子閱讀

「有些人存疑心，你們要憐憫他們；
有些人你們要從火中搶出來，搭救他們。」猶大書1：22、23

不論是藉由講道或文字，當人們面對真理時，靈性的敵人會給他們無數理由讓他們拒絕真理。他們可能會說：「我們現在很忙，有機會我們再聽」，「我們的小孩還小，沒辦法讀聖經故事」，或是「你們的書太貴了」。文字佈道士們都已經習慣了這些藉口，並理解這些都是惡魔要讓需要理解上帝之愛的人遠離真理的方法。

在某個下午，文字佈道士拜訪了一個三人家庭：父親、母親以及四歲的小女孩。在文字佈道士的想法中，這正是推銷《聖經故事》理想的對象。他被熱誠地帶到屋子裡，並發現這是個很虔誠的基督教家庭。除了父親、母親之外，看不到小女孩的蹤影。他知道家裡有個小女孩，因為他聽到他們談論到她，並喊她的名字「安妮」。他很努力地展示書籍，他們也很同意這是很好的叢書，但他們的小孩太小了，沒辦法理解聖經故事。文字佈道士看出這又是靈性敵人的計畫，不讓這家人體驗或享受上帝的愛。他不斷對自己說，只要母親能夠閱讀，沒有一個小孩會小到無法理解聖經故事。他試著再次說服他們，但徒勞無功。幾次之後，他放棄了並收拾書籍準備離開。在他心裡深處，他為這家庭，尤其是那小孩感到很悲哀，因為他們被剝奪了能夠更理解耶穌的機會。

剛好，小安妮剛睡醒，並從她的房間走到客廳來。這位文字佈道士很幸運，她並不害羞，當他叫著她的名字要她靠近時，她馬上就回應了。他把她抱在膝蓋上，一邊看著書本一邊跟她講述聖經故事。她非常喜歡，這讓父母們嚇了一跳。在第二個故事結束前，這位先生對妻子說：「我想，妳應該幫我把支票簿拿來」，並轉向文字佈道士，再次親切地詢問價錢。

那天，天堂響起了歡喜之聲，因為敵人並沒有成功使讓上帝親愛的孩子們遠離真理。同時文字佈道士的心也相當高興，因為又有個家庭可自豪地擁有這些已帶領許多人接近耶穌與真理的書籍。

今天我們為特別的事情祈禱吧。是的，我知道，所有的祈禱者都很特別，且在上帝的眼中，人人都是特別的。但讓我們今天為全世界很多家庭中，尚未有機會讓耶穌成為特別的朋友的男孩、女孩而祈禱吧。

1月/25日・故事25

書籍分享

「只是我先前以為與我有益的，我現在因基督都當作有損的。」

腓立比書3：7

上帝常常以奇怪的方式行神蹟。祂總是知道最佳的時機和環境來接近特殊的靈魂。故事常源於某人買了一本書，把它送給別人後，收到書的人反而比買書的人早一步尋找到耶穌，就如下面發生在美國的故事一般。多年前，文字佈道士把《聖經故事》和《聖經與你》（Your Bible and You）賣給依利諾州卡蘿麥國熙太太，只有上帝知道他的名字。他所種下的種子不久就開花結果，卻不是在購買書籍的麥家。麥家從伊利諾搬到科羅拉多的情人市，他們的鄰居查維斯家裡有三個小男孩。某天，麥太太決定把《聖經故事》借給克莉絲查維斯，讓她念給她的小孩聽。克莉絲接受了，並開始閱讀。她馬上對聖經資訊感到興趣，當小孩子們都睡了之後，她會把故事說給她先生雷伊聽。

幾個月內，雷伊及克莉絲看完了《聖經故事》，並在重讀一次之後，麥太太把《聖經與你》也借給他們。閱讀這本書似乎讓這對年輕夫婦找到生命中真正所需，並渴求更多的光明。幾個星期之後，情人市的文字佈道士利未・維傑登門拜訪。他向他們推銷《聖經故事》、《聖經與你》以及《歷代之爭叢書》，他們毫不遲疑買下所有的書。現在他們有自己的書了，當他們從書中發現先的真理時依然激動。這些書取代了家裡的電視成為主要的樂趣。

第一次造訪過後的幾星期，維傑再度拜訪查維斯家，看看他們對書籍的反應。他被問及許多關於安息日、人死後的情況等等問題。雷伊與克莉絲並不知道維傑是復臨教會的信徒，也不知道他的信仰，但重要的是他們從上帝的話語中找到了最棒的真理，這也正是他們所需要的。維傑替他們安排聖經研讀課程，幾星期後他們就受洗了。現在他們急於向所有遇到的人分享他們的信仰。他們首先分享的對象，就如你所猜的一樣，就是他們的鄰居麥國熙一家人。

上帝的神蹟多麼神奇！在今天的故事中，祂讓一對夫婦買下祂的書，借給別人之後，第二對夫婦回頭再把上帝的真理傳遞給第一位買書人。一如往常，上帝的時機總是完美無缺。

今天，我們祈求上帝復興祂的兒女，將上帝的訊息傳遞給那些需要的人。讓我們用比以往更多的熱情來生活、傳播並宣揚上帝的資訊。

兒童文字佈道士

「教養孩童，使他走當行的道，就是到老他也不偏離。」箴言22：6

上帝並沒有理由不藉由孩童們為祂的國度去接近人，這如祂藉成人如此行。事實上，孩童比成人更具有影響力。孩子天真、誠摯的態度使他更容易被聖靈所教導，並軟化談話對象的心靈。正是耶穌所說的，凡要承受上帝國的，必須像小孩子一樣。

羅伯特只有11歲。他父親是個文字佈道士，所以羅伯特也以此為志向，而且他不想等到他16或18歲時才加入這支上帝的軍隊中。他現在就想要成為一個文字佈道士！他覺得沒任何反對的理由。在跟家人討論，並保證不會荒廢學校課業後，羅伯特開始走向文字佈道士之路。他拿到他第一批的書，大部分是雜誌，並準備好要去拜訪他的第一位顧客。但他該去哪裡？他知道他必須到一個有很多人願意買下他雜誌的地方。想不出有什麼比機場更好的地點了，所以他朝機場出發，並對於帶著上帝的資訊接近人們的遠景相當興奮。他相當有自信，因自從想為上帝工作之後，他就比以前更常祈禱。

羅伯特到達機場，並馬上開始推銷他的雜誌。他非常成功，但不久後，有一位先生把手放在他肩膀上並要他跟他到辦公室去。那位是機場副理，他堅決地說機場內不准推銷。羅伯特知道這人是認真的，但他告訴自己，在機場內工作的人也都需要認識上帝。在離開副理辦公室後，他馬上詢問最近的櫃台人員，哪裡可以找到機場的總經理。羅伯特沒多久就來到總經理的辦公室。他是一位和善的人。當羅伯特向總經理解說他工作的目的之後，總經理被這位小男孩的真誠而打動。他不只允許他在機場內工作，還簽給他一張允許證明。羅伯特離開總經理辦公室時心裡正哼著歌，他知道這是一項神蹟。當他再度撞見副理時，臉上依然掛著微笑。這次副理非常嚴肅，要羅伯特馬上離開機場。但羅伯特從口袋拿出總經理的允許證明，發現副理的態度出現急速的轉變。

正在這個時候，搭載著州長的飛機降落了。羅伯特找到一個可以看見州長的地方，準備把雜誌賣給州長。這項行動出奇成功，不只是州長，許多與州長同行的人也都向他購買。羅伯特經歷了美好的一天！是他永難忘懷的一天！不屈不撓是值得的。

1月/27日・故事27

聖靈給人話語

「因為正在那時候，聖靈要指教你們當說的話。」路加福音12：12

無疑地，聖靈會在特殊場合給我們話語，幫助我們去向人傳福音。下面的經驗或許有些幽默，但這些話語並非來自人類的智慧。

一位文字佈道士拜訪了一對年長者的家庭。一位退休的校長以及他退休的妹妹住在這裡。他們已經70多歲了，靠老師的退休金過活。很明顯的，這個家庭的經濟不算寬裕。

文字佈道士介紹《在家研讀聖經》（Bible Readings for the Home），他們對於屬靈的事物抱有真誠的興趣，但老先生總是說：「我們靠退休金維生，沒辦法負擔這些書籍。」但文字佈道士依然繼續推銷，告訴他們家裡有這樣一本好書可以帶來許多的益處。他們對於預言的章節特別有興趣，並提出許多問題，但最後還是回到「沒有錢」這個問題。

這位文字佈道士結束了他的介紹，他把書放在老先生以及坐在旁邊的妹妹的手上。他們慢慢翻著書沒有說話，但心裡卻有一場戰爭正在進行。靈性的敵人正千方百計說服他們不要購買。靠著退休金維生的話題再度被提起，但同時他們也愈來愈明白自己對於書本的興趣，以及書本可為他們帶來的益處。

最後他們抬起頭來，老先生說：「我們沒有錢可以購買。」文字佈道士說了一句連自己都很驚訝的話，他說：「先生，請看看你的床墊下吧！我確定那裡有錢可以讓你買下這本書。」老先生站起來，慢慢地走向通往臥室的門，在進門前他向文字佈道士說：「你怎麼知道呢？」但有趣的事發生了，他消失在房間裡後，回來時已帶著現金與微笑，準備買下這本書，並由衷地感謝這位基督徒訪客。我不知道床墊下是不是真的有錢，但我知道的是那一天，上帝再度告訴我該說的話，因為如你所知，我就是那個文字佈道士。當我有一天在天堂遇見那位老先生和他妹妹時，我將會是多麼喜樂。我們可能會對那天他們購買《在家研讀聖經》所發生的狀況而會心歡笑。

今天讓我們為能夠察覺到聖靈的引導而祈禱。我確信聖靈經常說話，但我卻不聆聽。他今日可能要告訴你和我去某一個地點面見某個沮喪的人。祈禱我們會聆聽他的話語，並樂意採取行動。

1月/28日・故事28

至高的奉獻

「但這一切的事以先，人要下手拿住你們，逼迫你們。」
路加福音21：12

成功的文字佈道免不了要犧牲奉獻。1948年1月，菲律賓內格羅斯島的卡迪茲鎮所舉行的聚會中，呼召熱心教友加入文字佈道工作。牧師呼籲了三次，但只有一個人舉起手回應。他的名字是迪歐里斯特，他家境貧寒，而且只受過短暫的教育。

迪歐里斯特被指派到Catwamg和Hinatuyay村落工作，那些村落散佈在內格羅斯島的高山Canlaon Volcano的山腳下。迪歐里斯特非常高興，並馬上前往他的領域，他的工作必須面對島上可怕的「潑辣漢」（Polahans）部族。

迪歐里斯特非常地成功，帶著上帝的保佑，幾個月內他得到許多《善惡之爭》、《但以理與啟示錄書淺釋》的訂單。送書的時候到了。迪歐里斯特用水牛載著兩袋書，去寄送書籍。在山路中迪歐里斯特愉快地唱著聖歌，騎著水牛經過一條漫長的小徑，這時有人忽然從矮叢中跳出來，朝他的胸口射了三槍，迪歐里斯特從水牛背上掉落，他當場就失去生命，兇手偷了他的錢後逃跑。

附近的人聽到槍聲，開始追趕兇手。他最後被抓到了，帶回鎮上後被關進牢裡。聽到迪歐里斯特死亡的消息，出版社老闆馬上到現場查看屍體，他走了20多英哩才到達迪歐里斯特平躺的地方。當他看到迪歐里斯特時，他不禁掉下淚來。大家看到出版社老闆流淚，大家也跟著啜泣。不久，有人問他：「你是這位上帝使者的長官嗎？如果我沒說的話，將不會有人知道我欠他一筆錢。這裡有20披索，是我買《但以理與啟示錄書淺釋》欠他的錢。」之後另一個男人開口說話，然後又有一個，都是要付清向迪歐里斯特購書的錢。

迪歐里斯特的努力並非沒有回報，現在在他被射殺的地點建起了一座復臨教堂。教友幾乎都是原本迪歐里斯特賣書的忠實顧客，謀殺迪歐里斯特的兇手的父親也是教友之一。這父親有一天收到一封兒子從監獄寫來的信，它說：「父親，你今天將會很高興，因為你的兒子安東尼奧，謀殺上帝使者迪歐里斯特的兇手，將要在獄中由復臨教會的牧師主持受洗儀式。」

如今在上帝忠實僕人付上至高犧牲的這地區已建立了幾間教會。很值得吧？

1月/29日・故事29

一本被竊的書指引救贖之路

「不敵擋我們的，就是幫助我們的。」馬可福音9：40

即使一本充滿真理的書籍被偷了，它依然闡述著真理，不會因為偷竊這項事實而削弱書中的信息。大部分的案例中，竊賊閱讀此書之後，品格改變而受惠。以下故事發生在加勒比聯合會，是主的另一項神蹟。

一個年輕人決定成為個巫師，他相信那可以幫助他很快名利雙收。他開始尋找他所需要的工具書，以成為一位成功的巫師。

某天他拜訪他的叔叔，他叔叔讓他看一本最近才買的書。當這年輕人翻閱時，他發現一篇關於「巫術」的章節，決定用盡各種去方法擁有這本書。他深信他叔叔絕不會把書借給他，也不知道該去哪裡購買，於是他決定把它偷走。

夜晚，年輕人潛入他叔叔的家中，並把那本書《善惡之爭》偷走。當晚他就從他有興趣的章節開始閱讀。當他愈讀愈深，他也就愈明白召魂術的真相。他翻回去把那章節再讀一次，之後又從〈罪惡及痛苦的起源〉到〈永生的奧祕〉讀了五章。

他所讀到的真理緊抓住他的心，他最後讀完了整本書，並決定成為一個復臨信徒。但這偷來的書該怎辦？只有一個方法：去找他叔叔，向他供認錯誤，並將書本歸還。他這麼做了。懺悔中他告訴叔叔他對此事感到多麼抱歉，但偷了它又閱讀它後，他是多麼快樂，因為在書本裡他找到了上帝的真理，因而遠離撒但的陷阱。

上帝的書籍中具有力量。無論是用買的、偷的或是借的，書中的信息依然有力。遺憾的是，有些人必須用違理的偷取手法來學習上帝的真理與救世計畫，但他們實在不需要這麼做。若上帝有更多樂意奉獻的孩子，對人有真誠的愛，那麼人就不需要竊取書籍了。

今日我們要為那些追尋更美好生活的人祈禱。祈禱他們能夠遇上某人，幫助他們找到他們所求的希望。也祈禱若你正是那個人，你會樂意以該有的愛與熱心來分享救贖之樂。

你準備好進行這個禱告了嗎？你準備好為上帝所用來施行恩典的神蹟了嗎？

1月/30日・故事30

聽不見的耳朵

「聖靈向眾教會所說的話，凡有耳的，就應當聽！」啟示錄2：11

我們有多常聽到實際沒有被說出的話語？尤其是在當我們年紀漸老以及我們的聽力開始衰退之時。以下故事發生在一群人身上，他們都聽到了相同的話，而那段話並不是別人所說的話。

正值夏天，學生們必須開始工作賺取助學金助學金，兩個年輕的女孩被指派到某個城市工作。她們從來沒在那裡工作過，因此對那裡的人而言她們是陌生人。依計畫安排她們在星期日到達，而星期一出版社老闆會讓她們開始工作。她們倆都必須在這假日賺到足夠的錢，以供應下一年度的生活。這是一項艱難的工作，尤其在一個對教會充滿偏見的城市裡。

兩個年輕女孩非常有膽識，她們沒有在計畫中的星期日到達，而是提前四天，在星期三就來到這座城市，她們也沒有知會出版社老闆。星期四早晨，她們開始拜訪賣書。沒有時間可以浪費，她們必須賺取學費，時間卻極有限。她們在星期四整天，以及星期五的大部分時間都在工作，獲得一些成效。後來她們認為等到星期一或許是件好事，因出版社老闆將跟她們一起行動。賺取助學金對她們而言顯然不是一件簡單的事。

星期日早晨，她們聽到教堂的鐘聲響起，呼喚人家到教堂去。她們不確定教堂的牧師是否會警告大家不要購買她們的書。她們準備好在星期一打一場硬戰。星期一早晨，兩個出版社的人來了。經過簡短訓練課程後，他們各帶領一個女孩開始拜訪家庭。第一個家庭的交易進行得相當容易，大家只是說：「我們的牧師昨天在教堂告訴我們，有兩個女孩在城裡賣書，他說我們應該購買這些書籍。」

不只是第一個家庭，當週還有次週，每一戶幾乎都很順利。大家都很友善，他們似乎在等待學生的拜訪一般。後來發現，那天牧師所說的是要大家「不可」購買那些書籍，但那天，在教堂裡的人都只聽到上帝要他們聽到的話，讓兩個年輕女孩只花了兩個多星期就賺到了助學金。

今天我們為許多販售上帝書籍的年輕孩子們祈禱，祈禱他們不只是賺取助學金，也能得到為天堂得人的經驗。

1月/31日・故事31

他是如何得知的？

「耶和華所造的，各適其用。」箴言16：4

上帝是否有時會讓人們夢見，給人啟示，以便讓他們知道某些祂希望他們知道的事？文字佈道士有時經歷到最不可思議、毫無解答的事情。他們拜訪人們，告訴人們一些他們當時也不可能知道的事情。

文字佈道士貝絲，某個星期四正在某戶家庭推銷《聖經故事》、《歷代願望》，及其他的書。那時候《善惡之爭》尚未在南非發售；事實上，是在當天才送達，但貝絲並不知道這件事。

這戶人家對於屬靈的事很感興趣，但無法決定該買哪一本書。他們要求貝絲星期一再來一次。雖然這聽起來像是藉口，但是，貝絲確信她這次可以成交。

翌日，星期五早上，當貝絲走進書房為下週購買補給時，她發現《善惡之爭》已經送達。她拿了幾本，同時覺得在上帝的祝福下這本書將賣得很好。

星期一早晨，貝絲再度拜訪上週四對書本興趣濃厚的家庭，他們還是很感興趣。她向他們接連展示幾本樣本書，但每次那先生總是說：「不，這不是我們想要的書，給我們看看上星期四你帶來的那本書。」貝絲把所有的書都拿出來了，但那位先生依然堅持要看上週四他看到的書。最後她拿出那本新書，《善惡之爭》。他立即說：「就是這本書，我們想要的就是這本書。」

起初，貝絲試著解釋上週四她不可能展示過這本書，但無論她說什麼，他還是堅信他週四所看到的以及他所要的書就是這本。貝絲愉快地把這本書賣給他，並知道上帝為了某種原因讓這位男士看到了《善惡之爭》。當她離開這戶人家時，她為上帝將真理送到人們家裡的美妙方式而感到喜樂。

上帝可能在夢裡，或透過其他方式做工，但可確定的是，時機到時，祂在人心動工使他們接受祂的真理。我們該做的，就是依聖靈引導前往該去的地方，並介紹上帝信息的書刊。或許在你所忽略的家庭或辦公室裡，上帝正鋪下道路，讓你去接近一位正在尋覓的生靈。

今天我們為上帝在文字佈道士的生命中的引導，讓他們能夠抓住任何機會勇敢宣揚真理的書籍而祈禱。

2月/1日・故事32

有一位永活的上帝嗎？

「起初，上帝創造天地。」創世紀1：1

對許多人而言上帝並不存在，他們通常稱自己為「無神論者」，因為不曾有人費力把上帝介紹給他們。文字佈道士們總是引介人們去認識上帝。

兩位文字佈道士，瑟吉和朋友在俄羅斯一同工作，拜訪公寓住戶。他們來到一家父母及8歲小女孩三口的年輕家庭。他們受到熱誠歡迎，在簡短自我介紹後，他們把書拿出來。當男主人看到宗教書籍時，他馬上說他的家人都是無神論者，並向文字佈道士們挑戰，要他們證明上帝的存在。

對文字佈道士而言，這的確是項挑戰。他們該如何幫助這家人了解上帝，並了解上帝愛他們？那男主人所說的話聽起來就像是求救的呼喊。安靜地祈禱上帝的指引後，智慧頓時湧現。幾秒後他們回答了這問題。

一位文字佈道士說：「先生，要我們證明上帝的存在，比你證明上帝不存在還要簡單許多。上帝圍繞我們身邊，若你願意即可看見祂。」

男人的臉上浮現大大的問號。桌上擺著插著人造花的花瓶，文字佈道士拿起一枝花並問說：「你能做朵花嗎？」

男人回答：「當然，你拿的花就是人造的。」

「沒錯，但你能讓它生長嗎？你能賦予它生命嗎？」文字佈道士說。

夫婦倆對這句話充滿了興趣。從一個簡單的比喻中了解一位永活的上帝，使他們更有興趣想進一步了解這其中的道理。在文字佈道士推薦書籍時，他們決定購買兩本。這時，婦人興奮的跑進房間拿出一本英文版的《在家研讀聖經》（Bible Readings for the Home），這本書是某位基督徒送給他們的。得知上帝的真理進入了這戶年輕家庭後，兩位文字佈道士感到十分歡愉。

瑟吉再度拜訪這戶人家時，發現他們非常願意接納神並想知道更多。他們的心扉已被開啟，並準備好讓耶穌進入他們的生命。接下來的過程已被安排好，或許將來有一天，這兩位文字佈道士將在天堂遇見這曾經是無神論者的家庭，並繼續他們1997年在俄羅斯某個城市裡開啟的對話。

開啟的門

「我知道你的行為……看哪，我在你面前給你一個敞開的門，是無人能關的。」啟示錄3：8

生靈的敵人相當努力作工，因為他知道自己的時間短促（但願有更多上帝兒女們也體認到這件事）。在許多地方，上帝的真理遭受強烈的反對，甚至有些教會領袖對救贖福音傳到該地區而感到不愉快。

文字佈道士多莉負責販賣書籍，她整個星期的銷售成績非常出色，但星期日時，當地教會領袖決定警告大家不要購買多莉的書。所幸，並非大家都到教堂，而沒去的那些人也決定在下週購書。她又獲得一週的好成績，只有少數人拒絕購買。牧師發現在講道壇勸戒人沒發揮什麼作用，於是決定從下星期一開始隨著多莉之後挨戶拜訪，這個計畫非常成功。當多莉發現教會牧師試圖將上帝的真理擋在人們門外時，她離開了這地方。

一年後多莉又回來了，這次她發現人們都非常友善並且樂意接納。有偏見的教會領袖被調離了，人們雖然不確定，卻依稀記得他曾告訴大家要買多莉的書，大家就照做了。

上帝給祂的使者一扇開啟的門，沒有人能將它關上。可能有某些人試著關上，但上帝絕不會允許有人阻擋祂的信息太久。我們為忠誠、勇敢、無畏的文字佈道士不計代價地從事為上帝國度贏得靈魂的事業而感謝上帝。全世界分佈著22,000多位的文字佈道士，這些獻身的男女及小孩接受上帝的呼召，為祂成就特殊的事工。當你遇見他們，請與他們交談，你將發現當他們與人分享時，體驗到救贖的喜悅。

在世上許多國家需要有更多的文字佈道士，某些國家仍等待著藉由文字佈道開啟福音之門；而其他地方雖然有文字佈道士，但尚不足以向所有人們傳福音。

今天讓我們再度祈禱求上帝持續在那些獻身者心中動工，讓他們在世界歷史的後期參與文字佈道工作。你可能認為自己不夠資格從事這項事工，但是主要的條件是：獻身、意願以及受教的心，聖靈將會做其他的部分。上帝給我們敞開的門去成就祂的事工，在完成前沒人能將門關上，讓每個人都有機會聆聽救世的福音。

2月/3日・故事34

你不舒服嗎？

「因為有寬大又有功效的門為我開了，並且反對的人也多。」
哥林多前書16：9

反對是文字佈道士必須習慣的事。他們必須知道，當他們接受上帝呼召在這位置服事上帝的那天起，他們就是向靈性的敵人宣戰；他們也知道，當從事愛的事工時，耶穌及所有天軍與他們同在。他們是天國的使者，這想法讓心更加堅強。身為一個使者，他們必須隨時與主連繫。

我們的兄弟瓦西利烏是希臘帖撒羅尼迦的文字佈道士。某天在港區推銷時，他想要拜訪港口行政辦公室的人，但警衛不肯放行，因為他沒有特殊通行證。瓦西利烏沮喪地回到機車旁，站在那裡，他迫切地向上帝祈禱，希望能夠打開辦公室的大門。

剛好有位男士經過，他很好奇地看著瓦西利烏，覺得他好像病了。他問：「你不舒服嗎？我可以幫得上忙嗎？」瓦西利烏驚訝地回答說：「不，謝謝你，先生！我沒病，只是正在禱告。」

他開始說明剛才發生的事。然後他驚喜地發現眼前這位貴人正是港口的襄理。

「跟我來吧！」他說，「我幫你安排，介紹給總經理認識。」

在一場完美的面談後，港口經理買下瓦西利烏整套的書籍，並讓他去拜訪其他辦公室。

成績超乎瓦西利烏所能預期：他賣出20本900多頁的厚書，還有25本小書，但這只是一部分的成果。剩下來的必須等瓦西利烏在天堂遇見這些人後才會知道。

敵人試著關上上帝僕人的門，但在祈禱後，上帝把門大大地打開，讓20多人接觸到祂的真理。是主的神蹟嗎？是的，的確是。警衛仍在執勤，規定仍需遵守，但上帝製造了神蹟，讓祂的真理走進關閉的門。

我們今天難道不該向上帝祈求讓男人、女人和小孩們都成為祈禱者嗎？我們在天上的父將更樂意去回應我們所祈求的。

「信心是上帝所賜的，但運用信心的能力乃在我們。」（懷愛倫著，《先祖與先知》，423頁）

神聖書頁的價值

「我另外有羊，不是這圈裡的，我必須領他們來。」約翰福音10：16

多年前，有個不知名的朋友為尼森與瑪莉連恩訂閱我們的傳教雜誌。尼森是衛理公會的牧師，他自認了解聖經，所以對基督復臨安息日會特別有偏見。

瑪莉把這些雜誌跟煤油一起用來點燃她的爐子。某天她對自己說：「某人熱心為我們訂閱這些雜誌，若他問起我是否收到的話，我不忍心傷他的心。今天點火前還是先看看吧！」

她所閱讀的是關於安息日的文章，她相當感興趣並把它看完。站在廚房爐子前，她決定要守安息日。但她該怎麼告訴尼森呢？她在星期五打掃、烘培，並默默地守安息日達三週之久。

某天在屋子外，尼森發現雜誌的殘頁並將它撿起。上面所列的聖經參考資料引起他的興趣。結果演變成他雙膝下跪，並決定要守安息日。但他如何告訴瑪莉？她會覺得他瘋了。他該如何告訴他的會眾？

走進廚房，他抱住瑪莉並告訴她有重要的事想對她說。他求她不要嘲笑他。她覺得他似乎是瘋了，但看起來又不像。她有些驚慌，不知道會是什麼事：是可怕的疾病？或是他們的婚姻出了問題？

當他對她說明後，她笑出聲來，這使他大受傷害。他怕她嘲笑他新的信仰。

「不，親愛的尼森，我不是在笑你，我只是太高興了！你沒有發現過去三星期中這裡的改變嗎？我真的不敢告訴你！我讀了某人寄來關於安息日的文章，並決定守安息日。」

尼森連恩後來成為一位復臨教會的牧師，並帶領許多人們得到福音。他的曾孫是第五代的福音工作者，這一切只因一開始有人把我們的雜誌寄給了他們。

你何不開始寄發你的雜誌給鄰居、朋友、親戚、同事，或是任何人？在我們的世界上，存在著許多像尼森與瑪莉連恩這樣的人。他們需要真理，而你只需盡一點心力就能把真理傳送給他們。與附近的復臨書房聯絡，告訴他們你想要寄送的名字，讓全世界都知道上帝的真理！

2月/5日．故事36

教導他們

「所以，你們要去，使萬民作我的門徒……凡我所吩咐你們的，都教訓他們遵守。」馬太福音28：19、20

每年，我們有上百萬本書進入每戶人家裡，大部分來自於忠誠的文字佈道士的努力。許多購書人並不確知自己靈魂的價值，我們必須教導他們如何使用書籍，為自己的投資帶來最大的利益。

布朗夫婦住在南非約翰尼斯堡，他們只是名義上的基督徒，偶爾才上一次教堂，他們對於靈術特別有興趣。布朗先生是採金礦業的官員，而布朗太太是家庭主婦。

某天，一位文字佈道士登門拜訪述說有關屬靈方面的事，並介紹一些好書，包括《善惡之爭》、《聖經如此說》及其他書，布朗夫婦覺得很感興趣並決定購買。但之後，他們把書放在一旁，有一年以上未曾翻閱。

有一個人在某個場合拜訪他們，他告訴布朗夫婦一些奇怪的消息，並在水晶球裡顯現一些詭異的景象，包括未來將會發生的事。布朗夫婦相當不安，因為以前從來沒有聽說、也沒讀過這種事情！

在靈學家來訪後某天，又有人來敲門。這次是之前那位文字佈道士。當布朗太太看到他時，她高興地叫出聲來：「現在能看到你，我真的非常高興！請快進來！」她向文字佈道士轉述那名術士告知的所有事情，其中包含，她先生將在不久以後突然死去，這讓她倍感壓力，無法安穩入睡，她需要幫助，卻不知向哪裡求援。

文字佈道士問她，是否已閱讀一年多前購買的書籍。「沒有」，布朗太太慚愧的說，「他們把書放在安全的地方，卻未曾翻開閱讀。」她把這幾本書拿出來，驚訝地發現《善惡之爭》中談論到招魂術。文字佈道士要求她先閱讀此章節，他將於下週再度拜訪，然後再一起多閱讀幾個章節來幫助他。

隔週，當文字佈道士再度拜訪時，他發現布朗太太放鬆多了。她感謝他的幫忙，找到她所需要的。她從不知道那些書這麼美好！她先生被預言死亡的日子到來，卻沒發生任何事就過去了。

布朗夫婦必須被教導使用書本的方法，然後才懂得珍惜書籍。讓我們為屋子裡書架上的書祈禱吧！

2月/6日・故事37

一位文字佈道士的信仰

「信就是所望之事的實底，是未見之事的確據。」希伯來書11：1

文字佈道士喬治，深信那天他在農家虔誠向上帝禱告降雨，上帝必會回應所求。但他並未料到雨來得如此快速與強烈！

對農家而言那一年相當乾旱，已經幾乎兩年沒有下雨了，而且看起來未來又會是乾旱的一年。農家們必須替牛羊買飼料，因為已不能讓牠們在田野吃草了。農夫們很憂慮，因為有雨水才有收成。就在這樣的情況下，喬治以及他的文字佈道士夥伴來到農場賣書，時機對他們相當不利。

喬治為《聖經故事》、《善惡之爭》做了很好的介紹，農夫很感興趣，但他必須為牛羊買飼料，怎麼可能考慮購買書籍？他心中相當掙扎，他告訴兩位文字佈道士：「我不能買書的原因，就如同我想買書的欲望一樣嚴重。我必須對我的牛、羊負責。若我知道接下來的一週或兩週會下雨的話，我絕對會買你們的書。」

農夫所說的話給了喬治提議的線索，他對農夫說：「先生，我們將祈禱上帝降下甘霖，並不是明天或下星期，而是現在。你的牛隻需要飼料，而你需要紓解壓力。我們偉大的天父知道這件事，祂將垂聽我們的祈禱。」

農夫有些驚訝，但他還是跟著兩個文字佈道士一起跪下，聽著喬治真誠的禱告，宣告上帝的應許。禱告並不長，卻說出了重點並充滿感情，聖靈與他們同在。他們起身，喬治摸著書本說：「先生，若你相信上帝將回應我們的祈禱，你今日就應該憑信心行動而購書。上帝將會供應你所需，祂的承諾句句屬實。像是牛、羊需要飼料一樣，你我也都需要精神上的食糧。」

農夫依然不確定，但他還是買了書。他抬頭看天空是否飄來了雲，天空卻依然晴朗。這兩名文字佈道士離開了農場時，仍然祈求上帝垂聽他們的禱告。上帝並沒有讓他們失望。兩個小時後，天色變得陰暗，不久就開始下雨，這場雨持續下了36個小時。

我相信那農夫將不會忘記文字佈道士祈雨的禱告，我也認為下次若文字佈道士要為這農夫祈雨時，他將會要求文字佈道士記得跟上帝說明要下多少的雨，不要再下36小時了！

2月/7日・故事38

上帝的語言不被阻擋

「樹上的葉子乃為醫治萬民。」啟示錄22：2

沒有任何事可以阻止聖經去實現它所想完成的事，有些人把它跟那些發行者一起燒了、有些人忽視它、有些人把它丟到一邊，但無論聖經降落何處、被誰撿起，或被誰閱讀，都會受到上帝非凡愛的信息所影響，祂多麼願意去付出，去解救許多不懂珍惜的人。

許多國家試著禁止聖經，伊拉克也是，當局可採取任何手段，不讓上帝的話語來到人民的手上。他們以為控制得很好，但某件事發生了！「沙漠風暴」行動。由於伊拉克與科威特之間的紛爭，成千上萬的美軍進入伊拉克，而他們在離家之前，每名士兵都收到一本新的聖經。戰爭幾天就結束了，大部分美國士兵連翻開聖經的機會都沒有，就得再度啟程回國。那些士兵作了一項特殊的決定，就是把成千上萬的聖經留在伊拉克！

一定有伊拉克的人民閱讀了聖經，因為在美國士兵離開後幾個月內，美國收到了許多信，詢問那本奇怪的書所提的那個男性又是誰？

上帝的話語可能被束縛嗎？不，肯定不行！上帝會找到方式，帶著真理接近所有人，給予他們機會了解耶穌。不只伊拉克試著阻擋，還有俄羅斯、越南、中國等國家。但聖經現在難道不存在於這些國家嗎？它確實存在。而且，通常我們的事工在禁止聖經的地區比宗教自由的地區發展得更快。那表示某些獻身上帝的子女千方百計偷運聖經，甚至賠上自己的性命。但聖經中做了承諾：「你們要先求祂的國和祂的義，這些東西都要加給你們了。」不是嗎？

在許多禁止聖經的國家，民眾家裡卻有一本聖經，雖然他們可能不甚理解其中含意，但他們卻對他們所閱讀的心存感謝。當基督復臨，看到成千上萬甚至數百萬的生靈，偷偷取得聖經、閱讀並盡力服事上帝，將是多大的驚喜。那些人們有可能帶著淚光走向你說：「謝謝！謝謝你為我帶來上帝的話語！若不是你委身宣揚傳播福音，我絕對不可能認識耶穌以及救世的計畫。謝謝你！」

把聖經帶給世人是我們的特權。帶著聖經，或是一本書、雜誌或傳單。你願意付出更多，以種下真理的種子嗎？在你的禱告中，記念伊拉克人民，因為他們也需要更多的福音。

2月/8日・故事39

孩子們也是救靈智者

「耶穌說，讓小孩子到我這裡來，不要禁止他們；因為在天國的，正是這樣的人。」馬太福音19：14

孩子們所造成的影響是不可輕視的。他們是如此天真、不受污染，讓聖靈更容易透過他們作工，而不是透過那些被壓抑又有各種障礙的成人，米蘭達的故事就是最好的例子。

當時米蘭達只有四歲，某天父母到地方醫院探望她生病的哥哥。哥哥隔壁的病床上有一名病患，一旁有位自稱是文字佈道士的訪客。那位文字佈道士走向米蘭達的父母開始交談。米蘭達的雙親擔心生病的兒子，並感謝文字佈道士的鼓勵。文字佈道士詢問姓名與地址，決定要登門拜訪米蘭達一家人。

米蘭達的父母並沒有等很久，幾天後就有人來敲門，正是那位文字佈道士，手上提著公事包。沒多久後，米蘭達的父母加入聖經研讀，這項課程持續將近一年，而他們卻沒有打算選擇上帝。這段期間，他們從文字佈道士那裡買了一些書，並覺得這些書可以幫助他們追尋真理，但過了一年，他們還是沒有做任何決定。

某天，文字佈道士建議讓米蘭達跟他們一起上教堂，米蘭達非常高興，她馬上愛上安息日學。回家後，她和父母分享所有的事。她的母親也因此去了幾次教堂，但是無法安靜下來的小女兒，讓她寧願留在家裡也不再去教堂了。就這樣，米蘭達隨著文字佈道士一家人，在每個安息日去教堂，持續了將近一年的時間。她維繫了她父母和文字佈道士之間的接觸。但某事發生了，文字佈道士必須被調到另一個城市，沒辦法再帶著米蘭達上教堂。她很傷心，但在她心裡她永遠都記得安息日學的那段歡樂時光。

兩年後某天，這位文字佈道士接到一通電話，是米蘭達的父親打來的。他說：「你和你的家人願意在安息日來我們這裡一趟嗎？我們將非常感激。我和我太太已決定在安息日下午，受洗加入基督復臨安息日會了。」

對文字佈道士與他太太而言，這真是個驚喜。他們為至少兩個以上的生靈，接受耶穌成為個人救主而感到歡愉，而且在這件事上米蘭達貢獻了心力。雖然我們不知道米蘭達現在人在哪裡，但我們確定在她內心深處，她非常非常地愛著耶穌。

2月/9日・故事40

永不過時

「你的話是我腳前的燈，是我路上的光。」詩篇119：105

上帝的書籍以及信息永遠不會過時。即使是被放在書架上、衣櫃或是閣樓裡，那些信息依然如新；即使已被閱讀了10年，20年或30年，它們還是像剛出版時一樣的新鮮。

文字佈道士喬漢和他的夥伴離開家鄉，到一個名為卡利頓維爾的城市工作。因為距離有些遠，他們知道沒辦法每晚回家，因此決定租一個房間，只在週末回家。但哪裡可以租房子？那座城市沒有任何教友。在新環境的第一天早晨，他們挨家挨戶詢問是否有房間出租。雖然一無所獲，但有人告訴他們，或許有戶人家可以幫得上忙。那天下午稍早，他們按照地址前往。那是一個由夫妻和三名小男孩組成的家庭。他們可以空出一個房間租給這兩位文字佈道士。當他們要付第一個月房租時，文字佈道士並沒有從口袋掏出錢來，反而從袋中拿出一本書。沒錯，他們以《善惡之爭》這本書來支付房租。他們在那裡活動大約一年，然後就被調到其他地方。

這是1964年的事了。日子一年一年過去，20年後的1984年，當時和喬漢一起工作的文字佈道士要前往卡利頓維爾講道，那裡已經蓋起一座基督復臨安息日會的教堂。當他站在門前向前往的人們致意時，一名年輕人帶著妻子小孩走向前，對他說：「我確定你已不記得我了，但我一直都記著你們。你們1964年租我們家一個房間，用《善惡之爭》一書當作房租。我是那個當時只有7歲的小孩。當你們離開時我還很小，但我長大後，對那本書相當有興趣並開始閱讀，這就是今天我帶著妻子和孩子前來的原因。」

那天，這位文字佈道士的心裡充滿喜悅。在他眼前這個人，正是20年前撒下種子所結成的果實。那天講道時，他對天父充滿了感激，感謝上帝藉用他這樣一個平凡、不配的人來為天堂做工！

有更多年前種下的種子將持續開花結果。每年有數百萬的印刷品送到生靈手中，我們將喜悅地看著這些文字佈道士們撒下的種子開花結果，屆時，號角會響起，那些得救的人將遇見他們所愛的人，並介紹給他們最特別的「朋友」文字佈道士。這將是多麼的歡愉！瑪拉那達！

2月/10日・故事41

越南——萌芽的種子依然持續成長

「不但如此，凡立志在基督耶穌裡敬虔度日的也都要受逼迫。」

提摩太後書3：12

就像其他國家一樣，多年前在越南種下的信仰種子依然持續地生長著。任何懷抱敵意的政府、政黨，以及任何擁有邪惡勢力的惡魔，都不能阻止它的成長。當1970年代戰爭爆發時，福音活動近乎中止。我們的出版社被充公，65位文字佈道士被迫另謀他職，因為事實上也無書可賣。但直至當時，我們的書在越南就像是「秋天的葉子」一樣傳播到各地，這些書已帶領許多生靈，並在20多年後依然持續地傳福音。

1920年，一位名叫K. O. 唐的越南文字佈道士繼續展開復臨事工。他從中國汕頭旅行到越南，並開始在海防、河內兩城市活動。他剛開始工作，就被一個大教派的牧師指控為叛教徒。那位牧師勸大家不要買他的書。儘管有這些阻礙，上帝的祝福依然眷顧他的工作。不到兩個月，一共訂購了200多份的《時兆月刊》和大量書籍。在越南工作了幾個月之後，他回到了中國。

唐在1923年第二次前往越南。這次他從首都胡志明市進入這個國家。當船靠岸時，移民局的官員懷疑他的護照，所以將他扣押在牢裡一晚。唐詢問原因，並說明自己不是非法入境。在反覆思考後，移民局的官員讓他在看守人的辦公室裡過夜，而不用去牢裡。次日早晨當唐散步時，他看到許多同行的旅客被監禁在一個小小的牢房中，還有許多人在一位面目凶狠、拿著鞭子的警衛的手下工作。他感謝上帝的慈悲，因為他差一點就遭遇這些人的處境。

當天早上，負責的官員批准唐的護照，並核發簽證。他開始在西貢堤岸市郊的中國城工作，不久之後，他遇見了一位來自中國的盧老先生。盧老先生很歡迎他，並提供在堤岸時的住處。後來，他又遇見了來自安蒙的張先生。他告訴他們復臨的信仰，他們也再把唐介紹給其他朋友。不久，安息日學分校開辦了，每星期大家都聚在盧老先生的家裡。

從這小小的種子開始發芽成長，起初很緩慢，卻愈來愈快速，造就今天我們擁有4,000多位的越南教友。這些人多半都把他們的首次信主歸因於多年前閱讀我們的出版品。多年前在越戰中播下的種子，至今依然成長，並將持續長存，直到寬容時期的門關上。請為越南所有基督徒祈禱。

2月/11日‧故事42

聖經故事的神蹟

「看哪，我在你面前給你一個敞開的門，是無人能關的。」啟示錄3：8

人們常對我們的書籍有偏見，尤其在廣播公司等地方推銷書籍時更容易遭受挫折。多年前在南非就曾發生，未知何故，某教會董事會的牧師總是莫名地存有偏見，所以我們一直思考該如何讓廣播公司與電視接受《聖經故事》。

某天早晨，我的電話響起，那是聖經公會的牧師打來的。我相當驚訝，因為聖經公會的人從來不會打電話給我！他先問我是不是在推銷由時兆出版社出版的《聖經故事》。我很快樂地承認後，他跟我約了時間，要我帶著一整套《聖經故事》到廣播公司門口。我當下很興奮，因為總覺得好事就要發生。我知道《聖經故事》若能進入一個充滿偏見的地方，這一定是個神蹟，只有上帝可以打開這扇門。

到了當天，我在廣播公司門口，等候聖經公會的牧師。他準時赴約，並簡短地告訴我，接下來將去拜訪公司裡兒童電視節目的負責人。那位負責人在牧師打電話給我的前幾天致電聖經公會，希望牧師能夠推薦一套聖經的故事叢書，讓她可以用在兒童節目中。牧師回答：「我建議妳使用時兆出版社的馬思威所著《聖經故事》，這是全國中最好的教材。」

到了主建築物的入口，警衛請我們稍等，必須由約見的負責人引領我們進去。走進辦公室後，她非常興奮的想立刻翻閱故事書，我相信這位牧師朋友一定曾經非常完美地介紹這些書。我高興的把整套書取出，擺在她面前，正準備展示說明時，聖經公會的牧師開始說話。我一臉訝異，因為這位男士為整套《聖經故事》做了最完美的解說。看到他對於書本懷有坦率的熱情、真誠，令我相當感動。在解說尾聲終於由我接手，安排寄送事宜。

接下來的幾年，《聖經故事》常常在兒童電視節目中出現，許多家長看到電視中的書、插圖，都已經準備要購買，只等文字佈道士的到來。

無畏之士

「我就常與你們同在。」馬太福音28：20

有時上帝會期待文字佈道士們深入危險地區，把真理帶進去。但是進入危及生命的區域，的確需要勇氣與骨氣，但若上帝讓你去，你就不必害怕，因祂與你同在。

今天的故事，我不說出是哪個國家或是哪位文字佈道士的經歷，因為若讓該國家當局得知這件事，我們的文字佈道士可能永遠無法再進入此國家。

在那個地方，完全禁止販賣書籍、參加聖經課程，也不准開佈道會，或是為任何人開辦聖經研讀課程。當時，完全沒有任何復臨信徒出現在這特殊的國家裡。有一位文字佈道士，就讓我們稱他為理查，帶著書籍和聖經課程登記卡進入了這個國家。他小心翼翼地拜訪，試著不惹惱他們。事情進行得很順利，大家都有購買的意願，也有許多人願意參加聖經課程。理查做得相當成功。

某天下午當他在房間裡看新聞，正播報當局正在注意有一個人進入國內，要人參加聖經課程，警察受令搜尋並處決此人。這樣的報導肯定會讓所有文字佈道士覺得不舒服，不是嗎？他整理行李，決定為了生命安全離開。但自那次起，理查多次進入此國，把上帝的書籍送到更多正在尋覓的生靈手中。他完全明白有一天將為此付出生命，但他對於生靈的愛讓他能夠為主而勇敢、不懼。現在在那國家裡，已經超過40人，會在每個安息日一起祈禱。

上帝透過神聖的書頁，為真理開啟多扇門，上帝的書籍進入國家、家庭與人心中，那是別的方法進不去的。我們的書籍種下福音種子的地方，聖靈會讓靈魂信服，並將他們領向耶穌。

文字佈道士知道如何走近上帝，他們知道上帝會保護和指引，即使需要像但以理的三位朋友那樣付出性命，他們還是樂意聽從祂的話語。這就是為什麼你發現成功、獻身的文字佈道士總是有信心、勇敢和不屈不撓。當他們正為主傳教時，不會讓任何事物阻礙事工的傳遞。你也會發現他們總是以積極的態度處事，並對生靈充滿了愛。這就是成為上帝文字佈道士所擁有的恩典。

今天我們來為超過22,000的文字佈道士們祈禱吧！因他們某些人可能正在危險的國家作工。

2月/13日．故事44

聖經故事軟化人心

「小子們哪，我寫信給你們，因為你們的罪藉著主名得了赦免。」

約翰一書2：12

看到聖靈們藉著書籍軟化石頭般的心靈，成為主手中的陶土一般，這是多麼的美好啊！除了耶穌之名以及耶穌的故事，沒有任何事物能讓受挫和沮喪的孩子得到幫助。

這件事發生在10歲的南西身上，她是馬修夫婦漂亮又活潑的小女孩。從她還不能理解時，她就定期上主日學校，急於知道耶穌的事。但當她長大後，她厭倦主日學校的老師們總是說著耶穌的故事，就像說童話一樣。某個上完主日學校的星期日，她告訴母親不想再去主日學校了。母親盡力試著引起她的興趣，但一點用處也沒有。接下來的星期日，還有之後的星期日，南西總是待在家裡，埋頭於有興趣的事情。看來宗教對她再也沒有吸引力了。她的父母非常擔心，除了強迫她之外什麼都不能做，但他們又拒絕強迫。

剛好這時候，我和約翰溫菲爾德拜訪這個家庭。我們當時還不知道南西的情形，但馬修太太說南西對靈性不感興趣，所以她女兒應該不會喜愛《聖經故事》。我繼續試著舉出許多益處，但沒什麼功效。當南西走進來時，我們還在討論《聖經故事》，她並不多話，逗留一陣後就安靜地離開了。最後，馬修太太決定不買。當我開始把書放回公事包裡，卻發現展示用的《聖經故事》第7冊不見了。馬修太太開始幫忙找書，卻還是找不到。後來馬修太太說：「雖然不太可能，但說不定是南西為了看書中精美的插圖拿走了。」她走到樓上南西的房間裡，發現對聖經不感興趣的小女兒，正躺在床上閱讀《聖經故事》，她又驚又喜。在不打擾南西的情況下，她安靜地下樓對我們說：「先生，請留下一套書吧！我沒想到我的女兒會讀它，非常感激你們的拜訪。」

《聖經故事》被上帝之靈用來在全世界許多孩子的生命中製造神蹟。目前有超過2千萬家庭成為了《聖經故事》的忠實讀者。

2月/14日・故事45

更新過的房屋編號

「上帝若幫助我們，誰能敵擋我們呢？」羅馬書8：31

這發生在我和文字佈道士約翰溫菲爾德共同工作的故事。他非常想進入軍營，因為裡面住著許多有小孩的家庭。但是最大的問題在於如何進入？沒有通行證的話沒人可以進去，也必須有很好的理由才能申請通行證。

約翰開的是左駕的車，當時在南非還不普遍，大部分的車子都是右方駕駛。我們決定開到站有兩個持槍警衛的門口。當我們到達時，一個警衛向我們走來。我坐在右邊座位上，在他要求出示通行證前，問他是否能告訴我們軍營中已婚家庭區域。他很熱心地解釋，我們聽完馬上開車進去。

我們把車開到已婚區域並開始登門拜訪。那裡的人有些是陸軍，有些是海軍或空軍。我們完成許多訂單和交易，在離開前決定前往拜訪負責的官員，請求是否能發給我們通行證。因為我們有點擔心挨家挨戶拜訪，說不定會碰到某人要求看通行證。我們開車到附近的辦公室詢問，看看是否需要準備一些資料。他說，若我們認識營中某人的話，他就可以發出通行證。我們列出當天早上購買書籍的顧客名字。通行證順利簽發下來，我們總算可以安心繼續工作。

在軍營裡完全不用街道名，只有房子上的號碼。我們到1069號房子，向屋內的女士展示書籍。她對書籍的印象很深，但是他先生為海軍服務，要在兩週後才會回來。約翰把房屋的編號記下。兩週後，約翰該再去拜訪1069號屋主了。他很快地找到房子，約翰簡潔地對來應門的男士說：「兩週前你的太太對某些書很有興趣，希望你在家時再度來訪，真高興你回來了。」約翰成功的完成了交易，當他正在寫訂書單時，女主人走進來。約翰馬上察覺他走錯家了，那不是之前的那位女士。他保持沉默，繼續書寫訂單，完成收錢、交付書籍，順便向新客戶詢問房子的編號。原來營中房子的編號在一週前做了更動，約翰找到了他應該前往拜訪的人家，又有一戶家庭獲得了真理。

若這不是神蹟的話，還有什麼稱得上是神蹟？當寬容之門關上的時刻愈近，我們愈要體驗更多恩典的神蹟。

2月/15日．故事46

接納訊息的印地安人

「有沒傳道的，怎能聽見呢？」羅馬書10：14

美國的冬天，正在下雪且相當寒冷，但文字佈道士的工作無法等候好天氣。因為有靈魂在等待，所以我們必須去。在這樣的天氣下，保羅考德雷和我繼續帶著書籍拜訪人家。他拜訪街道一邊的所有家庭，而我負責另一邊。傍晚，我來到離街道稍遠的小房子前。我不希望漏掉任何一戶人家，所以一一走上前敲門。一位女士來應門，她是一位真正的印地安人，手上抱著2歲的小孩子。我自我介紹，她告訴我她的綽號是征服的熊。她沒讓我進門，但讓我在7點時再度拜訪，她先生那時也會在家。在那11月中某日的傍晚7點，我來到征服的熊的家。我看到征服的熊、她先生，以及她先生的弟弟。我被邀請入內，不久便開始展示《歷代願望》以及其他醫學書。他們打算購買，但須到1月底才會有錢付款。我寫了訂單，幫他們報名聖經課程，便離開了。

我在1月初離開美國前往南非，但要寄送的書籍都已經安排好。征服的熊購買的書籍將會在1月底送達。同年4月，我收到一封信，述說他們接受了真理，並決定受洗。當你體驗這樣的事情，靈魂將多麼的喜悅！

是的，上帝藉由平凡如你我這樣的人幫助祂製造神蹟。在天堂裡遇到所有因我們的拜訪，經由書本、雜誌、聖經課程尋找到上帝的親愛的靈魂們，將是何等歡愉！

現在我們正邁向萬世之頂點，上帝正呼喚祂誠信的孩子們與祂攜手合作，透過神聖書頁傳播祂的訊息。祂不需要有經驗、特殊技能或有能力的人，只求我們對於靈魂的奉獻與真愛。有許多成功的商務在文字佈道士們買下書籍，賣給客戶或是免費贈送出去，讓真理傳到更多靈魂的手中。

每個基督復臨安息日會的信徒可以每月定期購買2本、4本或10本的書，贈送或是賣給他們的朋友、親戚。學生們也可以成為文字佈道士，他們可以用折扣購買書籍，賣出並獲得利潤。

懷愛倫師母在《文字佈道指南》第29頁說：「葡萄園很大，主正在呼召工人。不可讓任何事物阻止你們去作救人的工作。文字佈道工作是救人最有成效的方法。你們願否一試呢？」

2月/16日・故事47

神聖書頁具有力量

「不是倚靠勢力，不是倚靠才能，乃是倚靠我的靈方能成事。」

撒迦利亞書4：6

第一次世界大戰之前，牙買加的一位父親把兒子送到英國接受教育。學業完成後，年輕人成為前往香港的船員。當船經過帛琉時，這年輕人威廉吉柏被丟到岸上，因他在船上滋事。他等待其他船隻經過把他帶離島上，但過了一年，沒有任何船隻來到。

此時，威廉學會了當地的語言，並和一個帛琉女孩結婚，打算在島上待下。由於這個島歸德國所管，威廉成為德國政府在帛琉的辦事員。小男孩誕生了，依然取名為威廉。這位父親想要小孩學習英文，但島上沒有任何人説英文。他們唯一擁有的英文書就是聖經，這位父親只好用聖經來教導威廉。

當時，亞伯拉罕納羅從香港港口出船，他拿了一袋書籍給船長，但船長拒絕接受，並説：「我不需要這些書，我不信宗教，但我將會開到帛琉，那裡有個叫做吉柏的人非常虔誠，我會把書拿給他。」

亞伯拉罕納羅寫了一封信給吉柏並把書送出去，他寫道：「我知道你很虔誠並閱讀聖經，若你在聖經中找到述説我們應當守星期日的文章，請把它寄給我。我找了很久卻始終沒找到。」

幾個月後納羅收到吉柏的感謝信，卻也提到他找不到那篇文章。後來吉柏又多要了一些書，納羅寄給他。他還寫信給大會的主席牧師奧臣，並把《但以理與啟示錄書淺釋》及其他書籍寄給他。吉柏深信安息日的真理，他接受並承認它。他沒有遇過另一位基督復臨安息日會的教徒，沒去過基督復臨安息日會的教堂，也不曾受洗，但直到死去都相信這個訊息。

他的兒子威廉，在他去世時並不是基督徒，但第二次世界大戰開始，威廉記起父親説過的話：「戰爭將是上帝到來的前兆。」他覺得自己必須接觸基督復臨安息日會的人，每次有船來到科羅港時，他就會詢問船長或船員是否認識基督復臨安息日會的教徒。平常，只有一些船會來帛琉，現在戰爭爆發了，大家都避免到這座島嶼。

但這並不是故事的結局，恩典的神蹟依然持續。明天讓我們來看看接下來發生的事。

2月/17日·故事48

仁慈的代價

「所以，無論何事，你們願意人怎樣待你們，你們也要怎樣待人。」馬太福音7：12

上帝的孩子，尤其是文字佈道士，必須有勇氣、仁慈對待他將遭遇之事。作為文字佈道士不僅是一個行業，還是一種生活形式！

韓國的文字佈道士蘇洋，帶著書本坐在公車裡，正前往一個村莊。公車馬上變得很擁擠，她看到一位老奶奶背著小孩卻沒有座位，覺得很不忍，她讓位給老祖母。當她到達目的地時，她疲累地幾無法工作。

而第一天，她就被抓住並帶到警察局。官員們把這位受到驚嚇的女孩領到局長室內，她被問及許多問題。局長說：「半小時後這裡將召開村莊領袖們的會議，我要妳留在這裡並對他們說話。」蘇被嚇壞了，求局長放了她，但他不答應。不久領袖們陸續進來。蘇試著離開，但局長堅持要她坐在他旁邊。辦公室裡充滿了人，局長起身，並介紹蘇是一位來自基督復臨安息日會的年輕女士，然後又說：「她現在要分享她的信仰。」

「真是刺激！」她後來回憶說，「天使以及聖靈們控制了一切，並藉由我開口說話。」她述說了我們的信仰，並為書籍作展示。局長是第一位購書的人，但他身上沒有錢。轉向啤酒製造協會的領袖，他說：「圖漢，借我一些錢吧！」啤酒製造協會的領袖便把捆綁鈔票的籤條撕開。學校的督察也想購買，他也向啤酒製造協會的領袖貸款。許多人都把啤酒製造協會的領袖當做銀行，直到他的臉色愈來愈難看，資金愈來愈少，但蘇的公事包已經空了。之後他們說：「不要漏掉我們的辦公室，當妳來時我們會再與妳見面。」

局長說：「昨天當妳在公車上讓位給那位老婦人時，我正穿著便裝坐在妳後面，因為妳對她如此仁慈，所以我也必須對妳仁慈。」

誰知道蘇的仁慈到最後到底會有什麼結果？這或許是村莊裡的領袖們可以學習上帝的愛以及救世計畫的唯一機會。在城市裡街道上、辦公室內、農場上、村莊裡，有數百萬的人們正在等待有人能夠告訴他們一個更好的人生，而你我都知道那個方法。

今天我們為韓國祈禱。為文字佈道士忠實地走出去拜訪人們，並為那數百萬等待被告知的人們而祈禱。

2月/18日・故事49

不可能的組合

「耶穌看著他們說，在人是不能，在上帝卻不然，
因為上帝凡事都能。」馬可福音10：27

費爾明克里謝帶著《善惡之爭》，忠實拜訪祕魯的家家戶戶。但在第一天，一本書都沒有賣出去。稍晚，當他經過當地神父的家時，他想，「沒理由不去訪問他吧？反正我的情況不會更糟了！」

牧師來應門時說：「你是基督復臨安息日會的文字佈道士對吧？」他把費爾明帶到屋子裡，並花了些時間告訴他安息日會有多糟糕。費爾明沒有答覆，只是靜靜地聽。當他安靜下來，費爾明拿出「善惡之爭」並開始解說。這本厚書讓牧師的印象很深，尤其是其中關於審判的章節，因此他買了一本。

費爾明的勇氣稍微回復，他問：「你能不能給我一些關於鎮上領袖的建議？」

神父想了一會兒，說：「不，讓我們試試別的。你明天8點過來，我們一起去拜訪他們。」

次日早上，大家看到神父和文字佈道士一起前往政府辦公室。當費爾明開始展示時，神父把書抓過去並開始解釋，尤其強調審判的章節。又完成了一項交易。

整個早上神父與文字佈道士都一起工作，神父發言，文字佈道士書寫訂單和收據。那天結束時，神父賣出了22本書。

那是主的神蹟，讓不可思議的組合，一位文字佈道士與一位神父聯手推銷《善惡之爭》。與上帝一起，沒有不可能的事，祂曾經說若人們都保持安靜，石頭將會述說真理。

我們現在活在世界歷史即將結束的時刻，不久就會看到寬容之門被關閉，再不久，耶穌即將到來。正是在這末期，我們將對上帝宣揚福音的方法、方式感到驚愕。我們即將看到比以前更多為主而生的神蹟，真理將找到所有靈魂，而每個靈魂都必須決定要依從或對抗耶穌。這是此時，我們在天堂的父需要更多有意願的幫手。

為聖靈讓人信服上帝的真理，並教導祂的孩子抓住機會為祂見證而祈禱。我們不該等待事件的發生，而是該為上帝讓事件發生。

2月/19日．故事50

文字佈道士湯瑪士

「凡敬畏耶和華，遵行他道的人便為有福。」詩篇128：1

在湯瑪士生命中大部分的時間裡都忠實的擔任文字佈道士。以下是關於他許多故事中的一個。當時，我正拜訪一個樸實的鄉村家庭，感覺上似乎沒人在家。我的天使一定是提醒我到後院去看看。經過後院的小屋時，我發現一個窗戶，裡面有位一頭漂亮白髮的先生正在祈禱，我永遠不會忘記那景象。我輕輕地敲了門。簡短介紹後，我很快地發現這男士並不打算購買。我做了一個小禱告：「主呀，讓我在離開前為這位先生做些什麼吧！」

然後他開始說話：「年輕人，我有些重要的事要告訴你，希望我不會冒犯你。在你工作之前，應該先讀讀聖經，並教導大家真理。你該知道的，年輕人，你們要大家守錯日子了，主日應該是安息日，不是星期日！」

我問他是從哪裡得知這件事的。他說：「我讀了我的聖經，我還有一本《善惡之爭》。」我向他說：「我也守安息日，我也在聖經裡找到相同的真理，而且，我也愛著那本『善惡之爭』。」他似乎嚇到了，「讓我多說一些吧，年輕人，」他接著說，「當耶穌來臨，祂會找到一個信仰祂並聽從祂指導的小團體，而非大眾。」我再度打斷他：「我正屬於那個團體，下個安息日我將到這裡見見這附近的團體，你也一起參加嗎？」然後我看到他的眼中發出光芒，說：「當然好，這真是太好了，我一定是在做夢！這裡真的有一個這樣的團體嗎？」那個安息日，在密西根艾恩伍德的這個小組織中，我坐在這位親愛的先生旁邊。在安息日的祈禱後，牧師幫這位先生受洗。當他從水中出來，他朝我走來並握住我的手說：「我現在真的感到快樂。」

有許多靈魂都很孤單，不知道有許多基督教的弟兄姊妹都信奉上帝的真理。這些人中有大多數是我們永遠不會認識的，我們只會在耶穌來時，看到他們準備好去見祂。每年有數百萬的真理書籍被帶到家庭裡，沒有人猜得到一本書最後到底會成什麼樣的果實。驚喜嗎？我相信某天在天堂裡，將會有很多驚喜等著文字佈道士們。我想遇見那些介紹耶穌認識的人們，那你呢？

今天我們為許多家庭中「冬眠的種子」而祈禱。祈禱將有某件事物激發他們，去閱讀書籍並發現上帝的真理。

2月/20日・故事51

上帝的干涉

「我的幫助從造天地的耶和華而來。」詩篇121：2

當上帝的孩子接受呼喚，成為文字佈道士時，惡魔就覺得被威脅了。他害怕文字佈道的工作會影響男人、女人及小孩。要成為文字佈道士等同挑戰生靈的敵人。當文字佈道士要為心靈灰暗者展示上帝的書籍時，靈魂的戰爭常常上演。當聖靈懇求靈魂接受書籍時，惡魔將影響、説服他不要購買。戰爭結束，看到愉悦的臉龐購買真理書籍時，是多麼地令人高興。

就像傑克遜夫婦一樣。文字佈道士山繆一本接一本地展示書籍，但每次他們總是有不該買的藉口。對於有經驗的文字佈道士山繆而言，他很清楚知道有場戰爭正在進行，而他不該放棄，上帝會教導他該説的話。他知道他可以依賴聖靈的支援，因為讓這些人了解耶穌的大愛是相當重要的。傑克遜夫婦以藉口拒絕購買健康的書籍、《聖經故事》以及《在家研讀聖經》。山繆的公事包裡，現在只剩下一本書《歷代願望》。

在他聽完所有藉口，他遲疑著是否要展示那本關於耶穌生平的書籍。其中有許多批評對抗聖經，還有耶穌的圖片，他已經可以猜測到下一個藉口了。他到底該不該讓他們看看封面是耶穌圖片的《歷代願望》？然而，聖靈鼓舞他前行，即使他們拒絕他也沒有損失。

當山繆打開公事包，拿出《歷代願望》時，他靜靜地祈禱聖靈能夠指引他。他把書拿起讓傑克遜夫婦看看，傑克遜太太馬上向前傾身拿起書，抱住它並溫柔地説：「這本書是我的了。我真高興我能擁有這樣一本書。我幾年前看過朋友有這本書，我就一直想要一本。現在你來了，我確定一定是上帝差派你的。」

戰爭結束了。撒但與他的天使再度被擊潰。上帝愛的訊息傳入家中，讓兩個以上的靈魂接受。看到妻子如此快樂，傑克遜先生愉快地付了錢，並承諾一起閱讀書，以更了解基督的生平。這肯定又是一個恩典的神蹟。文字佈道士山繆在祈禱後離開這家人時，他的心裡充滿了更多的喜樂。

今天，為全世界22,000多位熱心奉獻、忠實的文字佈道士讓人們遇見上帝的努力而祈禱，他們的工作是被祝福的服務。

2月/21日・故事52

先求祂的國 ◎艾佛瑞多・米隆尼斯（菲律賓）

「這樣，你們無論什麼人，若不撇下一切所有的，就不能作我的門徒。」路加福音14：33

11年前我受洗了，不久，加入文字佈道服務，開始帶著書籍造訪家庭。由於在推銷販賣方面並沒有經過實際的訓練，雖然我很容易生病，但我還是拖著步伐邁進，在隨機的生活反覆試驗學習。這時，我的大好時機出現了，我們的集會讓我有機會到宿霧市參加文字佈道的神學院，我興奮極了！

在文字佈道神學院裡，我相當認真地研讀，並以優秀的成績畢業，那是傑出表現的榮耀表彰。之後再回去推銷書籍，但由於我思想中所存在的人性弱點讓我犯了兩個嚴重的錯誤。我現在為了幫助別人而述說這個故事。

第一個錯誤在於我認為在訓練時獲得了出色的成績，所以我現在已經可以靠著自己的力量、自己的方式來從事這項工作。我確定當初他們不是這樣教我的，但我的自我卻強過一切。藉著我飆升的自信心還有對於工作虛浮的自豪，我出發去征服這個領域，卻沒有全心全意地信服我在天上的父。

第二個錯誤在於我將因事業的成功獲得金錢上的報酬。我賺了錢，且它開始滲入我的腦海裡。我想著我能買輛機車、讓我的房子重新整修，或是擁有其他我想要的東西（有些具實用性，有些卻出自於私心）。不久，我因為事業不順而受挫，我停止這項事業，並且負債累累。

三年後，一位帕加里特弟兄來找我，他是出版社負責人的助理。在聽過我的經歷，他鼓勵我重新開始與上帝建立基礎。對上帝重新承諾，並誠心地祈禱：「主啊，只要您需要我的服事，無論有沒有機車，或是其他的事物，我都將誠信地工作。主啊！完成課程並獲得獎金，我運用了我的想法卻不成功。現在，不再思考那些物質需求，我將為您服務。我的主，我需要您神聖的協助，原諒我的缺點，現在再度站在這裡，把我作為在您指導下的工人，而非以我的力量或能力支配。以耶穌之名祈禱。阿們。」在禱告之後，我得以安穩睡去。

我的工作承蒙上帝的祝福。在祂的指引下，我學習尊重更偉大的事情。把上帝與祂的事業放在我個人的私欲之前，上帝讓我付清銀行貸款、買機車，並讓我有一棟鍍鋅屋頂的水泥房子。上帝的承諾言出必行，但是，「先求祂的國與義，這些東西都要交給你們。」

全球任務與文字佈道（第一部分）

「門徒出去，到處宣傳福音。主和他們同工，用神蹟隨著，
證實所傳的道。」馬可福音16：20

我生長在福音傳播的家庭，我父親從事聖書的推銷。我記得家庭收入是在對上帝的信仰之前的那段時光，以及每天上帝是如何祝福父親的事業。我們家有5個小孩，都進入了教會的學校。父親工作認真，因此上帝保佑他。

我還年幼時，就聽過許多關於沿戶拜訪的故事，以及上帝如何感動人心，讓他們購書，把真理帶進家中。我漸漸長大，父親協力於在加州Sunnymead、密蘇里Independence、Gladstone創辦教會，我都跟著接觸。這樣的背景讓我完全相信文字佈道服務。

我能說，文字佈道服務之於全球任務，就像其他許多行業一樣重要。全球事業本質來說是種主動的精神，由總會支援而在世界未知地區建立基督復臨的思想，並善用已在安息日做禮拜的集會資源，這就是全球任務。為達成目的，我們需要資源。在過去6年所成立的11,000個集會，即使是部分的全球任務，我可以告訴大家，其中絕大多數都是文字佈道的成果。懷愛倫也說，我們充滿真理的書籍，應該像「秋天的葉子」一樣散播出去。當書籍到了人們手中，就具有不朽的價值，它可以被一而再、再而三地閱讀。它並不像電視節目或廣播一樣只存於現在。當人們購買書籍，就成為他們家中的心靈工具。我們現在生活的世界中，若人在追尋真理，只要我們的文字佈道士敲了他的門，就會把正確的答案帶給他。他們在回教、佛教、印度教區依然具影響力，因為我們的書籍為他們帶來極其重要的議題。

我們600位全球任務先鋒被送到了印度。這些全球任務先鋒必須為教會義務服務至少一年，並有義務幫助教會發展，或是強化需要增加成員的小教會。他們必須盡這兩項義務。如上所述，單單印度，就有超過600位全球任務先鋒，他們每一位都在推銷聖書。這些人有一部分需在社區中賣書維生，這是他們開始的方式，是他們進入的方法。其中發生許多吸引人的故事，讓我們共同分享。

請在下一頁繼續閱讀。

2月/23日．故事54

全球任務與文字佈道（第二部分）

「流淚撒種的，必歡呼收割！」詩篇126：5

兩個登記全球任務先鋒的年輕人被送到印度北方的目標區域，那裡從來沒有基督復臨安息日會的任何集會。以往，曾經兩次嘗試建立起這項事業，有一次是一位牧師，另一次是醫療團隊，但結果都被強力要求離開。

因此這次派了兩個年輕人前往。他們沒有學歷、背景可供自我推薦，沒有特殊技能，對於工作也沒有準備，但他們帶著書籍到達目標區域，租了一個小房間準備開始販賣工作。但當他們回到房間時，發現自己的行李都被搬到走道上。房子的主人說：「我查看了你們的東西，發現你們是基督教徒。我家不歡迎基督教，這個城市也不歡迎，走開！」所以當天晚上，他們必須另外找房間過夜。第二天，他們又被趕出來。雖然有點沮喪，卻不失望，這兩個年輕人後來搬到城市的邊緣，克難的住在涵洞裡3個月。每天，他們都為這城市的開始而奮鬥。

大約2個半月後，他們還是沒辦法賣出一本書，甚至沒辦法開啟友善的對話。他們曾被警察抓過、被打，要他們離開，但他們始終在那裡。某天，其中一個年輕人在城市的某家店裡，向店主展示我們健康的書籍。店主說：「這是基督教的東西。離開我的店，也離開這城市！」當他轉身要離開時，發現店裡有其他人，那人說：「我想要看看那書。」他向那先生展示了書籍，那先生小心地翻閱並決定購買。那是他們在當地賣出的第一本書。

不久，那位年輕人走在街上時又被警察抓住，他們用警棍打他，並說：「我們說過要你們離開，我們不需要你們！你們帶來的是基督教的東西。」他們把他帶到警察局，準備控告並讓他坐牢。當他站在那裡，忽然聽到有力的聲音說：「你們在對那年輕人做什麼？」整個警察局的人都轉過頭去，因他們都知道聲音的主人是誰。當年輕人也轉去看時，他馬上認出那個人，正是之前在店裡向他買書的那位先生，他是這城市的首長！

他向在場的所有人宣布：「我買了他的書，也讀過了，我不希望你們再打擾他以及他的工作。告訴所有的警察，他和他的朋友可以自由地工作。」

明天早上，瑞恩博士將繼續講述未完的故事。

全球任務與文字佈道（第三部分）

「那帶種流淚出去的，必要歡歡樂樂地帶禾捆回來。」詩篇126：6

當我拜訪那城市，遇見這兩位年輕人時，我發現他們已建立擁有54位受洗成員的教會。他們對於自己從事的事物相當興奮，他們每天繼續賣書，並播下上帝訊息的種子。當大家的興趣愈來愈濃厚，他們開始聖經研讀。

現在有19,000位全球任務先鋒在世界各地工作，大部分的人善用文字佈道作為自己的工具，向未知地區傳播福音。他們擁有的工具，就是我們的書籍、傳單以及一些出版物。事實上，如果你問我文字佈道如何發展全球任務的計畫，我將告訴你那是靠先鋒計畫的攜手合作。

神聖的書頁並不會荒蕪。我不是指說不會有其他溝通的形式出現，如網際網路、電子郵件、電子期刊等，而是那些魯莽預想神聖書頁最終歸處的人們忽略了一件事，即使有所謂的10/40之窗，世界的一個長方形區塊，從直布羅陀海峽經過北非，繞過印度的最南方，沿著整個日本的東方海岸，在北方橫越西伯利亞，再到南義大利。在這矩形內佔有世界約60%的人口，而只有約10%的基督復臨安息日會的教友住在那裡。

我可以向你保證，那裡大部分的人沒有電子信箱、電視，甚至很多人連收音機都沒有。他們的經濟充滿挑戰。若他們有書，將以最虔誠的態度閱讀，並珍惜它。他們渴望獲得書籍，並急於吸收。

為文字佈道士們說說鼓勵的話？我完全支持他們。我們被聖靈啟發告知，文字佈道將是最後福音工作，直到最後都將從教會消失。這說明了文字佈道必須執行到最終一刻。原因在於教會中可以獲得完整的訊息，而文字佈道是教會的部分代表。我並非意圖降低其他延伸計畫的重要性，只是認為它們的目標範圍通常較狹窄，只限定於服務的特定因素。教育年輕人很重要，同時也必須實行為貧者注入能源的計畫，並與其他的教會任務並行，而向人們傳遞完整訊息的正是文字佈道士。我將鼓勵文字佈道士們意識到自己是末日教會的一部分，帶著末日訊息，以偉大的方式對大眾提供訊息。文字佈道士們，請鼓起勇氣，你們必須背負完整且永恆的訊息，你們對於全球性的事工佔有相當的重要性。

2月/25日．故事56

南太平洋的視野 ◎R. E. 安本澤

「他們當將榮耀歸給耶和華，在海島中傳揚他的頌讚。」
以賽亞書42：12

能在教會世界從事文字佈道服務，是倍受祝福的，因為有機會透過窗戶往外看出去，去向許多上帝的孩子們説話。不同的氣候、文化、生活形式，甚至食物、服裝都是吸引人的學問，各自本身都是平等的教育。直接看到福音為生命帶來的力量，以及理解耶穌是多變世界中人類共同需求的要素時，這樣的報酬極其珍貴。

因為世界的轉動，每個日夜、時時刻刻，都有文字佈道士正在拜訪家庭、勸服人心。甚至當我寫下這幾行字時，有些正開著車，走到門前，拜訪商店與人家。有些正在改變他們的交易方式，其他可能正與顧客們一起祈禱。他們的見證持續著。請跟著我做一趟小小的旅行，來到蒼翠的熱帶所羅門群島。這異國島嶼羅列在澳洲東北珊瑚海上，在這幾百個島上，像是Kiribati、Nauru、Vanuatu等等，所謂的公路其實就是水路。人口密度少，甚至到現在獨木舟依然扮演重要角色。

文字佈道士也在這工作嗎？是的。6到8位的文字佈道士將為了用獨木舟從Honiara的總辦事處，旅行到各個遙遠的島嶼而做準備。西太平洋聯合會的出版部門幹事羅素艾爾索，為各個小組的隊長進行特訓，以監控每個工作單位的細節。在隊長的指導下，書籍、期刊，以及聖經學校註冊補給品都被小心地裝載在每艘獨木舟上。這些頑強的文字佈道士們在心中一邊禱告，一邊哼著歌，將展開長途旅行。小小的外板馬達發出聲響，為他們提供遠行的動力。看不到島嶼的海洋上，有技巧、有勇氣地航行，為整個島嶼鏈傳播福音。若你向羅素艾爾索詢問西太平洋單位的成績的話，他將會熱誠地告訴你，有239個教會為了35,000個成員而運轉著。身為一個澳洲人，他將告訴你這些快樂地為福音奉獻的所羅門文字佈道士們一起工作，是多麼愉快的一件事。他可能也會指出，文字佈道士們在整個列島的事業成效，實際反映在信仰基督復臨安息日會的會友數目上，它持續在群島840,000人口中擴展。

我邀請你加入所羅門群島朋友們的祈禱，就像以賽亞書中預言：「他們當將榮耀歸給耶和華，在海島中傳揚他的頌讚。」（以賽亞書42：12）

2月/26日・故事57

小偷促進了書本的販賣 ◎歐塔・艾布達（奈及利亞）

「我所作的，你如今不知道，後來必明白。」約翰福音13：7

我拜訪一位律師的家，當我展示出我們全彩、共五冊的《聖經盛會》（The Bible Pageant），他很有興趣並馬上購買。但他不知道鄰居有兩個男孩也為了其他原因，對於這套書有強烈的興趣。這兩個男孩一直小心地盯著這套書，並且已經做好計畫。稍晚，當律師與他太太離開公寓，男孩們馬上破門而入，找到書帶著它們潛逃——除了第一冊之外，因為那位律師剛翻開第一冊並在內頁簽名，所以男孩們只偷了第二至五冊，全部都還未拆封。

他們帶著書直接去找書販。書販也想買這些書，但他希望有一整套。最後他決定先給男孩們部分的酬勞，讓男孩們承諾帶回第一冊時，再付給他們所有的錢。男孩們拿了錢，承諾會回來後就離開了，但他們只是把錢分一分就解散。一個到鄰鎮躲避一段時間，另一個則躲在城鎮的某處。

當時，律師及他太太發現家裡被竊，非常沮喪，當發現新買的珍貴書籍被偷後，他們更是痛心。當然，他馬上向警方報案，警察開始搜尋忽然失蹤的兩個男孩。

調查還在進行時，律師通知我，希望我立即拜訪他。我迅速到他家裡，得知他遭偷竊的事情。他已經決定再買一套。不久後某天，我再度見到這位律師，這次他帶著大大的微笑到我家裡來。「我的書找回來了！」他勝利地說著。然後他向我解釋，躲在城市裡的男孩被逮捕，並帶到警局監禁，他們終於自首承認偷竊並把書賣了。

當時，律師前往警局領回自己的書。在警局裡，他向負責這宗偷竊案的第2區犯罪官員交談。她看著這些漂亮的書，讚美說：「我一定要買一套！」

這故事的最後，律師很快樂，因為他找回他的書了；兩個受到驚嚇的男孩得到人生中重要的教訓；第2區犯罪官員也很快樂，因為她為自己買了一整套的書籍！我呢？我也很快樂，因我知道我正為令人驚喜的上帝工作，祂用各種奇妙的方式實現祂的神蹟！

2月/27日・故事58

信仰的課程（第一部分） ◎提姆・梅瑞曼

「你們只要求他的國，這些東西就必加給你們了。」路加福音12：31

在田納西工作時，沿著指示前進，我來到有兩個小孩的普通小家庭。簡陋的住處顯示能力有限，無法過著更好的生活，但我依然受到熱誠的歡迎。彼此熟悉數分鐘後，我開始展示書籍，並發現那先生對聖經參考圖書有興趣。我說明各種購買內容，包含只需要付定金63美元的付款方式。然而，對於這對年輕夫婦顯然是筆大數目，他們的表情十分哀傷，因為他們真的很愛這些書。他們詢問是否可以等他們經濟情況較好時再度來訪，我決定做個測試，進一步地解釋現在購買的好處，若可能的話，我不想留到不確定的未來。我與他們分享一些聖經的內容，像馬太福音6章33節：「你們要先求他的國與他的義，這些東西都要加給你們了。」

克里斯看著他的妻子說：「或許等我拿到這星期的支票時，我們可以付這筆訂金。」他便問我是否可以在星期五時再來訪。我同意了。星期五，克里斯在門口等我，他妻子也在，但我覺得事情有些不對勁。我們開始交談，並提醒克里斯我今天要來收款。克里斯轉向他的妻子，請她拿錢過來。她很生氣地大聲說：「你執意如此嗎？」他說：「是的，我已經說過我們的決定。」

她離開房間，回來時直接把錢丟向她先生！克里斯為妻子的行為道歉，並解釋說他領到支票時，因不明原因被扣了錢，只收到69美金。她妻子的憤怒來自於他們現在很明顯地缺乏生活開銷的資金。

我也有家庭，完全可以理解家庭的需求。我覺得很不舒服。我希望在家人達成協議下再進行交易，但現在情況正好相反。因此我禮貌地提議延期，等到情況較好時再來拜訪，但克里斯看著我的眼睛說：「你讓我看了聖經裡說的『先求祂的國』，我知道我妻子不相信，我也不了解你，但我相信那段話！請拿走這筆訂金吧！」

我為他相信上帝承諾的堅定立場而感到震驚。我覺得自己微不足道。我承認我自己的信仰有些動搖。我該如何做？我完成了買賣，為他們安排書籍的發送，為上帝灌輸在這男人身上的信仰，還有祂教導我信仰的課程而讚美上帝。我離開了，我知道上帝將幫助他們度過難關。

2月/28日・故事59

信仰的課程（第二部分）

「要等候耶和華！當壯膽，堅固你的心！
我再說，要等候耶和華！」詩篇27：14

美國的文字佈道士提恩梅瑞曼，今天將繼續分享他的經驗。讓我們跟著他，看他如何學到寶貴的一課，以及這篇故事最後如何歡喜收場。這對大家而言的確是一堂信仰的課程。讓提恩梅瑞曼繼續分享他的故事。

「大約三星期後，我在那戶人家鎮上的郵局排隊，然後碰巧遇見了那天那位憤怒的女士。她立即認出我並走來，我驚喜地發現她正在微笑！她興奮地告訴我，他們一直都在等待再度與我連繫。她說她先生想和我談談，並問我是否能夠前往，我答應了。

「當我到達他們家時，克里斯興奮地歡迎我，並開始述說他的故事：

『你星期五離開後，我決定星期一去問老闆，看看是否有辦法預支薪水，以度過那星期的生活。老闆答應讓我到控管室預支。當我到那裡時，負責人告訴我一個好消息，因為有些事情弄錯了。他說我的薪水實際上不應該被扣款，而且過去也有幾個星期出現錯誤，他們馬上賠償給我，高達375美元！』

「克里斯繼續說若他不信服上帝的話、沒有做些犧牲購買書籍，他就不會到辦公室要求支薪，也就不會有人發現錯誤。不用說，現在那家人相信上帝的承諾。

「對我而言，這經驗增加了我個人的信仰。它提醒我可以安心地相信上帝的話語，並支持祂珍貴的承諾。這對我而言是一堂信仰的課程，我永遠都銘記於心，因為是我自己的顧客成為我信仰的老師，我感謝上帝給我這次的經驗。」

上帝的確用各種方式把我們不知道的提供給我們。帶著信仰看著上帝開啟許多的道路是多麼的美妙。

我們今天為更深的信仰而祈禱。不計較後果，相信、執行上帝希望我們所做的事，因為我們知道祂呼喚了我們就不會讓我們失望。祂關心祂在烈火窯中的朋友但以理，關心約瑟、摩西、亞伯拉罕，以及許多朋友，現在仍是一樣關心，且祂也會照顧你。宣揚上帝的諾言，那是為你們所承諾的。

3月/1日・故事60

獅子變綿羊（第一部分） ◎格特弗瑞德奧佛里

「你們要將能力歸給上帝。他的威榮在以色列之上；
他的能力是在穹蒼。」詩篇68：34

在前往傳教的路上，我來到鄰近城鎮的消防中心。在那裡遇見一位曾聽過我福音工作的女士，她邀請我到她家研讀聖經，我高興的接受了，安排下週末拜訪。

週末當天，我受到熱情的歡迎。我們先禱告再開始研讀但以理書第二章。之後她說：「多麼美妙的訊息啊！我從來沒有聽過如此激勵、鼓舞人心的講課！」她詢問第二堂課的日期，我們訂在3天之後。

我不知道這家庭究竟發生了什麼事。當我們第一次上課時，她先生正在臥房安靜地聆聽我們上課。當她先生清醒時，是一位和藹的人，但一喝醉就變得像氣頭上的獅子一樣。我不知道我們開始研讀聖經時，「獅子」其實就在隔壁。他喝醉時，脾氣很容易變壞，並說出一些難聽的話，像獅子一樣，他會「猛烈攻擊」獵物，並且拳打腳踢。

第二次的拜訪，我們讀到了「某天錢都會被丟到街道上」。感覺上「獅子」並不在家，這位女士對該主題也饒富興趣。但是我後來得知，她先生實際上再度躲在別的房間裡聽課。

第三次上課時，看到「獅子」拿著聖經走進客廳，坐在妻子的身邊，的確讓我很驚喜。那女士介紹她的先生約翰，是藝術委員會的會計，也是地方集會的成員，他們會一起參加集會。

我建議他一起加入研讀聖經，然後我開始以太平盛世為主題述說。當他們了解天堂真實存在，是信仰者的家鄉、和平永存的城市時，他們的表情是多麼快樂啊！那天傍晚我離開時覺得很愉悅，但我知道撒但不久就會用某種方式表現他的抵抗。

沒多久我再度拜訪時，發現那先生醉得很嚴重，並與妻子大聲爭吵。她把自己鎖在臥室裡，祈求不要遭受暴力攻擊。當我敲門時，「獅子」生氣的要我離開改天再來，我向他道謝後就走了，但我一直在祈禱上帝能夠介入，讓這男人的心能夠冷靜下來，讓家庭重拾和平。後來得知上帝回應了禱告，並幾乎立即帶來和平。

獅子變綿羊（第二部分）

「盜賊來，無非要偷竊，殺害，毀壞；我來了，是要叫羊得生命，並且得的更豐盛。」約翰福音10：10

只有敬愛的上帝，能夠將生靈從撒但的強力束縛下解放出來。當我第五次到他們家，發現夫妻倆都因為丈夫肆意喝酒，造成無可避免的麻煩而沮喪。她雖然已祈禱多年，卻完全沒用，但我仍要她繼續相信上帝的有力量。不久，男人走出來坐下，為自己上次的行為道歉，我們一起研讀聖經。下次拜訪時，男人又再度喝醉睡著，我仍和女士一起研經並鼓勵她，上帝會控制一切贏得勝利。在最後的祈禱中，我真誠地為她以及先生禱告。

再度拜訪，男人又來了，坐在妻子的身邊，他說：「我試著戒酒，但我愈不想去喝它，我陷得愈深。我該怎麼做？」我向他保證上帝會幫助他解決問題。我說：「撒但正在抵抗，但上帝會釋放你。信仰與祈禱將會帶來勝利！」研讀完畢，我們牽手真誠地向主耶穌禱告，讓這男人的酗酒習慣立即終止，為了耶穌的榮耀。

當我準備離開，我承諾將在半夜起床為他們祈禱，並希望他們也這麼做。半夜，我為這男人的行為跪下，他們也同時這麼做了！神奇的是，喝酒念頭消失了！他答應妻子不再喝酒。直到現在，他再也沒有出現如以往強烈的喝酒慾望。多麼成功的勝利啊！

從那天起，男人完全臣服於耶穌。他繼續研讀，要求受洗，現在成為教會工作的成員。雖然妻子還沒受洗，但最近也接受了安息日會的真理。

現在，耶穌的愛充滿了這個家庭。獅子已變成耶穌的羊。在未遇見耶穌、與耶穌成為朋友前，這男人就像隻獅子，但上帝在他的生命中製造了神蹟。願上帝受讚美！又是一項恩典的神蹟！

世界上有許多人背負重擔，他們需要幫助。他們因為被生靈敵人的網子捕獲，不知該如何脫身。他們需要耶穌。

今天我們為困在撒但網羅中，吸菸、喝酒以及吸毒的數百萬人祈禱。他們需要我們的禱告，從那些壞習慣中解放出來，以完全地體驗救世的歡愉。如果你認識一些特別的朋友，告訴上帝他們的名字，並為他們懇求自由。讓他們知道你在為他們祈禱，並要他們與你一起禱告。

3月/3日・故事62

祈禱讓人感激

「因為，主的眼看顧義人；主的耳聽他們的祈禱。」彼得前書3：12

荷西是墨西哥的一位學生文字佈道士。他的父母付不起大學的學費，所以每逢週末，他必須去當學生文字佈道士，以賺取學費。

某天荷西拜訪一位商人，羅德里格斯先生。他相當富有，是300輛公車公司的所有者。荷西向他推銷雜誌，但羅德里格斯先生說：「孩子，我沒辦法買你的雜誌，因為我沒辦法閱讀。你看，我的眼睛患有白內障，因此失去了大部分的視力。我只能模糊地看著，人看起來就像樹一樣。我再過幾週就要接受治療，但我很害怕有可能失去現在微弱的光明。」

這是荷西的機會。他為天主教的羅德里格斯先生祈禱手術成功。在這學生的要求下，他們一起雙膝跪下，祈禱上帝與醫師同在，讓羅德里格斯先生的眼睛手術成功。荷西懇求著上帝，當結束禱告時，他感謝上帝回應他的祈禱。他們站起來，羅德里格斯先生感謝荷西為他禱告。他說從來沒有一位神父像荷西一樣地為他祈禱，實際上，他們都太忙了。

幾星期過去，某天校長會見荷西，因為學校收到一封寄給荷西的信還有錢。那是一張500美元的支票，是要支付他的學費。荷西再次拜訪，他發現羅德里格斯先生能看得很清楚，手術成功了！羅德里格斯先生買下荷西所有的雜誌、一些書，還參加聖經研讀課程。不久，羅德里格斯先生成為敬虔的基督復臨安息日會信徒，每年奉獻許多錢，以完成上帝的事工。這些全部都源自一位學生文字佈道士的誠摯祈禱。

那麼荷西呢？他畢業了，成為傳福音的牧師，又成為出版部門的幹事，專門訓練文字佈道士，後來他當上全球總會的出版部門幹事，許多讀者可能認識他，他的名字是荷西康保士。

當你願意為上帝工作時，祂就與你共事。祂在馬太福音28章20節中承諾說：「……我就常與你們同在，直到世界的末了。」世界上有許多學生擔任文字佈道士的工作，以賺取學費。當他們遇見渴求、追尋正義的人們時，這些學生們會經歷最美妙的體驗。他們有許多機會與人們一起祈禱，並與他們分享上帝的話語。因此，學生們將學到在學校裡學不到的事。

今天，我們感謝上帝給予祈禱的特權。

3月/**4**日・故事63

上帝控制一切

「你不要以給我們的主作見證為恥。」提摩太後書1：8

上帝甚至可以借用一位算命師宣揚祂的真理，如同今天的故事一樣。與上帝一起，沒有不可能的事。

巴西的一位文字佈道士來到一位算命師的家。他明白此人是一位很厲害的算命師，因此他展示兩本最棒的基督書籍《基督生平傳》（The Life of Jesus）、《時代中預言的光明》（The Light of Prophecy in Our Times）。上帝永遠為含有真理的書籍計畫周詳，雖然算命師不曾閱讀過，但他一定發現這兩本書的好處，所以全都買下了。這是上帝祂特別的計畫。

某天，曼紐拉夫婦拜訪算命師，因為曼紐拉先生認為這位算命師應該可以幫助妻子的病。檢查過後，發現曼紐拉太太生理有疾病，心理也不健康，所以需要治療，但在有成效之前，必須先擺脫心靈的灰暗。他請她閱讀《基督生平傳》與《時代中預言的光明》。回家後，曼紐拉太太馬上把書拿出來閱讀。她發現這兩本書很有吸引力，因為有許多她從來沒有聽過的事！閱讀變得令人愉悅，而且她的情況立即有所轉變。不久，她身心方面的問題完全痊癒了。她的先生、小孩與她共同分享喜悅，並一起閱讀這兩本書。他們更加認識上帝以及上帝的話語，並發現自己對聖靈的興趣與日俱增了。

他們開始尋找更多的光明，在上帝的引導下，找到能夠幫助他們更了解聖經的人。幾個月後，曼紐拉夫婦還有11個小孩，都成為當地基督復臨教會的成員。但這還不是神蹟的結束。曼紐拉一家不停地向大家敘述上帝為他們所作的一切，透過算命師給的這兩本書籍，超過100個人已經朝上帝走去。

這是主的神蹟嗎？當然是！就像上帝透過驢對巴蘭說話、透過燃燒的荊棘對摩西說話、透過巴西算命師說話一樣，祂也想對你——祂珍貴的、愛著祂的孩子說話。到處都有沮喪的靈魂，他們需要幫助，需要希望，需要你！

今天我們感謝上帝開啟視野，讓我們看到身邊恩典的神蹟而祈禱。我們祈求能多分享一些神蹟，帶著我們更接近祂。上帝的孩子唯一可以帶到天堂的東西，是與天父的關係，那層關係是透過祈禱、聖經研讀、見證而建立。缺少這三項之一，你的關係將不完整。

3月/5日・故事64

我以前……

「我故此沒有違背那從天上來的異象。」使徒行傳26：19

柯羅拉多州丹佛的丹吉伯特，在他忙碌的煎餅店裡，因為午餐時間人手不夠，他只好自己為客人帶位。當他領著兩位客人坐下時，他清楚地聽到一個聲音說：「丹，上帝也需要你！」他嚇到了，並有一點訝異。

丹的妻子已經研讀聖經一段時間，並開始守安息日。他曾經威脅要把傳教者們丟出屋外，現在，他正與他的意識對抗中。

在丹聽到那聲音後，變得無法專心，所以他把餐廳交給助理後，開車回家。在客廳裡與他妻子一起研讀聖經的，除了牧師還會有誰！牧師起身並他打招呼，問：「我可以幫你什麼嗎？」

丹回答說：「是的。」牧師想像著最糟糕的情況，但他非常驚訝地聽到丹繼續說：「你可以幫我太太受洗，但同時請你也幫我受洗！」幾天之後，就聽到丹對大家說：「我以前在做煎餅，但我現在在賣書，就像以前賣煎餅一樣。」因為，如你所知，丹成為了文字佈道士，推銷上帝的書籍。

無疑地，許多文字佈道士可以寫書！他們可以說：「我以前是把種子種到土裡的農夫，但我現在把種子種在人們的心中。」

「我以前是護士，但我現在幫助大家修護精神生活。」

「我以前賣保險，幫大家為退休做準備，但我現在販賣上帝的書籍，讓大家為前往天堂做準備。」

迪克湯瑪士曾說：「我以前是建築承包商，建設一些會被毀壞的房子，但我現在為大家建造在天堂的家園而準備。」南美的某位律師說：「我以前是調停家，努力地幫助客戶贏取案件，但我現在指導人們成為神聖世界的提倡者與神職人員。」在韓國的尹兄弟說：「我以前是執法人員，但我現在教導大家如何遵循上帝的律法。」

上帝呼喚著各行業的人們以文字佈道方式加入祂的事業，他們可以接近許多其他方式到達不了的靈魂，讓我們為此祈禱。文字佈道是被上帝所任命，並同等於福音牧師。獻身於這項事業的朋友們，將可正當地為這項工作感到榮耀。

3月/6日・故事65

你為何不告訴我？

「上帝的道是活潑的，是有功效的，比一切兩刃的劍更快。」
希伯來書4：12

書是人們獲得真理扮演重要的角色，所以書本大小不是重點，其中的訊息才有價值。就像對摩西而言，到底是誰燃火燒了草叢才是最重要的。

一位年輕的文字佈道士在辛巴威賣出《真實的安息日》（The True Sabbath）給盧班伯先生。盧班伯先生讀後，深信書中真理而無法成眠。

「你不舒服嗎？」妻子問。

「不，是因為那本書。我發現根據聖經，星期六是真實的安息日。」

「你不知道嗎？我很久以前就知道了。基督復臨安息日會的教友都在星期六到教堂作禮拜。我去過他們的學校，並曾經是基督復臨安息日會的教友。」她說要守哪一天並不造成任何的差別，只要願意去做並尊敬上帝。「我以為你只是忘了這件事。」

他試著聽從妻子的勸說，再讀了一次，但良心再度發作。他問妻子：「你認識哪裡有守安息日的人嗎？」

「當然，這星期六你想去看看嗎？我可以帶你去。」

因此，他們一起到了盧薩卡的復臨教會。讓盧班伯先生驚訝的是，他在那裡遇到一起工作的人。他朝其中一人走去，問：「你在這裡做什麼？」

「我每個星期都來，我是這個教會的會友。」

「你沒說過這些事！」

「你沒有問過我呀。」

不久，盧班伯先生開始參加聖經研讀課程。受洗時，他說：「想想看，與我共事、為我工作的人都不曾說過，若現在不把我知道的說出去，其他的人怎麼會知道？」之後他甚至辭掉高收入的工作，成為耶穌基督的文字佈道士，為上帝成為一位全職工作者，一個使者，他的喜樂何其多！

我們教會裡有更多的人，只要他們願意聆聽聖靈的聲音並為主耶穌作見證，就可以體驗救世的歡愉。祂已經準備好，藉由熱心奉獻的孩子們施展祂恩典的神蹟。每一天都仔細聆聽上帝的呼喚，沒有人會因為太老、太年輕、太內向、太多話，或是時間太長、太短，而失去為上帝見證的能力。

3月/7日·故事66

掏金者真正的金礦

「義人所結的果子就是生命樹；有智慧的，必能得人。」箴言11：30

在約翰與奧黛莉·費恬藍的心中，永遠不會忘記的就是他們成為基督復臨安息日會的成員。他們兩個原本是「普通」人，過著「普通」的生活，約翰在金礦內工作，而奧黛莉是位秘書，他們有個四歲的小女兒。

某天大約下午六點，有位男士帶著誠懇的微笑拜訪。他是一位推銷基督教書籍的文字佈道士。奧黛莉還記得小時候，有多麼喜愛家裡的聖經故事。她在信仰基督復臨的家庭中成長，卻在少女時期開始不再去教堂。

費恬藍夫婦訂購了10本《聖經故事》，雖然沒辦法一次全部付清書款，但可以每個月購買一本書。文字佈道士相當高興，與費恬藍夫婦一起祈禱後就離開了。

第一個月到了，費恬藍家可以收到一本書。他們準備好書款，等待文字佈道士到來，但費恬藍先生還有更好的消息與文字佈道士朋友分享。「我把菸戒掉了。」費恬藍先生高興的說。文字佈道士回應：「這真是個好消息。」結束這次的拜訪。

第二個月來臨，準備收到第二本書籍。費恬藍夫婦一樣準備好書款，但這次他們還有更好的消息。「我們想要奉獻什一。請告訴我們該到哪裡奉獻。」文字佈道士意識到聖靈正在教導這一家人。他把教會司庫的姓名和地址留給他們，並為他們安排聖經研讀課程。他們是很優秀的學生，並急於得知上帝的真理。

然後，第三次送書的時間到了。這次約翰對文字佈道士宣布，他已將工作辭去，並決定從事與文字佈道士相同的工作。這男士尚未受洗，實際上他甚至還沒到教堂去，但他想成為文字佈道士。這對文字佈道士而言真的是項挑戰。他聯絡出版社幹事並告知情況。約翰與奧黛莉開始上教堂，沒多久，他們都受洗了。

約翰開始了全職的文字宣教事業。第一年裡，他帶了五位朋友到教堂。約翰與奧黛莉是恩典的神蹟。

書本如何改變生命

「失喪的、我必尋找；被逐的、我必領回；受傷的、我必纏裹；有病的、我必醫治。」以西結書34：16

神聖書頁被傳送到哪裡，如何奇妙地改變人們的生命，永遠都很美妙。它總是直接表達不做作，今天它如是說，明天、其他日子依然不變，不管環境變得如何，即使被踢出屋外或被丟棄，它的訊息仍始終如一。

搖滾音樂人一般不怎麼喜歡福音的真理，但有一位澳洲的音樂人，他描述神聖書頁解惑困頓的故事。

「一年前，我是個嗑藥、追求玩樂的搖滾音樂人，被困在彈吉他、發呆之外毫無喜樂的惡性循環中。直到一位基督復臨安息日會的文字佈道士述說聖經的真理，我請他講述更多內容，所以那天晚上，他帶來三本聖經、《善惡之爭》、《喜樂的泉源》以及《揭開啟示錄》（Unfolding the Revelation），並展示但以理書與啟示錄的預言，以及在時代中成真的例子。

我跟女友感到很驚奇，即使依然抽煙，我們決定守安息日。當讀完《善惡之爭》後終於明白了，這本書開啟了我的視野。我們從7月31日開始上教堂，9月14日結婚，並在11月受洗。我們想要感謝這些為生命帶來的喜樂，在神聖書籍裡發現了許多耶穌的愛與和平。我現在十分渴望從事文字宣教事業，推銷販賣這些美好的書籍。

這些書把訊息帶到兩位年輕人的生命裡。他們未必去過教堂、參加過宣教活動，或是任何宗教集會。他們追尋，卻不真正明白自己在追求什麼。家裡有了書之後，他們可以花時間閱讀，並明白書中真理。沒有人逼迫他們，除了聖靈之外沒有人使他們信服。

還有數百萬人在等待、在追尋。上帝需要我們的手、腳把祂特別的書籍帶到需要的地方。天堂的天使正耐心等待上帝孩子的心靈從沉睡中甦醒，帶著祂的真理書本前往各處。上帝的孩子要成為文字佈道士需具備五個條件：

1.他必須是上帝託付的孩子。2.他必須對靈魂有真誠的愛。3.他必須可被教導——聖靈將是他的老師。4.他必須有能力接受上帝的許多祝福。5.他必須不自私地分享所接受的祝福。

3月/9日・故事68

奧斯卡凱吉林夫婦

「撒義種的，得實在的果效。」箴言11：18

凱吉林夫婦在1946年成為基督復臨安息日會的成員。當第二次世界大戰結束，他們馬上加入文字佈道工作，並多年來為北西里伯斯的事工服務。

某天凱吉林夫婦在鎮外某個家庭推銷書籍，這家人要請他們留下來一起用餐。當正要開動時，一群強盜闖進屋裡，拔槍想要共食，強盜們大方的坐在屋主與凱吉林夫妻對面，手上依然握著槍。

這時，凱吉林先生說：「我習慣先向主感謝祂賜予食物，當我為上帝的恩寵致謝時，可不可以請大家低下頭來？」

禱告後，大家開始用餐。餐後，強盜的首領站起說：「我們本來打算吃完飯，就把你們全殺了再上路，但剛剛這男人做了禱告，我知道你們是基督徒，也是好人，所以我們不會傷害你們，謝謝你們的晚餐。」從那天起，凱吉林夫婦心中對信仰不再有疑惑，知道即使是小事，忠誠是最重要的。

幾年後，這兩位忠誠的文字佈道士被派往對回教相當熱誠的南蘇門答臘。占碑市的人看到他們都會躲開，或丟石頭，但凱吉林夫婦仍依著信仰繼續工作從不動搖。

有一天，凱吉林夫婦把書賣給一位回教高中的老師。他們建立友誼，並開始聖經研讀。經過幾星期的研讀、禱告，以及心靈追尋之後，這位老師帶著妻子、6個小孩一起受洗。在32年南蘇門答臘教會的任務中，他們是最初改變回教信仰的人。

在這19年的奉獻服務中，凱吉林夫婦建立5間教堂，1個在北西里伯斯，另外4個在南蘇門答臘。他們讓166個人改變信仰到教堂去，其中有10人成為文字佈道士，還有1個成為出版業者。

今天我們為和凱吉林夫婦一樣，因神聖書頁的熱心傳播者而感謝上帝。無疑地，在這些不屈不撓、忠誠工作者的努力下，有更多的靈魂將找到前往上帝國度的道路。他們所賣出去的書籍依然在佈道，並將持續下去，直到寬容之門關閉。當耶穌到來，凱吉林夫婦以及其他忠誠的文字佈道士看到他們的努力所結出來的果實時，將是多麼的喜悅啊！

阿特拉斯礦業公司

「當將你的事交託耶和華，並倚靠他，他就必成全。」詩篇37：5

上帝有許多方式來開啟未知區域，讓文字佈道士得以進入並販賣書籍。當道路被封閉，上帝一定會在祂指定的時間開啟。多年來，阿特拉斯礦業公司拒絕所有的推銷人員，即使是慈善團體也不得門而入。但上帝為我們的書籍造出道路來。

某天，3位女文字佈道士拜訪神父，推銷《聖經故事》，神父訂下整套書，並付了三分之一的訂金。

神父開始詢問她們的工作，他很驚訝這些女文字佈道士不像城市裡的女性一樣。當3位文字佈道士打算離開時，神父要求她們是否可以留下《聖經故事》的說明書及一本收據。神父打算推薦給礦業公司的所有官員們。

「妳們沒辦法在那裡工作，」他說，「但我可以幫助妳們，所以請留下一本說明書、收據還有價格表。」

文字佈道士們有些遲疑，但她們最後還是決定把東西留下，並看看會發生什麼事。

次週，她們送《聖經故事》給神父時，看到神父微笑地對她們打招呼。他付清購書的差額之外，還有他所收到的儲金。因為神父對文字佈道士的幫助，這10套《聖經故事》被送到礦業公司的官員手中。沒有人知道最後的結局將是什麼，但我們知道一件事，就是上帝藉由神父找到其他方式無法接近的靈魂。

女士們在文字佈道服務中扮演很重要的角色。上帝技巧地運用她們，把充滿真理帶到許多人的家中。她們也是成功的救靈者，在目前世界上超過22,000位的文字佈道士中，女性奉獻佔了很大的比例。

今天我們為全世界的女性文字佈道士而祈禱，她們有許多正為主的事業而忙碌。請求上帝給她們更多的勇氣、體力，以及更寬闊的視野，繼續這項蒙上帝召喚的服事。若你認識她們，請念出她的名字，並讓她知道你今天正在為她祈禱。今天這麼做，你將為天堂碰觸到靈魂中扮演重要的角色。

3月/11日・故事70

內格羅斯的山岳

「那報佳音，傳平安，報好信，傳救恩的，對錫安說：你的上帝作王了！這人的腳登山何等佳美！」以賽亞書52：7

內格羅斯島的山脈非常地陡峭又崎嶇，某些地方唯一的交通工具只能靠馬，或是水牛。有多次文字佈道士們在山中工作，只能騎著水牛，或是把兩袋書掛在水牛背上，靠著水牛送書。

多年前某天，文字佈道士開始崎嶇的旅途，在山中走了21公里，只遇見一隻孤獨的水牛。當他來到部落首領家時，發現這家人對於宗教相當有興趣，並可能連帶影響40個家庭。

當他與部落首領交談時，文字佈道士發現這些人都遵守安息日，但卻完全不了解基督復臨安息日會。他懷疑他們到底如何知道的？幾天之後，他就知道理由了。

文字佈道士開始教導基督復臨安息日會的教條，居民相當有興趣，並邀請他繼續留下來帶領。他非常樂意，一個好的文字佈道士永遠樂意為主作工，這是個為上帝贏取靈魂的黃金機會！

在這三天不分晝夜教導教會基本信仰，他發現居民都是好聽眾，而且甚至莫名地覺得必須繼續獲得知識，所以在文字佈道士離開前，這些人決定成為基督復臨安息日會的成員。

至於部落居民是如何得知安息日的真理？那是從幾年前某個家庭帶來的書籍所得知。無疑地，這是一位文字佈道士曾帶著書籍拜訪，多年後，種子已發芽、成長，而現在要結出果實。

一位傳道者被派到這山區村落進行接下來的事業，他在那裡待了數個月，最後有68個靈魂受洗，並在這遙遠的地區建立一座教堂。

世界上還有許多像這樣的村落，那裡的靈魂正等待某人為他們帶來救贖的故事。他們可能買過、讀過我們的雜誌、書籍，或研讀過聖經課程預言之聲，但現在他們想知道那到底是什麼。

「那報佳音……這人的腳登山何等佳美！」許多人都在等待救世的福音。

3月/12日・故事71

12年後

「耶和華啊，求你將你的道指示我，將你的路教訓我！求你以你的真理引導我，教訓我，因為你是救我的上帝，我終日等候你。」

詩篇25：4、5

聖靈的行為總是令人驚嘆。某人可能只是單純買書閱讀，但在幾個月或是幾年後，他才可能領悟書中重要的部分。

故事發生在午後兩點，一位文字佈道士帶著書拜訪許多農家。他們大都相當忙碌，沒人有時間聽他說話，但他總是可以找到某人佈道、展示書籍。這天文字佈道士發現一個農夫坐在樹下閱讀著聖經，他非常訝異，這有可能嗎？今天是星期一，對農家來說是一個忙碌的日子。

文字佈道士問候農夫：「午安，像你這樣忙碌的人，居然在星期一的午後閱讀著聖經，真的很奇怪。」那農夫開始解釋讀聖經的原因，他說：「12年前我向一個「屬靈人」買了一本《在家研讀聖經》（Bible Reading for the Home），這是一本屬靈書籍。」

我在接下來的幾週、幾個月內偶爾閱讀，但那本書從來沒留下深刻印象，不知道它試著想告訴我什麼。直到昨天，我和家人如往常般到教會，所有的事情都像以前的星期日一樣，但牧師在佈道前，翻開聖經念十誡。他每星期都會這麼做，但昨天我意識到從來沒有注意過的事情。當時他念道：「當記念安息日，守為聖日。六日要勞碌做你一切的工，但第七日是向耶和華你上帝當守的安息日……無論何工都不可做。」

我無法相信牧師從聖經念出來的內容，我再看了看聖經，它真的是這麼寫的！真不可思議！我還看它是不是寫錯了。「但第七日是向耶和華你上帝當守的安息日」，沒錯，而且我早就知道第七日是星期六。我想起了12年前買的書，回到家把《在家研讀聖經》拿出來，有系統的閱讀。從昨天開始，我在書中發現了許多美好的事情。」

12年後，農夫找到了家中的寶藏，當文字佈道士聽著這項經歷時，他的心中充滿了歡愉，同時也了解，可能還有許多人就像這位農夫一樣，每天與真理同在一個屋簷下，卻不知道它的存在。

我們不知道故事的結局，但不久後我們便可明白。祈禱當上帝讓人們看見真理時，他們將不會遭受任何偏見及損害。

3月/13日．故事72

孩子們的會議

「我實在告訴你們，你們若不回轉，變成小孩子的樣式，
斷不得進天國。」馬太福音18：3

看到上帝透過小孩子把真理帶入家中總是令人驚奇。在下面故事裡，羅斯湯瑪士將談到這樣的經驗。孩子們的天真、單純，幫助主展現神蹟。

文字佈道士已經極力說服母親購買書籍。但他正準備離開時，這些孩子們還是沒辦法得到這套《聖經故事》。因此他們召開了一個會議。

年紀比較大的孩子請文字佈道士稍等，孩子們迅速進入臥室召開會議。不久，回來向母親宣布：「我們決定買下這套書。」

「你們要怎麼付錢？」母親問，「你們有想過嗎？」

「是的，我們已經決定在書錢付清之前都不吃甜點。妳可以用那些錢來買書。」

母親非常震驚，她知道這些孩子們有多喜歡吃甜點。她又問：「那你們決定要怎麼付款了嗎？」

「是的，我們決定把錢從銀行拿出來。」文字佈道士保持沉默著並安靜地祈禱，他知道上帝正在幫忙。

母親看到文字佈道士眼中的淚水，她說：「好吧，我們買書吧！」

六個月後，文字佈道士的電話響起。「你好，我是莫爾蘭。因為書款已經付清了，我們決定開個小小的慶祝會，準備特別的甜點，可以請你跟孩子們一起慶祝嗎？」文字佈道士也相當喜悅：「當然沒問題！不只是孩子們，我相信天使也加入了盛會。」

上帝再度藉由祂的小朋友們展現神蹟。許多家長將會因孩子們借力給聖靈而到天堂。耶穌曾說過，我們必須先變得像孩子一樣，才能繼承天國，不是嗎？

讓我們今天為聖靈藉由世界上數百萬的孩子們接近他們的父母而祈禱。你的小孩也可能是上帝的特別小使者。若你也有童心，聆聽上帝的聲音，作為祂及天國的用具吧！

在神父的階梯上祈禱

「我是耶和華你的上帝，教訓你使你得益處，
引導你所當行的路。」以賽亞書48：17

《聖經故事》是帶領靈魂前往耶穌的工具。世界上有許多人正在閱讀這本美麗的書，並發現想要更親近上帝的念頭。若有機會讓這些讀者發言，他們將會說出許多有趣的故事。

一位文字佈道士從顧客聽到這個故事：「你絕不會認出三個星期前的我是什麼模樣。我非常焦慮，常常啃手指，抽菸抽得很兇，酗酒的情況更讓我往盡頭走去。我對家庭所表露出來的憎惡，影響妻子與四個孩子，我甚至無法了解自己。這種狀況持續惡化，後來我不得不去看醫生。」

「在等候醫生時，我拿起一本彩色的《聖經故事》，並開始閱讀。我從來沒有讀過這麼美好的書籍，從書中了解上帝一開始就有拯救人類的計畫，當我知道上帝關心我時的歡愉是無法言喻的！

「這是多麼美好的信息！我深信上帝對我的愛，並知道我必須改變，但我還是害怕接近上帝。我覺得我有罪，相當挫敗，不知那裡可以尋得幫助。

「我最大的問題在於不知道如何跟上帝說話。雖在天主教家庭長大，但我從未真正學習向上帝祈禱。我決定找神父求助，但讓我更挫敗的是，神父當時正在用餐，無法跟我說話。我必須等到他用餐完畢。

「當我站在階梯上時想起了《聖經故事》，有些人直接跟上帝對談。如果他們做得到，我應該也可以，所以我直接在階梯上跪下，請求上帝改變我的生命。我告訴祂有多麼想要戒酒、戒菸，也想以愛心對待家人，而不是憎恨。三個星期前，我在那裡把生命交給上帝，如今已過著全新的人生。看看我的手指，我不再咬了，也不再抽菸。我想為上帝獻出全部的生命，我希望祂接受並使用我。」

「有人能否認這不是恩典的神蹟嗎？這絕對是！同樣地，還有許多人在黑暗中摸索、尋求幫助，他們不知道該去哪裡。我們難道應該像那位神父，或是像撒馬利亞故事中的利未人一樣從旁邊走過嗎？不，當然不行。不管他們在哪裡，讓我們尋找這些追尋的靈魂，領到我們這裡來而祈禱，並睜大眼睛，不錯過上帝給予的任何機會，你將會獲得驚喜。永不停止祈禱、觀看。

3月/15日・故事74

亞伯拉罕納羅（第一部分）

「我口所出的話也必如此，決不徒然返回。」以賽亞書55：11

亞伯拉罕納羅在世界主要港口航行多年後，從海上退休了。他在加州加入了基督復臨安息日會，並立即成為文字佈道士，忠誠工作直到身體有恙，轉而牧羊。基於宗教使命的熱誠，他期望帶著上帝的信息到中國，一個充滿異教以及神話的地方。三位天使的信息何時才會傳到中國？誰會接下這項困難的任務，作為第一位到達遠東的基督復臨傳教士？每天當亞伯拉罕看著羊群時，這些問題都充滿他的思緒。他越來越相信自己，亞伯拉罕納羅，就是上帝指派前往東方的以馬內利。

某天，當他看著羊群時做了決定：他將離開家鄉前往中國。雖然下定決心，卻無法成行。首先，他必須讓總會的委員會核准計畫。在旅程實現前，許多事物必須做好準備與決定，因為在成功來臨前，失望將伴隨著這偉大的旅程。亞伯拉罕將經歷所有挫折，但上帝的指引將讓他擁有信仰的喜樂和堅持的力量。

他著手開始準備。第一，讓總會批准計畫。雖然委員會的教友們都很友善，卻也很強硬。主席說：「亞伯拉罕，你太老了，不適合作為到中國大陸去的傳教士。一個已經60歲的人要學習困難的中文，是很艱辛的一項任務。」而且，亞伯拉罕的學歷不高，擔任講師或講員也沒有特別出色的能力，委員會認為由年輕人擔任先鋒更合適。

對大部分的牧羊人而言，遭到拒絕也只好繼續牧羊了，但亞伯拉罕不是。在他心中燃燒著傳教的火焰，而且山谷中對他說話的聲音，依然在述說著廣大的中國，以及尚未接觸到上帝的千萬靈魂。在最後的呼籲中，他提醒委員會的教友們，他擔任文字佈道士的成績，以及在加州的安德森河谷建立教堂時所扮演的重要角色。

他懇求說：「教友們，請讓我最後的歲月在遠東度過，傳播救世主即將到來的信息。」教友也被他的精神打動，相信即使是沒什麼學歷、才能的老人也能為上帝工作。教友們建議他善用航海的經歷，在廣大的太平洋上傳教。請在下一篇繼續閱讀。

3月/16日・故事75

亞伯拉罕納羅（第二部分）

「……卻要成就我所喜悅的，在我發他去成就的事上必然亨通。」
以賽亞書55：11

1884年，亞伯拉罕納羅登上前往夏威夷的船隻，到太平洋旅程的第一站檀香山。他把書籍交給航海員與船長，那些書將被帶往更遙遠的島嶼、港口。亞伯拉罕也沒有忽略城市，除了發送小冊子，他也登門拜訪，加上賣出的書籍，很快引起廣大的興趣。1888年，一位牧師被派往主持一個帳棚大會，因此建立夏威夷島中第一個基督復臨安息日會教堂。

亞伯拉罕看著這座新教堂，他的心顫抖不已。但在內心深處，依然聽到有個聲音對他說：「前往中國。」他該如何實現帶著福音進入中國的目標呢？他沒有許可證可以進入中國大陸，但這迫切的渴望絕不會因此而停止。

當他繼續在夏威夷工作時，某天想起了香港，以前航海時去過多次的地方。香港是太平洋中的島嶼，距離中國沿岸只有1哩。他終於為夢想已久的旅程找到了答案——實行從香港進入中國及太平洋其他小島的傳教計畫。

不久，他在檀香山的港口遇到一位船長朋友，展開前往香港的旅程。

1888年3月22日，亞伯拉罕搭乘「敏捷號」離開檀香山。航行中，亞伯拉罕依然傳揚他的信仰，當5月22日，船停靠在香港時，他改變了一個人的信仰，並加入他的傳教事業。

亞伯拉罕納羅終於開始在遠東工作。15年來，這位虔誠的老人持續接觸中國以及太平洋小島中千萬的靈魂。書籍、雜誌、以及小手冊是他用來傳播信仰的工具。成捆的書被裝載上船，送往遙遠的港口，而小包裝書籍則交給旅行者。這些真理的種子被帶到東方每個國家，並棲息下來，在上帝的眷顧之下有些吸收了水分、營養並開花結果。

亞伯拉罕旅行到遙遠的日本、馬來西亞，甚至到巴勒斯坦，散播福音信息。他發現香港是個方便補充書籍的地點，也可以讓他透過一些老朋友繼續散播書籍。他向總會請求全職福音工作者前往中國大陸支援，並獲得了回應；因此他的妻子安迪森、妹妹艾達湯普森，在1902年2月到達香港，開始前進中國大陸。這還不是亞伯拉罕納羅工作的尾聲。

3月/17日・故事76

亞伯拉罕納羅（第三部分）

「倚靠耶和華、以耶和華為可靠的，那人有福了！他必像樹栽於水旁，在河邊扎根，炎熱來到，並不懼怕，葉子仍必青翠，在乾旱之年毫無掛慮，而且結果不止。」耶利米書17：7、8

在全職的福音工作者到達之前，亞伯拉罕納羅與停靠在香港的英國軍艦「皇家海軍奮進號」的官兵們一起研讀聖經。在1902年3月1日，舉行第一次受洗，一位官員與六位軍官是亞伯拉罕在香港事工第一批的成果，後來總計有13位「皇家海軍奮進號」的航海員成為基督復臨安息日會的信徒。

三個受洗的航海員——艾爾史丹登、楊以及大衛摩里森回到英國後，辭掉海軍並成為福音工作者。摩里森成為成功的傳教士，在教會服事40年。他領養的女兒珍和她的先生莫道奇，在遠東地區服務多年。

安迪森到達香港時，對亞伯拉罕而言已經太晚了。在1903年4月26日，81歲的亞伯拉罕納羅親眼看到，他在加州牧羊時所夢想的事情——把耶穌復臨的信息告訴中國人民，成真後過世了。

亞伯拉罕納羅已經安息，但他的工作依然持續，他的影響力仍尚未停止。從他開始是遠東唯一的文字佈道士，到現在已超過5,000位的文字佈道士在同一個區域裡工作。他們藉著書籍、雜誌、以及小冊子散播著福音，並獲得良好的成效。目前遠東地區有超過一百萬名的基督復臨安息日會的會友，而且仍持續成長，這情況將會繼續直到寬容之門關閉。

上帝依然在呼喚著人民、就像祂多年前呼喊著亞伯拉罕納羅一樣。雖然不一定是遙遠的地方，但是通常是他們所在的「任務地帶」。他們工作的成果也可獲得與亞伯拉罕納羅一般的效果，所需具備的就是意願、奉獻、充分了解上帝對於他們生命的旨意。

「凡奉獻自己的身心，毫無保留，而為主服務的人，主就給他們能力，可以得到無量的效果。」（懷愛倫《健康之源》，原名：服務真詮，143頁）

西伯利亞的神蹟（第一部分）

「你們若是不信，定然不得立穩。」以賽亞書7：9

俄羅斯需要信仰。那是一個廣大的國家，還有許多地方還沒接受啟示錄第14章三位天使的信息。這國家有一部分在西伯利亞，充滿著雪和冰塊，氣候寒冷，人心卻很溫暖，但這些靈魂還沒有機會了解上帝美妙的救世計畫。霍華史考金居住在莫斯科，是當地的出版事業負責人。他在接下來的兩天將告訴我們在西伯利亞所遇到的許多挑戰。

「俄羅斯幅員廣大，除了夏天用直升機，或冬天沿著結冰的河流前進之外，沒有其他的方法可以到達。正因為這些地區，我的意志一直驅使，直到真理的書籍到達那些靈魂手中。但誰願意去那裡？我們該如何把書帶到那與世隔絕的區域？基本上，這完全不可能。那兒沒有教堂的成員，也沒有教堂。我們該把書帶到西伯利亞，但誰去傳播？誰去運送？

「我老闆說：『算了吧！除了挑戰這些不可能的事情之外，還有很多事情要做。』但有一個細小的聲音持續對我說：『如果你不做的話誰來做？如果你不現在做的話要等到什麼時候？那些人從來沒聽過……』

「上帝已經計畫好，當我不再質疑並開始聆聽，情況開始好轉。西伯利亞的勒那河北方不遠小城市裡，有一位教會成員剛好是直升機駕駛。他可以幫忙載運書籍，每次50～100公斤，把它們送到指定的地方。

「把書送到城市裡要花費多少心力？這是初步的挑戰。它需要火車運送一個月，然後在勒那河冬天結冰時由卡車搬運，這真是一項大工程。關於這些計畫的成本，估算大約需要6,000美金，該如何找到投資者呢？我把這個想法告訴一個人，他再告訴別人，事情開始運轉起來。第二個人說：『我可以幫忙。』而他真的幫了一個大忙，不只提供6,000美金，而是18,000美金把書送到西伯利亞的六個地方，包含直升機駕駛正在等候的地點。」

當霍華史考金獲得幫助，把真理帶入西伯利亞時，他的心中充滿著喜樂。然而問題並沒有完全解決，他還是要想辦法把書在當地散佈出去。明天早上請繼續閱讀這個故事，在你看到上帝提供的所有妙法時，請與霍華共享歡樂。讓我們為西伯利亞祈禱——地球上沒有任何事情是上帝無法解決的。

3月/19日・故事78

西伯利亞的神蹟（第二部分）

「唱上帝僕人摩西的歌和羔羊的歌，說：主上帝全能者啊，你的作為大哉！奇哉！萬世之王啊，你的道途義哉！誠哉！」啟示錄15：3

在昨天故事裡，我們知道上帝如何提供足夠的資金把書送到了西伯利亞隔絕的區域裡。上帝打動了某個人的心，他提供了18,000美金使計畫成行。今天我們將知道上帝如何讓這些珍貴的書籍傳播到不同的區域裡。

「霍華史考金繼續說：『1998年2月，我前往查看那些被送到鐵路末端的書籍。我們有一位牧師住在那裡，卻發現那些書好好的放在他的小房子裡。我查到兩天後有三班公車將前往，我要把書送去給直升機駕駛員的小城市，讓他可以在巡邏時送書。我問公車司機，可不可以順便載送這三千本書，他們同意以四分之一的價錢運送。我問是否能同行？但他們拒絕了，並問我：『你不擔心你的生命嗎？那裡的氣溫零下40度，我們將進入不毛之地。如果行進順利，我們需要花四天才會到達那裡，如果拋錨，你該怎麼辦？當然不能一起去！』我這才了解這有多危險，不再堅持同行。』

「兩個月後，霍華史考金知道上帝如何以神奇的方式照顧這些書籍。直升機降落在某個村莊運送牛奶時，一位女士看到箱子問：『這些箱子裡面是什麼？』她被告知是書籍，又問：『是什麼樣的書？』當她知道是基督教書籍時，臉上出現極大的喜悅說：『我們社區多麼需要基督教的書籍啊！我可以買嗎？』她買下所有的書，並告訴駕駛，雖然她還不是文字佈道士，但會把書轉賣出去。

「直升機駕駛往北極海旅行到其他的村莊，他把書送到商店裡。他們把書賣出去，當他再度回來時，將帶來其他書，並收取賣書的錢。」

這並不是故事的結局，事實上，這只不過是個開始。當某天在天堂遇見西伯利亞的人民，並知道這些珍貴的書本是如何送到他們手上時，將是何等的歡愉。這是恩典的神蹟嗎？是的，肯定是。上帝藉著人們在我們生活的當下來展現祂的神蹟。

讓我們今天再次為西伯利亞祈禱，祈求那些書籍找到途徑進入尋求真理的人們的家中。上帝的話，決不徒然返回。

其他在韓國發生的神蹟（第一部分）

「耶和華說，我的意念非同你們的意念，我的道路非同你們的道路。」以賽亞書55：8

以下的故事，來自波迪艾《乘文字之翼》（On Wings of Words）。韓國有段艱辛的歲月，包含戰爭與戰後，但上帝總能控制著祂的事業，在那段時間，語言在傳播信息上扮演主要的角色。

第二次世界大戰結束，日本統治時期的軍事、民間服務都回到日本。在日本統治期間，由於禁令，基督復臨的書籍只有少量出版，當時主要的書是日文版的《善惡之爭》。由於教會書籍的價格很高，只有富裕的人們得以購買，因此，只有有錢人家，或是在韓國有錢的日本人才有基督復臨的書籍。

在這些人被送回日本後，他們個人資產被充公，因此這些珍貴的書籍都到了二手書店。此時由於宗教復興，許多人開始閱讀聖經，愈來愈多其他教會敬虔的教友開始在書店裡找書，以幫助他們研讀聖經。許多其他宗派的長執們也到這些書店以低價購買《善惡之爭》。因此，許多新教徒，有些甚至是整個教會團體，都成為復臨教會的信徒。

其中有一位新教教派大教會的李牧師，與他的家人因購買了這些廉價書籍，而得知基督復臨的信仰，他們研讀聖經，並受洗成為基督復臨安息日會的成員。在李牧師受洗後，他馬上成為文字佈道士。

愈來愈多的文字佈道士加入這項事業，在首爾、韓國半島的各個區域，以及島嶼間快速地發展。文字佈道士持續為牧師們與一般人開啟道路、傳福音。

上帝在韓國的事業發展地相當快，但要接觸尚不知道福音的靈魂，依然是很大的挑戰。在他們有機會決定依從或對抗耶穌之前，耶穌將不會到來。

今天我們為韓國文字佈道士以及出版業者而祈禱。他們每個月不停地生產、推廣數千份的書籍、雜誌、小冊。他們強大的文字佈道士團隊向數百萬人們伸展出去時，需要我們的祈禱。他們也需要更多熱心奉獻的弟兄姊妹幫助完成任務，為大家準備好來迎接上帝。

3月/21日・故事80

其他在韓國發生的神蹟（第二部分）

「天怎樣高過地，照樣，我的道路高過你們的道路，我的意念高過你們的意念。」以賽亞書55：9

某天，一位文字佈道士拜訪了歐先生，他非常迫切想要研讀聖經。歐先生曾經是白家申（Pak Ka Sun）的追隨者，白家中是獨立宗教運動的發起人及領袖，並建立起兩個「錫安組織」的社群。這個教會裡有許多成員都在白先生所建立的企業中工作。

歐先生在釜山經營一家生意很好的單車店，他覺得身為「錫安組織」的一員有許多不方便。有天一位文字佈道士拜訪他，並介紹《善惡之爭》，歐先生馬上購買並放在書架上。那本書在書架上放了兩年，但莫名的一天，歐先生把它從書架上拿下來開始閱讀。

不久，他找上釜山Pam Ill Dong教會的牧師，他對金牧師說：「我對於2300日的預言、安息日的歷史與演變非常有興趣，想要跟你一起研讀，並學習更多關於這個美妙主題的知識。」

他向牧師悉心求教幾個月後受洗了。雖然他的妻子當時並未準備好受洗，但在查經後不久也受洗了。歐兄弟成為一位相當活躍的基督復臨信徒，是釜山的教會長老。他五個小孩中有四個就讀釜山的教會學校。

不只是書籍讓許多人改變了信仰，上帝也藉由《時兆月刊》，把祂的真理帶到韓國許多人民的手中。在一位孤單的女士身上，從她接受基督復臨的信息、進入教會而開啟了一段特別的故事。

這位孤單的女士費盡心力，透過《時兆月刊》為基督贏取人心，但她先生相當厭惡這本雜誌。某天，他把她要發給鄰居的一疊雜誌抓起往窗外丟去，雜誌散落到處都是。

其中一本掉在一堆廢墟上，被某位聰明的男士撿起。他閱讀後開始參加雜誌廣告的查經班，並成為基督復臨安息日會的信徒。這男士相當活躍，他開始帶著雜誌挨家挨戶拜訪。某天，他拜訪了那天把雜誌丟到窗外的男人。

他使男人接受信仰，並一起查經，把他領往基督的路上。那男人因為扔出去的《時兆月刊》反而回過頭救了他的生命。

請繼續閱讀明大的故事，並為這國家中的文字佈道工作而祈禱。

其他在韓國發生的神蹟（第三部分）

「你們必歡歡喜喜而出來，平平安安蒙引導。大山小山必在你們面前發聲歌唱；田野的樹木也都拍掌。」以賽亞書55：12

張瑪莉是一位韓國文字佈道部的副幹事。她是一位善良熱心的人，但因忙於行政事務無法外出佈道，在放下副幹事工作後，她成為文字佈道士。

某天，她到展香中學（Chin Heung Middle School）傳揚希望的信息。她恭敬的向校長鞠躬，校長見狀馬上和藹地說：「我和老師們都是基督徒，你不用太拘束。」

張小姐心中充滿熱情，她說：「真是太好了！真高興能遇到其他基督徒。我要為你帶來特別的信息。」這5分鐘的簡單會面，完成書籍《教育論》的交易，但談話卻繼續延長了10分鐘、20分鐘、1小時。這位校長甚至錯過課程。到底是什麼事情讓忙碌的校長如此著迷？就是他從沒聽過的真理。

不久，這位校長了解這些信息比閱讀書寫及算術還重要。這位教育者問：「這是相當好的教材，也非常有教育性。是否請妳也告訴老師與學生們？」不可思議的事情發生了，所有的教職員全員到齊，跟校長一起聆聽著基督復臨的信息。

之後，校長與教職員詢問兩位在基督復臨安息日會學校受業的老師，如何讓學校成為一所教會學校。這相當不容易，有許多障礙需要克服。他們必須把星期六上午的課程移到星期日上午，聯絡佛教與基督教的家長們，並解釋學校程序和改變的情況。全體師生開始研讀基督復臨的信息。

在另一個場合裡，張小姐聯絡上江陵某家大型百貨公司的經理。她發現他反對教會傳道，也不閱讀任何宗教書籍。但是張小姐不間斷每月一次的拜訪，終於讓他開始閱讀《時兆月刊》。當接收到雜誌裡的信息時，他的心開始改變，他再也無法抵抗聖靈的教導。不久之後，他受洗了，並奉獻自己的生命，成為一個忠誠的教徒，也成為一位活躍江陵教會的長老。

因為上帝的眷顧，以及多年前奠下的基礎，如今韓國的事工非常興旺。文字佈道工作將會繼續健壯，同時也是這個國家成功為上帝獲得靈魂的重要因素。

3月/23日．故事82

你相信那些東西？

「我卻要常常盼望，並要越發讚美你。我的口終日要述說你的公義和你的救恩。」詩篇71：14、15

湯瑪士在他《無盡的旅程》（Adventure Unlimited）的書中，寫到有關格林何惟爾的故事：

格林何惟爾非常想成為一位牧師，卻因為語言障礙百般受阻。他決定以一對一的方式練習語言能力，並決定在語言能力提升前，繼續銷售書籍。

某天，他把一個睡夢中的男人叫醒。雖然受到打擾，那人還是邀請格林何惟爾進門，並耐心聽書籍介紹。他打斷格林的介紹：「你相信嗎？」

格林很自信地說：「是的，我不會推銷一些我自己都不相信的書。」

那男人以嘲笑的口吻說：「我去過這種組織，早就發現，聖經除了小說情節之外沒什麼特別的。我們不會有興趣的，你不過是在浪費時間。」他繼續說，「但如果想和我妻子談談，你可以晚點過來，或者跟我們一起用餐、愉快的談天，但我們不會對這類書有興趣。」

格林再度拜訪，享受美味的食物及友誼。如他所計畫、希望以及祈禱的，女主人對他每次來訪後留下的書籍很有興趣。是的，格林不只拜訪他們一次。第一次的接觸很重要，而且他繼續友善地拜訪。聖靈以某種方式告訴格林，信仰的果實已經準備收割了，不要停止拜訪。

不久，這位女士與丈夫開始跟格林一起上教堂，閱讀書籍並研讀聖經之後，他們都受洗了。每個人都因為他們辭去工作，投身文字宣教驚訝不已。

格林的語言能力漸漸改善。他後來報名神學課程，但不是一個人，還有那兩位新朋友也一起同行。他們三人畢業後，並為教會在所學的領域中服務，但不是文字佈道士。

原本似乎沒有希望的情況，在格林何惟爾持續拜訪後，變得充滿遠景。書籍先把門開啟，而真誠的友誼和查經更將心房打開。聖靈使他們相信，並選擇了永恆。我們是否在別人表現出沒興趣的時候，都放棄得太早了？何不像格林一樣，在推銷書籍前先建立友誼？成功的文字佈道士永遠不會把書籍賣給陌生人——他們先把陌生人變成朋友，再賣書給朋友。

3月/24日・故事83

從印度教派成為基督徒

「不但如此，我也將萬事當作有損的，因我以認識我主基督耶穌為至寶。我為他已經丟棄萬事，看作糞土，為要得著基督。」

腓立比書3：8

不管是誰、在何處，上帝都在身後，並與你建立友誼。你是上帝的孩子，祂盼望著你。你可能是天主教、新教，或印度教，可能是無神論者、不可知論者，或嬉皮，上帝都愛你。這故事是上帝如何找到加州的威廉迪恩。

威廉講述著自己從印度教改信基督教的旅程：「我在天主教的家庭長大，但我不去教堂，生活像個嬉皮。為了追尋填補心中的空虛感，我加入哈瑞奎師那教派（Hare Krishna）。但每次在我向那醜陋的偶像膜拜時，心中總是聽到另一個聲音說：『在我之前你不應該有別的神。』我繼續追尋，試過薔薇十字會、佛教、異教的太陽崇拜，甚至是惡魔的祭儀。這些宗教都以功德允諾救世。我開始感到害怕，因為我的生命很悲慘，我恨每一個人。

「如果今天死去，我已經準備好見上帝了嗎？然後我決定試試基督教，我和妻子、女兒成為天主教徒，但還有聲音持續說：『你不該崇拜偶像。』

「某天妻子、女兒外出渡假，只有我一個人在家。我覺得很空虛，向聖母瑪利亞祈禱也沒有任何幫助。我去找母親，她對我說：『兒子，我已經為你祈禱11年了。你到房間跪下，請求上帝原諒你。』我照做了，並馬上獲得平靜與喜樂。我卸下了重擔，對天上的父述說浪子的祈禱。從那天起，我找到心中真正的快樂與寧靜，以及唯一的救贖之路——耶穌基督！我找到人帶我研讀聖經，我終於學到許多沒有聽過的聖經真理。

「我的生活有了立即的轉變。雖然一開始妻子不去教堂，但兩年後她受洗了，不久女兒也加入我們。我辭去工作，成為一個文字佈道士，因為我想要告訴大家關於耶穌的美好。才四年多，已有60人因為我的文字佈道服務而走向基督。」

當上帝找到威廉，讓他成為文字佈道士前，他原本是個嬉皮。上帝也找到我們許多正在教堂長凳上閱讀著這篇故事的人。祂正呼喚著我們，就像祂呼喚威廉一樣。我們也可以為祂成為救靈者，只要我們願意接受聖靈的教導。今天我們為世界上更多幫上帝帶來靈魂、成就收穫的工人而祈禱。如果你願意，也可以加入他們。

3月/25日·故事84

從嬉皮成為福音牧師

「主認識誰是他的人。」提摩太後書2：19

嬉皮群聚之處，正是聖靈可找回迷失羊群的地方。麥克斯找到一張「聖經故事」的協談紀錄卡，所以麥克斯開玩笑對其他嬉皮說：「我填完寄出去，讓那些傳道人花時間找我們，我們來跟他們玩玩吧！」

幾天後，文字佈道士伊娃莫爾蘭跪下請求上帝幫助她解讀這個奇怪的姓名與地址。她在街上仔細尋找，終於找到一棟與地址相符、看起來骯髒的建築物。她已經猜到寄這張卡片的可能是嬉皮。

進入黑暗的大廳，她開始尋找。四處是可怕的搖滾音樂、難聞的氣味以及令人反感的畫面。她在這裡能做些什麼？但她記得基督也為這些人而死！最後她找到8號公寓，並敲了門。

伊娃開始展示書籍，但一位年輕人阻止她：「等等，不要那麼快，我想要一頁一頁慢慢看。」因此她又翻回創世的故事，逐頁說明。當她談到耶穌再臨以及邪惡的毀滅時，她看到那些人的臉上掛著淚水。

麥克斯說：「是上帝派妳來的。我把卡片寄出去，但我只是在開玩笑。我以為沒有人找得到，但妳來了。」

他們買下書籍並開始閱讀。不久，伊娃再度造訪時，她發現來應門的是煥然一新的麥克斯——快樂、乾淨、充滿熱誠、靈巧的年輕人。

「我要說一個好消息。自從妳來了之後，我決定帶妻子去探望我父母，他們還沒看過她。我的家人熱情迎接我們，我從沒看過他們那麼開心！」

他的妻子也說：「我從來不知道世界上有那麼美好的家人。因為，除了麥克斯之外沒有人需要過我。」

「而且我告訴他們關於妳的事情，還有我決定為上帝完成大業讓耶穌得以再臨時，父親要送我去慕迪聖經學院進修。」麥克斯說。

至少有兩名年輕人獲得重生，並走向服事上帝之路。他們會發現福音中的真理，都始於一張「聖經故事」的協談紀錄卡，以及一位有毅力、熱誠奉獻的女文字佈道士。「主認識誰是祂的人。」看起來最不可能的地方，總是存在等待的靈魂。

寶琳與《歷代願望》

「主耶和華說：日子將到，我必命饑荒降在地上。人飢餓非因無餅，乾渴非因無水，乃因不聽耶和華的話。」阿摩司書8：11

上帝的書籍被送到世界上數百萬人民與家庭手中。許多人買了書卻不曾閱讀，直到某天事件發生，才讓他們想起書的存在。

就像寶琳的例子一樣。她跟一個男人同居，並有兩個小孩，但他們沒有結婚，那男人也沒有意願。他是猶太人而她是天主教徒，所有的情況開始讓寶琳感到困擾。她感覺到生命中有東西遺失了，但卻不知道是什麼。她到處尋求答案，但似乎沒有人能幫忙。

某天，寶琳拜訪一位在大醫院當看護的朋友。那位朋友也是一位天主教徒，當寶琳告訴她內心的空虛，以及覺得她該為上帝做些什麼，卻不知道該如何做時，那位朋友想起多年前買的書。那本書就是《歷代願望》。雖然自己沒讀過，但她相信是本好書，可以幫助像寶琳一樣急需幫助的人。

寶琳把書帶回家開始閱讀。她讀著讀著，沒辦法停下來。她花了幾天，睡得很少，日日夜夜都在看書。當她讀完後，又再重新讀一次。然後她回去找朋友，把書還給她，並詢問去哪裡找出版這本書的人。她朋友試著勸說寶琳，不要加入基督復臨安息日會，但已經沒有什麼可以阻止寶琳了。聖靈已使她信服，她決定找到那些人。

她在某個安息日8點左右，到了當地基督復臨教堂。她坐在階梯上等人們到來。不久，教會的執事來了，打開教會大門。寶琳走進入教堂坐在最後一排長椅上，她打算觀察情況，而那是最好的位置。

安息日學、小組討論，所有事情對她而言都很奇怪，所有人來自於各行各業。但她坐在那裡並盡量參與，最後是敬拜聚會。這對她而言很特別，傳教者法蘭西斯坎貝爾正對她傳遞信息，至少她自己是這麼認為的。在聚會過後，他在門邊與她說話，並安排查經。

上帝在接下來的幾個月裡解開寶琳的心結，而她也受洗了。她永遠不會忘記，在她艱難的日子裡《歷代願望》對於她的意義。她成為一位文字佈道士，開始推銷展售《歷代願望》，分享經驗給其他人。

3月/27日．故事86

路易士與天使們

「不可忘記用愛心接待客旅；因為曾有接待客旅的，不知不覺就接待了天使。」希伯來書13：2

時值月底，文字佈道士忙著拜訪訂書的顧客。有一位文字佈道士，路易士，也忙著運送書籍。他在零星散佈的小鎮之間工作，必須拜訪許多地方，所以帶著妻子、小女兒一起上路，他的妻子可以幫一些忙。

路易士是一位忠誠的文字佈道士，也是一位很成功的救靈者。他順利把所有的書配送出去，當抬頭看著天空，發現即將有暴風雨來臨，而他現在卻離家很遠。他決定走捷徑，看看是否能在暴風雨前趕回家中。但是捷徑是一條泥土路，並且在沒走多遠後就開始下雨。那不是一般的雨，雨勢從一開始就非常大。他們能怎麼辦呢？只能慢慢前進，祈禱並希望車子繼續行駛，但整條路已變得相當泥濘。

忽然間，車子離開道路，掉進溝渠之中。幸好路易士的車速很緩慢，但他沒辦法獨自把車子從水溝中抬出來。路易士跟妻女受困車內，無法向外界求援。他們祈禱並請求上帝的幫助。禱告之後，路易士走出車子，還好雨已經停了，檢查車子是否受損。沒有什麼大傷害，但問題是車子被困住了！

他該怎麼辦？他不能把家人留在車子裡自己去求援，也不能期望妻子一個人去求助。這時，一輛卡車駛來並停下。路易士還未開口，卡車上的15名大力士徒手把他的車子抬起來放回路上。路易士看著自己，試著把鞋子上的泥巴除去。當他再度抬起頭，四處已經看不到卡車跟那15個人了。他們在哪裡？他們到底從哪裡來的？

在路易士的心中，他確信是天父回應他們求援的祈禱，派了15位強壯的天使來幫忙。他上車，感謝天父的幫忙，並一路平安地開回家。現在，路易士成為一位成功的牧師，他永遠不會忘記這個遇見天使的經驗。

文字佈道士們相信天使的存在，他們是上帝的使者，前往需要幫助的地方。下次當你需要援助時，發現有人為你伸出雙手，請仔細看看他們，說不定正是人形的天使。

今天讓我們為天使的服務而再度感謝上帝。

一本書，許多靈魂

「撒在好地上的，就是人聽道明白了，後來結實，有一百倍的，有六十倍的，有三十倍的。」馬太福音13：23

非洲薩伊的一位文字佈道士把《善惡之爭》賣給一個男人。那人讀了這本書，並深信書中所寫，開始把所學都付諸實行。他相信書裡所教導的都是真理，他必須遵循真理。

他開始對好友述說書裡的美好內容，好友也變得相當有興趣並加入行列。他告訴所有親戚、朋友，有許多人也開始與別人分享。他獲得500名夥伴，大家都相信書中的真理，不久又增加為5,000人！後來，他擁有25,000名追隨者，還有一群牧師幫忙照顧所有的人，事情發展相當順利。

某天，當地政府通過一項法律，只有擁有資金、有組織的教會才能在國內活動，其他的必須關閉。這團體遭遇到了困難，他怎麼可能遺棄這25,000人？他必須好好規劃。

他向地方當局說明困境，雖然官員相當同情，卻也很強硬，所以除了停止聚會之外別無他法。他問：「那我的人該怎麼辦？」官員要他解釋這個信仰，並專心地聽。官員聽完說明後說：「你們的信仰聽起來跟基督復臨安息日會很接近，你們該去加入他們。」

他們只能加入基督復臨安息日會，當時教會只有大約500個成員。教會也有個問題，有太多人想要學習了，但沒有足夠的人可以教導。於是他們決定，先派組織中的牧師進入教會學習真理，然後再回來教導其他成員。

請大家想像一下，有25,000人都對真理產生了興趣，而起源只是一本書！這件事發生在多年以前，而有許多人最後都變成了教會的成員，現在應該有些人都成為教會的長老或執事。藉由一位熱誠的文字佈道士和一本書，上帝的作為真是太美妙了。

我們今天難道不該為許多熱心奉獻、為信仰挺身、成為文字佈道士，帶著神聖書頁傳播福音的人們而祈禱嗎？

3月/29日・故事88

心靈的渴望

「他們必飄流，從這海到那海，從北邊到東邊，往來奔跑，
尋求耶和華的話，卻尋不著。」阿摩司書8：12

沒有任何飢渴，比心靈上的飢渴還難耐，到處都有缺乏心靈糧食而挨餓的靈魂。他們存在於家裡、辦公室裡、公車上、教堂裡，任何你所能想到的地方。今天的故事發生在辦公室內，有靈魂正在渴求精神食糧。

文字佈道士周彼得與唐提莫，拜訪在馬來西亞吉隆坡的上班族。他們的事工相當成功，並持續尋找需要精神支援的人們。他們來到一個辦公室裡，發現有位中國女士對於他們在回教地區展售的健康書籍很有興趣，因此，他們在把宗教書籍拿出來之前，先介紹健康書籍。他們可以感覺到這位女士在找尋的不只是健康，也在尋找精神上的鼓勵。

他們慎重地介紹一本宗教書之後，她訂購了其中一本。他們仔細觀察她的反應，她馬上問：「你們是基督徒嗎？」在他們承認之後，她說她已經期待很久了，希望有教會的人能來鼓勵她，她很高興他們的來訪。顯然她之前接觸過基督教。

這正是與追尋的靈魂一起祈禱的機會。祈禱過後，他們發現她對禱告相當感動，因淚水已滑落她的臉頰。於是她問他們是否還有其他尚未展示的書籍。他們打開公事包，拿出所有富含精神食糧的書，讓她挑選更符合需求的，而她買下所有的書籍。當他們要離開時，她說：「一定是上帝把你們送來我的辦公室，因為我極度需要精神上的鼓勵。」

對於心靈糧食有興趣的人，文字佈道士通常都會把這些名單交給當地牧師，以繼續接下來的課程。這些人最後常常都會接受上帝為自己的救主，並成為教會的成員。這就是為什麼世界上每年有超過40,000個靈魂因文字佈道士的活動而受洗。因此懷愛倫師母說：「此項工作之重要與傳道的工作完全相等。」（懷愛倫，《文字佈道指南》6頁）

今天我們再度為世界上超過22,000位，強大的文字佈道士軍隊而祈禱。我們祈禱上帝將指引他們前往那些正在尋找光明與真理的人們。我們也祈禱上帝召喚更多的人民成為文字佈道士，幫助各地精神飢渴的靈魂。當我們正邁向耶穌來臨前的最終末日，將有愈來愈多追尋的靈魂。

妳們的夥伴在哪裡？

「敬畏你、投靠你的人，你為他們所積存的，在世人面前所施行的恩惠是何等大呢！」詩篇31：19

了解上帝召喚我們為祂工作，並不是讓我們單獨行動，是多麼美好的一件事。當我們為主工作時，祂會派遣天使來指引、保護我們。這本書中有許多關於天使的故事，今天這篇故事發生在沙巴（婆羅洲）。

四個年輕的女文字佈道士被派到一個小鎮工作，她們住在同一個房間裡，鄰居們每天都看到她們勤奮工作，是為耶穌工作的快樂女孩。

每天經過一戶人家時，都會看到庭院裡美麗的香瓜，心想不知道屋主是否願意賣給她們。某天她們要回家時，又經過那戶人家，剛好在庭院裡遇見年長的女屋主。四個文字佈道士問她，是否可以賣一些香瓜，她說：「不，我不賣，但我可以給妳們一人一個。」説完，她就拿了五個香瓜給她們。女孩們覺得很奇怪，為什麼是五個？然後她們發現那位女士看到了第五個人，但她們看不到。無疑地那第五人就是一位天使，每天與她們一起工作。

過了一、兩個星期，有兩名女孩要到另一個小鎮賣書，另外兩個則留下來完成送書的工作。某天她們走在路上，遇到一個人問她們説：「妳們的夥伴呢？」她們解釋説另外兩個女孩已經到另一個小鎮，她們會在工作完成後過去會合。他又問：「那第五個人呢？」又有一個陌生人看到除了她們四個文字佈道士之外，還有一個人在團體裡一同工作。無論她們怎麼解釋，他還是堅稱每天都會看到五個人在小鎮裡工作。這些文字佈道士再度明白，當她們為上帝服務時，有天堂的靈魂與她們同在。

天使是真的。上帝承諾我們，若我們遵從祂、完成祂的志業，祂將派遣天使與我們同在。我們應該感謝上帝讓天使出現在我們的生命中。讓我們祈禱當我們在地球上為上帝服務時，祂將讓我們感覺到天使的存在。這層體驗將讓我們為祂盡更多心力，並讓我們在為祂的王國獲得靈魂時不失去責任心。感謝你，我在天上的父，謝謝你的天使！

3月/**31**日．故事90

為上帝點燃熱情（第一部分）

「你們要嘗嘗主恩的滋味，便知道他是美善；投靠他的人有福了！」
詩篇34：8

無論是誰、身在何處，當上帝呼召時，加入了上帝救靈的事工，你所獲得的回饋將不只是物質上的享受，還有來自天堂的祝福。

瑟拉菲瑪在莫斯科一家流行服飾店工作，在俄羅斯自由市場環境下，她的未來充滿光明。但某天，一位軍官到店裡來找瑟拉菲瑪的兒子，說他沒有交接就擅離職守，犯下嚴重的罪名。忽然間，瑟拉菲瑪的世界開始扭曲變形。身為猶太人在共產制度下生活，瑟拉菲瑪不確定上帝的存在，但她已求助無門，在絕望之下開始祈禱。

她很確定上帝聽到了祈禱。在禱告不久，政府大赦那些擅離職守的士兵，瑟拉菲瑪的兒子終於可以回家團聚了。由於這次經驗，瑟拉菲瑪相信上帝的存在，以及上帝對她和兒子的關懷；但她不認識祂，也不知道如何找尋，多麼希望有人能幫她找到上帝！

某天，她兒子跑回家：「母親，妳一定要去聽馬可．芬尼的演講，他幫助我了解關於上帝的事情！」瑟拉菲瑪知道這是上帝的指引，她參加了馬可．芬尼的集會，而她和兒子同時都受洗了。

在她受洗後的第一個星期五，她向老闆請求安息日不要工作。因過往表現優異，得到老闆允許。不久冬天來了，日落的時間愈來愈早，瑟拉菲瑪又向老闆提出星期五早退的要求，因她想在日落前回到家裡。老闆說：「我很抱歉。妳的上帝將為妳打理這一切。」瑟拉菲瑪知道如果堅持守安息日，將會失去工作，而工作又是如此珍貴難尋。她再度請求上帝的指引。

瑟拉菲瑪得知文字佈道的工作。這是上帝引導她的路嗎？她非常躍躍欲試。她友善、外向的個性，以及過去的推銷經驗，馬上在文字佈道上有傑出表現。但瑟拉菲瑪對於推銷並沒有興趣，她想與其他人分享上帝的美妙經驗，那正是他們所需要的。她每天祈禱：「主啊，幫助我找到會回應你的人。」

上帝回應她的祈禱，派她到某個城市工作。雖然不認識任何人，但上帝給這條路，她願意前往任何上帝指引的地方。在虔誠的信仰、信念之下，她

為上帝點燃熱情（第二部分）

「至於我，我藉耶和華的靈，滿有力量、公平、才能。」彌迦書3：8

在瑟拉菲瑪黎文森遇見耶穌後，她的心充滿熱情。她拒絕在安息日工作，因此上帝僱她為文字佈道士，為上帝作見證。每當上帝呼召她時，即使要前往她沒有去過的國家，她也樂意從事。她整理行囊，裝入比衣服還多的書籍，並購買一張前往目的地的單程車票。「我知道上帝會保守我，提供我的需求以及回來的旅費。」她堅信於此，而上帝也如她所願。

在她工作過的某個城市裡，有約30位的新信眾定期在舊的猶太教會堂集會；另一個城市裡，有約120位的新信眾每週都會集合在一起，作禮拜並研讀上帝的話語。瑟拉菲瑪為上帝點燃熱情。她等不及在到達目的地後才開始工作，她甚至在火車、公車上就開始販賣書籍。她不會乾等著讓事情發生，而是在聖靈的引導下讓事件發生。某次的鐵道旅行中，一個男人看到她在賣書，就大叫說：「這女人是魔鬼派來的！不要買她的書！」他高高站立於矮小的瑟拉菲瑪面前，喊道：「滾出這輛火車，現在就滾！」在這緊張的時刻，車廂中的人們都恐懼地看著事件上演，而瑟拉菲瑪平靜地說：「我賣書是為了帶來和平與希望，若你不想聽我說話，你應該離開這輛火車。」那男人真的下車了。其他的旅客都買了瑟拉菲瑪的書。他們可能想：「這女士與她的書一定有什麼特別之處，才會讓這樣高大的一個男人安靜聽話。」又一次，瑟拉菲瑪在大教堂的入口處架設起一個小攤子，那裡有許多信教的人經過，他們也需要瑟拉菲瑪的書籍。一個年輕男子看到她的行為，大叫說：「小心點！這裡有隻披著羊皮的狼！千萬不要理會她！」因為他的叫喊吸引了人群，大家都聚集過來看瑟拉菲瑪的書。銷售盛況空前！已經沒有任何事可以阻擋瑟拉菲瑪。她是位忠誠的僕人，前往任何主人派她前往的地方，販賣上帝的書籍，也為祂的王國獲得救靈。透過聖靈的力量，瑟拉菲瑪在俄羅斯聚集起四方的信眾，她微笑說：「上帝賜予我一個充滿希望的新生活，我必須與所有我遇到的人一起分享。」

瑟拉菲瑪是上帝想要與我們共同作為的一個實例，祂不停地在尋找有意願的、謙遜的、可教導的人們，來從事與瑟拉菲瑪相同的工作。那些人都相當樂意為上帝所用，來展現恩典的神蹟。我們今天難道不該為那些在上帝的葡萄園裡，為採集成熟果實而辛勤工作的人們來祈禱嗎？

4月/2日．故事92

日本的神蹟（第一部分）

「誰敬畏耶和華，耶和華必指示他當選擇的道路。」詩篇25：12

今天的故事是高斯波狄厄牧師許多故事的其中之一，他長年在遠東從事上帝的文字佈道服事。他將述說一個在日本鹿兒島的居民池田米雄生命中發生的神蹟。

第二次世界大戰開始，池田是日本帝國軍隊駐紮於海南島的一位軍官。1941年12月22日，他與他的部隊於菲律賓登陸，在那邊進行長達兩個月的慘烈戰役。兩方均傷亡慘重。雖然池田身邊的人一個一個戰死，他卻得以生存下來。他參與作戰，並殺害許多人。許多次，他遭受的經歷迫使他認真思考。事後他說出這個故事：

「某個晚上我正在值勤，不久我的夥伴來交班，換我去休息時，敵人攻來了。我的夥伴因此失去生命。我當時感覺到一定有某個特別的救星前來幫助我。還有一次，面對敵人的攻擊時，戰爭就在眼前，我們看到許多人倒了下來。站在我身旁的夥伴，子彈也射穿了他制服的口袋。

「某天，我的部隊正前往前線，卻在叢林中迷了路。事後我們才知道，若我們依著事前計畫的路線前進的話，我們將遭到埋伏攻擊，也可能已經慘遭射殺。等到我們走出叢林，海灘上正上演著大規模的戰爭。由於我剛好在最後方，才能夠撤退並尋找掩護。第2年的2月3日，我們的部隊離開菲律賓前往印尼的泗水，於3月1日登陸。我們在印尼持續移動，直到戰爭結束。」

戰後回到日本，池田回到他原本在日本鐵道的工作。戰爭期間，他的心臟出現問題，健康情況不甚良好。不久，他罹患了結核病，面臨愈來愈衰落的身體，他灰暗而沮喪。他加入了共產主義的集會，延續他憎恨美國的情懷。身心狀態持續惡化之下，他走到了絕路，並興起自殺的念頭。

請繼續閱讀下一篇，看看上帝如何插手讓池田「重返人生」。現在世界上還有許多像池田一樣的人，有男有女，還有小孩，他們都走到了勇氣的盡頭，準備要放棄生命，而上帝就會接手，為他們展現生命中的神蹟。為這些像池田一樣的人們祈禱吧。你也可能認識這些人，幫助他們找到上帝，向上帝宣告祂的承諾，並享有生命的平安喜樂。

日本的神蹟（第二部分）

「因為在你那裡有生命的源頭，在你的光中，我們必得見光。」
詩篇36：9

池田動身前往一座名山，他想在山頂上自殺。精疲力盡又虛弱的情況下，他倒在山腳處，連手都難以動彈。他陷入絕望的深淵，沒有生存意願，也沒有延續生命的力量。這時，上帝開始行動。

有位大叔得知這個年輕人的計畫，他找到池田並把他帶回家中。以食物、醫療與避風港讓池田緩緩地恢復，但過程非常緩慢，他似乎失去了生存的意願。某天，因為一位朋友來訪，池田看到了日文版的《時兆月刊》。他拿起雜誌閱讀，並對其中一篇文章印象深刻。他訂閱雜誌，不久後報名聖經預言課程。在某個適當的時機下，池田受洗了。

在接下來的生命裡，他打算怎麼做？由於憎恨、絕望與不確定性都已離開他的生命，他準備去為別人做一些別人為他做的事情。他與那位把日文版的《時兆月刊》介紹給他的文字佈道士湯田道哉密切的聯繫，道哉把池田領入文字佈道的工作，並促成池田的婚姻。

池田家生下一個小女嬰，但在孩子還小時，她得了重病夭折。失去唯一的孩子的衝擊之下，池田夫婦轉而向上帝尋求力量，並背負起這沉重的十字架。孩子夭折後，池田太太也加入了文字佈道的服務。幾年來，他們為基督獲得許多信徒，並把他們帶到教堂中。某次，他們還把一對年輕夫婦帶入文字佈道部，他們也隨著池田夫婦的腳步，成為文字佈道士。

秉持著完全的奉獻、信念與熱誠，池田從為國獻身的軍官、共產黨員，現在成為日本最忠誠的一位文字佈道士。在某次集會中，池田帶著淚水對協會的弟兄們與出版分部經理說：「眾弟兄姊妹們，在1943年我曾奮勇殺敵。再看看今日的我——熱愛我的弟兄姊妹們更勝於我的血親。耶穌改變了我的生命，我唯一的願望就是為主獲取人心，忠誠服務直到最後一刻，而當耶穌來臨時，能與我的女兒、以及所有我們所幫助過的人們團聚。」

池田的整個生命就是主的神蹟，而你我也一樣。倘若我們能讓上帝藉由我們、與我們同在，來從事祂所計畫之事，我們就都能夠展現恩典的神蹟。

文字宣教——獨特的教育

「我如今若在你眼前蒙恩，求你將你的道指示我，使我可以認識你，好在你眼前蒙恩。」出埃及記33：13

安地列斯學院（現今的安地列斯大學）博士以瑟列瑞西歐常與許多的年輕人共事。他意在傳授書本中得不到的知識、教育中無價的部分。他說：「藉由親身體驗，我相信推銷我們的書籍能為個人帶來高尚目的。我擔任過全職的文字佈道士3年之久，並有8個夏天擔任學生的領導。上帝讓我得以見證12個靈魂因我的文字佈道服務而受洗的特權。因我的文字佈道士之職，有個教會被成立，並有一所學校開始營運。這為我的生命創造新猷。

現在，身為教育者，我在辦公室裡與兩種年輕人會談：對生命有特殊目標的人，以及漫無目的的年輕人。我把能開啟心靈迎向天堂光芒的書籍放在他們手上，建議他們看看自己能為這個生病的地球做些什麼。

我們的學生有六分之一靠著販賣我們的書籍得以繼續求學。我把它稱為我們主要事業，因為它可培養出我們頂尖的工作者。在觀察數百名年輕人的成果之後，我明白，生命中沒有任何正面的目標不能靠書籍推廣來達成。幾個月前，我建議一個對任何事都沒興趣的年輕人挨家挨戶拜訪，與其他人分享自己生活來尋找自我，如今他煥然一新，生命也有了目標，說自己想要成為傳教士。文字佈道的工作為他的生命帶來目標。」

羅素 C. 湯瑪士說：「讓文字佈道士興奮的，是一連串延伸下去的意外喜樂收穫。 『萬事都互相效力』是聖經為意外收穫的註解。注意到麻雀掉落下來的天父，也同樣關心文字佈道士每天工作中的細枝末節。上帝總是送來祂恩典的象徵、預料外的旨意，某些人稱之為幸運，但是上帝的孩子，尤其是文字佈道士，都能辨識出那是來自天堂的指引。」許多自力完成學業的年輕人，如今都是社會上受尊敬、均衡發展的人，因他們學會了認識別人，有許多年輕女孩也是。他們從賣書的經驗中學到其他地方沒有的課程，某些比書本知識更具價值的東西。

讓我們為現今的年輕人祈禱。祈禱他們生命中每天面臨的挑戰能使他們茁壯，並為他們準備好迎接永恆。

海女士尋獲喜樂

「求你發出你的亮光和真實，好引導我，帶我到你的聖山，
到你的居所。」詩篇43：3

海女士追尋真理。她多年來都是天主教友，但總無法在精神生活上獲得滿足。她曾多次拜訪神父，但他無法幫助她。她又拜訪另一個教會的牧師，希望找到追尋已久的答案，但就是沒人能幫得上忙。海女士愈來愈沮喪。

某天，海女士就醫求診。在候診室等待時，她在桌上的刊物中發現一本書，那是展示版的《聖經故事》。她拿來讀，感到相當有趣而且停不下來。輪到海女士看醫生時，她居然因無法繼續閱讀而感到沮喪。幸好，她在書中紙袋裡發現幾張書卡，就抽出一張。海女士當天就把書卡填上姓名、地址寄回。幾天後有人來敲門，是位文字佈道士。她熱誠歡迎他，並高興地發現有她愛不釋手的一系列十冊書籍，其中有一本就和她在醫院所看到的那本一樣。她沒有足夠的錢買下一整套，但文字佈道士讓她以每月購買一本書的方式買書。她馬上買下第一冊，並在文字佈道士離開後，迫不及待地開始閱讀。她非常喜愛她所讀的書，以至於等不及文字佈道士把第二本書送來。

每個月，海女士都會得到一本新書，直到她擁有完整十冊。文字佈道士將第十冊送來時，他建議海女士參加一系列的聖經研讀課程，以幫助她心靈成長，海女士欣然接受。接下來，有人每星期都會到她家裡一次，與她一起研讀聖經。她深信真理，並明白那就是自己一直在追尋的東西。在聖經課程結束後，海女士受洗了，並在耶穌基督裡展開新的生命。她對於文字佈道士的拜訪，以及幫助她找到真正的喜樂感到相當高興。

有許多的靈魂在精神上都非常黯淡，等著別人幫助。有些人為了追尋而走遍教堂，卻無法獲得歡笑、喜樂，直到他們找到耶穌。文字佈道士的工作就是去找到這些人，並把他們介紹給最好的朋友。看到長久追尋喜樂、和平的人們，在他們的朋友——耶穌身上發現源源不絕的泉源，再也沒有比這個更甜美的歡愉了。

今天讓我們為更多熱心的教會成員奉獻出生命，與上帝一起尋找失落的靈魂而祈禱。上帝正呼喚我們全員用某些方式向其他人伸出雙手，而文字宣教事業就是最成功的方式之一。

4月/6日．故事96

拾級就主

「我要一生向耶和華唱詩！我還活的時候，要向我上帝歌頌。」
詩篇104：33

當瑪莉向父母詢問為什麼聖經上說每週第七天才是上帝的祝福日，而他們卻要守第一天為上帝的聖日時，她還只是個小女孩。瑪莉抱著這個謎團多年，直到某天她終於找到答案。

瑪莉後來成為護士，在城裡一所大醫院工作。某個星期五晚上輪到瑪莉值班。當她工作完畢，正在檢閱她照顧的病人姓名及資訊時，發現有位女病人姓名之後寫著她的信仰是「基督復臨安息日會信徒」。瑪莉想：「這真有意思，讓我跟這位病人談談，看看她的教會信仰是什麼。」她與病人的訪談過程非常愉快，決定改天再聊以獲得更多知識。但在瑪莉還沒來得及去找她時，她就出院了，留下一本名為《喜樂的泉源》的小書給瑪莉。一直到幾年後，瑪莉都沒有再與這位病人見面。

當時，上帝正在教導著這位追尋中的護士。當她跟父母見面時，發現他們都參與某種與預言及聖經主題相關的集會，於是跟他們一起去。她第一次出席的集會主題是「與聖靈對抗的罪惡」，她接受她聽到的事，並在幾次查經課之後受洗。忠誠教友和這本《喜樂的泉源》與聖靈共同動工，把瑪莉帶到上帝面前。某個安息日，瑪莉來到城裡的教會，她再度遇見那位病患。兩人擁抱彼此，心中充滿歡愉。她們不再是護士與病人的關係，而是在耶穌面前的好姊妹。只要成千上萬的基督復臨安息日會信徒能夠理解到，用文字作見證是何等容易，我們就能看到更多恩典的神蹟。只要每位信徒可以在每個月透過一本書為上帝作見證，我們每個月都可以讓數百萬本書到達那些還不知道耶穌的人們手中。最後的結果會是什麼？數以百萬的靈魂將接受耶穌，並為祂的再臨而準備。這事情很困難嗎？不，沒有人要我們去述說，會有書本述說所有必要事物。我們所須做的只是每個月買書——就算是本小書，然後把書送給別人。何不今天就開始行動？加入那些已經從事這項工作，並已擁有輝煌成績的教友吧！

今天讓我們為世界各地人們手中的神聖書籍而祈禱。祈禱它將為人心做準備，讓人們接受其中的信息並體驗耶穌救世的喜樂。

上帝的特別保護

「我雖然行過死蔭的幽谷，也不怕遭害，因為你與我同在；你的杖，你的竿，都安慰我。」詩篇23：4

上帝對於那些為祂的永恆救贖計畫而工作的人們，總有特別的方式來照顧他們，如同太陽升起與落下一般真實。能夠意識到這些靈魂的存在是一種特殊恩賜，並為心靈帶來平安與愛的感受。同時，這也讓人意識到你正與天堂靈體一同行進、動工，而且你必須認真面對你的工作。

這個月是文字佈道士亨利把訂購的書籍發送給顧客的時候。在上帝的祝福下，他收到許多訂單。亨利唯一的交通工具就是公車，偶爾他也會搭計程車。他過去幾個月工作的範圍很大，因此他現在要送書時，就必須到處旅行。

亨利一整天都在某個小鎮送書，當晚他到達旅館時，他身上有許多錢。他發現在餐廳裡，有兩位年輕人似乎對他的工作很感興趣，但他並不特地去注意他們。用完餐後，亨利回到自己房間，花點時間向上帝禱告後，就上床休息。第二天早晨亨利很早就起床，準備迎接另一個成功的一天。早餐後他背起行囊，走到公車站準備搭車前往下一個小鎮，他發現昨天那兩個年輕人遠遠跟著他，但他仍不打算理會。他到了下一個小鎮送書，直到傍晚，他才明白那兩個年輕人意圖搶他的錢。

當晚在旅館用餐時，兩名年輕人再度接近他，但這次他們充滿了敬意。他們告訴亨利説，那天早上他們計畫在搭車途中搶他，但他們看到兩位高大的士兵走在左右兩邊保護他，逼得他們只好放棄邪惡計畫。「那些士兵在哪裡？」他們想從亨利口中得到答案。亨利立即明白上帝派了兩位天使來保護他，就告訴兩個年輕人，上帝會派遣天使保護那些為祂工作的人。而他們也就不再打擾亨利。

今天讓我們為那些身負保護同工使命的天使而感謝上帝。我們常常看不到他們，或意識不到他們的存在，但他們總是在那裡。有時別人會在我們身旁看到他們，卻不知道他們是上帝送到地球來的天使，來陪伴那些為祂完成奇妙事業的文字佈道士。

4月/8日．故事98

無懼的信仰（第一部分）

「我差遣你到誰那裡去，你都要去；我吩咐你說什麼話，你都要說。你不要懼怕他們，因為我與你同在，要拯救你。」耶利米書1：7、8

某位阿拉伯文字佈道士在埃及開羅一棟公寓工作，他先和大門警衛建立友誼，讓他可以從公寓頂層開始挨家挨戶拜訪。他把12本厚重的書賣給12個家庭。由於他尚未完全造訪每戶人家，便在第二天早晨再度繼續工作。

坐在警衛身旁是位穿白袍、戴白頭巾的阿拉伯回教長老，就像天使一般。但他看起來很不高興，他的腿上放有那12本書！用顫抖的聲音說：「我們要把書還給你。這些是基督教的書，我們要把錢拿回來。」文字佈道士試著向長老解釋，這些書能夠帶來的益處。但最後，這位回教徒宣稱：「若你不收回這些書，我就把你帶到警察局去！」在一個回教國家裡，基督徒若試著改變回教徒的信仰，被回教徒帶到警察局時，他可能會遭遇非常大的麻煩。任何情況都有可能發生。

但我們的文字佈道士並不輕言放棄，他繼續試著說服長老相信那些書籍的價值。當他發現他不過是在一場敗仗中掙扎，他說：「好吧，我會還你一本書的錢，因為你只買了一本書。」

「這樣的話，」被激怒的長老說：「那我們去警察局。」

當文字佈道士得知警長正在局裡，他的恐懼開始攀升。沒有時間拖延了，他必須採取行動。文字佈道士先走在前頭，來到警長辦公室輕敲門後走進，有禮地向警長問候，謝謝他讓他們進入辦公室內。他自我介紹並向警長介紹他的回教徒夥伴，先說些話讓警長感受到他的善意，然後靜靜等候直到警長要他們兩人坐下。接著他就開門見山的推銷他的書籍。

是的，他大膽地在回教徒長老旁向警察局長推銷書籍。在下一篇故事中，你將會知道故事的結局。對文字佈道士而言，在回教地區販售基督教書籍並非易事，那需要勇氣、忠誠、信心，以及承擔的決心。但我們所服事的上帝會給予我們所需要的一切，甚至更多。祂要我們前進到回教區域。

提摩太後書1章7節說：「因為上帝賜給我們，不是膽怯的心，乃是剛強、仁愛、謹守的心。」有任何事物可以擊潰它嗎？

無懼的信仰（第二部分）

「因為上帝賜給我們，不是膽怯的心，乃是剛強、仁愛、謹守的心。」提摩太後書1：7

繼續埃及的故事。這位文字佈道士面臨到12本書的交易要取消，他關切那些因為回教徒長老的偏見而無法接觸到上帝真理的人們。他與長老正在警察局長辦公室內，長老對於他把基督教書籍賣給回教徒相當不滿。聖靈正指引著他並掌控局勢。

文字佈道士知道，他若能引起警察局長的興趣，他就能控制局面。他告訴警長有個問題發生，以及他需要的幫助。他把書拿出來，展示一些有益之處，為了完成交易，他問說：「你比較喜歡你的書是英文版的，或是阿拉伯文版？」於是警長買了一本書——當然是阿拉伯文版的。文字佈道士非常地感激。他轉向長老說：「在我們離開之前，你有什麼話想要說嗎？」

似乎經過一段很長的沉默，長老緩緩地搖頭說：「不，我想沒有。」他又能說些什麼？他們兩人都與警長握手，行禮後離開。文字佈道士領先走出警察局，走到街上，回到他推銷書籍的區域。他與長老之間並無交談，只是兩位莊嚴的人士走在街上，一位全身白色裝扮，抱著12本書，另一位是上帝謙遜的僕人，提著公事包走在前方。對旁人而言，他們很明顯地正在執行一項重要的工作。

在他們回到先前繼續推銷書籍的公寓前，這位長老打破沉默。他單手抱住12本書，另一手搭著文字佈道士，誠摯地說：「你是一個好人！今天你要到我家來與我共進晚餐。」而他真的這麼做了。

上帝有各種方式提供我們本身所不知的想法，這想法來自於一位我所喜愛的作者之著作。這位文字佈道士不允許靈魂的仇敵阻擋他去把書送到那些上帝為其捨命的珍貴靈魂手中。他身負任務，而他決意達成使命。

讓我們今天再度為埃及和世界其他回教區域的文字佈道士而祈禱，在那裡要把上帝的書送到人們手上並不容易。每賣出一本書都是神蹟，但在這些困難的環境裡，所完成的交易更是超越了神蹟。只有聖靈能夠教導這些強硬的人來購買我們的書，而祂的確如此，就如以上故事般顯然。

4月/10日・故事100

入獄27次

「因為我深信無論是死，是生，是天使，是掌權的……是別的受造之物，都不能叫我們與上帝的愛隔絕。這愛是在我們的主基督耶穌裡的。」羅馬書8：38、39

今天我們來分享羅斯湯瑪士牧師收集的故事，他曾在中東擔任多年的出版部幹事。他告訴我們關於埃及文字佈道士尤西夫法拉格，在納瑟總統任期間的故事。尤西夫是一位大膽勇敢的工人，他不讓任何事情阻止他進行上帝召喚他從事的工作。

尤西夫推銷書籍，無論大小買賣，他都只花費3、4分鐘完成。他通常會這麼說：「如果我們要把書中知識賣給你，或是我們必須付錢給為我們寫書的人，那將是一筆相當可觀的金額，事實上，你可能根本付不起這項費用。因此，我們幾乎是把書免費送給你。你比較喜歡英文版，或是阿拉伯文版？」埃及大部分的人幾乎都不接觸英文，因此尤西夫總是與顧客笑眼對看。他拿出他的收據本，迅速寫下書名、金額，撕下收據交給對方，以充滿自信的微笑向顧客道謝。

在公寓中同時按兩家的門鈴，對他而言不足為奇。若兩邊都應門，他會對後者說：「喔，我真抱歉，請等五分鐘，我馬上回來。」然後他會在與第一位顧客交談完畢後立即登門拜訪。有位女士在尤西夫要離開公寓時叫住他，對他說：「請你再次與我們作祈禱。」另一個家庭在幾天後又見到尤西夫時，懇求說：「請到我們家再作一次祈禱，自從你祈禱後情況都好轉。」還有人說：「可以請你為我寫下祈禱文嗎？那真是美妙啊。」

當羅斯湯瑪士長老寫下這些故事之時，尤西夫被關在監獄裡，第27次入監。但那還是沒辦法阻止他繼續販賣基督教書籍。他有一天把書賣給了納瑟總統的夫人，並建立起友誼。這讓他多次遇上麻煩無計可施時得以獲得幫助。

我們需要更多的尤西夫。我們需要他們加入世界上所有集會、團體與部門。我們需要那些絕不讓任何事物阻止他們在這個罪惡病重的世界，藉由神聖書頁傳播福音的男女；那些願意在必要時刻入獄27次，卻將持續從事上帝希望他們獻身事業的所有人。

今天，我們為上帝將賜予我們那些像尤西夫一般，為祂從事文字佈道服務的人們而祈禱。當我們步向試煉的尾聲，那些接受召喚為上帝工作的人，將會需要更多勇氣、更加大膽、更加地創新。

及時雨

「許多許多的人在斷定谷，因為耶和華的日子臨近斷定谷。」
約珥書3：14

文字佈道士常會發現自己莫名地身處某個特殊家庭、公司，或是其他地點，之後才明白是聖靈引導他前往接觸那些正在追尋的靈魂。而且他們常常及時出現，為那靈魂帶來希望、喜樂與真理。這就是為什麼文字佈道士的職業如此有趣、充滿意義。

奇普斯伍德是辛巴威的文字佈道士。某天，他拜訪一家由父母及10歲小男孩所組成的家庭。他發現他們對於靈性層面相當有興趣，尤其在培養他們唯一的孩子身上。伍德向他們推薦《聖經故事》，他們很喜歡，也覺得對於小孩相當有益，但他們已答應孩子，將買一輛單車作為聖誕禮物，他們覺得為此違背諾言並不正確。當伍德在屋內試圖說服父母買書時，小男孩正在外面玩耍。伍德總覺得讓這家庭現在就買下這套書是極其重要的事！經過長時間交談，他灰心地建議他們問問小孩，比較想要單車還是書籍。他自己也明白，對10歲小男孩而言，單車絕對是更吸引他的選項。小男孩被叫進來，看完書籍後，父母親要小男孩作出決定。對小男孩而言，這一定相當困難，他坐著翻看書本，非常慎重地思考。沒有人說話——父母親沒有，伍德也沒有。小男孩必須自己作決定。時間慢慢過去，5分鐘時間對伍德而言，就像1小時一樣漫長。最後，小男孩下定決心說：「爸爸，我要書。」父母親接受他的決定，書也立即交付。伍德與這家人一起祈禱後就離開，對於又有一個家庭受到《聖經故事》的祝福與保佑感到歡喜。幾個月後，伍德正在那家的附近拜訪，想順道看看那家人有多麼喜歡那套書。結果來應門的是女主人，悲傷地說，他們的小孩在買書後兩個星期就過世了。原來孩子是血癌患者，他被送到醫院，醫生竭盡所能挽救他的生命。某天晚上，當父母站在病床旁邊，小男孩對他們說：「爸爸媽媽，我非常感激你們為我買那些書。那些書對我而言很有意義，從書中，我認識了耶穌，並知道祂對我的愛，我接受祂為我的救主以及朋友。一輛單車無法為我做到那些書為我所做的事。你們下次來時，請幫我把書帶來。」當晚，小男孩就離世了。

今天，我們為文字佈道士在生活中能獲得聖靈指引而祈禱。還有許多靈魂只有所剩不多的時間，可以了解救世的計畫。

4月/12日・故事102

911救援

「住在至高者隱密處的，必住在全能者的蔭下。」詩篇91：1

對基督徒而言，詩篇第91篇是「救援911」。只要我從事上帝要我做的事情，只要我前往上帝要我到達的地方，它就確保我安居於「至高者安全處」，沒什麼好害怕。有時我可能受到阻撓，但我不會失去我的心；上帝愛我，祂會讓我堅持下去。

一位學生文字佈道士正在為賺取學費而賣書。他整個夏天都非常努力，上帝也保守他完成許多交易。但「交易」只完成了訂購的部分，他稍晚還必須把書送到所有客戶手中。未來看起來一片光明，讓這位學生非常開心。

現在他要開始送非常多的書。他把書一本一本送到客戶手中後，心情相當開朗，他的經濟狀況愈來愈好轉。緊接著，事情發生了！那是他從來沒想過會碰上的事。當天下午，他騎著單車成功完成一天的送書工作時，他發現有名男子走在他前方不遠處。起初他並沒有特別注意，但愈來愈靠近後，那男子把他推落腳踏車，拿出手槍指向他，向他要錢。這還不是最糟的。他能怎麼辦？只能把口袋裡所有的錢拿出來交給那人。那人把錢收入口袋，準備離去時，又轉向那名學生要他脫下衣服。別無選擇下，學生只好把衣服脫下交出去。那男子穿上衣服雖然不甚合適，但也比自己原先的衣服好多了，他把衣服丟著就走。

學生驚訝極了。為什麼會發生這種事？所有的錢都被拿走，連衣服也沒了！他該怎麼辦？他想了一會兒，決定還是把衣服套上回家。當他穿上外套時，發現外套口袋裡有東西，他把手伸入口袋——驚訝地發現——那人在換衣服時把錢忘在口袋裡了。這會兒他既驚又喜。在他騎著單車回家的途中，心中充滿了對主的喜悅之情。

「住在至高者隱密處的，必住在全能者的蔭下。我要論到耶和華說：他是我的避難所，是我的山寨，是我的上帝，是我所倚靠的。」（詩篇91：1、2）

「因他要為你吩咐他的使者，在你行的一切道路上保護你。他們要用手托著你，免得你的腳碰在石頭上。」（詩篇91：11、12）

石頭永遠都會在那裡，而天使也將永遠伴隨。石頭的存在，是讓我們得以謙遜順服。

石頭發聲

「認識耶和華榮耀的知識要充滿遍地，好像水充滿洋海一般。」
哈巴谷書2：14

上帝會計畫讓地球上的每個人都有機會選擇要依從或對抗真理。若有所回應的人不去向大眾宣揚救世計畫，上帝將會用其他方式完成他們的工作。今天，我們來看看這樣的一個故事。

在某個午後，兩位文字佈道士拜訪詹姆士夫婦家庭，他們有個女兒。詹姆士先生不在家，但女主人還是讓他們進門。他們開始對這母女講述關於精神及心靈方面的知識，並說明現今世界上發生的所有事情都是耶穌再臨的徵兆。那是個基督教家庭，他們同意文字佈道士所說的話。但詹姆士太太忽然打斷談話說：「你們知道你們為上帝的安息日守錯日子了嗎？」

這出乎於文字佈道士的預料，但他們相當樂意聽聽詹姆士太太的論點，這似乎對她而言相當重要。她繼續解釋說，世界上有許多人都在守星期日，但這不是聖經教導的。文字佈道士知道，這家庭了解安息日的真理，只是詹姆士太太不知道自己正在和兩個忠守安息日的人交談。他們讓她講述聖經課程，之後詢問她是如何得知這些事情的。她離開房間，一會兒拿著一本《聖經如此說》（Bible Speaks）回來，這就是她知識的來源。她還告訴他們，她還會對她的鄰居講述聖經課程，因他們相當感興趣。當她講述完畢，並為自己的熱忱而興奮時，文字佈道士告訴她，他們所信仰的就如她所說一般。她對於遇見復臨信徒而感到愉快。她有許多疑問，卻從來沒有人能夠為她解釋，而她15歲的女兒就像母親一樣，對聖經真理充滿興趣。文字佈道士把她們的名字通知當地牧師，接續以下的課程。兩位文字佈道士離開詹姆士家庭時相當快樂，他們知道是上帝以祂偉大的愛，把他們帶到這戶人家裡。

我們可以讓許多人透過閱讀上帝的書籍而深信上帝真理，並與他們的朋友鄰居分享。上帝需要更多的工人，需要更多奉獻的男女孩童走出去，告訴全世界他們所知道的耶穌，以及耶穌的愛。若他們能擁有詹姆士太太一半的熱忱，將自己所知的事情與大家分享，不久全世界都將明白真理。

今天，我們為更多熱心、誠摯、蓄勢待發的上帝之子們，與聖靈共同追尋找到那些失喪的人們禱告。他們有許多人還在等待，就像詹姆士一家一樣。

4月/14日・故事104

把聖經給我

「聖經都是上帝所默示的，於教訓、督責、使人歸正、教導人學義都是有益的。」提摩太後書3：16

數以千萬的靈魂都在追尋真理。他們向精神領袖尋求幫助與指引，但常常只得到空虛感。有許多人轉而尋求聖經，從上帝的話語中尋找到從來沒有人提過的真理，就像在南非比勒陀利亞的文特夫婦所經歷的故事一樣。

有位文字佈道士在文特夫婦的居處附近挨家挨戶訪問，某天早晨，他來到他們家門前。大門正開著，他可以聽到屋內有兩位女士正愉快地交談。當他聽到她們正談論聖經，他先不敲門，而是靜靜地聽著女士們討論。她們在討論聖經中的重要主題，引起他的興趣。一位女士說：「我跟妳說，聖經上對於什一奉獻的回饋寫得十分清楚，牧師可以隨心所欲高談闊論，但我相信聖經上所寫的。」另一位女士完全同意這個論點。

這時，文字佈道士決定要敲門了。一位中年婦女來應門，她一看到文字佈道士就說：「先生，我真高興你的到來，我們需要你的幫助。你對於什一奉獻有什麼想法？」文字佈道士並不會這麼輕易地上當，他說：「女士，我說什麼並不重要，重要的是聖經的內容。我們需要花些時間，從聖經中查出妳所需要的答案，我建議我們可以在星期五晚上一起查看什一奉獻的內容。」女士欣然接受這項提議。文字佈道士還向她展示一本可以幫助她找到答案的書籍，她也買了書。

星期五晚上，文字佈道士帶著聖經前來，準備開始聖經研讀，而文特夫婦也準備好了聖經。這家庭的聖經研讀於是持續了幾個月。不只是什一奉獻的問題，他們還共同鑽研聖經其他主題，文特夫婦學到許多他們過去不知道的知識。讓他們驚訝的是，他們發現每週第七天才是上帝的安息日，而不是他們一直以來所認為的第一天。文特先生首先受洗，不久，文特太太也跟進，文字佈道士的心中充滿無比的喜悅。他感謝上帝在那個特別的早晨，把他帶領到正需要幫助的文特家庭。他因自己能夠成為上帝手中的工具，把人們帶往真理而感到歡喜。文特夫婦的轉變，更是另一個恩典的神蹟。

讓我們為聖靈在上帝子民的心中燃起火焰，走出去尋找那些精神灰暗的人們而祈禱。

驚人的神蹟

「對那被捆綁的人說：出來吧！對那在黑暗的人說：顯露吧！」

以賽亞書49：9

一位文字佈道士把兩本書賣給曼德斯女士，她是位虔誠的教友，以為這兩本書是來自於自己所信仰的教會。但當她開始閱讀，她馬上發現這些書所寫的內容，與當地教會的神父所講述的事物有極大的差異，她對此非常掛心。

她該如何做？曼德斯女士停止閱讀，並決定採取她唯一覺得正確的方法——向神父告解她的罪。她前往教堂時，邊走邊顫抖，因為她不知道神父會對她說什麼。她完全不知道上帝正在利用她去接觸需要幫助的靈魂。曼德斯女士帶著那兩本書，她坦承她購買了非本身教會靈修書的「罪行」，並把兩本書交給神父確認，看看她是否能繼續閱讀。其中有本書是《善惡之爭》。神父把書帶回家，並開始閱讀《善惡之爭》。他對讀到的內容深感興趣，他從來沒有讀過像這樣的一本書！他無法停下，直到讀完整本。這位神父的生命完全被這本書所影響，他甚至無法繼續擔任神父一職。他提出辭呈，前往尋找更多的光明，他參加聖經研讀，並在受洗後開始到學院去鑽研文字事奉服務。他遇見一位年輕的女士，在畢業之後結了婚，並開啟他新的牧師生涯。

過了幾年，他被指派為非洲安哥拉的聯合會會長，多年來忠誠服事。他們有一個小孩，後來成為基督復臨安息日會的牧師。他的名字是泰奧菲洛費雷拉牧師，現在與懷愛倫共同工作。真是神蹟！上帝知道哪裡存在著飢渴的靈魂，也完全了解那靈魂當下所需要的幫助。

4月/16日·故事106

上帝的美妙方法

「在這被招聚的人以外，我還要招聚別人歸併他們。」以賽亞書56：8

吉恩皮特洛馬瑟羅尼（皮特洛）出生在義大利天主教家庭。他從來沒想過自己有天會成為一位基督徒，上帝總是有一些奇妙方法。

皮特洛在義大利開創自己的事業。後來，他決定到泰國去開餐廳，烹製販賣道地的義大利披薩。在他的餐廳裡，皮特洛第一次聽到福音。某天，一對夫婦來到皮特洛餐廳，他就像招待其他顧客一樣為他們服務，但這對夫婦有些不一樣。他們很有禮，看來相當真誠。幾次後，皮特洛對他們較熟悉，不久就成了好朋友。某天當他們離開餐廳時，他們送給皮特洛一本書。那是一本《善惡之爭》。從如此和善的朋友手中得到的書，皮特洛非常樂意閱讀，而這本書改變了他的生命。他一開始閱讀就停不下來，對於皮特洛而言，福音是如此奇妙。他尋求神父為他釐清書裡的論點，但神父幫不上他。他急於找出心中所有疑惑的解答，於是參加查經班，不久就受洗了。他收起餐廳，成為一位文字佈道士，想要幫助別人也找到他在上帝身上發現的喜樂。

上帝的書籍是美好的工具，把祂的福音帶給像吉恩皮特洛馬瑟羅尼一樣正在追尋的靈魂。

讓我們為更多上帝的子民樂意藉由神聖書頁分享他們的信仰而祈禱。

4月/17日・故事107

上帝對於亞寶拉父親的計畫

「我曾提你的名召你，你是屬我的。」以賽亞書43：1

上帝對我們每個人都有計畫。你可能還不確定上帝對你有什麼計劃，但只要你願意，祂就會顯示讓你知道。有些人抵抗聖靈教導而阻礙了上帝的計畫，就像亞寶拉的父親一樣，但上帝還是獲得最後勝利。

福音佈道會在肯亞召開，而正直的吉庫猶父親對家裡7個小孩說：「我不准你們去參加那種猶太教聚會。」但12歲的亞寶拉聽到了聖歌，好奇地前往觀看。這讓他們家庭在第二天發生騷動，父親自以為警察，監視著亞寶拉當天傍晚不可再去。亞寶拉等待著機會，想趁沒人注意時跑到聚會地點，但父親一直在注意她，他追著她跑，並把她抓住。亞寶拉趁機製造麻煩，不久一大群民眾都圍在四周。當他們七嘴八舌說話時，亞寶拉掙脫父親，跑到聚會的地方，父親直追在後，也進入聚會地點。聚會已經開始舉行，他只好坐在最後方，並想著：「我一定要儘快把她帶走。」

主事者站起來問道：「今晚是誰帶了客人過來？」孩子們唱著說：「亞寶拉，亞寶拉，亞寶拉！」主事者又說：「請亞寶拉的客人站起來。」

現在，亞寶拉的父親真的非常尷尬！他對自己感到有些羞恥，又為這些小孩知道自己女兒的名字，且為她今晚所受到的尊崇而驕傲，在這樣的心態下，他站了起來。現在他得待到聚會結束。沒錯，這正是聖靈的作為。第二天晚上，他不再擔心亞寶拉，因他自己也在找機會躲開妻子監視，跑去參加聚會。他為福音感到興奮不已，不久，他和妻小都參加了聚會。他與妻子、亞寶拉都受洗，他還成為一位文字佈道士。後來他到烏干達的布吉馬（Bugema）學院就學，現在他成為我們在肯亞內羅畢的詹姆士汪吉牧師。

在上帝的計畫中，亞寶拉的父親需先經歷文字佈道士的體驗，作為他成為牧師的準備。起初他拒絕參加福音佈道會，但他的女兒卻如此喜愛。上帝以自己的方式，把他帶到聚會中，並以真理使他信服。上帝需要他，在祂的葡萄園裡為祂的國度獲得救靈，而最後，上帝的計畫實現了。

今天，我們為肯亞的救贖靈魂工作而祈禱，在那裡，文字佈道士與牧師對於為人們準備去迎接上帝，都同等重要。他們身負重任，同時也相當值得。

4月/18日・故事108

神聖書頁猶如種子

「我口所出的話也必如此，決不徒然返回。」以賽亞書55：11

上帝的真理無法被摧毀。許多人做過嘗試，但到最後都會發現，那就像是把一撮羽毛拋向風中——它會散播各處，沒人能夠阻擋。

賀曼是位文字佈道士，推銷影響力強大的書籍《善惡之爭》。他所在的工作區域存有相當的偏見，當地神父竭盡所能阻撓他。起初，神父在教堂裡公開勸說大家不應該購買賀曼的書籍，而後開始挨家挨戶拜訪，把人們買的書都沒收。但是賀曼沒這麼容易被打敗，他每天只管賣他的書，把所有的擔心都留給神父。

某星期一早晨，賀曼發現神父又在前一天晚上警告大家不要買書。他該怎麼辦呢？上帝提供他解答。他敲了敲下一戶人家的門，一位女士出來應門，他悄聲問她：「昨天神父是不是告訴妳不可以買《善惡之爭》？」

這舉動讓那位女士很好奇，她也悄聲答道：「是啊！」賀曼又說：「可是我拿到了一本，妳要不要看看？」賀曼被邀請進入屋內，他開始賣這本重要的書。顧客毫不遲疑地買下，她想知道為什麼神父不要他們買這本書。

當時，神父依然拜訪每戶人家，把書沒收。他到一戶買書的人家裡，把書拿走，並告訴大家不應該閱讀這本書。回教堂的路上，神父必須渡過一條河，當他走在橋上，他把書本撕毀往橋下丟，並相信這本書現在已經完全被毀了。但在不遠處的下游，有一群小孩正在游泳，他們發現有許多書頁往他們漂來，就把書頁撈起曬乾。他們的家長後來閱讀了這些書頁，既使不完整，也已足夠讓他們獲得更多想要的知識。

他們向一位過路旅人詢問關於他們閱讀的事情。旅人告訴他們一位可能幫得上忙的牧師地址，不久該團體就開始研讀聖經。幾個月後，這群人裡有26個人都受洗了。把書撕成碎片並丟到河裡，那位神父並未摧毀真理，而是種下福音的種子。這又是一個恩典的神蹟，不是嗎？上帝任命祂的書籍來執行一個特殊角色，把真理告訴大家，沒有任何人、任何事可以阻擋。

今天，我們為所有對上帝真理存有偏見的人們而祈禱，祈禱上帝將會開啟他們的視野，看到上帝對他們生命所懷抱的計畫。

我口所出的話決不徒然返回

「我口所出的話也必如此，決不徒然返回，卻要成就我所喜悅的，
在我發他去成就的事上必然亨通。」以賽亞書55：11

喬治布朗在農場長大，在完成中學教育後進入學院，希望能成為老師。學業完成後，他被派到一所離他父親農場500哩之遠的學校任教。

在新環境裡，喬治孤單一人，他想找些事情來做。某天下午他在街上行走，看到一張福音聚會的廣告海報，引起他的注意。當晚，他前往去聽一位男士講述預言，留下非常深刻的印象，以致於他參加好幾次聚會。事實上，他每晚都準時出席，學習一些從來沒聽過的聖經知識。

喬治寫信給父母，告訴他們他所學到的有趣事物，但他父親的反應出乎意料之外。父親很惱怒，要他馬上辭職回家，並認為自己兒子已經完全走上歧路。但喬治沒辦法辭職，他必需待到學年結束。

當時喬治的父親覺得自己應該開始研讀聖經，來幫助兒子回到正確的軌道上。他從書架上尋找一些派得上用場的書，並在那裡發現了《在家研讀聖經》。他記不清自己是如何得到這本書的，但這應該是幾年前，有位文字佈道士在這個區域活動，把書賣給這位農夫。他認真地開始閱讀，但沒多久就發現這本書所說的，跟他兒子所寫的內容一樣。他大力地把書丟下，並告訴妻子：「這是安息日會的書籍，我不需要它！」

他回到書架旁，這次發現另一本《但以理與啟示錄書淺釋》，他想說：「這次總算找到有幫助的書了。」但沒多久他又發現，這本書還是跟他兒子所說的事一模一樣。現在他更生氣，忿忿地丟下書，並對妻子說：「這也是安息日會的書籍，我不需要它！」

接著他拿出聖經來讀，準備用聖經告訴自己的兒子他錯了。然後，他再度在創世記的第2章讀到安息日。他把聖經放在先前的兩本書上，用一種不同的語氣對妻子說：「我覺得這也是一本安息日會的書。」

喬治與父母在參加查經後都受洗了。他們無法憶起是誰把書賣給他們，但他們非常感謝曾經有位文字佈道士敲了他們家的門，把這些書帶到他們家裡。因上帝所說過的話絕不會徒然返回。

4月/20日．故事110

上帝話語的力量（第一部分）

「上帝的道是活潑的，是有功效的，比一切兩刃的劍更快，甚至魂與靈、骨節與骨髓，都能刺入、剖開，連心中的思念和主意都能辨明。」希伯來書4：12

史蒂夫諾瓦夫婦與三個小孩都是無神論者，他們住在俄羅斯，沒有聽說過上帝以及上帝的話語。某天那個6歲半的男孩正走在街上，經過書籍展示區，有張桌子展示著俄文版聖經。不知為何，小男孩對於聖經很感興趣，他從來沒有看過聖經。正在展示書籍的文字佈道士發現了這個小男孩對聖經的好奇心，就對他說：「小朋友，你喜歡這本書嗎？把它帶回家吧。」

這本聖經因此進入史蒂夫諾瓦的家庭。小男孩開始讀聖經。這個年齡的小孩子怎麼可能會閱讀？這一定是聖靈幫助他理解內容。他發現許多從來沒聽過的故事，其中最吸引他注意的就是耶穌的再臨。他要他兩個9歲及11歲的姊姊跟他一起閱讀。較大的女孩所吸收的比小男孩更多，因此不久後三個人都深信耶穌的真理。某天，他們母親正在廚房，他走向她說：「媽媽，有一天妳過世後，妳會迷失妳自己，但我不希望這樣。」史蒂夫諾瓦太太起初非常驚訝兒子所說的話，接著她說：「孩子，我很健康又強壯，還有許多年的時間我們都會在一起，我會活到超過100歲。」小男孩很擔心地回答：「媽媽，即使妳活到100歲，過世以後還是會迷失方向。」說完，他就跑到房間哭泣。

史蒂夫諾瓦太太放下工作，跟著兒子進入房間。她努力想讓他停止哭泣，但他就是無法停止。他相當在意母親過世後會迷失，因此他懇求：「媽媽，請妳相信，就算只有一點點，但是請妳相信，求求妳！」她唯一能讓他停止哭泣的辦法就是答應他。但小男孩說：「媽媽，為了讓妳相信，妳一定要讀聖經。」母親也答應了。

史蒂夫諾瓦太太就開始閱讀聖經，起初覺得聖經內容奇怪又無趣，但她愈讀就愈覺得有興趣。她的心中浮現愈來愈多的問題，但找不到解答，許多夜晚，她抱著這些疑問入眠，沒有人可以告訴她答案。某天她做夢，有人向她展示可以解決她問題的聖經內容。她起身下床，把夢中所看到的內容全都記下來。第二天，她拿出聖經，標記所有章節，但她還是無法找到問題的解答。她已經學會了去愛上帝所說的話，但她多麼希望能夠進一步了解其中涵義。明天早上繼續閱讀後半段的故事。

4月/21日・故事111

上帝話語的力量（第二部分）

「你們今日若聽他的話，就不可硬著心。」希伯來書4：7

上帝絕不會讓一個追尋的靈魂獨自關在黑暗之中。尋求支援的人將會被帶領到領悟的境地，就像史蒂夫諾瓦太太的故事一樣，上帝正引導史蒂夫諾瓦太太以及三個小孩的生命，在他們最需要之時獲得援助。

在作了那個夢幾週後，史蒂夫諾瓦家的信箱，出現了一張佈道會的邀請函。史蒂夫諾瓦太太帶著三個小孩以及一位朋友一同出席。當晚，傳道人讀著聖經，史蒂夫諾瓦太太看著她帶來的聖經內容，發現那正是她照著夢境而標記的地方。起初她很訝異，但後來她理解到那是上帝帶領著她，來發覺上帝話語中的重要真理。一同與會的朋友坐在她旁邊，驚訝地說：「妳怎麼知道今天傳道人要念的部分？」史蒂夫諾瓦太太只是回答：「我不知道。」

史蒂夫諾瓦太太與三個小孩出席所有的聚會，許多事情都更清楚了，她為找到解答而高興。佈道會結束時，她與三個小孩都受洗。小兒子當時只有8歲，但他堅持與母親、姊姊一同受洗。幾個月過去，他們學習到許多真理。某個安息日午後，四人正在公園散步，史蒂夫諾瓦太太發現一位女士獨自坐在公園長椅上。他們與她交談，然後變成每週在公園定時查經。不久，那位女士也受洗了。

有天，這位新教友對史蒂夫諾瓦太太說：「若妳需要幫助，請跟我說，我會為妳想辦法。我的親戚是俄羅斯副總理。」她們就此分道揚鑣，有一段時間都沒再見面。但某天，史蒂夫諾瓦接到一通來自克里姆林宮的電話，是那位在公園相遇並且一同查經的朋友，她說：「請到我親戚克里姆林宮的家裡來，他們想要知道更多關於上帝的真理。」她到克里姆林宮，見她的朋友以及親戚，與他們一起研讀上帝真理。副總理當時不在場，但副總理夫人及小孩都專心聆聽，想獲得更多知識。我們現在無法得知故事的結局，但我們知道上帝的話語蘊藏著力量，並且為我們帶來果實。所有的故事就從一位文字佈道士展示書籍，並送給小男孩一本聖經作為禮物而開展。

今天，我們為所有在俄羅斯還不知道耶穌的人們而祈禱，為那國家中對大眾述說上帝話語的文字佈道士而祈禱。其中有些人在艱困的環境工作，但他們很忠誠，知道自己某天將會看到努力的果實。

4月/22日・故事112

真實存在的天使

「因他要為你吩咐他的使者，在你行的一切道路上保護你。」

詩篇91：11

天使是真實存在的，他們被上帝指派來領導並保護上帝在地上的子民。我們需隨時注意他們的存在，尋找他們，並在你遇見他們時能夠辨認出來。

文字佈道士威利正在發送當月所訂的書籍。他沒有交通工具，因此他常常靠著雙腳走到每位顧客家中，每月月底送書時，這就變成一項辛苦的工作。他必須帶著書，送完書之後又身懷鉅款，對他來說相當危險，因為當地犯罪頻繁。某天威利又凱旋而歸。但時間已經很晚，而他又帶著大筆現金。當他沿著捷徑回家時，有個男人攻擊他企圖搶錢。他們打鬥一陣，滾倒在地上，威利緊握著裝有錢的口袋，他絕對不能失去這筆錢。在這過程中，他的眼鏡掉了，口袋的零錢也掉了出來，他知道對這攻擊者而言，他根本就不夠強壯，眼看就要輸了。

此時，威利祈禱說：「上帝，這些錢屬於祢，我需要祢。請求祢，上帝，幫助我吧！」突然間，出現一名男子從公園圍籬外跳進威利打鬥之處，迫使攻擊者馬上放棄並逃走。威利獲救了，他從地上站起，拍去身上灰塵。當他抬頭準備向解救他的男子道謝時，那名男子已經不在了。威力立刻明白了。

儘管他知道是天使拯救了他，他沒有再多花時間撿起他的眼鏡，及其他掉落的東西，他迅速回家，以免再度受到攻擊。第二天早晨，威利回到公園，看看是不是能撿回他的眼鏡，還有前晚搏鬥時掉落的東西。當他到達被攻擊的地點時，他發現他的眼鏡、零錢，還有其他東西都整齊地放在地上，像是有人幫他收拾過一樣。威利相信那是拯救他的天使在他離開後，把所有東西放好，讓他在第二天得以尋回他的失物。

懷愛倫師母信誓旦旦，讓我們相信來自天堂的天使，將會伴隨那些拯救靈魂的工作者。為上帝工作，並在所行之處有天使伴隨，是多麼重大的恩典。還有比這更偉大的特權嗎？

今天，我們為那些受命的天使而感謝上帝。我們祈禱上帝讓我們在為祂做見證時，更能夠感受到他們的存在。

懦夫無處可去

「我當得的理必在耶和華那裡，我的賞賜必在我上帝那裡。」
以賽亞書49：4

1998年11月，一項特殊的救靈計畫於南亞聯合會展開。在1998年底，有許多人上教堂，也有年輕人被召為「韋爾多派傳教士」（Waldenses Missionaries）。這些年輕人需在接下來的12個月裡，在未進區域挑戰全職服務，這意謂著有些人必須為那12個月放棄工作。

他們大部分是兩人一組被派出。他們有住宿地方，但必須以賣書來獲得食物及其他需求。這真是一項挑戰，他們也樂意接受，因這並非懦夫的任務。

這群年輕人準備接受挑戰。最初十天的訓練期中，共有15人參加，那些韋爾多派傳教士已經蓄勢待發！他們接受如何接觸人群、如何在五分鐘內把陌生人變成朋友、如何研讀聖經、如何教導別人研讀聖經，以及推銷書籍的訓練。一開始計畫就進行得很順利。不久，其他年輕人開始兼職從事相同工作。不到兩年，就在五個未進區域建立教會，這只是個開始。有一群韋爾多派傳教士被派到一個國家，在那裡沒有任何復臨教徒。那國家裡有98%都是回教徒，要在這樣的環境中推銷基督教書籍，是懦夫做不來的工作。

這項大膽行動的最後結果尚無從得知，可能要等到耶穌再臨，我們就會看到成果。這群韋爾多派傳教士所完成的，就是播下福音種子，並讓聖靈教導那些人的心靈。這些現代韋爾多派傳教士品嚐救靈的歡愉，並因此變得富有。他們有些人被召喚加入牧師行列，並表現相當出色。會不會還有更多像這些南亞聯合會韋爾多派傳教士的年輕人，正在等待機會來為上帝服務？

讓我們為我們的年輕人祈禱。

4月/**24**日・故事114

偉大的發現

「至於我，我要仰望耶和華，要等候那救我的上帝；我的上帝必應允我。」彌迦書7：7

對金寶夫婦而言，找到真理是一項偉大發現。他們是虔誠的天主教徒，沒想過要改變自己的宗教信仰。他們生活很快樂知足，兩個人都有工作——先生是電子技師，太太是看護。上帝對他們早有計畫，只是他們還不知道。

某天早晨，有人來敲門。是位文字佈道士前來賣書。金寶先生外出工作，而金寶太太剛好放幾天假待在家裡。她邀請來者進入屋內，不久，她看到一些關於聖經研讀與健康等吸引她的書籍。她對《在家研讀聖經》（Bible Readings for the Home）特別感興趣，就買了一本。文字佈道士一離開，她就開始讀這本新書。她發現書本內容非常有趣，她從來沒讀過聖經，不知道裡面有那麼多等待人發掘的新事物。

下午，她聽到丈夫回家的車聲，馬上把書收起來，她不想讓他知道她買了一本宗教書籍。第二天，金寶先生一出門，她馬上把書再拿出來看，一整天都沒辦法停下來。直到聽到丈夫的車聲，才知道時間已經很晚了，她馬上又把書收起來，不讓金寶先生發現。後來，金寶先生因故休假，而金寶太太回到工作崗位。金寶先生待在家裡沒什麼事情可作，他尋找可以閱讀的書籍，發現妻子的書就開始看。他發現那本書相當有趣，一直讀著直到妻子回家。當他聽到妻子回來的聲音，馬上把書放回原處。這情況持續幾天，金寶先生不知道妻子正在讀這本書，金寶太太也不知道丈夫正在讀這本書，他們都不希望對方知道。

直到某天，金寶太太相當專注的閱讀，沒聽到丈夫回家的聲音，而金寶先生發現她正在看自己覺得有趣的書。他們彼此坦承，並喜悅地發現兩人都對於書中的信息感到相同的興趣。他們找到可以一起研讀聖經的人，並在幾個月後，決定接受上帝成為他們的救主。金寶家庭成為基督復臨安息日會忠誠的信徒，一生都虔誠地維持信仰。他們也真誠感激文字佈道士拜訪他們，並為他們帶來真理。

絕對不要低估書籍的力量——它可以滲透到其他事物所不能到達之處。

打死她們（第一部分）

「他必用自己的翎毛遮蔽你；你要投靠在他的翅膀底下；他的誠實是大小的盾牌。」詩篇91：4

安潔玟與紐莉亞是在沙巴工作的兩位年輕女文字佈道士，她們分別只有18跟19歲。她們聽到上帝呼喚而成為文字佈道士，帶著書籍前往未進區域。

有經驗後，她們離開沙巴的首都哥打京那巴魯（Kota Kinabalu）的朋友及文字佈道夥伴，從婆羅州前往哥拉巴尤（Kuala Penyu）地區的杜桑部落工作。這工作多艱辛！那裡的人非常不友善，甚至帶有敵意。然而，上帝庇護她們，使她們成功地把書籍帶給許多家庭。

事情發生在某天早晨。她們到達一家非常壯觀的住宅前，主人歡迎她們入內說明拜訪目的。那位男士坐著仔細傾聽，但過了不久他開始坐立不安。忽然間，他跳起來說：「這一點都不好！你們憑什麼用這些邪惡書籍在這個社區裡破壞和平！你們錯了，錯了，都錯了！你們真是該死！」他帶著敵意氣憤地吼叫著，並把這兩位年輕女孩推到門外。安潔玟與紐莉亞沮喪又害怕地跑離那個住家，直到看不到那房子，她們才停下來祈禱。她們該如何繼續下去？她們從來沒經歷過這麼可怕的事情。但她們祈禱時，上帝的平安緩和了她們顫抖的神經，並讓她們找回勇氣。

當天稍晚，她們在路邊的樹下休息，不久，發現有一位年輕人揮舞著棍棒，快速地朝她們走近。「妳們就是在社區裡製造騷動的兩個人嗎？」他質問著。「我們賣的是有益的書。」她們這樣回應。年輕人拉托特開始對她們大叫：「妳們一點禮貌都沒有！沒有人邀請就跑到別人家裡，再說擾亂和平也是不對的，妳們覺得自己是誰？」手中的棍棒也愈來愈近地揮向女孩子們的頭部。她們在心中祈禱上帝的保護，這兩個女孩在年輕人的咆哮中等待。最後他停下他一長串憤怒的叫罵，也不再舞動著棍棒，慢慢冷靜下來。她們驚訝地聽到他說：「告訴我，妳們到底在做什麼？」明天早上繼續閱讀接下來的故事，看看聖靈如何在這年輕人的心中施展恩典的神蹟。

今天，我們為像拉托特的人，以及認定文字佈道士必須接受處罰的不友善男子而祈禱。世界上有許多這樣的人，他們需要上帝以及上帝的愛進入他們心中。

4月/26日·故事116

打死她們（第二部分）

「你已將至高者當你的居所，禍患必不臨到你，災害也不挨近你的帳棚。因他要為你吩咐他的使者，在你行的一切道路上保護你。」

詩篇91：9－11

安潔玟與紐莉亞起初對於年輕人的急速轉變而訝異，他依然手握著棍棒，後來她們了解到這是上帝的靈在動工。她們把書拿出來，並盡力做一次完美的展示，因這是她們與拉托特分享工作本質的機會。她們在介紹時，細心觀察他臉部表情的變化，他的眼神變得和緩，精神也放鬆了。當她們結束時，拉托特說：「我能明白妳們正在從事一項有意義的工作，我想要買妳們的書。」

他從腰間掛著的小袋子中倒出一些錢。然後他抬起頭說：「還記得妳們今天早上拜訪一棟大房子，惹得屋主暴跳如雷嗎？」拉托特問道。

「當然！」女孩子們回答，她們怎麼可能忘記？

拉托特說：「我給妳們的這些錢，就是那人要我打死妳們的酬勞。」

她們早上所感受到的虛弱感再度侵襲她們，她們曾是如此接近死亡！但現在她們拿著錢站在那裡，似乎可以感覺到天使的存在。她們重新審視，懷愛倫所說的話閃過她們心中：「我們的文字佈道士正獲得顯著的成功。他們為什麼不應該那樣呢？有天上的使者與他們合作。」（懷愛倫，《文字佈道指南》92頁）

安潔玟與紐莉亞是首先進入沙巴杜桑部落的文字佈道士。現在，那裡的人有基督教的書籍可以閱讀，強而有力的神聖書頁正執行它的工作。很明顯地，惡魔正竭盡所能阻止真理進入這些區域，但聖靈開啟了道路並為人心做準備，迎接上帝的真理。

跟隨安潔玟與紐莉亞的腳步是項何等的挑戰！她們是兩位勇敢、奉獻的女孩，願意把真理帶入未進之地。她們把許多富含真理的書籍留在許多人家裡，她們的工作成果將展現在天堂，許多杜桑的人民將對她們說：「謝謝妳們帶著真理來拜訪我們。」

今天，我們為福音尚未傳達的未進區域而祈禱。我們需要許多人奉獻出生活的安逸與舒適，而讓其他人也能認識耶穌。我們需要更多的安潔玟與紐莉亞，願意聽從聖靈而「前進」——並準備好在機會來臨時為上帝做見證。

4月/27日・故事117

數不盡的天使

「耶和華的使者在敬畏他的人四圍安營，搭救他們。」詩篇34：7

在《教會證言》卷九原文129頁，懷愛倫如此寫道：「為墮落的靈魂工作時，你將擁有天使的伴隨。數千萬個天使正等著與我們教會成員合作，傳遞上帝慷慨提供的光明，讓人們準備好迎接基督到來。」

這些眾多天使之中，有一位天使被看到與一群文字佈道士一同工作，他們由沙巴的出版助理賈碧歐姤所帶領，在一處稱為實必丹區的偏遠地區工作，在首都哥打京那巴魯南方約200公里的地方，當時那裡沒有任何基督復臨安息日會的信徒。

某天，賈碧把她的文字佈道士分成兩組，自己跟著其中三人前往目的地，途中必須搭乘交通工具。她們在路邊等計程車，實際上是一輛小型公車。她們四個人搭上車後，為了拜訪的願景，以及分享耶穌再臨的福音而興奮不已。

當她們下車時，賈碧給了司機一張10元鈔票，等著司機找她6塊錢，因為一個人的車費正好是1元。司機一邊說明每個人要交1元的車費，卻只找她5塊錢。文字佈道士驚訝地彼此對看，賈碧和善地提醒司機她們只有四個人搭上車，而不是五個人。「但是我看到五個人上車了，我數過了！」然後他左右地看，試著找到第五個人，認為失蹤的乘客可能躲在某處。但他就是找不到。他還給賈碧1塊錢，臉上寫滿問號。他沒辦法明白，他很確定他們是五個人一組的。

我相信那位駕駛所看到的第五人是真實存在的——他就是那眾多天使的其中一員，永遠等著伴隨我們文字佈道士忠誠執行神聖的任務。除此之外，還有可能是誰？只要我們文字佈道士的雙眼願意睜開，他們將發現隨時都有來自天堂的天使隨伺在側。

今天我們為天使而感謝上帝。我們感謝祂給予我們機會與他們一同動工，並享有保護。「上帝，當我們拜訪人群並與他們分享救世的喜悅時，請讓我們感受到天使的存在。」

4月/28日・故事118

書本會說話

「認識耶和華榮耀的知識要充滿遍地，好像水充滿洋海一般。」
哈巴谷書2：14

在墨西哥住著一戶人家：父親、母親以及8個小男孩。父親是一位酪農，他不只有8個小孩，他還有8隻乳牛。每天，這些乳牛生產牛奶，而小孩子要挨家挨戶賣牛奶，這是這個家庭的例行公事。

某天，父母親決定讓他們9歲大的小孩荷西去拜訪他的姑姑。他姑姑是位裁縫師，總是相當忙碌。他的外甥常常在她忙著縫紉或製作衣服時來找她，要她放下工作和他一起玩。但每次她都說她的工作相當重要，她必須藉此維持生活。要讓一個9歲的墨西哥小男孩明白，為什麼他所愛的姑姑沒辦法跟他一起玩，是相當不容易的一件事。有次他又要求時，姑姑要他到書架旁，希望他能找到一些有趣的書，別再來打擾她。

荷西接受提議走到書架邊，他發現一套特別的書，引起他的注意，書名是《好兒童故事集》。他開始閱讀，並獲得許多有趣的發現。他發現天堂實際存在，耶穌也是真實的。他繼續津津有味的讀著這些品格教育的故事。對他而言，他發現了金礦，因此他不再打擾姑姑，而把所有時間都花在閱讀上。

這是荷西首次接觸基督復臨安息日會的書籍。他長大後，發現更多類似的書，以及有意義的教義書籍，他持續閱讀著。高中畢業後，他進入學院就讀，成為一位復臨信徒，並決定研讀神學，成為牧師。畢業後他擔任牧師多年，後來被任命為出版部幹事

這篇故事被寫下之時，荷西依然是出版部幹事。他擔任全球總會的出版部幹事，負責全世界的業務。他的名字是荷西康保士。所有的事情都源自於一本有趣的好兒童故事集。

許多家庭的書架上，都擺著可貴的復臨教會書籍。那些書本可以為徘徊的靈魂帶來希望與救贖。今天讓我們為聖靈把人們送到書架旁，讓他們興起閱讀的欲望，並接受耶穌成為他們的救主而祈禱。讓我們同時也撒下福音種子，因為成果將是無比的豐碩。

秋天的落葉一般

「看門的就給他開門，羊也聽他的聲音。他按著名叫自己的羊，把羊領出來。」約翰福音10：3

對於上帝真理的書籍散佈到世界各地，「秋天的落葉」是一個很好的比喻。這些「葉子」在書架上待了幾星期、幾個月，甚至是一個世代，然後開始執行它們原本的計畫──而且它們所包含的信息並不因此而減弱力量。

教會裡保守、受尊敬的史丁伯格先生是一位長老，每週都在教義課程中教導年輕人。他們必須接受課程，以成為荷蘭歸正會的成員。某天一位年輕人在課堂中對這位長老提出一個奇怪的問題，他說：「先生，為什麼我們要守每週第一天的星期天作為上帝的聖日，但聖經上卻說那應該是第七天才對？」

史丁伯格先生無法回答這個問題，但他知道那是一位愛著上帝、真誠的年輕人，他答應他會與牧師確認，並在下週告訴他答案。這位長老並不浪費時間，他當天下午就去拜訪牧師，為那位學生尋找答案。牧師對於這個問題並不高興，他覺得最簡單的解決之道就是給這位長老一本書，要他自己去找答案。他走到書架旁，找到一本名為《從安息日到星期日》（From Sabbath to Sunday）。他不記得在哪裡買到這本書，也不清楚裡面內容，但那看起來似乎可以幫助這位長老找到答案。

史丁伯格先生的確找到了答案。事實上，他找到比他預期的還多，他發現安息日的真理。他當天就開始讀那本書，並且一讀就停不下來，直到最後一頁。他把那本書與聖經相較，發現兩者幾乎相符。他感激牧師讓他更加明白上帝的話語。接下來的星期六，他照著聖經所教，守了他的第一個安息日。我確定他也回覆了那位年輕人的問題。牧師並不知道自己書架上曾有一本如此重要的書，他一定是在某處買下這本書，或者它就像「秋天的落葉一樣被風吹進來」，而且在正確時機執行它的任務。

這故事發生在數年前，如今史丁伯格一家有許多人都是南非安息日會忠誠成員，他們有些是老師，有些是長老，也有一些人是該組織的行政人員。適時適所的一本小書為這個家庭帶來許多喜悅與祝福，這是另一項恩典的神蹟。

4月/30日・故事120

衝突的年代一位贏家

「務要傳道！無論得時不得時。」提摩太後書4：2

迪恩斯太太只有一個兒子，名字是哈洛，她為他感到自豪。每星期哈洛與她上教堂是她最快樂的一件事，她多麼希望他能夠成為一位基督教徒。情況一切都很好，但他長大後交上壞朋友，學會抽煙、喝酒，以及嗑藥。這讓他母親非常擔心。

有天，哈洛宣稱自己要從軍，他母親懇求他放棄這念頭，但他不聽從母親的話。他想要自由，覺得這是獲得自由的方法。母親每天為他祈禱，她知道他不再是基督教徒。若他在戰場上被殺的話該怎麼辦？他還沒準備要去見上帝！每當她念及此，心情相當難過，她非常愛著她的兒子！

某天有人來敲她的門。應門時，她發現那名男子提著一個乾淨的公事包，自我介紹說是家庭服務人員。她邀請他進入屋內，不久她就看到許多美麗的基督教書籍，有《歷代願望》、《善惡之爭》及其它書。她買下書，並想到要把書寄給兒子哈洛。雖然她不確定，但或許他願意閱讀這些書並再度回到上帝身邊。哈洛被調到一個政治動盪的地區支援。他身處危險之中，而他母親也很清楚。倘若他懂得再次找到耶穌，這會讓她非常感激。

後來她接到軍隊隊長的電話，告訴她哈洛已經陣亡。她難過得無法自己，想著：「他已經迷失了，永遠的迷失了。」她每天都哭泣直到深夜。

之後，又有人來敲門。這次她一開門，看到的是一位穿著制服的士兵，自我介紹是哈洛朋友。她請他進屋，聽他說明拜訪的原因。他在哈洛死後收集所有哈洛的物品，並決定親手交給哈洛的母親。他把它們都裝在一個大的軍用袋裡。這位朋友告訴哈洛母親，他們相處的最後一段日子，他是多麼喜歡她所寄來的那些書。

士兵離開後，她決定把袋子打開。從袋子裡，她發現所有哈洛的物品一他私人的衣物、鞋子等等一還發現幾個月前寄給他的書。她又開始哭泣，但當她打開其中一本書，她看到哈洛的字跡寫著：「今天，我找到耶穌，把祂當成我的救世主。」

哈洛找到了耶穌。上帝的書籍即時拯救了他。

為何文字佈道士會成功？

「只是我先前以為與我有益的，我現在因基督都當作有損的。」
腓立比書3：7

文字事奉並非是你一定要「嘗試」的事業，相反地，它給你試煉。這是我們世界上所有超過22,000位文字佈道士的親身經歷。10年、20年、40年，甚至更久，這許多的人們都忠守著出版事業。有些人被問到為何他們的佈道得以成功，他們將販賣書籍與救靈服務的成功貢獻於何處？以下是他們的回答：

一、我的事業是在凌晨5點完成的，那時我會對上帝説話，並確定主與我同在，賜福我終日的活動。

二、我把成功歸給12顆紅豆。每天早上，我把12顆紅豆放入口袋中，當我拜訪了一個家庭，我就把1顆紅豆移到另一個口袋。如你所知，我每天早上承諾上帝我會去拜訪12個家庭，因此祂承諾我在12個拜訪中與我同在。這就是為什麼我把成功歸功於紅豆。

三、我的成功來自於分享與關心。我喜歡人，各式各樣的人，尤其喜歡小孩。我通常會對小朋友們説話，向他們解釋我賣的書，當然，我也會説得大聲點，讓他們的父母也可以聽到。我相信上帝給予我對小孩們特別的愛——他們似乎也能感受得到。

四、我的成功只能歸功於一件事——就是主的存在。每天半夜12點我會被鬧鐘叫醒，穿戴好衣服、鞋子，梳好頭髮，然後我會對上帝說：「主啊，當你明天看到一個像我這樣裝扮的人時，你就會知道那是我。請與我所有的拜訪同行並保守我，我的主。」然後我再度上床舒適地睡去，知道上帝明天將與我同在。

忠誠的文字佈道士們會在他們的福音事業上獲得好成績，他們為什麼不該得到這些？上帝與他們同在。跟這些福音使者説説話，你會認識到他們對於上帝，以及上帝事業的愛。

為你們身邊的文字佈道士們祈禱，並讓他們知道你正在為他們祈禱。

5月/2日・故事122

通往救世的敲門聲

「我在他兒子福音上，用心靈所事奉的上帝⋯⋯」羅馬書1：9

今天是一篇來自澳洲的故事，由法蘭西斯科頓提供，它再次強調了每天主是如何為我們製造神蹟。每賣出一本書都是神蹟，每一個靈魂的轉變亦然。

「我年輕時，曾花了許多歲月尋找生命中的上帝，我知道祂總是在『那裡』保護我、指引我，使我安適，並輕聲呼喚我。經歷戲劇性改變之後，我和妻子移民到澳洲。在那裡上帝將祂的行動計畫付諸實行，並與我面對面。

「剛搬到澳洲，我還是在尋找上帝，且不經意地讓一個『屬靈』教會進入我的生命。那只有一段短暫的時光，因為聖靈清楚地對我説話，警告我那裡面的邪惡影響。而另外一個教會的經歷中，也接收到了相同的警告。某天，我在家帶著淚水向上帝禱告之後，有人來敲了我家的門。

「我一開門，在前廊看到的是一位面帶純真微笑的先生，自我介紹為布萊恩波頓，來自家庭健康教育服務社。他提供我一些書籍，而我則向他推銷保險。他指向上天並説：『我的保險來自天上。』我説：『你是基督徒嗎？』他回答我説是。

「我邀請他進入。他一手提著提袋，而我相信耶穌正牽著他的另一隻手。他臉上掛著大大的微笑，我可以感覺到他心中的愛。

「簡短地説明工作性質之後，布萊恩拿出一些美麗的書向我推銷。我非常地感動。那次的拜訪對我和妻子而言，是與基督同行的開始，更令人感激的是我們正一步一步舉步向前、向上走。」

「請為文字佈道服務而讚美上帝。11年來，我接近文字佈道的工作，而過去的四個月，我成為一位兼職的文字佈道士。」

如果那位忠誠的文字佈道士沒有拜訪科頓家庭，他們可能永遠找不到尋覓已久的上帝。許多靈魂都在罪惡的暗黑世界中，等待某人帶給他們救助的希望。每位文字佈道士都相當明白這項事實，因此，他們一直在觀望是否有人心已經準備好，來回應走向上帝的邀請。

記得在今天的祈禱中，提到那些沒有救難船、救生衣，正在罪惡之海沉浮的那些人。他們難以發現希望，除非有人有足夠的關懷，前往去尋找他們。

迷途羔羊

「我是好牧人，我認識我的羊，我的羊也認識我。」約翰福音10：14

烏利帕加，一位澳洲布里斯本的文字佈道士，某天與一群同伴在布賴比島上工作。他遇見一位女士，對他所提供的所有東西似乎都不感興趣，金錢是最大的問題。在他準備離開進行下一個拜訪之前，他從袋子中拿出一本《時兆月刊》交給她。她的眼神中出現光彩，她微笑並興奮地說：「基督復臨安息日會？這是一本復臨教會的雜誌！」烏利回應說：「沒錯。」

烏利認為她過去曾經與教會成員有所接觸，事實上正是如此。她說她以前住在沃伯頓，並在那裡遇見復臨教會的信徒，卻在搬到布賴比島時與他們失去聯繫。她的生活並不快樂，她正在尋找更美好的事物，他因此對她說，他們計畫在布賴比島新開一間教會，她說：「一定是上帝派你今天來到這裡，因為我多麼想進入教會。」

她曾是個天主教徒。某天在中古書店逛著，並找到一些她有興趣的書，包括《歷代願望》、《善惡之爭》及其他書。她買下這些書並開始閱讀，這些書向她顯示真理也讓她相信復臨信徒擁有真理。昔日當聖靈為她挫折的生命備好美妙的事物時，當時她無法理解。這書是她黑暗世界中的一道光束。

文字佈道士烏利帕加的拜訪對她別具意義。烏利與她分享當他迷失時，上帝是如何幫助他的親身經歷，以及在他情緒低落時，上帝如何為他帶來希望與新生命。她的臉龐散發出光芒，知道上帝派人來幫助她。

當陌生人對你說，上帝一定是派你去拜訪他們時，那是多麼美好的體驗！他們有需要，並正尋找支援。他們可能從來沒去找過教會的牧師，或是參加福音佈道會、禱告會來求助，這些人需要像文字佈道士的個別拜訪，為他們帶來希望、勇氣，還有最重要的，可以向他們說明救世計畫的內容。正因如此，文字佈道士的工作才會如此重要，如此特殊。

今天，以及每一天，讓我們為上帝將繼續指導祂的子民的心靈，在祂呼召他們為祂服務時仔細聆聽而祈禱。並不是每個人都適合當文字佈道士，但有數以百計，甚至數以千計正在販賣保險、不動產、汽車或是其他物品的人們，他們應該運用上帝給予他們的天賦來為上帝服務。你認識這樣的人嗎？

5月/4日・故事124

上帝的旨意

「既是這樣，還有什麼說的呢？上帝若幫助我們，
誰能敵擋我們呢？」羅馬書8：31

梅爾夫婦住在農場上，他們飼養一種特殊品種的羊，這在南非相當罕見。梅爾夫婦的隔壁住著梅爾先生的弟弟一家人。這座農場距離我們最近的書庫約300公里，並沒有文字佈道士定期在那裡工作。

梅爾弟弟的太太某天寄出書卡，詢問關於《聖經故事》與其他書籍。剛好兩位文字佈道士克里斯與朋友正在那個區域展開一週的工作，他們收到卡片，卡片上寫有電話號碼，他們決定先打電話給梅爾太太約時間見面。

梅爾太太很高興他們來訪，但只能把約會訂在午後三點過後，因為她必須外出辦事。然而，克里斯與朋友早上的行程，依然可以拜訪一些距離梅爾家不遠的家庭，他們在當天早上也預約了幾戶人家。他們決定在拜訪途中一邊確定梅爾農場的位置，以免浪費下午的時間。

他們邊走邊問：「梅爾家在哪裡？」有些人告訴了他們方向，最後他們找到了農場。他們發現了一位男士，因此他們決定開車進去拜訪梅爾先生。梅爾先生相當友善，當他知道他們的工作時，他熱誠地歡迎他們進入屋內。他們一進到屋內，梅爾太太就現身了，而當時是早上十點。他們沒有多說些什麼，只是如往常般展示著書籍。梅爾夫婦相當感興趣，他們買了《聖經故事》、《我的聖經朋友》（My Bible Friends）以及其他書籍。

克里斯寫著收據收下現金，與這家人一同禱告。在他們離開之前，他們詢問是誰住在隔壁。然後他們明白他們把書賣給另一個梅爾家了。他們約好在下午三點拜訪的梅爾家其實住在隔壁。這是上帝讓這些人同時也接觸真理的方式嗎？他們在當天稍晚拜訪了隔壁的梅爾家，並完成了另一項交易。

一切操控在上帝手中，祂同時也控制著約定，祂可以把一項失誤轉變為美好的結果，祂可以利用錯誤的地址，變成祂想要文字佈道士當下前往的地點——而祂的時機永遠抓得正好。如同梅爾家的故事一樣，上帝希望這兩個家庭當天都擁有那些書籍。

我們不知道那天過後梅爾家發生了什麼事，但我們相信不久的某天，當上帝來領祂的孩子們回家時，梅爾們與其他的顧客們都已經準備好迎向上帝。

七年之後

「因為這默示有一定的日期……雖然遲延……必然臨到。」
哈巴谷書2：3

推銷真理書籍就像播種一樣。它需要適當的環境——氣候、濕度，以及所有情勢，來讓種子發芽、伸展與成長。它可能需費時一季、一年、七年或更久，才會出現生命的跡象。但在適當的時機——以上帝的時間來算，它會開始發芽。

喬帕歐拉是位澳洲的文字佈道士。有次，他有機會在塔斯曼尼亞州工作。當時他把書籍賣給巴瑞惠許威爾遜先生，他是一位有影響力的人，同時也是當地聯合教會的成員。他在該地擁有最大的拖拉機和農場機械事業。那裡是務農區，他的企業發展得相當好。巴瑞惠許威爾遜先生向喬買了這些書，但在當時並沒有進一步的發展。幾年後，喬又回到同一個地區工作，而當地的牧師喬治拉比爾，帶他去見一些一同讀聖經的人，巴瑞也是其中之一。喬再次為他介紹一些書，巴瑞毫無異議地買下。喬與他分享與上帝同行的個人經驗，告訴他在不久的將來，上帝一定會再度來臨。喬是一位好的見證人，而且他如此地愛上帝。他說話時，大家都可以感受到他的由衷之言。

有天，在第一批書籍賣給巴瑞的七年後，喬收到一張聖誕卡，寄信者是一位巴瑞惠許威爾遜先生所住區域的牧師。卡片中牧師對喬說，巴瑞以及他的妻子蓋，不久前受洗並成為基督復臨安息日會的教友。喬的心中充滿歡愉！沒有任何事可讓一位文字佈道士比看到自己的努力成果感到更大的喜樂，那是無法對任何人說明的喜樂。

文字佈道士們享有雙重回饋。現在，他們看到許多的顧客受洗，感受到喜樂，這是第一個回饋；而不久的某天，他們將在天堂遇見許許多多的靈魂，全都是他們忠誠工作的成果，這又是更大的回饋。為上帝成為一位文字佈道士是何等的特權、何等的榮耀！文字佈道士們，對於上帝呼喚你加入的事業，請維持堅定與忠誠，絕不要讓生靈的敵人搶奪你為主耶穌救靈的喜悅。

今天，我們為在斷定谷的人們祈禱。那裡的人必須對永恆下決定——他們是否要跟隨耶穌？其他人必須決定他們是否要利用上帝給予的恩賜，為世界服務或為上帝服務？讓我們為上帝的指引而祈禱。

5月/6日．故事126

在查德的最初成果

「受造之物切望等候上帝的眾子顯出來。」羅馬書8：19

賈格斯汪格爾是一位在喀麥隆求學的查德學生，他告訴我們關於他在暑假時在查德工作的經歷。當時，查德還是一個未得贖之地，而賈格斯背負著向家鄉人民散佈福音的重責。賈格斯敘述故事時說：「即使在暑假結束我必須回到學校，我知道書籍將延續我的工作。」他告訴我們以下的故事：

安梅德哥優亞是一位來自查德北方的回教徒，當南北戰爭爆發時，他正在查德的南方教書。戰爭將國家一分為二，身為回教徒的安梅德身陷險境中，在南方，任何被懷疑是回教徒者都會被當場射殺，但安梅德幸運得到一位基督教學校老師的幫助，他讓安梅德躲在家中衣櫃以躲避這段混亂期。安梅德面臨受限的生活，他感到相當無聊，因此詢問是否有書籍可供閱讀。那家人給了他一些基督教書籍，其中有本書描述一位年輕人如何找到耶穌基督。某些時候，安梅德覺得生命中失去了某些東西，經由聖靈的鼓舞，他便決定倣效書中年輕人的例子，把心獻給基督。

之後，政治風暴漸漸安定下來，安梅德也可以不用躲藏，他開始尋求更多幫助他成為基督徒。他參加不同教會，到書店去尋找基督教書籍。某天，他在薩爾市找到一本書，書名是《一個更好的非洲》（For a Better Africa），由復臨教會中非出版社所出版。那裡是安梅德在一年多前曾經賣書的地方。

安梅德津津有味地讀著新書，並發現了安息日的真理。他向不同宗派的牧師提出問題，問他們為什麼不守安息日，但他只得到推託敷衍的答案。之後，有位朋友對他說，鄰鎮有位新牧師計畫組織一個守安息日的團體，安梅德找到了他們，並受洗加入這個新的基督復臨安息日會團體。

他為他的新信仰興奮不已，想要奉獻一生來傳揚福音。他開始參加在喀麥隆南加伊波可舉行的福音研習課程，並在暑假販賣上帝的書籍來賺取學費。在他完成學業後，他被指派為牧師，並在喀麥隆的北方工作。

賈格斯汪格爾所播下的種子已經結成果實，上帝的話語絕不會無功而返。當我們走到盡頭，我們將回頭看，並說：「為什麼我們不像秋天的落葉一樣，傳播更多的書籍、雜誌、小冊子？」但那時要為上帝工作為時已晚。

5月/**7**日・故事127

上帝的承諾不會落空 ◎E. A. 波狄厄

「他的糧必不缺乏，他的水必不斷絕。」以賽亞書33：16

我和傑克是好朋友，當年，我是年輕的汽車機師，傑克在我們的城裡擁有3間電影院。只要其中一家戲院出現加熱或空調系統的機械故障時，傑克就會打電話向我求助。那是二次大戰早期的事了，傑克打電話給我的次數愈來愈頻繁，同時也有愈來愈多年輕人被召去從軍。

戰爭期間，我將生命奉獻給基督，並在城裡復臨教會的小教堂受洗，接下來一星期，我就入伍了。當我完成基礎訓練，就被送到新英格蘭。有一位夥伴送給我兩本書：《但以理與啟示錄書淺釋》和《文字佈道指南》。

不久，我被送到歐洲劇院進行軍事行動，我已經不記得我把這兩本書重讀了多少次。我回到美國，並從軍中退役後，我決定成為一位文字佈道士。

在為我的新工作搬家之前，我順道訪問傑克並向他告別。他問我要搬去哪裡，從事什麼樣的工作，我回答他我要開始販賣宗教書籍，他嚇得跳起來說：「販賣宗教書籍？當戰後迅速發展期結束時你該怎麼辦？販賣宗教書籍！你會餓死的！」我們繼續交談一會兒，握著手彼此道別。我離開他的辦公室，從35年前的那天起，我沒再見過傑克。離開家鄉幾年後，我與妻子一起回去。我試著與傑克聯絡，但聽說他已經搬到西岸去了。他的生意失敗，失去了三間戲院以及所有財富。

成為文字佈道士兩年後，區會要我擔任出版部副幹事。幾年後，我承蒙呼召，帶著家人前往海外，為遠東分部的印尼聯合會服務。這是福音工作19年回饋的開始。現在我退休了，常常回想起賜福給我家人與我的許多恩惠。我想起遠東的朋友的招待、在美國旅行的假期、拜訪世上許多國家的特權、還有參與訓練人們成為救靈事業的文字佈道士的喜悅，以及上帝在我們生命中帶來的指引與祝福。

回顧過去，我更加明白祂所承諾的「他的糧必不缺乏，他的水必不斷絕。」（以賽亞書33：16）已經實現更勝祂的諾言。我們的麵包上塗有奶油，飲水中還調入了奶粉！

那傑克呢？如果我知道他在哪裡，我將告訴他上帝不但沒讓我餓著，還提供了我所有的需求。

5月/8日・故事128

天使握有鑰匙

「那聖潔、真實，拿著大衛的鑰匙，開了就沒有人能關。」
啟示錄3：7

康尼凡德莫倫在成為文字佈道士之前是一位建築承包商。康尼愛上帝，也愛祂的文字佈道服務。他總是說在他向人們述說上帝、救世以及永恆生命時，所獲得的充實感有多大。他興奮地告訴我們某天他與一位天使的特殊經歷。

大約是傍晚六點，康尼正前往其中一棟大房子，但必須先讓前方一個7呎的大門打開。這在南非的約翰尼斯堡一帶是相當富有的區域，每一棟房屋看起來都像有一座美麗的花園圍繞著住家。一般若你在大門前按門鈴，人們常不願意讓你進去。康尼該如何進入呢？他搖動大門，很簡單就打開了，因此他走進去並把門關上。

他帶著自信走到前門，準備按下門鈴。但有聲音引起他的注意。有兩隻兇惡的狗全速地從房子方向朝他衝來，康尼知道麻煩來了，他急忙與上帝說話，並求上帝的指引與保護。忽然間前門打開了，房子主人驚訝地看著康尼說：「先生，你是怎麼進入大門的？大門被鎖上了，也只有我有鑰匙。」

康尼指著關上的大門回答：「先生，只有通過那扇大門才可以進來這裡，我一推門就開了，這就是我在這裡的原因。」

「跟我來。」那男人如是說。他們一起走到大門，他們發現門上有保全鎖還有一個扣鎖，康尼再次按照之前的方式搖動大門，但這次他無法把門打開。那男人把鑰匙從口袋裡拿出來解開扣鎖，證明自己所說的話。

兩個男人站在那裡彼此對看。這門到底是怎麼打開讓康尼進去的？現在，康尼知道了。一定是天使打開了門鎖，因為上帝希望這棟房子的主人現在就接觸到祂的真理。康尼心中充滿了喜樂！感謝上帝從天堂派了一位天使來為他打開門鎖！康尼默默地對上帝唸了一段真誠的感謝禱文。

是的，天使的確握有鑰匙。他們擁有每扇大門、每顆心的鑰匙。無論對你而言有多麼不可思議，沒有任何地球上的門是天堂無法開啟的。所有你面臨的難關、你背負的重擔，天堂都為你握有解決之鑰。今天我們的祈禱充滿喜樂。來自於我們被上帝召喚為祂動工，為人心作準備以迎接上帝，而上帝更樂意派遣祂的天使，與我們一起進行這項重要的工作而感到喜樂。

派特森家的發現

「報福音、傳喜信的人，他們的腳蹤何等佳美！」羅馬書10：15

派特森一家是個平凡家庭，住著父親、母親，以及一個小孩，他們是基督徒，卻沒有定期上教堂。某天，有人來敲門，當時只有派特森太太在家。她打開門，看到兩位提公事包的友善男士。她邀請他們進入屋內，還不知道這次的訪問將會改變她以及她家人的生命。

那兩位紳士是文字佈道士，他們向派特森太太展示一些美麗的書籍，她也把書買下。她尤其喜歡《聖經故事》，正好是她10歲兒子的理想讀物。但除了《聖經故事》之外，她還買了《善惡之爭》。她為這些新書感到很興奮。

每天晚上，派特森太太都會唸《聖經故事》的內容給她兒子聽。兩年後的某天，她在半夜醒來，似乎有個聲音在對她說話。那聲音說：「閱讀那本與《聖經故事》一起買下的藍色書籍。」她無法理解這件事。她對那本藍色書籍並沒有很大的興趣，為什麼要她閱讀？但那聲音一直告訴她，去閱讀那本書。

派特森太太把書從書架上拿下來開始閱讀。很快地，她被引發了興趣，沒辦法把書放下。她先生早上外出工作後，她又繼續閱讀，忘記自己身邊所有的事。直到那天傍晚她聽到先生回家的聲音，才發現床鋪尚未整理、晚餐還沒準備好，一件家事都沒有完成；她所有的注意力都放在那本書上。

她發現關於真正安息日的真理，並決定要發掘更多。她去找教會的牧師，但他沒辦法幫助她。她還去找了其他教會的牧師，但他們也沒有辦法提供太大的幫助。然後她拿起電話簿，找到了基督復臨安息日會的辦公室。她馬上打電話過去，她必須馬上為她所有的問題找到解答。

接受聖經研讀課程之後，派特森家都受洗了，他們為所學到的真理感到歡愉，感謝上帝派了兩位文字佈道士來拜訪他們。許多人都在我們的書籍中找到了上帝以及祂的真理，就像派特森家庭一樣。

上帝的僕人說：「不久在一日之內必有成千以上的人悔改，其中大半的人，若追溯其初次信道之經過，可知是由閱讀本會的書報而來。」（懷愛倫，《文字佈道指南》118－119頁）這是現在正發生的情況——每天都超過千人！

5月/10日・故事130

威廉亨特

「隨走隨傳，說：『天國近了！』」馬太福音10：7

1878年，南非還沒有任何一個基督復臨安息日會，總會也尚未計畫派遣傳教士到這偏遠地區。上帝該怎麼將祂的美妙真理傳遞給那國家的人民？

有一位被稱為威廉亨特的男子出現了，他是一位復臨教會的信徒。他可能沒辦法以口語充分與人分享他的信仰，但他相信神聖書頁裡的力量。他離開美國前往澳洲開採金礦，在他離開家鄉之前，他準備了許多書籍上路，打算在旅程上與別人分享。他決定讓神聖書頁代替他發言，當時他並不知道那些書籍將帶來極大的影響。

在他到達澳洲不久，就聽說在南非的慶伯利有極豐沃的鑽石礦。他整理他的東西，出發前往鑽石礦區。到達慶伯利後，他是一個異鄉人，沒有朋友、親戚，也沒有教會的夥伴，他什麼都沒有。

他獲得了申請，就開採鑽石。他所獲得的不只是鑽石，還有從上帝觀點而言更具價值的東西。在他工作期間到商店或郵局去時，認識了一些朋友，因此得以傳揚他珍貴的書籍。人們不久就開始談論著慶伯利一名沉默男子發送的讀物。某些讀物傳到該區農人手中，他們也會讀。某些人在心中燃起關於安息日真理的疑問，因此他們繼續讀下去。

一名喚為彼得魏瑟斯的農夫，有天被自己的弟兄告知，根據聖經，上帝的聖日是星期六而不是星期日。彼得相當震驚，難道他一直以來都守錯日子了嗎？他開始查經，發現他問題的解答。他決定立即開始遵守安息日。後來他們聽說總會的組織，彼得寫信要求派遣傳教士來教導他們更多關於聖經的真理。前往的傳教士發現那些書已為他們鋪好了路，他們所要做的事情就是準備收割。

這是南非基督復臨安息日會的開始，今天，那個國家每星期有超過6萬人守安息聖日，而且人數一直增加。所有的現況都由一名孤單、安靜但熱心的上帝小孩，為靈魂們背負著重擔，並堅信神聖書頁的力量發展而來。

你也可以成為威廉亨特，在所行之處以書籍分享你的信仰。今天讓我們為更多奉獻的上帝小孩，藉由神聖書頁分享救世的喜悅而祈禱。

5月/11日・故事131

酒吧老闆也需要真理

「乃是寬容你們，不願有一人沉淪，乃願人人都悔改。」彼得後書3：9

文字佈道士們不只是販賣書籍、與人們一起祈禱，他們還隨時尋找機會，在那些沒有教會的地方開設安息日會學校。這是他們為主獲得救靈的眾多方法之一。販賣書籍不過是開啟對話的方式，當然也是謀生的工具。

一位東非的文字佈道士想要開設一間安息日學分部。白天，他挨家挨戶推銷上帝的書籍並與鄰居打交道，到晚上，他會召開福音佈道會。他所舉行福音佈道會的地點接近一間有名的酒吧，晚上有許多人會在那裡聚集喝酒。酒吧老闆不久就發現來喝酒的顧客愈來愈少，他對生意虧本感到很不高興。某天晚上他到酒吧工作時，發現店裡空無一人，他問：「人都去哪裡了？」

「他們都去參加集會了。」某人如此回應他。

老闆回答說：「我去找他們回來。」他決定讓搶走酒吧客人的生意關門大吉，到底是誰那麼有力，可以每晚把他店裡聚集的客人、和他賺錢的對象都帶走？他相當憤怒地走到文字佈道士開佈道會的地方，發現一群人——有許多都是他的顧客，正聽著救世的福音。他找了個位置坐下，想聽聽那名男子到底在說什麼。然而，他深深為那些福音著迷，並接受了福音。他開始個人查經，成為復臨教會的成員。當然，他把酒吧關了！

這位酒吧老闆的轉變是一項恩典的神蹟——他那些忠實客戶的轉變也是。社區裡最不可能的一群人都變成了上帝奉獻的孩子。又是耶穌基督福音的一大勝利！世上的文字佈道士正透過友誼，和安息日學贏取數千萬的靈魂。一名21歲的女文字佈道士藉由以上方式，僅花了三個月就讓51位朋友受洗。

酒吧老闆或商人、窮人與富人，上帝願意拯救他們全體。上帝很寬容，並會在祂計畫的時間中進行。上帝的孩子們應當協助祂進行的工作就是，把祂充滿真理的書籍送到人們手中，為祂鋪路。讓我們今天為更多奉獻的教會成員投身這項工作而祈禱。上帝給予你特權，與祂攜手共同拯救靈魂，我們現在難道不該善用這個機會嗎？讓我們來盡力展現恩典的神蹟，從今天到每一天。

5月/12日．故事132

上帝總讓文字佈道士感到驚喜

「你已將生命的道路指示我，必叫我因見你的面得著滿足的快樂。」使徒行傳2：28

戴偉山達福夢到一位卡車司機正尋找著真理，且他的臉孔相當清晰。在夢中，他得知司機所在的區域，因此第二天就出發去尋找那個地方。他到達那裡，無疑是天使的指引，他看到和夢中一樣的場景——那位司機，還有那輛卡車。他可能把這司機嚇了一跳，因為他相當地興奮。他大叫：「停下來！我在夢裡看到你了。」並開始解釋自己工作的內容。就在路當中，他賣給這司機一套書籍。

另一位文字佈道士在分秒必爭的天佑時機裡，拜訪一戶住家，推遲了一個喪志男士的自殺計畫。天使在適當的時間裡把他帶到正確的地方，當文字佈道士敲門時，男人正劃開他的手腕。那是一次相當混亂的拜訪，但有一條生命在關鍵時刻獲救。

還有一次，聖靈延遲一名尋死之人所作的準備。珍妮特修勒斯解釋：「時間分秒過去，我要向一位顧客展示《聖經與你》，她似乎不確定自己的需求，並說：『我沒有錢買這本書。』我正要離開房子時，她叫住我，作過簡短討論後，她又說：『我要買這本書。』我寫著收據時，她又說明：『我要一次付清。』並從另一個房間拿出錢包說：『這是我為自己的葬禮所存的錢，現在要把錢花在那本書上。』我認為她花錢真選對用途了，葬禮可以暫緩，而讓這位女士先找到永恆。」

當格林悠思建議一位老祖母為每個孫子們買下一套《聖經故事》時，他問說：「你需要多少？」她迅速地反應說：「我需要14套。」格林已不記得寫訂單的事，與老祖母一起祈禱、為她登記聖經課程、道別等等的事情他都不記得了，只記得他回家，告訴自己妻子雪莉這件事。但他卻十分記得送書那天的事。只送一本書的時候，什麼事都可能發生，一套書的問題更多，而當你必須送14套書時，你可能就會有14次的焦慮不安！

上氣不接下氣地，格林的聲音有些顫抖地說：「女士，我把妳的書帶來了。」還好格林的心臟夠強壯，因為有第二次的衝擊，當老祖母說：「悠思先生，我改變主意了。我想要為我自己也買一套書，你還有多的嗎？」

幸好格林還有另一套書，他快樂地把書送到老祖母的家裡。

丹麥的文字佈道工作

「沒有尋找我的，我叫他們遇見；沒有訪問我的，
我向他們顯現。」羅馬書10：20

沒有比看到靈魂回應上帝的呼喚、接受祂為天父還值得高興的事，而文字佈道士們常常獲得這種體驗。他們是上帝的「獵人」，到任何地方去為祂的國度尋獲靈魂。

1990年6月2日安息日那天，丹麥提斯特德的教堂中充滿了喜悅。一對來自黎巴嫩的難民夫婦受洗了，而在那天，他們的3個小孩都奉獻給上帝。

費瑞爾與娜姬是如何接觸到基督復臨安息日會的教徒？丹麥西部區會在每個月會舉行「傳教日」，所有區會的文字佈道士都會來與當地的教會成員見面，度過禮拜與祈禱的一天。他們要參加基督教行銷技巧課程，花4小時挨家挨戶地拜訪並推銷書籍。當天下午，他們會再度集合討論當天所發生的事並分享經驗，如此，他們從事文字佈道工作，一同度過美好的一天。

某次傳教日，丹麥出版社的經理傑恩斯麥迪森牧師，敲了費瑞爾與娜姬家的大門。他被請進屋內，並有一段愉快的訪問。他看到這對夫婦，正在尋找某個這世界無法提供給他們的東西。那天下午，傑恩斯麥迪森把他們的名字與地址交給當地教會成員接著進行後續工作。他們拜訪這對夫婦，以各種方式幫助他們，並用愛把他們帶進教堂。

現在，費瑞爾與娜姬是忠誠服事上帝的復臨信徒。所有的事情都開始於一位文字佈道士拜訪了他們！

文字佈道士們都期待尋找到救靈；他們的眼睛、耳朵總是四處觀望，以掌握細微的指示，為上帝尋找救靈。

出版事業是教會成長的重要因素。難怪J. N. 杭特在《無上的呼喚》(No Higher Calling)書中寫著：

「當出版事業向前發展時，教會也持續成長。出版事業強盛的地方，上帝的教會就堅固；當出版事業不振，教會也跟著虛弱。」

今天我們為丹麥的出版事業而祈禱。他們每個月結合教會成員與文字佈道士來參與文字佈道工作，是一個獨特、美好的計畫。讓我們為他們祈禱。

5月/14日・故事134

將主放在前頭

「你已將生命的道路指示我，必叫我因見你的面得著滿足的快樂。」使徒行傳2：28

上帝的神蹟！是的，文字佈道士每天為上帝工作時，神蹟都會出現，就像今天道格柏格斯，一位南美的文字佈道上，所述說的故事一樣。這又是一個上帝的神蹟，而道格自己再明白不過了。

早上當我祈禱時，我請求聖靈的指引領導，我在祂的祝福之中。我發現，若把上帝放在前面，所有的事情就會自動就緒。

某天早晨，上帝指引我到鄉村工作。我通常不喜歡到鄉下，因為我常常找不到正確的地址。每次這樣工作時，我都會花很多時間在開車上，這讓我很沮喪。那天我駕駛的車子不停地發生問題。我盡量維持開車的水準，直到車子在一棟小屋前停下。我坐在那裡想：「現在該怎麼辦？我又不是汽車技師。」但我覺得應該下車，掀開車蓋檢查一下。我看看引擎，它就如以往一般陌生。當我站在那裡，看到有人從屋內走出，並向我走來，我想他應該會來幫我。可是，當這名男子靠近時，他並沒有問我車子的問題，反而問我說：「你在賣宗教書籍嗎？」「是的。」我回答。他說：「我的妻子希望你能到我們家裡來。」我拿了公事包，跟著他走進屋子。

我進屋時，這男人的太太正在等我。她讓我坐下，並開始與我分享一些在教會與家庭中遇到的問題。我通常都會有一堆話要說，但那天我失去了我的語言，我默默請求上帝的幫助。我告訴她，若她願意更接近上帝，上帝就會指引領導她的生命。然後我問她，是不是希望我為她以及她的家庭祈禱，她點點頭，雙眼充滿淚水。我們一起跪下來祈禱。

我們站起來後，她說：「我知道上帝派你今天過來這裡，我之前做了一個夢，夢中有一輛藍色小汽車停在我家門前，有位男士帶著公事包，到我家裡來與我一起祈禱，而上帝讓我看到公事包裡裝的是我想要買的書。」

我把公事包裡的所有東西都向她展示，她很喜愛。沒花多久時間，我就寫著訂單，因為上帝早已把路都準備好了。我離開這戶人家後，開著藍色小汽車，一路順暢。從那之後，我的車子不再出狀況。

這是恩典的神蹟嗎？沒錯，這正是一個神蹟。

約克教會的開始

「現在你們要剛強，不要手軟，因你們所行的，必得賞賜。」
歷代志下15：7

今天的故事由羅伯特 L. 拉格隆尼來告訴我們。在他發生這段經歷之時，他是哥倫比亞聯合會的出版部幹事。以下是他的親身經歷：

「某天，我覺得聖靈要我到賓州的約克工作。約克是一個大城市，當我發現區會不能在那城市建立教會時，我感到相當困擾。某次，我花了3個小時站著，發出一些我們的書，以及文字事奉的廣告傳單，不到一週，有8個人寄回函卡來，向我們要求更多關於書籍與聖經研讀的資訊。我想要為他們的興趣繼續接下來的步驟，但每次我計畫前往時，就有事情阻止我前進。

「某天傍晚，我前往馬里蘭的巴爾的摩，忽然覺得應該派文字佈道士到那個地方，延續後續工作，並想起了巴爾的摩文字佈道士，兩位桑德斯氏教友們。我與他們聯絡之後，他們也很渴望前往。幾週內，他們就找到一些感興趣的家庭，並開始聖經研讀課程。接下來的3個月，每星期都有約24至30個人研讀聖經，不久，他們就需要一個集會地方。兩位文字佈道士在東阿利根尼區會出版部的協助之下，租下一處大廳來進行聖經研讀課程。區會派了賓州哈里斯堡教會的約翰托魯斯帝牧師，前往舉辦福音佈道會。他與兩位文字佈道士一起工作，在佈道會結束時，有36個人受洗。

「多年來，區會試著在約克設立一間教會，卻都無法成功，但1986年，基督復臨安息日會真理禮拜堂（Truth Tabernacle SDA Church）在賓州的約克成立，歸功於文字的事奉。桑德斯們稱此為神蹟的教會。東阿利根尼區會的兩位桑德斯們已獻身文字佈道工作長達28年，並讓將近700個靈魂受洗，是上帝事業的翹楚。文字佈道士們的確都是優秀的靈魂救贖者！」

對於熱誠奉獻的文字佈道士而言，除了看到他們辛勤耕耘、共同祈禱的靈魂受洗，沒有什麼比這更大的喜悅。這是文字事奉的單一目的與義務。這種經歷，沒有人能夠從那些從事上帝高尚事業的人們身邊奪去。

5月/16日・故事136

更多在帛琉的神蹟

「地極的人都當仰望我，就必得救；因為我是上帝，再沒有別神。」以賽亞書45：22

第一次世界大戰之後，帛琉島脫離德國，變成日本管轄，只有日本的船隻會到這座島嶼上。

只要有船進來，威廉就繼續尋問關於基督復臨安息日會的事情，但沒有人知道這些人；儘管這似乎是毫無希望的行為，威廉還是繼續尋找復臨教會的信徒。某天，有位船長對他說，他聽說過日本的復臨教會信徒，有個叫做阿姆斯壯的人。因此他要威廉寫信給在東京的阿姆斯壯，試著聯絡那些人。

吉柏馬上開始寫信，並把地址寫給「在東京的阿姆斯壯」。事情發生在1928年，信件被送到日本聯合會會長，V. T. 阿姆斯壯的手上。信中，吉柏述說他一直在尋找復臨教會的信徒，並問他（阿姆斯壯）是不是他在找的人。在如此大的城市裡，信件居然可以抵達阿姆斯壯的手中，真的很神奇。

這是吉柏與阿姆斯壯通信的開始，更多的書從日本被送到帛琉。1931年，牧師與三宅女士被送往帛琉拜訪吉柏，三宅女士在回東京前，為吉柏施洗。

1932年，阿姆斯壯與小倉四郎到達帛琉，並舉辦一系列集會。他們停留一個月，每天召開兩次集會，並在活動結束後，讓20個人受洗。

這是密克羅尼西亞最初的復臨教會活動。今天，這裡復臨教會信徒的活動架構完善，尤其是在關島。這些全都起源於一個亞買加的男性，把兒子送到英國，接受英語學校的教育開始。這兒子被放逐到密克羅尼西亞中的一座島嶼，並開始用聖經教自己兒子學英文。然後，在上帝的旨意下，亞伯拉罕納羅，一位香港的文字佈道士，把書籍送到帛琉，最後在密克羅尼西亞誕生了第一批的復臨教會信徒。

所有情勢，包含幾乎不成地址的信安全抵達日本阿姆斯壯的手中、亞伯拉罕納羅所寄出的書籍——每一件事都清楚說明，這一切都是恩典的神蹟。祈禱上帝讓我們眼睛睜開，看看祂今天是如何創造神蹟，來完成祂的事業。

今天，我們為在數千個島嶼上，尚未聽過上帝真理的所有人而祈禱。誰會去告訴他們呢？

文字佈道士的教會

「推廣書報的工作，若能行之得當，便是最高尚的傳道事業。」
《文字佈道指南》5頁

泰瑞戈爾茲遭遇以下經歷時，正擔任澳洲雪梨區會的出版部幹事。讓我們來聽聽他的故事：

「我被邀請前往檬特露區其中一間教堂佈道，在歡迎詞之後，長老說：『這是一個文字佈道士的教會。』文字佈道士葛拉漢史都華約4年前開始在這地區活動，發現有許多人都對福音有興趣。一位外行人彼得布雷恩斯特，與葛拉漢一起合作，進行一項延伸計畫。最後有5個人受洗，並招來更多人群，接下來兩年，又有11個人受洗。

「然後在1988年，雪梨區會指派牧師葛拉漢懷特接掌文字佈道部聯絡人的工作。教會成長的同時，明顯需要另一位工作者接任後續發展。目前，我們兩位後續工作者與24個家庭、49人一起研讀聖經，幾乎有半數的人都會到教堂來。

「他們（那些受洗的文字佈道士聯絡人）希望擁有自己的教堂作禮拜，為了尋找適當地點，神蹟出現了。葛拉漢先聯絡浸信會，因為他們有一間沒有使用的教堂，卻沒有成功；他聯絡另一個教堂，還是沒有成功。在不停地祈禱之下，他在佈道時遇見一位基督長老教會的人，屬於一個小團體的成員，他們在社區中心的附近集會。他鼓勵葛拉漢考慮那個地方。葛拉漢到負責管理該中心的委員會，知道另一個團體也想在星期六上午租借場地。但當委員們知道葛拉漢是要借作教會之用，他們說：『我們這區域所需要的就是這個，因為你們從事很多社區活動，所以租金只需要每天15澳幣。』這真的很划算！你可以想像葛拉漢有多高興。

「從這小小的起步開始，這教會現在每週有80至90人在安息日聚會。他們大部分都是文字佈道士的聯絡人。兩年內，就有6個人成為文字佈道士。這個地區的另一間復臨教會，給予這個文字佈道士教會強力的支持與鼓勵。」

我們的書籍找到途徑，進入世上成千上萬的家庭中，它們是被播下的種子，等著發芽成長。讓我們今天為這些家中藏有真理卻大多不知情的人們祈禱，祈禱他們將被驅使以開闊的心胸去閱讀這些書籍，並為自己與家人發現救世的真理。

5月/18日・故事138

書籍在波蘭拯救了靈魂

「你必將生命的道路指示我；在你面前有滿足的喜樂。」詩篇16：11

卡茲迷爾斯瑟馬恰住在波蘭，今天他將告訴我們神聖書頁如何神奇地找到他。這個經驗提醒我們，真理的每一頁、每一段落，都可以為永恆拯救生命。來聽聽由卡茲迷爾斯親自述說主的神蹟。

「我生於波蘭的貝烏哈圖夫。中學畢業後，我進入一間華沙的職業學校；求學期間，我接受鎖匠與焊工的訓練。某天在學校打掃時，我發現一份不完整的《時兆月刊》，其中有一篇關於天文學的文章，我覺得很有趣。我把雜誌藏在口袋中，好讓朋友也看看；之後我在房間獨自閱讀。我在雜誌中發現華沙的基督復臨安息日會的地址，我去了這間教會一兩次。

「我對安息日存有疑惑，不知道復臨信徒們為什麼要在那一天做禮拜。身為羅馬天主教教徒，當我知道安息日會是分離出來的新宗教後，我把《時兆月刊》撕毀，決定不再與復臨教會有所關聯。

「某天，我在華沙街上走時，我看到兩個人在賣聖經。我買了一本開始閱讀，覺得相當有趣。我偷偷地閱讀，因為怕有人會阻止我。我當時住在華沙工作者的青年旅館中，當我回到家鄉貝烏哈圖夫時，我把聖經給父母看。他們告訴牧師這件事，他相當生氣，因此我把聖經藏在行李中回到華沙，才能平靜地閱讀聖經。有天我看到某人在賣《時兆月刊》，驚訝於再次看到這本雜誌之下，我買了一本。我還聽說一系列書名為《不久的將來中將發生之事》的書籍，敘述這城市即將發生之事。我開始閱讀這些書，並且愈來愈有興致。我把讀到的事與《時兆月刊》、聖經相比，我深信這就是真理，並準備受洗。在受洗之前，我在工作上發生意外；有塊玻璃碎片刺進我的左眼，而我被送到醫院去。醫生盡力挽救我的生命，最後必須移除我一隻眼睛。基督復臨安息日會的教友為我祈禱，並定期來探望我。我沒有告訴父母這個意外，因為怕他們會阻止我受洗。終於我受洗了，並參加在波蘭的基督復臨研討會，準備為教會服務。雖然我只有一隻眼睛，我快樂地與上帝同在，勝過擁有雙眼卻不認識上帝！」

你同意卡茲迷爾斯瑟馬恰嗎？與上帝的愛也是你生命中的首位嗎？

反覆的夢

「以後，我要將我的靈澆灌凡有血氣的。你們的兒女要說預言，你們的老年人要作異夢，少年人要見異象。」約珥書2：28、29

吉恩塔岡基拉做著重複的夢，他覺得其中隱藏某種意義。吉恩就像大部分的盧安達男孩一樣牧牛。當他到入學年齡能完成學業，覺得自己很幸運。

學校畢業後，他在政府服務機關上班，規劃青少年的活動。幾年後，他再度夢到相同的夢。夢中，他回到學校裡，穿著他現在沒有的白襯衫與領帶，提著所有學生都一樣的黑色公事包。夢中學校並不是典型那種長長窄窄、土牆建築的公立學校，而是磚造的兩層建築，有書桌、椅子、門窗，以及水泥地板。整個夢境對吉恩來說很不可思議。

他繼續為政府工作，職場上有一位復臨信徒的同事與吉恩分享信仰。他第一次明白是基督而非聖母馬利亞、是原諒而非罪過、是健康而非摧毀生命的惡癖、是第七天的安息日而非第一天。沒多久吉恩就決定接受信息，並受洗了。

由於政府工作要求他在安息日上班，吉恩必須作重大決定。但他毫不遲疑地選擇跟從上帝，並守著上帝的安息日；這讓他失去了工作。

某天，一名教友鼓勵吉恩成為文字佈道士，並給他一些書籍販賣。他很喜歡這項工作，加入文字佈道士的行列。幾年後，吉恩被邀請出席於Gitwe學院舉行的全球聯合文字佈道部，每位文字佈道士都收到一份個人物品，其中就有白襯衫與領帶。吉恩一看到就想起自己的夢境，但他還沒有夢中的黑色公事包。

又過了一年，吉恩在文字佈道士工作上表現出色，他有資格進入金夏沙的文字佈道部全球分部。這些參加學會的盧安達文字佈道士都穿著白襯衫、領帶，提著黑色公事包；但還是少了一樣東西——漂亮的磚造建築。

到了1988年3月19日，吉恩成為該聯合文字佈道研討會的首批參加者。當他看到兩層的磚造建築，並與其他文字佈道士們坐在教室裡時，吉恩記起了自己孩提時代的夢終於實現了。他在第一學期中，告訴班上同學這個夢。上帝的引導如此鮮明，他的夢成真了。

5月/20日・故事140

上帝的領導 ◎布魯斯史都華（澳洲）

「耶穌個別地認識我們，並體恤我們的軟弱。祂知道我們各人的名字，曉得我們所住的房子，以及房子裡每一個人的名字。祂往往指示祂的僕人到某城某街某一家去，找祂羊群裡的一隻羊。」

《歷代願望》487頁

我們在今年五月有一項延伸計畫。在工作範圍內，我拜訪了蘿貝卡與她妹妹；蘿貝卡訂了幾本醫藥書籍，以及《今天，明天與你》(Today, Tomorrow and you)。蘿貝卡的妹妹住在一條小路上，那裡只有8、9戶人家，因此我決定前去拜訪。

其中一戶住著蕾娜，她的家總是門戶緊閉，隨時都垂下百葉窗。她有毛利人血統，我們因此立即延伸到了紐西蘭。她和兇暴的丈夫分手了一段時間，自己養育4個小孩。她對醫學書籍很感興趣，但要從明年一月再開始訂購。因此我向她告別，但我們的拜訪尚未結束。接下來，我遇到一位需要安慰的先生，他買了一本《喜樂的泉源》，並參加查經。我來到對街蘇的家。蘇給人的感覺是環境較優渥的中產階級。她是基督徒，唯一的家人是她10歲女兒。女兒最近常回家要求一些恐龍、挪亞方舟之類的東西，她買了兩本創意雜誌，覺得相當符合女兒需要，也同意享有我們的家庭錄影帶服務。

不久，我收到一張來自R. 奧斯汀的《聖經故事》詢問卡，上面的住址是「number 6 Talloc Close2330」。那是一個小孩的筆跡，也沒有寫上城鎮名字。我四處找不到這個地址，沒有城鎮名，郵遞區號也不對。

在查到那卡片來自辛格頓之後，一直到我抵達那戶人家門前，才知道那是蕾娜家的地址。那是她大兒子寄來的。他在醫生診所看到《聖經故事》試讀本，而想要重回教堂。我們上了一堂關於「耶穌復臨」的課程，之後我為這個家庭祈禱。席德格里非斯當時正與蘇、蕾娜一起研讀聖經，而在星期三，我又給他一個名單，展開後續工作。

上帝利用蘿貝卡帶著我找到蘇與蕾娜。在文字佈道工作中，我們常看不到最後的結局，但是一定要有人播種，另一人就會來澆水，而大自然以及上帝，最後就會歡喜地收割。

與上帝同工為人們準備迎接天堂的到來，是多麼快樂的一件事！

我的守護天使真實存在

「天使豈不都是服役的靈、奉差遣為那將要承受救恩的人效力嗎？」希伯來書1：14

有時候，文字佈道士會被聖靈感動，大膽真誠地說出一些話語。這些話語大多來自聖靈，他知道如何感動人心，讓他們釋出善意。為拯救靈魂而工作的人，神聖的天使常與他們同在。

某個忙碌的一天過後，有位在菲律賓民答那峨島山區與村落工作的年輕文字佈道士，正在尋找過夜的地方。那裡沒什麼房子，在視線裡沒有可以讓她找到房間的地方。但在稍遠處，她看到軍事哨站。

她走向大門，詢問值勤的士兵是否有可以過夜的地方。他雖有禮，卻還是嚴正地說：「當然沒有！」他們接獲當晚會有反抗軍前來攻擊營地的消息，為此讓一個陌生人進入營地，對士兵而言相當危險——不只是他們，她也很危險。在幾度堅持下，士兵把文字佈道士帶去見負責的長官，但他拒絕讓她留在營地。她回應說：「先生，若你讓我在這裡住一晚，我保證反抗軍不會攻來。」「你如何證明？」他問。

「因為我是文字佈道士，為上帝工作的基督徒；無論我走到哪裡，都有一位特別的天使跟著我。」她如此地積極並斷定，因此，指揮官為她找了一個地方過夜！當晚，沒有反抗軍攻來，不久全營區的人都知道有一位「與天使同在的女孩」。

次日早晨，軍官與士兵都在門口一字排開，對這位來自天堂的使者說「謝謝」與「順風」。他們為那晚沒有用到任何一顆子彈而驚異，這在那山區前哨是很稀奇的一件事。

守護天使是真實存在的，而當天晚上該營區成為一個安全的休息處並非巧合。守護天使總會出現來保護並指引那些為主奉獻生命，前往任何祂要他們前往之處的人。

今天我們為天使而感謝天上的父。每天和這些天堂的使者為伴，是何等的特權與賜福。他們是真實的，目的在於為父的意願而行，倘若這也是你的第一要事，你就能確定今天他們與你同在。

「我們需要比過去更明白天使的任務。」（懷愛倫，《使徒行述》124頁）

5月/22日．故事142

善惡之爭，葡萄牙的專家

「我看見主常在我眼前，他在我右邊，叫我不至於搖動。」
使徒行傳2：25

生命有時很艱辛。你為上帝服事，勤赴教堂，從事所有上帝的乖小孩該做的事，但情況卻變得很糟糕，糟糕至極。你的整個世界似乎倒轉，而你失去了所有的保護！你失去工作，就像今天的故事一樣，你的家人遭受生命的威脅。那現在呢？這些事情發生在荷西帕迦科與他家人的身上，但上帝與他們同在，並引導他們與祂有更深刻的經歷，他們得到從來沒有過的救贖喜悅。

荷西帕迦科是安哥拉的不動產仲介，他在工作上非常成功；幾年下來，他為家人存了一筆財富。後來1975年安哥拉發生革命，荷西與家人必須為活命而逃亡，在過程中，他們沒辦法帶任何東西，因此留下所有財產。他們決定前往家鄉葡萄牙，希望上帝能夠幫助他們重新振作。

抵達葡萄牙後，荷西加入文字事奉的行列，他深深感到那是上帝要他從事的工作。他見證了安哥拉所發生的事情，因此他現在更加意識到，人們應該在太遲之前明白上帝的真理。他專門推銷《善惡之爭》，接下來的8年，荷西帕迦科賣出了超過14,000本的《善惡之爭》！每當《善惡之爭》被賣出去或送給別人時，就會發生某些事。荷西也一樣，在短短的幾年，他見證了40人因為他所賣的書，把生命奉獻給上帝並受洗。荷西帕迦科為主服務所獲得的喜悅與歡樂，是推銷那些世俗物質所無法經歷的。就像之前他在安哥拉推銷地上的房子一樣，他現在推銷的是天堂黃金道路邊的豪宅。

為靈魂服務將得到許多喜樂。文字佈道士是一種自立的佈道任務，花費所有時間為上帝的國度尋找救靈。那的確不是簡單的工作，但救靈從來都不容易，以後也不會輕鬆。但佈道事業中任何時刻都不孤單的保證，使他歡喜並且不屈不撓地工作。他會前往其他人不敢前往的地方，從事其他人害怕的事。他對靈魂的愛永遠不算太多，與他神聖的領導者之間的交流永遠不會被削弱。他獲得雙重回饋，除了金錢支持他日常所需，還獲得看到靈魂接受耶穌成為救世主的回饋。

今天我們為葡萄牙的文字佈道士們祈禱。他們在那個國家中，為上帝成就不凡的工作。

5月/23日・故事143

「上帝，把這些人交給我」

「你們當剛強壯膽，不要害怕，也不要畏懼他們，因為耶和華你的上帝和你同去，他必不撇下你，也不丟棄你。」申命記31：6

文字佈道士與牧師的工作非常相似，我們在《文字佈道指南》第36頁讀到：「上帝對於忠心的文字佈道士備予嘉許，正如祂重視其他忠心的傳道人一樣。」（重點摘錄）

牧師拜訪人群，而文字佈道士也是。

牧師為人們祈禱，而文字佈道士也是。

牧師為人們講解聖經，而文字佈道士也是。

牧師邀請人們到教堂去，而文字佈道士也是。

牧師的首要工作在於救靈，而文字佈道士也是。

牧師全天為上帝工作，而全職的文字佈道士也是。

這兩者之間可能只有一點不同，就是牧師限於薪資，而文字佈道士則是「自立」的傳教者。這是文字佈道士們的優勢——他們不受限於單一薪資。

納句耶瑪洋巴擔任區域牧師三年，他利用假期，成功地把基督教書籍與雜誌賣給當地人民。三年之後，他決定成為一個全職的文字佈道士。

有天他拜訪考威茲的軍事基地，向官員展示他的書籍。當他們看到歷史上統治世界的國王與將軍的插圖時，他們抓住他並問道：「你從哪裡找來這些戰爭的書？」並把他帶到總理辦公室。納句耶一點都不害怕，他默默地祈禱著：「上帝，把這些人交給我吧！」

仔細檢查書籍之後，那位長官被上帝的話語深深打動。「這是本好書。」他說。士兵們馬上變得有興趣，並買下納句耶兄弟公事包中所有書籍。他為祈禱立即獲得的回應感到感謝與歡喜。納句耶瑪洋巴持續在同一地區工作，上帝以他的成功祝福著他，不久有6人因他的工作成果受洗了。

今天的故事來自扎伊爾，讓我們為那裡的文字佈道士祈禱。美妙的事情正在發生，我們的文字佈道士在他們的佈道事業中見證了許多恩典的神蹟。有時他們遭遇困難，但他們對呼召他們的上帝有很強烈的忠心，知道祂絕對不會讓他們失敗。在上帝忠心的傳教者們完成事業的成果之下，耶穌將再臨，並有眾多的人民準備好來迎接祂。

5月/24日・故事144

帶他們過來

「你求告我，我就應允你，並將你所不知道、又大又難的事指示你。」耶利米書33：3

在南非納塔耳北方的小鎮上，住著偉克費爾德夫婦。他們正直且忠誠，他們的生命中失去某樣東西，雖然他們不知道那是什麼，但他們覺得所失去的是某種靈性特質。但在一個充滿疑惑、怨恨、偏見的世界中，他們該到哪裡尋求幫助？

史密特家也住在同一個鎮上，他們的家庭由夫婦與兩個小孩所組成。蘿莉史密特太太是一位文字佈道士，她是位虔誠的基督教徒，是上帝奉獻的孩子，一位忠心的靈魂救贖者。聖靈帶領蘿莉來到偉克費爾德家裡。在她短暫的拜訪中，她觀察到他們對於靈修的興趣，以及他們正在尋找教會所無法提供的事物。她打開公事包，讓偉克費爾德夫婦看看《歷代願望》、《聖經故事》與《好兒童故事集》。他們馬上表現興趣，並在蘿莉詢問是否訂購時，毫不遲疑地把書買下。她與他們一同祈禱，為上帝的真理又進入一個家庭而愉悦地離開。

繼第一次拜訪後，蘿莉再度拜訪偉克費爾德家庭，看看他們多麼喜歡那些書籍；她知道他們是真理的追尋者。之後，蘿莉在教會裡主持了一個啟示錄研討會，並邀請偉克費爾德夫婦參加，但他們沒有出席。她相當沮喪，但是一位好的文字佈道士絕不會因事情而失望。她為此事祈禱，並忽然間有個想法，要在偉克費爾德家中舉辦一個相同的研討會。偉克費爾德夫婦從啟示錄研討會學到許多事，由於聽眾很少，他們可以自由發問，並得到更詳盡的解答。一切都很順利，蘿莉知道生靈的敵人不會輕易離開，他會盡己所能阻止這些珍貴的靈魂接受上帝的真理。更糟糕的是，偉克費爾德夫婦在啟示錄研討會之後就外出度假了，他們的家人與朋友可能會説服他們不要接受上帝的真理。偉克費爾德夫婦返家後，蘿莉想去拜訪他們，又擔心他們會告訴她説，他們已完全失去興趣，決定留在原處並過著以往的生活。

當他們打電話給蘿莉要求受洗時，蘿莉感到極大的歡喜。他們接受了更多聖經課程，之後也受洗成為復臨信徒。蘿莉很高興自己是一位文字佈道士，能為耶穌贏取靈魂。

5月/25日・故事145

坦尚尼亞開啟新的行業

「耶和華是我的巖石，我的山寨，我的救主，我的上帝，我的磐石，我所投靠的。他是我的盾牌，是拯救我的角，是我的高台。」

詩篇18：2

基督復臨安息日會的真理首先在坦尚尼亞的村落中傳開，當時城市裡並沒有教會。而後，出版主管看到了一個遠景，感覺上帝需要贏取城市與村莊裡的靈魂，因此在1960年，兩位文字佈道士，密歇圖兄弟與穆吉尼兄弟前往了三蘭港。他們推銷一些書給其他人及穆薩賓穆薩，他讀了之後改變信仰，是三蘭港第一個改變信仰的人。現在，那城市已有27間教堂。

多年前，聯合委員會決定開啟坦尚尼亞的事工，在令人卻步的回教地區，有位熱誠的文字佈道士，路克瓦拉兄弟，被派到那裡工作。他在那裡販賣上帝的書籍並與人們共同祈禱，三年之後他離開了。後續的工作獲得成果，有27個靈魂接受耶穌成為救世主並受洗。

在新進文字佈道士訓練學校中，共有47人出席，他們大部分是從其他新教與天主教改宗，其中有一個叫做蘿斯的女孩。蘿斯出生於天主教家庭，當她長大後，發現天主教不是正確的宗教，因此她加入了另一個教會。

某天兩位文字佈道士拜訪蘿斯，並賣給她一本名為《Ukweli wa Leo》有關安息日的特刊。她讀著關於安息日的信息，她感到相當疑惑並馬上決定把雜誌燒掉。3天後，她的意識又阻止她毀掉那本雜誌，弄得她無法入眠。最後，她決定到山裡祈禱，並尋找人生的方向；她要求上帝對她顯示真實的安息日。

她在禱告中說，若星期六是安息日的話，請上帝讓她再度見到那兩位賣雜誌給她的文字佈道士。這就是她要求的跡象。當她回到家，發現兩位文字佈道士正在等她。她興奮地發抖，並讚美上帝以這樣非凡的方式回應她的祈禱。蘿斯開始與大家分享她的故事，她加入教會，並在受洗之後成為文字佈道士。短短的幾年內，她帶了17個人到教堂去，其中有12人已受洗。

坦尚尼亞的文字佈道士們，正為上帝的王國尋找靈魂而前往許多未進之地。近來，3,280人受洗了，全是讀了我們真理書籍的成果。為這靈魂的豐收而感謝上帝！

今天為所有在坦尚尼亞的文字佈道士們而祈禱。在你的禱告中，與他們共同為從事上帝事業獲得的眾多祝福而感受喜悅。他們的工作並不容易，障礙重重，但他們是上帝的文字佈道工作中，堅定、奉獻與熱誠的工作者。

5月/26日・故事146

透過祈禱的奇蹟

「所以我告訴你們，凡你們禱告祈求的，無論是什麼，只要信是得著的，就必得著。」馬可福音11：24

文字佈道士喜歡與人們一起祈禱，他們發現幾乎每個人都對禱文覺得感激，也發現對於那些他所拜訪、講述上帝與上帝真理的對象，往往是祈禱開啟了他們的心靈。祈禱的確會改變事情——常常都會。它改變人的態度、柔軟人的心靈，並聯繫人類與天堂。天堂中的天使一定常常覺得納悶，我們為什麼不多多使用這個美妙的方式，好跟天堂的父溝通。

智利南部的文字佈道士奧斯瑪賈斯曼，決定在他送書的時候與每一位顧客祈禱。某天早上他開始送書，第一站是醫師診所。考慮到醫師的時間，奧斯瑪送完書後很快地就離開。但他在送書給下一位顧客時，想起了他沒有和醫師一起祈禱。他繼續工作，但意識不停阻擾他。回到家之前，他還在衡量著是否要回去與醫師一同祈禱。最後他決定必須前往。當他到達診所時，並沒有病患候診，因此秘書馬上就讓他進去。他對醫生說：「我回來是因為我忘了一件事。我忘了與你一起祈禱，因此我趕回這裡。」醫師同意了，他們就一起祈禱。

文字佈道士為三件事祈禱：第一，他請求上帝祝福這位醫生的事業；第二，他為醫生家人的幸福而祈禱；第三，他請求上帝在這醫生閱讀聖經的時候，讓他的生活安適。祈禱過後，醫生眼中充滿淚水地說：「決定回到這裡的人不是你，而是上帝派你來的。」他開始述說他的問題：他背叛了妻子，整個家庭陷入混亂。他深信上帝派這位年輕人來為他祈禱。

文字佈道士奧斯瑪賈斯曼邀醫生查經，並把他介紹給牧師。在牧師拜訪了他們家庭後，醫師與他的妻子復合了，家人都準備受洗。這全都是一段祈禱所開啟的，是另一個透過祈禱而來的主的奇蹟！

「我們若謙虛誠信地俯伏在上帝的腳前，祂不久就必為我們施行大事了。……不久在一日之內必有成千以上的人悔改，其中大半的人，若追溯其初次信道之經過，可知是由閱讀本會的書報而來。（懷愛倫，《文字佈道指南》118－119頁）

5月/27日・故事147

真理繼續前行

「眾人聽見這話，覺得扎心，就對彼得和其餘的使徒說：『弟兄們，我們當怎樣行？』」使徒行傳2：37

一位泰國的文字佈道士聽說，在一個名為Kongjiem偏遠村莊中有一群人，他們守著第七天的安息日，卻不是基督復臨安息日會的成員。某個安息日，這位文字佈道士帶著一位牧師去拜訪這個教會。文字佈道士被要求發言，他講述第七天的安息日，並上了一堂聖經課程。那些人都有興趣，就要求他在下一個安息日也對他們講道。當文字佈道士再次造訪這個教會時，發現教會裡擠滿了人。在他佈道後，他要求願意加入基督復臨安息日會的人舉起手來，有超過60人都舉起手。之後，由兩位負責泰國傳道的牧師，蘭西特牧師與曼牧師，開設一系列的受洗課程，共有40人受洗。

同一位文字佈道士帶著一位夥伴到學校拜訪。校長買下了許多醫學叢書，並對於展示的宗教、藥物、吸菸、喝酒相關的雜誌相當有興趣。文字佈道士詢問校長，是否可以在下次拜訪時，讓學生看看有關吸菸危害健康的錄影帶。他們約好時間，而當文字佈道士再訪時，發現大廳中滿是有興趣的學生，他們必須播放兩次錄影帶，才能讓所有人都看到。而每次播放完畢，就有許多學生報名聖經預言課程。

校長被邀請到最近的基督復臨安息日會的教會。她去見了牧師，不久後開始研讀聖經。而她也為學生要求聖經課程。牧師就到學校教導學生聖經的課程。全校300名學生都一致研習聖經，短短幾個月後，就有250名學生完成這項課程。校長及5名學生都受洗成為基督復臨安息日會的成員。

泰國是個佛教國家。在兩個世紀之交，一位文字佈道士開始這項工作；當時的教會沒有醫院、沒有學校，也沒有教堂。而現在我們在泰國有兩間醫院、一些初級學校、一所高等院校、一所學院，以及超過10,000名的教會成員。過去幾年有9位原本是守星期日的教會牧師，都變成基督復臨安息日會的成員。

恩典的神蹟？沒錯！文字佈道士一邊帶著神聖書頁散播福音，一邊看著恩典的神蹟上演。

5月/28日・故事148

高尚的呼召

「你們不可有人因此種工作很辛苦，及需要光陰及精神，便以為自己不能參加之。如果這種工作需要光陰，就當甘心樂意獻上，上帝的福氣就要降在你們身上。」《評閱宣報》1880年4月1日

塔烏藍兄弟原本是東印尼的計程車司機，收入足夠妻子與4個小孩的家庭生活，原先事情一切順利，且讓我們聽聽塔烏藍兄弟的故事：

「1980年，我妻子病得很重而被送到醫院。她躺在病床上對我說：『很多事情都與上帝的事工有關，如參加教會活動、拜訪、見證等等，但我連祈禱都沒辦法。』我試著安慰她說：『我們現在納獻什一、捐獻，都是在參與上帝的事工。』但她不同意這種想法。她承諾等她恢復健康後，她將為上帝服務，並希望從事文字佈道工作。在她好轉之後，醫生建議她必須調養生息半年。某天晚上她把我叫起來祈禱，並承諾自己會成為文字佈道士。在她完全康復之前，便與一位朋友加入文字佈道工作，並歡喜於為上帝動工。她享受著成功並要求我加入，但我拒絕了。我覺得推銷書籍對我來說並不簡單。

「某天，我的老闆要搬到別地方去，並把計程車給賣掉，我也沒了工作。不久我找到另一位老闆，為他開計程車，但他也把車賣了搬到別處。這讓我慎重思考上帝對我的計畫；難道上帝要我離開計程車的行業，成為文字佈道士嗎？於是我加入了文字佈道士的行列，妻子與我一起工作。某段期間遭遇許多障礙讓我曾想要放棄，敵人正盡力讓我遠離；但妻子與出版社幹事鼓勵我，並為我祈求上帝的幫助。如今，我感謝上帝對我家人的祝福。我和妻子依然在從事這項神聖工作。我們沒有其他收入，唯一的來源就是文字佈道工作，但我們有能力讓孩子完成學業並提供他們的需求。我們承諾：『一日為文字佈道士，終身就是文字佈道士。』」

這是多年前的故事，依然可以看到上帝指引生命的鼓舞。今天我們為東印尼忠誠的文字佈道士祈禱。在他們工作的地方，大部分的人都不是基督徒，必須擁有對上帝奉獻的義務以及強大的信心才能維持忠心。為他們而祈禱。

黑皮書帶來的轉變

「我不以福音為恥；這福音本是上帝的大能。」羅馬書1：16

丹提羅密歐先生是南菲律賓部落的首領。某天有人敲門拜訪時，他正和家人激烈爭執。開門後看到的是一位自稱麥可加拉賓的學生，為賺取學費而工作。那位首領正為剛才的爭執而在氣頭上，因此當麥可說明自己的訪問目的時，羅密歐先生不加思索地吼說：「你說你是一個為賺學費而工作的學生，販賣的是上帝話語的書嗎？」

「那麼你說說看，」他繼續說：「你能證明聖經是上帝說的話嗎？」

上帝給了麥可當時該說的話，並給予他勇氣與力量自信地說出：「是的。我可以用聖經來證明它。」他開始連續地引用聖經原句，說明聖經的確是上帝所說的話語。麥可明白在自己敲門時，這個家庭之前的爭吵，起因是酋長兒子把一本黑色封面的書帶回家，而那本「黑皮書」就是聖經。他的父母，尤其是父親很不喜歡兒子與宗教有所牽連；羅密歐先生決定阻止兒子把「黑皮書」帶回家中。麥可對於聖經的知識令首領非常感動，他決定向麥可買一本書來看看黑皮書內到底有什麼美好的事。麥可把一本《研讀聖經更容易》（Bible Study Made Easy）賣給羅密歐先生。

在全家人閱讀這本書並從中學習後，他們愈來愈有興趣。他們向牧師要求聖經課程，不久，所有家人都受洗為基督復臨安息日會的教友。黑皮書中具有意想不到的力量！

文字佈道士前往上帝派他們去的地方，去尋找孤單的人、憎恨的人，以及如這位首領一樣憤怒的人，並透過上帝書籍把救世的喜悅帶給他們。許多文字佈道士有機會與人們談論他們最好的朋友，以及與祂之間的關係。

「青年人所能得的最佳教育，就是參加文字佈道挨家挨戶作工。在這工作上，他們有機會向人傳述生命之道。」（懷愛倫，《文字佈道指南》25頁）

讓我們今天為所有在學校放假期間，從事學生文字佈道士工作的數千位學生祈禱。在他們帶著充滿真理的書籍到各家庭拜訪時，他們也同時創造恩典的神蹟。

5月/30日．故事150

得救救人

「所以你們當知道，上帝這救恩，如今傳給外邦人，他們也必聽受。」使徒行傳28：28

凱倫強納生要告訴我們上帝如何呼召她成為文字佈道士。讓我們來聽聽她的故事：

「我住在加州的科斯塔梅莎市，現在是個文字佈道士，想與大家分享上帝是如何呼召我從事這項工作的。過去十年，我是基督復臨安息日會的醫療秘書。當時，我從事的推銷工作成績相當不錯。成為信仰安息日會的基督徒後，我深受感動，想要再度從事推銷工作，並成為文字佈道士；但我還是繼續做我的醫療秘書，每當我出席教會的福音佈道會時，可以感覺到上帝想要把我拉進這個行業的力量，但當時我的信仰還未夠強烈到讓我可以下定決心。我繼續將這件事擺在一旁。

「後來，教會又舉辦福音佈道會。當我那天早上開車到停車場時，我受到感動，低下頭祈禱：『父啊，你知道我每次聽到文字佈道士談話時的感覺，我覺得我應該從事這項工作。我想要確定是你讓我如此感動，若你覺得我應該這麼做，請你今天派兩個人告訴我。阿們。』

11點時，總會出版部門的經理路迪漢寧長老向我們述說福音，如同往常一般地鼓舞人心。而驚喜就在佈道會結束後馬上來臨。我在走廊上與朋友說話，這時洽克戴福森長老走向我並說：『妳應該成為一個文字佈道士。』他接著感謝我所主持的安息日學課程。他說他在安息日學課程深受感動，覺得我應該從事這項工作；我覺得這件事很有意義。當我們正交談時，漢寧長老也走過來說：『妳應該成為一個文字佈道士。』所以有兩個人直接地對我說，我應該成為文字佈道士！接著我把我的祈禱告訴戴福森長老，他說：『那麼，這似乎是上帝回應了妳的禱告。』

我為上帝的領導而讚美主！我已經獲得許多很好的經驗。有位女士和她的三個小孩已經開始到教會裡來，上帝的時機真是完美！榮耀歸與上帝！」

今天我們為北美州所有的文字佈道士祈禱。祈禱更多的人加入他們的行列，在這廣大的陸地上為眾多人們種下福音的種子。

徹底的轉變

「凡信他的人必不至於羞愧。」羅馬書10：11

來自麻薩諸塞州烏斯特的伯爾納德夏柏特，告訴我們以下的經歷：

「不久以前我收到年輕夫婦寄來會談紀錄卡，要求家庭人生系列的資訊。在我費了一些心力找到他們後，他們熱誠歡迎我；我們建立起友誼，而我開始推銷書籍。我讓他們看了其他的參考資料庫，吉姆對此很有興趣，而莉恩喜歡《好兒童故事集》，覺得適合他們最小的女兒。

「莉恩對這次的碰面相當興奮，她說：『吉姆，上帝讓我們相遇、結婚，讓我們重回教堂，現在又領著伯爾納德來對我們展示這些美麗的書籍，你不覺得很美妙嗎？』而他們買下了所有的書籍！但最令人興奮得就是，在他們收到書後吉姆只花了三週就讀完了《歷代願望》與《上帝的愛得勝了》（The Triumph of God’s Love），並在每個安息日都來到諾斯博洛的教會。讚美主！

「依芙斯羅柏茲牧師當時舉行啟示錄研討會，將我的5位顧客帶到美妙真理之前，包含吉姆與莉恩；他們出席研討會並準備受洗。

「不久在一日之內必有成千以上的人悔改，其中大半的人，若追溯其初次信道之經過，可知是由閱讀本會的書報而來。」（懷愛倫，《文字佈道指南》118－119頁）

「不久，當我在諾斯博洛教會佈道，呼召大家從事文字佈道工作時，吉姆站起來說：『派我去吧！』自從吉姆與莉恩擁有新發現的愛與真理，他們就在烏斯特區域傳播著書籍；他們將信仰與家人、朋友分享，甚至是他們之前的牧師。他們發放福音小冊與單張。我們需要更多像吉姆與莉恩一般的工作者。

「我一直感激上帝呼召我加入文字事奉的事業。這是我最大的喜悅與愛，不只是與耶穌同行，還可以與眾多麻州烏斯特的靈魂分享祂永恆的愛，以及祂的再臨。我期待上帝親自臨在，因我們在祂的光榮榮耀之下，分享受祝福的佈道事業結實纍纍的成果，而等到豐收的那一天。」

當文字佈道士看到靈魂找到上帝，他們的心中就充滿無比的喜悅；每當有靈魂轉向真理，天堂也將充滿至高的歡愉。

6月/1日・故事152

回教徒身上的奇蹟

「在盼望中要喜樂，在患難中要忍耐，禱告要恆切。」羅馬書12：12

戴爾湯瑪士牧師告訴我們，上帝如何在非洲賴比瑞亞的回教徒身上展現奇蹟。這經驗再度證實，無論情況或個人信仰為何，上帝總是會找到追尋著真理的誠摯靈魂。

瑪格那斯 S. 凱隆是一位服務於全球保險公司的回教徒，該公司位在賴比瑞亞的蒙蘿維亞。除了這份收入之外，他也在同區域的美國大使館兼差。瑪格那斯的夥伴德懷特巴奈斯是基督徒。回教的瑪格那斯與基督教的德懷特成為朋友，因為他們在同一個公司上班，也都來自於鄰近的西非國家——獅子山共和國。每當瑪格那斯遇上困難，他就向基督教朋友德懷特傾訴，而德懷特總是為瑪格那斯祈禱。瑪格那斯對於德懷特祈禱的方式相當好奇，聽起來就像在跟一位很熟悉的好友說話；這激起了瑪格那斯的興趣，想要更了解基督教。

某天瑪格那斯拜訪城裡的安息日會區會，詢問信仰與教義。在會長夫人高登女士的幫助之下，瑪格那斯很快就喜歡上先知預言的課程。他也和朋友德懷特一同研習這項課程。這兩位好友一起出席啟示錄研討會，並都因此深信真理而受洗。當地的出版經理 K. 穆天柏瓦弟兄，邀請這兩位朋友運用天分推銷福音書籍，為人們準備永恆的生命，而不要只為現存的世界推銷保險。他們曾向當地的文字佈道士買過一些書發現，即使他們教育背景不高，都相當謙遜、真誠而奉獻。他們詢問穆天柏瓦弟兄為何不僱用資格更佳、教育更優秀、更具代表性的工作者。他們的答覆一定使他們感到認同，因為不久後他們都辭職了，成為全職的文字佈道士。他們參加穆天柏瓦兄弟所主持的福音傳道會，為上帝的國度贏取靈魂這項重要的工作而準備。

這又是一個恩典的神蹟。上帝以神奇的方式接觸著無神論者、回教徒、基督徒，接觸著大家。

「從上帝的懷抱中走失的羊群四散各處，而對付他們所需做的，就是忽視他們。從賜給我的光明中，我知道原野上有1位勸誘人的地方，應有100人。」（懷愛倫，《教會證言》卷六，原文315頁）。

每天都發生奇蹟

「因為我們是與上帝同工的。你們是上帝所耕種的田地，所建造的房屋。」哥林多前書3：9

瑪莉皮爾斯的先生是位牧師。今天的文章中，瑪莉要告訴我們她為上帝擔任文字佈道士而受到許多賜福。

「你曾想過你可以更投入福音事業、時間更加彈性，孩子們參與妳的佈道計畫中，另外還增加家庭的收入嗎？我從沒想過我會被呼召為文字佈道士，但幾個月前，當我聽著別人講述經驗時，聖靈對我說話。而現在，我每週趁孩子在學校時，運用下午的時間從事佈道事業。孩子們蓋章並折疊說明手冊、組裝展示盒來幫我準備宣傳品；我賣書的工作成了我們共同的任務。他們為我的成功祈禱，並迫不及待地想聽聽我拜訪家庭的經過。聽到人家說：『我們非常感謝妳到我們家裡來。』時，我的心情總是相當興奮而激動。

通常，我的作法是跟著會談紀錄卡拜訪，但有時我不用卡片，挨家挨戶地訪問。即使如此，我發現大家很快地就認出我們的書籍，因為我們普遍地在醫師診所裡放著展示品。就算有人沒有辦法購買書籍，我們依然交談得很愉快並共同祈禱。對於每一戶所拜訪的家庭，我都會留給他們一本小手冊，或是平裝版的《歷代願望》與《善惡之爭》。若有人不邀請我進入家中，他們還是會得到一個微笑以及免費贈書。仁慈的種子最後一定會開花結果。

許多家庭都說：『請再回來看看我們。』這讓我成為全職的拜訪者。一位女士邀請我參加聖經研習會。另一位女士離開過去的環境，並為自己兒子建立起更好的氣氛；當她填寫訂購單時，看到有一欄要求填寫朋友的資料，她遲疑並悲傷地說：『我沒有朋友。』有位女士有一張從未投遞的回覆卡，我拜訪了她們家，要找另一個人；而當她看到我展示的產品之後，她邀請我入內，並買了兩套《聖經故事》。所有的可能性是如此的神奇！無論是全職或兼職，文字佈道工作都賜福給買書與賣書的人。這項工作並非輕而易舉，有時我還是不敢相信我已從事這項行業。擔任文字佈道士使我與先生的佈道事業共同合作，讓我可以按照家庭步調來調整時間，並在見證時獲得收入的機會。我每天都看著奇蹟上演。」」

「此項工作之重要與傳道的工作完全相等。傳道人及無聲之使者，都是我們完成當前大工所必需的。」（懷愛倫，《文字佈道指南》6頁）

沉默的訪客

「因為上帝的國不在乎言語，乃在乎權能。」哥林多前書4：20

菲律賓人帕茲瑪卡朵告訴我們，身為文字佈道士的非凡經歷。她從菲律賓移民到加州，發生了今天要說的故事。讓我們來聽她說：

「某天傍晚，我決定去拜訪一些老客戶，因此想起諾瑪烏邦金。諾瑪也是位菲律賓人，住在加州的匹克里維拉市。當我抵達她家時已將近9點了。諾瑪親切指著客廳一旁的兩張椅子，要我坐下。在交談中，我發現諾瑪許多有趣的地方。諾瑪問起我的事業，我把以前《歷代願望》的聖經參考資料庫介紹給她。當我展示時，發現她的表情充滿興趣，也同時注意到她時常注視著我身邊的空位，她甚至會朝那個方向微笑；我覺得很奇怪，但當時，我並沒有聯想到其他意義。

『這些都是好書，我要買下一整套。』她邊說，邊寫支票。

由於完成交易，加上時間不早了，我起身與她道別，但諾瑪還沒有忘記菲律賓的禮儀。她執起我的手要求我在離開之前用過晚餐。我婉拒吃晚餐，但接受吃點心。我們一起走進廚房，諾瑪準備了一大盤食物以及兩杯冷飲。我對她說我只有一人，但她卻宣稱：『不，妳帶著一個夥伴。我們回到客廳，好讓妳們一起享受一些提神的東西。』當我們回到客廳時，我發現諾瑪環視整個房間，最後她疑惑地說：『他一定先回到車上了。』

『不，』我說：『鑰匙在我這裡，而且現在外面已經很暗了。』然後我想起在我推銷書籍時，諾瑪頻繁注視著空位並微笑的舉動。我相信她一定在那似乎空著的椅子上，看到某個人坐在那裡。我悄聲緩緩對諾瑪說：『那位是我的天使。』她敬畏地看著我，並瞭然於心。我與她一起祈禱之後就離開了，而我的心裡正哼著歌。我的確沒有看到我的天使，但他曾經在那裡，有人看到他在我身邊，而他永遠都會在我的文字事奉人生中伴隨著我。」

「為別人的好處而勞動者，就正與天堂的天使共同工作。他們持續著恆久的合夥關係，在這永不停息的佈道事業中。」（懷愛倫，《教會證言》卷六，原文307、308頁）。

6月/4日・故事155

不善言辭的文字佈道士

「你們心裡不要憂愁。你們信上帝，也當信我。」約翰福音14：1

今天的經驗來自J. T. 克納柏，多年來他在世界各地擔任文字佈道士與出版幹事。

阿亞與三位文字佈道士朋友來到一間規模很大的銀行，拜訪其中的員工，但需要先得到銀行董事長的獲准才能進去。一位友善的秘書帶他們到董事長辦公室前。當他們進入這個豪華辦公室，看到這位和善、衣著整齊、高教育背景的董事長時，這些謙遜的文字佈道士竟然嚇呆了。他們的聲帶僵了，沒有人說得出一句話。董事長多次想讓他們說話，卻沒有成功，因此他提高聲音嚴厲地說：「你們到底是什麼人？你們沒接受過教育，也不會說話嗎？」

忽然間，有個聲音發自文字佈道士的背後，雖看不到主人，卻清楚地說：「他們是我的人，也受過良好的教育。」就在那時，文字佈道士恢復了語言能力，就開始解釋拜訪的目的。他們不但獲得董事長批准，可以訪問員工之外，董事長自己也訂了許多書籍。用這樣不尋常的方式，文字佈道士被承認是上帝的人，從事上帝的事業並受過神聖的教育。

以賽亞書54：13中我們讀到：「你的兒女都要受耶和華的教訓。」

在文字佈道工作中，我們都在天堂的學校求學；透過聖靈，上帝與耶穌基督都是我們的老師。「切莫忘記，你們是屬於上帝的，祂已用重價買了你們，祂所授託給你們的一切才能，你們必須負責交賬的。」（懷愛倫，《文字佈道指南》43頁）文字佈道士是上帝的男女。他們受託每天從早開始，在指定區域拜訪人群，向每個家庭販賣書籍；即使交易並不成功，他們的拜訪以及推銷本身對於聽者都可以是福音。上帝為出版事業認定一個特殊目的，毋庸置疑，祂正透過神聖書頁帶領著福音的傳播，就如祂其他事業上所成就的一樣。

今天讓我們為我們全世界的出版社而祈禱。我們的書籍由他們製備，每天有數千萬本裝訂成冊，並由文字佈道士帶給住在黑暗中的眾人。

6月/5日・故事156

對耶穌的執著

「於是耶穌開他們的心竅，使他們能明白聖經。」路加福音24：45

一位西班牙的學生文字佈道士提供今天的故事，告訴我們上帝如何給我們機會去見證，以及祂是如何感動人心。

「在梅洛卡行動一開始，我為自己設下一個目標。不管看到上帝過去是如何祝福我，我感到害怕與無力。幾天過去，成績進展得很慢。我開始擔心，因為我們時間有限，而目標看起來還在遠處。我不管這些就持續工作著，並相信在某處，上帝正等著賜福給我。我前往一家去年拜訪過的麵包店，店主人很喜歡那些書，礙於經濟問題他並沒買。因此我再度拜訪，並期待事情好轉。

「當我一踏進店裡，我感到有什麼東西哽在我的喉嚨，使我難以說話。我請求上帝幫助我，並且盡我所能地在櫃台向麵包師父的太太介紹我們的書籍。我一邊說著，一邊重拾自己的信心；我可以再度清楚地說話。那位女士表示有興趣，但她不想在尚未與丈夫討論之前作決定。店主人馬上認出我來，愉快地和我打招呼；但他卻告訴我今年可能還是沒辦法買書，因為他想要擴展生意，而所有的花費都不低。他負面的回答並沒有讓我放棄，我讓他知道這些書將對他自己與家人多麼有益，但他還是沒有改變主意。我確定是上帝領我到這裡來見他們，因此我繼續與他們談論這個話題。他告訴我他正在閱讀一本書，卻相當難以理解；我詢問書名，他說他在讀的是本聖經。我非常地驚訝，卻同時感到高興。我們討論著聖經，以及他閱讀過後所獲得的賜福。時間愈來愈晚，我準備道別時，他叫住我說：『你說的那些書多少錢？我該怎麼付款？』他買下了那些書！離開之前，我詢問是否可以幫他們祈禱，他驚訝地看著我說：『可是店裡常常有事要忙。』我對他說：『現在沒有客人，而且我只需要幾分鐘。』我們一起祈禱，這期間沒有人來打擾，他們相當地興奮，並要我再回去拜訪他們。那天下午，上帝教給我多麼美好的課程！有人對我們關閉心門，不讓我們進行上帝要我們從事的工作，並把各種阻礙放在路上，而我們的信仰必須去克服這些障礙。」

今天我們為西班牙所有文字佈道士祈禱，他們忠心地把上帝的福音帶給人們。願他們每個人都能意識到聖靈正引導著他們的生命。

6月/6日・故事157

上帝利用謙卑溫遜的人

「從他豐滿的恩典裡，我們都領受了，而且恩上加恩。」約翰福音1：16

尼卡查貝拉悠斯福多麼想要為上帝成為文字佈道士，他去找出版經理說明自己的願望。經理看著他，不過是一個弱小的男人，帶著厚厚的眼鏡還有一點古怪，但他可以看到他臉上的決心。出版經理對他說：「你知道嗎，悠斯福，在開始之前，你必須花7500盧安達幣（75美金）來買下第一批書籍。」悠斯福懇求說：「我失去了公家機關的工作，因為我堅持要守安息日；而且，那比我一整個月所賺的錢還要多，如果我給你這筆錢的話，我的妻子孩子要吃什麼？我們又該住在哪裡？」但悠斯福除了去找一份工作賺取第一批書錢之外，別無他法。

悠斯福在ADRA建築工地找到一份工作，開始卸貨、挑沙搬磚、拌水泥。他工作了8個月，才存夠錢付書費。他回到家鄉，開始他極度渴望從事的工作。他知道在自己的村莊裡工作並不容易，但他為那些人背負著重擔。他的父親無法理解他離開天主教教會，加入安息日教會的冒失行徑，並試著讓所有家人反對他。某次，悠斯福不願替父親製作香蕉啤酒，他父親居然拿著一把大刀破壞他的家門並攻擊他。悠斯福試著在受傷之前把那把刀奪下。他的父親到政府當局控告悠斯福是一個反政府運動的分子，官員還來調查這件事。當然，悠斯福對國家並沒有威脅性；他是一個忠實的公民。官員們沒多久就查清這件事，悠斯福又可以自由地從事文字佈道士工作，但他的父親依然在氣頭上。他想到青年中心應該是販賣書籍的好地方，但他所認為的「青年中心」已經變成「教育中心」；面對一群高教育的人，而他，只是上帝一名謙遜的僕人。他用了他唯一知道的「技巧」——祈禱。 展示結束後，官員們小聲討論，最後說：「我們想要買下你所有的書。」悠斯福被嚇呆了。他知道一位文字佈道士平均一次賣書賺得3、4美金，而他現在一口氣獲得超過88美金的交易，這比他一個月的薪水多太多了！

「你還有其他書嗎？」官員問。悠斯福因此把價目表給他們看，而他們又寫下了一張高達90美金的訂單。悠斯福心中雀躍無比！在他與父親之間的所有風暴之後，上帝在文字事奉行業中給了他一個好的開始。

6月/7日．故事158

利未夫人也需要真理

「其實聖經的話就是我作見證的！」詩篇27：14

比爾普魯依特述說他的經歷，關於上帝是如何帶領他到利未夫族的猶太人身邊。比爾的另一位客戶很喜歡他所買的書，覺得自己的朋友貝比克先生也會感興趣，因此把他介紹給比爾。

這位文字佈道士打電話訪問時，貝比克太太相當親切；她有兩個小孩，也想為他們買《聖經故事》，但他們正準備搬到安得魯空軍基地，因此她建議改天再討論可能會更好。比爾後來直接上新家拜訪，他們住在只有軍事長官的較好地段。在那扇大門前，他發現有一個猶太標誌，並寫著意第緒文字，他因此改變主意，決定只作短暫拜訪就好。他心想：猶太人幾乎不會買我們的書籍。他們在門口友善地握手，接著比爾被邀請進入客廳，開始談論靈修。貝比克與家人們都是歸信主耶穌的猶太人，相信基督是他們的救世主。貝比克太太約在5年前開始信耶穌，而在醫療中心服務的病理學家貝比克博士，則是在最近才接受耶穌為自己的救主。貝比克博士是來自利未夫族的猶太人。比爾告訴他們，他是基督復臨安息日會的信徒，也有許多相同的教條。彼此都感到很高興。這家人對於《聖經故事》相當有興趣；身為一位好的文字佈道士，比爾同時介紹《衝突的年代》（Conflict of Ages Series）系列給他們。他觀察著貝比克博士的肢體語言與表情變化，發現他有濃厚的興趣並相當專注在書本上。他們想要有家庭圖書室，並把所有介紹給他們的書都收藏。貝比克太太建議現在先買《聖經故事》就夠了。貝比克博士對這項提議沉默了一會兒，她看著他說：「你真的很想要，對不對？」他們因此買下所有的書。文字佈道士與他們一起祈禱。

在這位文字佈道士來訪後，貝比克博士收到一封來自安息日會醫師的信，邀請他前往基督復臨安息日會醫院參觀醫療設施，看看上帝的成就。上帝正領導貝比克一家人的生命，而我們祈禱他們不久將會加入上帝的教會。文字佈道士已完成他的工作，接下來，聖靈會繼續指引他們前往上帝認為他們該去的地方。這不是故事的結局——我們可能要到耶穌再臨時才知道尾聲。

6月/8日・故事159

神父與文字佈道士

「凡因你們是屬基督，給你們一杯水喝的，我實在告訴你們，他不能不得賞賜。」馬可福音9：41

上帝的靈魂以最美妙的方式工作，而我們往往無法理解。一位天主教神父有可能對於文字佈道工作充滿興趣，急切於福音的傳播，而提供一位文字佈道士交通工具，好讓他工作進度快一點嗎？這些事情都發生在菲律賓米沙鄢，一位文字佈道士的身上。

有位公共汽車駕駛班加碼，加入文字佈道工作；他的熱誠反應在他週末的活動上，很明顯地，上帝正引導著他的生命。他樂於為上帝成為文字佈道士，這些都展現在他的臉上。成為文字佈道士4個月後，他搬到Matalom的小木屋，一位面貌秀麗的女士為他帶路。班在這裡遇見神父多明，他是位天主教神父，一開始他似乎不打算注意班的存在，不想與基督復臨安息日會文字佈道士的賣書工作有所關聯。然而沒有人可以忽略一位熱心奉獻的文字佈道士太久。多明神父繼續忽視班，直到某天，班讓這位神父看看由馬尼拉大教主辛海美對《聖經故事》的推薦，多明神父很震驚卻也很感興趣，由於他喜歡對健康有益的書籍，因此買下了《香草的美妙療效》。

在頻繁的拜訪下，他們成為親密朋友，有時會一起上街。知道他們的鎮民都說他們是「同行的天主教神父與安息日會神父」。多明神父意識到文字佈道工作的迫切性，某天他對班說：「班，我很感激你所從事的工作，我知道這是急切的任務，因此我希望你能用我的豐田吉普車與川崎機車，任何時候都歡迎。」班很感激能借用機車。他每個星期日早上都去借車，一星期都騎著它，把上帝的書帶到每戶人家裡，並且忠實地在星期五下午把車送還。他婉謝在參加安息日活動時使用機車。多明神父依然希望他的吉普車能在班的工作上派上用場，因此他以低價賣給了班的出版助理。這位神父決定讓他的吉普車在文字佈道工作上發揮功效，而他的夢想實現了。

可能有天這位神父可以找到前往上帝教會的途徑，並發現自己正在文字佈道工作上為上帝服務，但是誰能預料呢？我們會因為一位天主教神父協助傳福音而驚訝嗎？不，我們不應如此。全世界都發生著恩典的神蹟，上帝正運用著甚至還不是基督徒的人來實現他的目的。無論我們存在與否，上帝都將成就他的事業。

6月/9日・故事160

不要讓任何人輕視你的年輕

「別讓人小看你年輕。無論在言語、行為、愛心、信心，和純潔各方面，都要作信徒的榜樣。」提摩太前書4：12

世界上許多就讀我們學校和學院的學生，都在假期擔任學生文字佈道士。那不只讓他們賺取學費，也是為耶穌成為見證人的機會。他們通常有許多的經驗談，而今天的故事，就是兩位學生文字佈道士要告訴我們，他們在文字佈道工作上的感動。

普里斯頓漢帝告訴我們他在某個暑假中，擔任文字佈道士的成果。他說：「當我想起過去暑假，以及我在文字佈道工作上的成功時，我都想起我多次對上帝說話，要求祂給我智慧與力量。並想到我看到自己缺點與軟弱，而多次把生命重新獻給祂；我還想到我念著上帝話語的歡樂時刻，讀著聖經的原文：『我靠著那加給我力量的，凡事都能作。』，還有『你們祈求就給你們，尋找就尋見，叩門就給你們開門。』 我的目標很高，只有藉著上帝的幫助才能完成。在每扇門前敲門時，我就會祈禱，請求上帝給我智慧與祝福。，而上帝回應了我的祈禱。祂使祝福降臨，讓我常常完成交易，或是能與某人分享我的信仰與祈禱。」

莉茲克魯斯第一次擔任學生文字佈道士，她說：「我在暑假開始，對於文字佈道士這項新工作非常興奮，想著：能為上帝工作並同時賺取學費，是多麼榮耀的一件事。第一天我獨自外出，但並沒有什麼斬獲，使我有一些沮喪。我打電話給祖母，她以前也是文字佈道士，並且幾乎『把她的耳朵都哭聾了』，但這依然沒有什麼幫助。那天傍晚，母親回來告訴我關於另一個學生文字佈道士的故事，說他在假期中每天從早上八點到晚上十點，忠誠地工作。每個暑假他都獲得比學費多更多。他的經驗相當感動我，因此我對自己說，莉茲，妳想要從事這項工作，但不能要求立即的回報，妳必須忠誠地工作。因此半小時後，我再度出發。我在這個夏天所賺的錢比在其他地方工作還多。不只如此，我交了許多朋友，與他們分享我的信仰，我的新目標就是走出去，與別人分享上帝及喜樂。我對上帝說，我不再擔心學費的問題；而是單純地進行佈道事工，我知道上帝會看顧我其他部分，而祂真的如此。透過這個工作，我學到更加信任我的上帝。」

今天讓我們為世界上所有的學生文字佈道士祈禱。

只要《聖經故事》

「你們務要堅固，不可搖動，常常竭力多作主工；因為知道，你們的勞苦在主裡面不是徒然的。」哥林多前書15：58

不管我們身在何處，上帝總有方法與我們接觸。有些人可能有偏見，或是生活在困難中，也可能拒絕購買上帝充滿真理的書籍，但只要他們給聖靈機會，聖靈就會為天堂拯救他們的靈魂。

某個星期日傍晚，文字佈道士羅斯湯瑪士拜訪一個天主教家庭。他們是和善的一家人——父母親，以及年齡適合閱讀《聖經故事》的孩子們。盡責的文字佈道士羅斯把所有書籍都介紹給他們，向他們展示《聖經故事》，以及《歷代願望》、《善惡之爭》等福音書籍。家長仔細看過所有書籍後，堅持他們只要購買《聖經故事》系列，羅斯開玩笑地說：「這樣會違反了我的信仰。」他們笑得很愉快，但羅斯還是沒有辦法說服他們購買那些厚厚的福音書籍。他們說：「買這些書籍將違反我們的信仰。」羅斯花了一些時間與他們談論世界的現況，以及他們應該購買那些厚書的原因。他對孩子說了許多故事，希望並祈禱著他們的家長能夠及時改變心意，買下所有書。最後他們說：「不用再說了，我們若不是只買《聖經故事》，就是都不買。」羅斯沒有辦法，只好幫他們訂了《聖經故事》系列，並報名聖經預言課程。

幾個月過後，羅斯在聖誕節時收到了一張卡片：「親愛的湯瑪士叔叔：祝你聖誕快樂。謝謝你的書籍，它為我們家帶來祝福。」又過了幾個月，某天，法戈的基督復臨安息日會牧師寫信給羅斯：「在上帝恩典之下，我在上個安息日7月26日，為詹姆士（波萊特）威爾姆女士舉行受洗儀式。他的先生威脅說要離開她；雖然他沒有這麼做，卻一直反對她的行為。我們現在祈禱並以上帝恩典巧妙地動工，希望為基督贏取他的靈魂。還記得嗎？你賣給這位女士一些書籍，並為她報名聖經預言課程。她參加課程後接受了許多賜福。在她完成該項課程，那時我得知她的名字，並為她報名「聖經禮物」課程；她很喜歡研讀聖經，並深深地愛著上帝。我想你聽到這個消息應該會很高興！」

之後，羅斯在法戈教會演說時遇見這位女士，發現她帶著喜悅的光彩，並有許多克服困難的故事。《聖經故事》是把這位女士帶往上帝與真理的一個工具，還有許多人等著被拜訪，以獲得更加了解基督的機會。讓我們為他們祈禱。

6月/11日．故事162

我們沒興趣

「因為上帝的國不在乎言語，乃在乎權能。」哥林多前書4：20

生命中面臨著生死掙扎，有兩種力量在拉鋸著；這兩種力量都對靈魂有極大興趣——一個是拯救靈魂，另一個卻是摧毀。在文字佈道士拜訪家庭，為人介紹書籍時，這樣的情形常常發生。忠心的文字佈道士學到不可放棄，因為有個靈魂正在下賭注。

文字佈道士約翰迪森佐的大膽嘗試，是聖靈用來軟化剛硬人心的方式。約翰說：「介紹卡上面寫著：『走過一條骯髒的街，經過一棟大房子』。那位男士從事送油的工作，他太太邀請我進去。她很喜歡這些書，卻想先與先生討論，這意謂所有情形都有可能發生。在幾度嘗試都不成功之下，我終於在某天傍晚的晚餐時間發現那位男士也在家中。他太太在門口對我說，她已經改變主意，不再對書有興趣，但我知道她不是認真的，因為我聽到隔壁有人粗魯地喊著：『我們沒有興趣，如果你再不離開的話，我就會從書架上取槍來攻擊你！』我馬上就離開，並知道這才是她不感興趣的原因，也知道這裡有靈魂迫切需要耶穌和祂的愛。

「過一段時間後，我要找人為我送來一些燃油，並想起那位男士，決定再去試試他。他還記得我嗎？是的，他記得，並為他的無理道歉！他要我再去拜訪，讓他看看這些書。我們拜訪他的那天，就坐在他的小辦公室裡。當我們談到最後的決定時，他的女兒放學回來，因此他問女兒是否喜歡這些書。她說：『是的，我好喜歡。』然後他又打電話給妻子，她也說她一直都很想要買。他買下了所有家庭圖書系列，並說由於自己的母親是一位傳教士，因此對聖經的研讀很感興趣。我們就為他報名聖經預言課程。之後，他又說會計師建議他可以捐款給教會以抵扣稅額；我的出版社長官建議他為收藏節捐款，他也照做了。他還為我們把「聖經故事」的宣傳摺頁寄給他900位客戶！

「因上帝的恩典，用槍趕走我的那位兇惡男士，變成了我的朋友和客戶，以及我們美好書籍的宣傳人員！」

有許多看起來對天堂不感興趣的人，事實上只是在等待某人能夠邀請他們去感受，並等待那些願意再三嘗試而且勇敢的人。千萬不要放棄！

今天讓我們花點時間，為我們居住地區中那些追尋的靈魂而祈禱。

柬埔寨

「我要照耶和華一切所賜給我們的，提起他的慈愛和美德，並他向以色列家所施的大恩；這恩是照他的憐恤和豐盛的慈愛賜給他們的。」以賽亞書63：7

柬埔寨這個國家長年背負南北戰爭與紛亂的重擔，在這多難的年代，福音正等著被傳播到這塊美麗土地上，等著被傳到超過千萬人的佛教徒心中。後來情勢改變，生活也不再難以承受；經濟出現復甦跡象，每個人都在四處尋找閱讀的書籍。

值此同時，在2000年5月組織了文字佈道計畫。被譯成當地高棉語的福音書籍並不多，儘管可用的書籍很少，仍有許多教會奉獻的人士看出這項可能性。有15個人接受挑戰，在2001年5月成為柬埔寨的文字佈道士，他們馬上開始行動。由於人們的思考固舊，使他們在剛開始幾個月的工作異常艱難；所有東西都讓人感覺昂貴，即使是1、2元美金的書也被認為價格很高。

更深層的困難，在於缺乏有經驗的人來帶領這群文字佈道士，因此部分人員被仔細地挑選出來參加訓練，執行這項目的。上帝一開始就參與了這項計畫，事情不久後就接連發生。文字佈道士除了少數的高棉書籍之外，他們還販賣英文書籍，亦有不錯的成績。不僅如此，連當地的教會牧師也面臨到一個「美好」的問題——他的教堂在星期六早上已經快要不敷使用了。新一批的文字佈道士不僅僅賣書，他們還忠心地邀請人到教堂裡。在6個月內，有115位文字佈道士的顧客開始在安息日時到教堂去。第一年結束之前，有89位珍貴的靈魂受洗，成為金邊教會忠心的成員。

在柬埔寨的文字佈道工作依然面臨挑戰，只要存在著需要被拯救的靈魂，以及需要被傳播的福音，挑戰就會一直存在。但文字佈道士有忠誠、有勇氣，並願意為上帝成就更多事情。

讓我們為柬埔寨的事工而祈禱。

6月/13日．故事164

謝謝你的祈禱

「要常常喜樂，不住的禱告，凡事謝恩，因為這是上帝在基督耶穌裡向你們所定的旨意。」帖撒羅尼迦前書5：16

我們相當感激奉獻的教堂成員為全世界文字佈道士所作的祈禱，感謝你們。但不只是教會成員，還有許多體貼、親愛的顧客都為文字佈道士而祈禱。

在奧瑞剛的比佛莉金絲剛開始擔任文字佈道士時，她相當地內向害怕。她拜訪一戶人家，有位女士邀請她進入，並花了一些時間談談彼此對於耶穌的愛；這位和善的女士買了《聖經故事》以及《在家研讀聖經》。比佛莉告訴這位女士，那天是她第一天自己出來賣書，非常高興有人那麼和善地接待她。比佛莉還為這位女士報名聖經預言課程。當比佛莉提議祈禱時，那位女士很快地回應說：「當然可以。我很樂意與妳一起祈禱，並為妳和妳的新工作祈禱。」因此他們一起祈禱，請求上帝祝福並指引她們的生命。

你能想像在兩年之後的書攤展示會上，這兩位女士再度見面時的興奮嗎？這位顧客說：「妳是比佛莉，我一直記著妳。妳還在賣那些好書嗎？」比佛莉給她肯定的答覆，這位女士接著說：「上帝回應了我們的祈禱，這是多麼美好啊。妳那天看起來嚇壞了，我也常常想起妳。我們一直都在為妳祈禱。」她們交談了一陣，談論不久後救世的來臨後，她們再度道別，或許要到上帝的國度裡才會再見。比佛莉說：「她貼心的祈禱，以及教會裡弟兄姊妹們的祈禱，在我從事這項事工時都不停給我勇氣，來面對上帝的安排。」

我們今天何不為忠心的文字佈道士熱烈地祈禱？他們是如此地需要我們的禱告。某處的文字佈道士可能今天就要遇見一個需要被帶到耶穌面前的靈魂，而生靈的敵人將會阻止他們做正確的決定；你的祈禱將會成為文字佈道士力量的泉源，讓他們堅持下去並為天堂贏取靈魂。

祈禱不是許願，祈禱不是要求；
祈禱是拜訪上帝，牽著祂的手。
——不具名

回教徒發現了上帝的真理

「你們明顯是基督的信……不是用墨寫的，乃是用永生上帝的靈寫的。」哥林多後書3：3

聖靈總有特殊的方式，帶著上帝的真理來接觸人們，通常聖靈會利用文字佈道士銷售的福音書籍，把真理的知識傳遞人們。我們今天的故事來自喀麥隆，那裡還有上千萬的人尚未體驗到救贖的喜悅；他們需要耶穌，但大多數人都不明白。

這是南北戰爭時在喀麥隆發生的事。一名回教徒擔心自己被殺，正在尋找藏身之處。他遇見一名基督徒，知道他在尋找地點避風頭，因此對他說：「到我家來吧，我會保護你。」這位基督徒與他家人把回教徒藏在衣櫃裡一段時間。在無事可作的衣櫃裡，那回教徒有許多空閒，因此他要了一些書籍來閱讀；當然，他們讓他閱讀基督教的書籍。回教徒閱讀後變得很感興趣，想要更了解耶穌的事蹟。

戰爭結束後，他終於可以自由活動，他開始逛書店，看看是否能找到關於耶穌的書籍。他偶然在耶和華見證書局發現一本書，雖然實際上不屬於那間書店，卻不知何故被展示在書架上。那是一本基督復臨安息日會的書籍，由羅伯特J.魏蘭德所寫的《為了更美好的未來》(For a Better Future)。這位回教徒從書中讀到基督與安息日的知識，並接受真理。他回去找那位把他隱藏起來的基督徒，問他說：「你知道星期六是安息日嗎？」「是的，我守安息日。」那位男士回答。這位回教徒繼續研習聖經，直到他在上帝的話語中發現所有的真理。那本書被放在不屬於它的書架上，難道是個巧合嗎？當然不是！這全是上帝的計畫，要幫助這位回教徒找到耶穌以及祂救世的福音。這是一個恩典的神蹟，你能否認嗎？

有許多許多的回教徒、佛教徒，還有其他信仰者，他們不知道要去哪裡找到耶穌。他們從來沒聽說過祂，我們該如何接近他們？我們今天難道不該為這些珍貴的靈魂而祈禱嗎？盡你所能去接觸他們，並與他們分享你在你的朋友——耶穌之中所發現的喜樂。

請記得你是基督所寫的信，不是用墨水寫成，而是以永生上帝的靈魂寫成的。讓其他人從你的生命中、態度中、與他們接待之中，閱讀到耶穌的愛。

6月/15日・故事166

未獲承認的偏見

「上帝阿，求你鑒察我，知道我的心思，試煉我，知道我的意念。看在我裡面有什麼惡行沒有，引導我走永生的道路。」

詩篇139：23、24

偏見是一件可怕的事，我們往往不確定其他人的想法或感覺，但我們「覺得」我們都懂。我們認為某些人對於聆聽真理或認識耶穌並無興趣，然後我們也不會與他們分享救世的喜悅。這是否就是教會裡許多上帝的子民不再見證的原因？

羅素湯瑪士當時與一位阿肯色一路易斯安那協會的文字佈道士一同工作，他們遇到一位相當世俗、遠離教會的安息日會姐妹，她對於他們所賣的書很有興趣。她要求他們等她有錢買書時再訪。她說：「等我先生不在家時，我會通知你們再來。如果遇到你們的話，他會粗魯的攻擊你們，因為他很討厭傳教士。」兩位文字佈道士在指定時間到達這位女士住處。她沒有出現招呼他們，反而是那位危險的先生來應門。他邀請他們進入，一開始相當冷淡，不久卻變得和善。上帝的靈魂感動他買下書籍，並報名聖經預言課程。他甚至同意參加個人的聖經研習課程。不久後，整個家庭都參加了安息日會學校，而這位「危險的」先生甚至比其他人更實在地作好接受真理的準備。天使們那天一定是把他們家庭的行程弄亂，才讓文字佈道士在適當的時機上門拜訪。

不要讓偏見阻止你把重要的朋友耶穌與其他人分享，不要相信惡魔說他對你的發言沒興趣。偶然的機遇，讓他們會因你分享了喜悅、把他們帶給耶穌而感謝你。他們也需要祂。

今天讓我們為耶穌基督的福音在我們裡面再度燃起的火焰而祈禱，如此我們將不會錯失任何告訴別人我們與祂相遇的機會。你愈與人分享祂，你從祂所得到的就愈多。為了讓我們的靈性有所成長，並與上帝維持健康的關係，我們必須採取三個步驟：

研讀——上帝的話語

祈禱——與祂聯繫

見證——告訴別人祂所為你做的事

積極的救靈者絕對不會批判，也不會遭到偏見一因他的心中充滿了愛。

沒有人可以摧毀真理

「有聲音從寶座出來說，上帝的眾僕人哪，凡敬畏他的，無論大小，都要讚美我們的上帝！」啟示錄19：5

非洲一位忠心的文字佈道士把一疊聖經預言課程報名卡放在大家容易取得的地方。他祈禱聖靈能夠帶領追尋真理的人去拿卡片報名參加。但他不知道聖靈將如何有效地運用那些卡片——或是說，那張卡片。

非洲內地教會的一位牧師發現了那疊卡片而感到不悅；他對於任何可能把民眾帶離他信仰的宗教都持有偏見。他對自己說：「如果我把那些卡片丟掉的話，它們就絕不會達成任何邪惡目的，也不會讓擁有與我相同信仰的人迷惑。」因此他把整疊卡片都拿走，決定把卡片燒了。

但上帝對於這些聖經預言課程報名卡有其他計畫。這位牧師產生了相當大的好奇心並決定報名，聽聽這個課程到底說些什麼，說不定可以幫助他說服其他人不要去報名。他馬上開始上課，像是沒有接觸過一樣研讀著聖經。在這過程中他發現了許多事物；他發現安息日的信息時幾乎立即接受了它。他花了較長的時間去接受死後世界與邪惡懲罰的真理，而他最後終於願意站在上帝子民的立場上。在一系列的聖經研讀之後，他受洗成為基督復臨安息日會的信徒。現在他走訪人們，為他們報名聖經預言課程，正是那個他曾經想要摧毀的東西。

真理無法被摧毀。若有人嘗試，就是與聖靈作對。許多人試著證明聖經是假的，或是試著摧毀上帝書籍，但最後卻發現自己對自己想要消滅的東西愈來愈有興趣。上帝的話語以及祂的真理具有力量，是無法毀損的。

今天的祈禱中，讓我們為美妙的真理而感謝天父，我們感謝祂的話語，以及祂許多的應許。我們感謝祂是我們「奇妙的策士、全能的上帝、永存之父，以及和平之子」。祂就是如此神奇，我們如此慶幸祂是我們的父。

「深哉！上帝豐富的智慧和知識！他的判斷何其難測！他的蹤跡何其難尋！誰知道主的心？誰作過他的謀士呢？誰是先給了他，使他後來償還呢？因為萬有都是本於他、倚靠他，歸於他。願榮耀歸給他，直到永遠。阿們！」（羅馬書11：33—36）

6月/17日．故事168

現代真理之路

「看哪，有報好信傳平安之人的腳登山。」那鴻書1：15

若詢問人們，為何會對上帝的真理及教會產生興趣，往往會得到有趣的答案。在這些經驗中，你通常可以看到上帝如何在一個人的生命中履行祂的目的。在某些人身上可能只需花費短暫時間，也有其他人要花幾年，甚至幾十年才會發現，上帝對他們的計畫；有些人是在尋找生命更美好事物的過程中發現，而有些人則可能在最意想不到的情況下遇見上帝。

其中，夏普一家經歷相當神奇的故事。當時，文字佈道士坎貝爾正前往阿拉斯加，他決定順道參觀黃石公園，遇見了夏普先生。夏普先生是內布拉加斯的農人，正前往加州度假；他與家人計畫旅途中路過黃石公園參觀。上帝計畫這次旅行，祂並計畫讓這兩位男士在適當的時間和地點下碰面。

不知何故，他們開始談論起上帝以及祂的美妙真理。文字佈道士坎貝爾等不及把他的新朋友介紹給耶穌，而夏普先生對於自己所聽到的事情相當感興趣，他想知道更多。這兩位渡假中的旅客都改變原先計畫，決定多停留一週，以便一起研讀聖經。夏普看到聖經、第七天安息日以及其他真理，對他來說都很新鮮；他的加州之旅變成自己的大馬士革真理之路。

夏普一家人回到東內布拉加斯之後，並沒有獨占福音；進而開始對親戚、朋友、鄰居訴說這些好消息。短期間內就組織起一間教會。夏普的三個兒子：諾曼、喬治與約翰，原本計畫參加衛理公會的研討會，爾後他們成為基督復臨安息日會的牧師，為天堂拯救靈魂。從黃石公園遇見一位文字佈道士開始，整個發展就像漣漪一樣，上帝的真理被傳到許多人手裡，而我們尚未見到最終成果。

文字佈道士坎貝爾在其中已被預備好來為他的主做見證。就像上帝所有虔敬的孩子一樣，尋找著追尋真理的靈魂，而他找到了。那麼你呢？你也準備不要等待機會而是「製造」機會來為上帝做見證了嗎？

今天為上帝讓我們能警覺到為祂見證的機會而祈禱。請求祂派來某人，讓你可以與他談論祂美妙的救世計畫——以及祂的意念。做好準備吧！

6月/18日・故事169

救靈者歐林波羅札諾

「我將我的話傳給你，用我的手影遮蔽你。」以賽亞書51：16

當我們愈來愈接近末日，我們能夠看到上帝如何利用「石頭」（未改信的人們）來傳播福音。上帝要利用我，或不必利用我來成就祂的事工。感謝上帝給我與其他人分享福音的機會。

加州的靈恩派天主教為一位文字佈道士賣書。歐林波羅札諾接到一位年輕女孩的詢問，她母親是一位靈恩禱告小組的領導者。幾經嘗試下，他獲准讓這小組成員觀看一段聖母馬利亞的影片。在這約50人的團體中，有一位神父和一位修女，令文字佈道士驚訝的是，竟有些小孩擁有破舊的《聖經故事》，後來他發現，他們把這些書作為聖經課程的課本。女孩的母親計畫與歐林波羅札諾開設聖經研讀課程，於每週四傍晚觀看一段影片後開始。這集會公佈在教會的佈告欄，並對鄰居發出1,000份傳單。

歐林波到他們家裡拜訪，許多人也買了書。他說：「這些靈恩派天主教徒就像乾海綿一樣，不停吸收靈性知識；他們對我說，之前的老師只說不做。」他們為聖經課程與書籍中獲得的許多知識而喜悅不已。歐林波安靜虔誠的祈禱深得人心，與大聲吼叫、讓人混淆的無意義禱告形成強烈的對比；上帝透過歐林波的真誠謙遜顯現出來。到年底有25位顧客受洗，這是主的神蹟。只有親愛的主可以接觸、並感動人的生命，無論他們身處何種情況。

基督的確承諾我們：「我常與你們同在，直到世界末了。」虔誠的文字佈道士，總是對於上帝所呈現的壓倒性勝利而驚異。現在還未到末日，因此上帝就像祂所承諾的一樣與你同在。繼續前進，上帝想要藉由你，以及你謙遜的精神展現恩典的神蹟。

今天我們為特殊的事物祈禱。我們祈禱天上的父，把我們所有的偏見都除去，並讓我們了解偏見將讓某些人遠離天堂。讓我們全心愛上帝，還有所有耶穌為他們而死在十字架上的人，無論他們的背景、種族、宗教，或其他。只有我們天上的父可以給這樣的愛；讓我們跳脫所有偏見，帶他們進來。若我們像敵人般盡力地事工，在上帝的國度裡收穫的靈魂將無比豐富。

你所遇到的任何人，都是天堂的候選者。

6月/19日・故事170

賣更多書，救更多靈

「有些人存疑心，你們要憐憫他們；有些人你們要從火中搶出來，搭救他們。」猶大書1：22、23

蓋瑞卡爾是一位文字佈道士。他並非一般只想要賣書賺錢的文字佈道士。蓋瑞每到一個地方、一戶人家、一間辦公室，他都尋找著靈魂。他對於每天所遇到的靈魂充滿誠摯的興趣，這些讓他相當快樂，並有許多機會與其他人分享救世的喜悅。

蓋瑞敲了一戶人家的門，一位自稱是亞伯特的男士開門迎接他，蓋瑞和他馬上就很談得來。亞伯特與他的伴侶莉恩，對於蓋瑞帶來的書很感興趣，他們訂了一些書，包括一本靈修書籍以及家庭聖經，他們協議蓋瑞每個月帶一本書給他們。隨著每個月送書，他們的友誼也漸漸加深。亞伯特與莉恩背負的重擔也對蓋瑞訴說。儘管他們知道這樣不好，卻依然住在一起，而教會也無法幫他們證婚。基於對蓋瑞的信任，他們決定問問他是否認識願意幫助他們的牧師。蓋瑞把他們介紹給當地基督復臨安息日會的麥可布朗希爾牧師，他非常樂意協助。幾週後，蓋瑞與妻子凱莉都出席了結婚典禮。亞伯特對於有人願意付出關心為他們證婚而相當愉快。婚禮上，亞伯特向蓋瑞要求受洗，蓋瑞聽到相當喜悅。麥可布朗希爾牧師知道後，問這對新婚夫婦是否願意一起研讀聖經，他們很高興地答應。

幾個月後，亞伯特與莉恩受洗了，這件事帶給蓋瑞心中相當大的歡愉；但之後亞伯特又宣布了讓蓋瑞更高興的事。受洗之前他站在洗禮池前，帶著情感地宣布：「我也想要推銷宗教書籍。」幾星期之後亞伯特開始受訓，成為文字佈道士；不久，他就和最好的朋友蓋瑞一同在文字佈道工作中攜手合作。

亞伯特與莉恩的故事又是一個恩典的神蹟。不管我們在哪裡、在何種情況下，上帝會找到我們，並把我們帶到祂的身邊。祂通常利用文字佈道士找到那些背負重擔、求助無門的靈魂。而今天的故事中，蓋瑞就是那位文字佈道士。

今天這個故事來自澳洲，讓我們一起為南太平洋分部的出版社、文字佈道士與領導者祈禱。

6月/20日．故事171

上帝為我們開門

「他們在一切苦難中，他也同受苦難。並且他面前的使者拯救他們。」以賽亞書63：9

文字佈道士站在每扇門前，總是會祈禱上帝給予指引——而上帝總是樂意回應他的祈禱，但祂通常以文字佈道士意想不到的方式來回應。文字佈道士們常為上帝所使用的不尋常方式，引導他們進入難以開啟的門而深受感動。上帝所打開的「門」，往往特殊又不尋常；這也是為什麼文字佈道士的生活、工作總是豐富有趣。每戶人家每扇門，都是不同的經歷。

威爾森與約翰兩位文字佈道士在東非的基希族區域工作。他們來到一扇大門前，門口備有警衛與看門狗，很明顯是一戶富裕人家。那隻狗看起來很兇狠，警衛也粗魯地要他們離開，但是奉獻的文字佈道士們絕不會接受「不」這個回應。他們知道在這扇大門之後，有個靈魂正需要上帝的真理。東非的文字佈道士，像威爾森與約翰，都受過拜訪家庭的訓練。威爾森說：「我們會再回來的。」當他們沿著庭院繞行時，發現屋外圍牆下有個洞。約翰建議他們鑽過那個小洞，並相信上帝將會派遣天使引開那隻狗的注意。他們對那隻狗兇狠、猙獰的臉依然印象鮮明，並知道那隻狗就在不遠處警備。

鑽過洞口後，文字佈道士站起來把身上的灰塵拍去，屋內的女主人看到了他們。她友善的在後門邀請他們進入屋內。這是地方法官的住家，而友善的女士就是他的妻子。她很快就決定要買書。在她研讀書籍的內容並上了一些聖經課程之後，她希望有人能與她一同查經。在那之後沒多久，她就發現了真理，並在當地的基督復臨安息日會受洗。

再也沒有比看到與上帝疏遠的孩子，重新回到天父身邊更令人高興的事情了。文字佈道士生命中無法預知的喜樂，就是參與聖靈展現恩典的神蹟，如同今天的故事一樣。沒有比這件事更大的回饋了。

今天我們為東非的文字佈道士祈禱。他們每天都家家戶戶敲門，並走訪各行各業。他們只有一個目的，就是與那些還不知道我們好朋友——耶穌的人分享救世的喜悅，在東非仍存在著許多這樣的人。你願意為他們祈禱嗎？

今天，請與某人分享你的好朋友，耶穌。

6月/**21**日・故事172

不要害怕

「雅各啊，創造你的耶和華，以色列啊，造成你的那位，現在如此說：你不要害怕！因為我救贖了你。我曾提你的名召你，你是屬我的。你從水中經過，我必與你同在；你趟過江河，水不漫過你；你從火中行過，必不被燒，火焰也不著在你身上。」以賽亞書43：1、2

恐懼是一件可怕的事，它讓一個人看到、思考不正確的事情；它把負面想法植入人心，並影響他整個生活的外貌。「恐懼」這東西會讓上帝的小孩忘記守護天使的存在，也忘記上帝的美好應許。

在菲律賓住著一個膽小的文字佈道士，他相當的內向、膽怯，有時候還會感到恐懼。他把《善惡之爭》賣給一位高大魁梧的男士，他簽下訂單預定好送書的時間。這是一本生靈的敵人不希望人們擁有的書籍。送書的日子來臨，膽小的文字佈道士前往顧客家送書。那位男士看到文字佈道士前來，就帶著收在鞘中的刀子走到牆邊等他。文字佈道士發現自己正往刀口走去，而他並不想就這樣送命。因此他轉身拔腿就跑。

高大的男士馬上理解了狀況，並開始追趕文字佈道士；他想要拿到他的書。他們追逐很久，文字佈道士發現自己居於弱勢，就停了下來。那男士上氣不接下氣地問：「你不是賣書的那個人嗎？」

他膽怯地回答：「我是。」

「你不要害怕，我只是想要書。我把錢放在刀鞘裡，這些是你的書錢。」

這本書終於安全送達，並又有一個人成為《善惡之爭》的主人；這本具備力量的書籍已經改變世上許許多多人的生命。上帝的孩子不需要害怕。他呼召我們成為祂的孩子，就會細心照料我們，無論我們身處何種情況下。祂為每個孩子都準備了一位守護天使來照顧我們，且在必要時增派援軍來保護我們不為惡魔所害。我們最重要的就是與天父維持健康的關係，祂是如此愛著我們。

今天我們為所有擁有《善惡之爭》的靈魂而祈禱。他們很多人可能都閱讀了這本書，並需要有人進一步幫助他們更了解上帝，祈禱聖靈能夠引導他們完全理解上帝的真理。而你今天也可以找個機會為耶穌送出一本書、一份傳單，千萬不要恐懼，聖靈將會照料其他事情。

希望使者

「但那等候耶和華的，必從新得力，他們必如鷹展翅上騰，他們奔跑卻不困倦，行走卻不疲乏。」以賽亞書40：31

世上的福音工人很少像文字佈道士一樣，能有許多機會帶給靈魂希望與鼓勵。難怪懷愛倫會說這項工作是由上帝所指派，並在祂的特殊控管之下。

在紐約西部，一位文字佈道士賣了一套《聖經故事》與《善惡之爭》給一戶人家。過了不久，他們要求文字佈道士到他們家裡指導他們研究聖經，他們從書中所得的知識令他們更加渴望精神食糧。他們一起研讀聖經，並在上帝的話語中發現許多真理。某個安息日下午，文字佈道士帶著家人去拜訪那戶人家，兩個家庭的孩子在街邊玩耍。不久他們聽到哭喊聲。家長急忙跑過去，發現有個小孩被汽車撞了。文字佈道士跪在受傷的小孩身旁並把他轉過來，發現那是顧客的小孩。他擔心這項悲劇將會讓那家庭受到打擊，而失去對上帝與福音的信仰。

等待救護車時，受傷的小孩沒有氣息，文字佈道士開始對那小孩施行人工呼吸。儘管做了急救，那個孩子在當天下午還是離世了。在醫院的小禮拜堂中，文字佈道士試著安慰喪失愛子的雙親。父親說：「我很慶幸我們買了那些書，我們的孩子相當喜歡《聖經故事》。」這件事過後不久，這一家人就受洗了。他們現在為耶穌再臨的盼望而喜悅，並期待他們一家人的再聚。

在所有基督徒團體中，文字佈道士們是最熱誠、喜悅的一群人。他們直接與人群接觸；他們到家庭裡祈禱、推銷世界上最好的基督教書籍與雜誌、分享免費贈閱的書，並看著人們受洗。對於那些不知道親愛上帝正等著他們走向祂的人們，文字佈道士為他們帶來希望。文字佈道士是希望的使者。

全世界都迫切地需要更多如上所述地奉獻的孩子成為文字佈道士——希望的使者。我們有許多書籍，天使也已經準備好，而靈魂正等待著。我們今天應該為聖靈祈禱，希望他們感動全世界各地男女，讓他們說：「我在這裡，派我去吧。」就像許多年前的以賽亞一樣。

除了你的手、腳以及你的口之外，上帝沒有其他的管道可以為這病態的世界帶來希望的福音。

6月/23日・故事174

對書籍的感謝

「早晨要撒你的種，晚上也不要歇你的手，因為你不知道那一樣發旺；或是早撒的，或是晚撒的，或是兩樣都好。」傳道書11：6

上帝給予祂的子民珍貴的書籍與雜誌，讓他們在這個世界上傳播福音。許多人珍惜這些信息，毫無疑惑地對大眾訴說。以下的見證是來自一些珍愛上帝書籍的人，他們的書籍都是購自文字佈道士。

「我妻子與我用《聖經故事》、《好兒童故事集》來說故事給孩子們聽，他們三個現在都是熱誠奉獻的基督徒青年。我不只衷心推薦這些書籍，並覺得家長們若不讓聖靈教育那些年輕生命，將嚴重剝奪孩子們的權益。沒有其他事物比讓家長『無法負擔孩子的需求』還重要，除非閱讀刊物中有比永恆的靈魂更高價的東西。」

「你誠摯的朋友……」路易斯迪那尼收到一封顧客所寫的信，她購買了價值400美金的書。她說：「我相當喜歡我的書，並想讓你知道，就算有人出價5,000美金，我也不會把書賣掉。」她說到做到，並又再買了200美金的書籍。這位熱誠的顧客最後說：「我希望能有時間去向全世界的家長們述說這些書籍有多美好。」

若顧客是一群快樂的小孩，他們所說的話將更加鼓舞士氣。一位小男生聽著文字佈道士販賣書籍，就對自己父親說：「如果你買這些書給我的話，我會忘記你說要買單車給我的承諾。」另一個小男孩則對父親說：「我會賣掉我的狗，來幫你買這些書。」另一些孩子還對家長說：「在書款付清之前，我們可以不吃糖果、棒棒糖，還有冰淇淋。」有位母親為自己沒有早一點購買書籍而後悔。她聽過推薦展示之後，還是決定不購買。幾個月後她打電話給文字佈道士說：「請盡快把那些成長教育書籍帶給我們；我似乎拖太久了，我兒子今天早上還因此生氣而踢我。」還有其他的家長寫給文字佈道士說：「我的小女兒今天祈禱說：『親愛的天父，請保佑那位帶書來給我們的先生』。」

上帝為了一個特定的原因，讓這些神聖書頁得以發展。這顯現出上帝傳播到世界各地的永恆福音，必須以一種比口傳方式更持久的方法保留下來。

今天我們為文字佈道工作以偉大的方式，對全世界傳播福音中所扮演的重要角色而祈禱。

耶穌是特殊的

「上帝既在古時藉著眾先知多次多方地曉諭列祖，就在這末世藉著他兒子曉諭我們；又早已立他為承受萬有的，也曾藉著他創造諸世界。」希伯來書1：1、2

我最喜歡的作者對我說，只要耶穌的名字在對話中被提及，天堂的天使就會溫柔地接近，來和緩氛圍並柔軟人心。

坦尚尼亞的胡爾妲認為精裝版的《歷代願望》是本特別的書，因為它的封面是一幅精緻的基督像，不該與其他書籍一起隱藏在公事包中。某天她走在街上，一手提著公事包，一手抱著那本書，好讓大家可以看到精美封面上的耶穌。一位非基督徒的亞洲女性叫住她並問道：「妳在賣那本書嗎？」「是的，」胡爾妲回答。那位女士簡短說明後，當場以現金買下書。她一定正在尋找耶穌。來自世界各地的故事都訴說著，對於那些美好書籍中的真理類似的渴望。愛爾蘭天主教的修女對學生講述《好兒童故事集》；墨西哥兩位文字佈道士在某個夏天接觸25位天主教神父，並把書籍賣給其中23人。天主教神父也渴望上帝的話語。除了天主教、馬丁路德派的信徒，五旬節派的朋友也準備好要幫助我們賣書。紐西蘭南部的蘭斯歐奈爾就遇到這樣一個家庭，並賣給他們幾套書籍。男主人給他另一位五旬節派朋友的聯絡方式，覺得他也會有興趣；蘭斯拜訪他之後，又賣出了一套書籍。現在他把他的基督複臨安息日會書籍帶到主日學展示。上帝感動許多非復臨教會的牧師，來與我們的福音傳播者合作。波多黎各的拉爾皮里茲講述他如何對一位新教教會推銷書籍，而該教會是著名的真理拒收團體。那裡的牧師向大家介紹拉爾是一位復臨信徒，並推薦《聖經故事》這本書；他後來還與拉爾一起上門拜訪，鼓勵人們購買書籍。

當然，不是每個人都會完全接受文字佈道士，有許多宗教領袖都試圖打擊這些福音使者。但千萬要記住，基督與我們同在的應許永遠有效，無論人們會不會接受我們。遭受拒絕的並不是我們——而是基督本身，但祂與我們同在。理解此事的文字佈道士將從沮喪中得到釋放，並可以繼續走到下一戶人家，相信每個經驗都會獲得珍貴的寶物，並一定會找到那些大牧者急於尋獲的遺失羊群。

今天我們為全世界所有正在尋找耶穌的人們而祈禱，他們正急切等候著某人把他們介紹給祂。你今天願意把他們介紹給你的朋友耶穌嗎？

6月/25日・故事176

高尚的工作

「故此，我見人莫強如在他經營的事上喜樂，因為這是他的分。他身後的事誰能使他回來得見呢？」傳道書3：22

盧安達一位勤奮年輕的文字佈道士，在他的婚禮上散發著喜悅的光芒，因為他邀請了許多具影響力的人士與政府官員來參加婚禮。大家都在問說：「這年輕人到底做了什麼，居然讓那麼多顯要人士都來參加婚禮？」

文字佈道士解釋說：「感謝上帝，我的確是很重要的人物，因為我正在從事世界上最高尚的職業。『若有一種工作比別的任何工作更重要，那就是向公眾推銷本會的印刷品而引導他們查考聖經了。」（懷愛倫，《教會證言》卷四，原文390頁〕如你所見，我把書賣了那些人，而他們也成為我的朋友。」

東非忠誠的文字佈道士帶著福音走在「康莊大道」。其中有一位文字佈道士被總理朱利葉斯尼雷爾的想法深深打動。有一次在某項政府計畫開幕的重大集會上，總理說：「我們當中有一群人相當關心自己健康，他們不抽菸、不喝酒，遵守法律並勤奮工作，即使在星期六，他們在安息日時也不停歇。如果所有坦尚尼亞人都以他們為模範，我們國家將可以自給自足。」

我們的書籍也為肯亞的總統莫依帶來特殊感動。當東非分部的貝克勒海耶牧師被委任前去拜會總統時，他挑戰地說：「你讀過懷愛倫所寫的書籍嗎？她在多年前寫的《教育論》比今日的學校制度還創新。我們希望在協商之後能夠擁有那樣的制度。」或許這些書籍幫助了這位著名非洲總統表達他強烈的信仰：「政府無法限制宗教自由，因為宗教已是人的基本權利。」

我們的上帝要求我們「要往大路上去……」，並傳給身居要職的人。有時文字佈道士面臨這項任務的挑戰會畏縮，但為了信仰而從事此項工作的文字佈道士，都會為所獲得的經驗而興奮感動。

現在，當上帝微笑地對祂忠心的僕人說：「進來享受你主人的快樂」時，我們所擁有的只是來自未知、無限喜悅的些微徵兆。為祂的事工而奉獻我們的生命——我們如何估計如此無價的特權？

上帝的真理必須找到途徑到達領導者和教育者的手中。今天讓我們一起為這件事而祈禱吧。

在上帝的領導下（第一部分）

「我曾提你的名召你，你是屬我的。」以賽亞書43：1

所有人的靈魂對上帝來説都很重要，祂通常會以普通的方式去接近正在尋找真理的人。今天的故事中，祂使用一種直接又強力的方式來接觸一位肯亞的顯要人物。

某天半夜，有一通神祕電話把在肯亞內羅畢工作的文字佈道士莉莉安嘉路亞給吵醒，她聽到一個甜美、帶著旋律的聲音説：「請帶一本《上帝的愛得勝了》(The Triumph of God’s Love)，到Kencom大樓三樓給一位卡姆奧先生。這件事很緊急。」之後電話就斷了。第二天莉莉安來到那棟大樓，卻被告知該樓層沒有一位卡姆奧先生。她前往各樓層詢問，所有秘書都在尋找這位神祕的卡姆奧先生，最後有一位秘書來對莉莉安説：「我老闆的名字就是卡姆奧，但他實際使用另一個名字。」卡姆奧先生是政府企業的副官，不久莉莉亞就被帶到卡姆奧先生寬敞的辦公室裡。

「卡姆奧先生……」莉莉亞開口道，但他很快地打斷她：「我的名字不是卡姆奧！」她繼續説：「昨天晚上我接到一通電話，要我來辦公室拜訪你。」「不，妳不可能接到那種電話，因為我的名字不是卡姆奧；沒有人知道我的那個名字。」莉莉安打開公事包，拿出《上帝的愛得勝了》，看著卡姆奧先生的眼睛溫和地説：「上帝知道你的名字——卡姆奧。可能是一位天堂的天使打電話給我，他清楚知道你的名字。」「沒有天使那種東西。」莉莉安説：「卡姆奧先生，讓我告訴你我朋友的經驗，你就會知道天使的確存在。我朋友和我從事相同工作，但她工作的地區環境並不好。有一位女士説：『我喜歡這些書，但我只付得起一半的錢。』這時，忽然有一個陌生的男士來敲門，並被邀請入內。他説：『妳就寫訂單吧，剩下的錢我來付。』我的朋友繼續拜訪另一個家庭，而這位陌生人跟著她走。她問他：『你是誰？』他卻説：『這不重要。』在下一戶人家中也發生相同的事。有位女士想要買書但是錢卻不夠，陌生人再度説道：『我來付餘額。』而在第三戶人家又發生一樣的事。當他們兩人一起走到門外時，我朋友停下來質問：『你到底是誰？』」

若你想知道這男士是誰，請在下一篇閱讀後半的故事，然後你就會同意，上帝總是會及時運用特殊的方法來與祂的孩子們溝通。

6月/27日．故事178

在上帝的領導下（第二部分）

「你們要小心，不可輕看這小子裡的一個；我告訴你們，他們的使者在天上，常見我天父的面。」馬太福音18：10

文字佈道士莉莉安正在述說她的故事，有位陌生人總是在顧客付不出書款時，自願為他們付清餘額。卡姆奧先生覺得很有趣，相當注意地聽莉莉安認真地說，而且他也很喜歡這故事。

當這位陌生人被問及名字時，他要了一張紙並把名字寫在上面。他寫著：

我的名字—Daniel na Siku Zetu（但以理與我們的年代）

我的地址—Sabato ya Kweli（真實的安息日）

我的家—Vita Kuu（善惡之爭）（他以斯瓦希裡語寫下莉莉安的朋友所販賣的三本書名。）

當我朋友抬起頭時，卡姆奧先生，發現那男士已經不見了。她相信那是一位天使，而我也相信。」卡姆奧先生著迷地聽著，莉莉安繼續說：「讓我告訴你另一個經驗。我們的一位代表到一戶和善的人家推銷書籍，他們友善地請他留下來吃晚餐，並準備兩個座位。在洗完手準備用餐時，他們問說：『你的朋友呢？』『我的朋友？我一個人呀。』

『不，我們看到有人與你在一起。』

『你們一定是看到了我的天使，』他回答，『他總是與我同在。』」

「卡姆奧先生，我們相信那是化作人形的天使。」這位副官輕聲地問說：「那我現在該怎麼做？」

「買下這本美好的書仔細地閱讀。你在上帝眼中是一位特別的人。」而卡姆奧先生真的照做了。在莉莉安心中，她深信上帝對卡姆奧先生有特別的感情，因此她自信滿滿地把書賣給他。卡姆奧先生為莉莉安的上帝知道自己的真名，並對她顯示的事實而感動。他歡喜地買下書，並準備多認識上帝一些。

在讀了這故事之後，我們能夠質疑天使的存在以及他們的成就嗎？今天我們再度為肯亞忠誠的文字佈道士祈禱，他們以及上帝教會的其他佈道者帶著福音，背負著在廣大國家接觸百萬人民的重要任務。還有許多的卡姆奧先生等著某人去拜訪他們——不只是肯亞，而是世界各地。

6月/28日・故事179

形形色色的天使

「聖父啊，求你因你所賜給我的名保守他們，叫他們合而為一像我們一樣。」約翰福音17：11

非洲文字佈道士們的臉上散發出耶穌般的喜悅，說明天使的確與他們一同工作。索羅美與直美拜訪肯亞一戶謙遜的家庭，並驚喜於女主人滿臉光采的迎接他們，就像老朋友一樣。兩位文字佈道士開始自我介紹，但那位女士說：「等等，讓我先告訴妳們我昨天所預視到的事。我看到兩位天使化為女性，提著公事包來拜訪我，她們說：『他們來的時候，聽聽他們要說什麼並接受他們的福音。』我把這件事告訴和我一起在農場工作的朋友，而妳們長得就像我所看到的一樣。」

但這樣熱情的迎接形式並非總是天堂的天使所啟發的。在蘇丹南部，有位文字佈道士在一個對我們的福音有極度偏見、對抗的村莊中工作。在某戶人家中他意外地受到熱情的招待，甚至被強迫吃些東西，因為那一家人堅持認為說他一定又累又餓。「在我們準備食物時請隨便坐。」親切卻有些詭異的女主人這麼說著。當他等待期間，雖然男主人一直試著延長對話，文字佈道士卻發現氣氛有些緊張，他聽到廚房有些竊竊私語。食物被放在托盤中，並放在文字佈道士身旁門邊的一張矮凳上。這位文字佈道士受到感動，要求主人和他一起跪下來祈禱。他唸了一段長長的禱告文，請求上帝保佑這戶人家、社區居民，最後他也要求上帝保佑這頓為他準備的食物。當他們睜開眼睛，有隻野狗匆忙地跑來吃東西，男主人把牠趕走，並拚命地道歉。不一會兒那隻狗倒在路邊嗚咽，全身蜷曲著悲鳴。文字佈道士馬上藉口離開，走出屋外時他感謝上帝，讓他免於痛苦的死亡。這隻可憐的狗代替文字佈道士而死，但在坦尚尼亞卻有另一隻狗被天使派來幫助上帝的僕人。那位文字佈道士有一輛新單車，她相當珍惜地使用它。但某天晚上有人闖入，偷走她所有的東西。她馬上告訴鄰居們，不久之後，有人跑來對她說：「我們找到妳的東西，全都被丟在路邊。」在她的物品旁有隻狗在守候著，很明顯地是牠嚇走了小偷。牠一直守護著直到物歸原主。沒有人曾見過那隻狗，以後也沒有人再度看到牠。

今天我們為每天無時無刻享有上帝的保護而感謝祂。若祂放開手，那怕只是一會兒，我們都將陷於不安之中。

6月/29日．故事180

困惑的顧客

「耶穌回答說：『我實實在在地告訴你，人若不重生，就不能見上帝的國。』」約翰福音3：3

由於人無法重生，實在很難理解上帝是如何任命天使來關照祂的孩子。困惑的顧客常常會看到有其他人伴隨我們的文字佈道士。

韓國的金塗漢在農耕處賣書，他遇到一位德高望重的老爺爺，老爺爺買下一些書籍。金兄弟與他一同祈禱後，他就繼續前往別處工作。不久這位老先生急忙跑到當地的基督復臨安息日會去找牧師，他說：「發生奇怪的事了！我好像遇到密探。我看到兩個人來拜訪我，但是又變成只剩下一個人！買了書之後，我又看到兩個人！」我們的牧師說：「我知道與你說話的人，你一定是看到他的守護天使。」對這位老先生而言，這件事一定很奇怪。

東委內瑞拉的帕迪歐羅德里格斯與克萊門特班尼特茲，在加勒比的馬格塔島一起賣書。他們走遍整座島嶼，訪問每一戶人家，並賣給三位天主教神父一些書籍。某天他們訪問一間小學的派特拉安妮絲校長。他們向她要些水喝，但她卻送上四杯水。帕特拉對復臨教會的朋友說：「我確實看到四個人到我家裡來，我的女僕也看到了。兩位穿著白衣，另外兩位則是普通服裝。當女僕送過去時，她驚訝地說：『另外兩位到哪裡去了？』」上帝總是會讓那些還不認識祂的人看到天使的存在，好開啟他們的心胸接納真理。東印度尼西亞的寶蓮烏剌拉與其他四位文字佈道士在一處回教地區工作，存有偏見的人總是拒絕他們。村民們開始流傳說他們看到六位文字佈道士，上帝的天使正與他們五個人一起工作的流言也開始在社區傳開。不久，那裡的人們開始需要我們的書籍。他們想要更認識這位為文字佈道士派遣天使的上帝。」

我們能說什麼呢？我們所能做的就是，為上帝給我們偉大的愛而讚揚天父。他呼召我們傳播救世福音，同時也提供我們工作上所需的幫助與保護。這不是很美妙嗎？

「未來的歲月，除非我們忘記上帝如何領導我們以及對於過往歷史的教訓之外，我們沒什麼好膽怯的。」（懷愛倫，《生活素描》（Life Sketches）原文196頁）。

撐下去 ◎E. A. 布洛德爾

「一個人若把自己擺在一邊，讓聖靈教導他的心靈，並將生命完全地奉獻給上帝時，他的能力將無可限量。」

《基督徒服務大全》254頁

「你會餓死的！你沒辦法靠賣宗教書籍維生！」一位富有的朋友激動的對我說。我聽到他的話，但我更願意傾聽另一種聲音——成為文字佈道士。三年後我的朋友破產，但我卻在傳教工作上發展得很順利。當上帝呼召一個人為祂工作，祂會讓那個人成功。我們回應祂呼召的方式就決定我們成功與否。

身為文字佈道士，又擔任出版經理，我發覺每一名工作者在上帝偉大計畫中都扮演重要角色。我們絕不可以屈服於撒但輕率的建議，而相信我們個人的角色並不重要。曾讀過這則故事，描寫個人在團體中努力的重要性。

「麥克柯斯塔曾經與一大群表演者彩排，充斥上百種聲音；這龐大合唱團中，管風琴與鼓隊如雷般演奏，有人吹響小號，有人敲擊鐃鈸，但有一位在遙遠角落吹短笛的人自言自語說：『這麼吵雜的情況下，我做什麼都無所謂。』所以他停止演奏。忽然間這偉大的指揮家停下來，猛力揮手，一切都安靜下來一他大叫：『短笛呢？』有隻敏銳耳朵沒聽到這聲音，只因一人不守崗位，所有的表演都被破壞了。」在上帝視線中，我們的用處不是單單只在於我們有手有腳、有眼睛、有說話能力，而是在於我們心靈的狀態。

「我甚至可以天真地說，我們絕對不會感到沮喪或經歷失敗。我所確定的是，所有負面想法或行動都能在上帝協助下克服。多年前我學到一課，這經驗伴隨我從事教會的出版傳教工作。當感受到壓力，任務過於沉重，或是「略微」升起失望沮喪的念頭時，我會記起朗費羅的一段詩，它對我幫助極大，所以我總是放在書桌上一目了然的地方：

偉人所到的高處，不是一步就登天；同伴酣人夢鄉時，他們深夜苦登攀。

「這幾年來，這首小詩多次提供我所需的鼓勵，並提醒我若我將信仰放在上帝身上，祂將會利用我成就祂的事工。撐下去，夥伴們！撐著，絕不要鬆手，因為撒但非常積極要征服上帝忠誠的文字佈道士。耶穌會再臨，而所有的徵兆顯示祂不久就會到來，所以我們必須「撐著」等待祂的來臨。讓所有的工作者扮演他的角色，無論是大是小。不久我們就會聽到那句珍貴的話語：「歡迎回家，朝聖者。」

7月/1日．故事182

跟著會談紀錄卡！ ◎約翰布雷瑞登

「要收的莊稼多，做工的人少。所以，你們當求莊稼的主，打發工人出去收他的莊稼。」馬太福音9：37、38

1996年3月28日，在布里斯本區的頂尖文字佈道士蓋瑞卡爾，照著《聖經故事》會談紀錄卡打了一通電話預約訪談。當時南昆士蘭區會，正在迪塞普申灣執行文字佈道推廣計畫，約位於布里斯本北方20公里處。

會談紀錄卡上的名字寫著「瑪莉裘帕斯克爾」，拜訪時只有賽門在家，蓋瑞展示了美好的《聖經故事》，聽賽門說，瑪莉裘從聖經閱讀中發現真正的安息日是星期六。之後，瑪莉裘回到家，正好聽到蓋瑞說他也守安息日，夫婦倆非常興奮，他們毫不猶豫地為兒子克里斯多佛買下了《聖經故事》，並接受當地復臨教會麥可布朗希爾牧師所主持的聖經課程。他們跟著布朗希爾牧師學習直到1998年初，然後由搬到迪塞普申灣進行全球任務的克萊爾歐乃爾牧師接手，繼續為這戶人家查經。

瑪莉裘的母親蜜雪兒與他們住在一起，同時也對聖經研習相當有興趣。帕斯克爾家來自南太平洋一個以法語為母語的島嶼，雖然賽門與瑪莉裘會聽也會說英文，蜜雪兒卻覺得對她而言很困難。克萊爾牧師從法屬波利尼西亞找來法文版的聖經研習，不久整個家庭都參加了每週一次的聖經研習課程。

1998年9月5日是蓋瑞絕不會忘記的安息日。他與其他文字佈道士夥伴坐在松河郡教會裡，見證由歐乃爾牧師為賽門、瑪莉裘、蜜雪兒與克利斯多佛所舉行的受洗禮。不只是蓋瑞，對於整個松河郡教會而言，那是難忘的一天。看著蓋瑞的先例，賽門也對文字佈道工作有興趣，並準備好加入這個「偉大軍隊般的」訓練課程。

就像帕斯克爾家一樣，有許多真誠的人正在尋找著比這個罪惡世界所能提供更加美好的事物。在這重要的末日佈道工作中，能為上帝所用是何等的特權與歡欣。

「世界最大的需要是需要人——就是不能被賄買也不能被出賣的人；衷心正直而又誠實的人；直指罪名而無所忌憚的人；良心忠於職責猶如磁針之指向磁極的人；雖然諸天傾覆而仍能堅持正義的人。」（懷愛倫，《教育論》52頁）。

上帝供給並拯救我們

「因為耶和華上帝是日頭，是盾牌，要賜下恩惠和榮耀。他未嘗留下一樣好處不給那些行動正直的人。」詩篇84：11

這篇有趣的故事主角是高斯波狄厄牧師，他在遠東多年擔任出版部幹事。

1923年9月21日上午，一場大地震襲擊日本關東，出版社的兩層磚造建築物完全倒塌。由於正值安息日早晨，職工並沒有待在工廠，而是到一棟建築物參加教會禮拜，所幸該建築物沒有任何損傷。

復臨信徒與職工調查出版社的損失狀況時，有些人開始感到沮喪，擔心這項事工將會漸漸凋萎，因為重建這棟建築物需要花費很長的時間。日本區會會長阿姆斯壯緊急召開會議，重新細說上帝祝福在日本的事工後，他說：「我們應該立即重建出版社，好讓神聖書頁可以繼續在這領域中發揮作用。我們不能讓撒但奪去我們的信心，也不能讓這事工淪落。」分會的建築師立即從上海到日本著手建造新的出版社大樓。重建時期，出版社的同工在其他區會的建築物繼續工作。

地震之後的第一個安息日，一個陌生人出現在天沼教會的安息日學，這是他第一次來到基督復臨安息日會的聚會。他說：「我是渡邊博士，是《時兆月刊》的長期讀者。從雜誌中，我閱讀到耶穌再臨的徵兆。這次的地震讓我再度重讀雜誌，並找到聯絡地址，因此我今天到教會裡來。」

他買更多書籍，並獲得一些人繼續輔導他，幾週過後渡邊博士就受洗了。在他受洗時，他說自己最初是從日文版《安息日的歷史》(The History of Sabbath)中知道安息日的真理。

這個故事再度證實，多年前種下的種子，聖靈會在適當的時機教育上帝追尋真理的孩子。這故事發生在日本教會正需要這位有影響力人士的力量時，上帝的時機總是剛好，而祂以出版形式呈現的福音永遠具有力量。

日本的文字佈道士們將會感激你今天為他們所作的祈禱，因他們面前還有重重的阻礙。

7月/3日・故事184

婆羅洲的神聖書籍

「我卻要常常盼望，並要越發讚美你。我的口終日要述說你的公義和你的救恩，因我不計其數。」詩篇71：14、15

在婆羅洲的事工，就像在全世界其他國家一樣，是由一位文字佈道士所展開的。書籍、傳單與雜誌獲得途徑進入家庭與人心，不久就出現靈命的徵兆；上帝的書籍中充滿力量！

第一位進入婆羅洲工作的是1909年的文字佈道士李昌妙。1913年，一位來自新加坡的年輕中國傳教者潘順肖，前往英屬婆羅洲（沙巴）賣書。他賣出許多書，並獲得《時兆月刊》的訂單。在工作同時，也對人們傳福音。不久，新加坡辦公處開始收到來自北婆羅洲的信件，要求派遣一位傳道人去教導人民，以更加理解他們從書籍與雜誌中所讀到的事物。

第一位把書籍賣到北婆羅洲的文字佈道士潘順肖，也同時是前進南婆羅洲沙勞越的先鋒，那裡的人也一樣希望能夠學到更多關於復臨教會的福音。

1913年6月，蒙哥馬利太太與牧師到英屬北婆羅洲的山打根，接續該區的事工，發現那裡的人接受程度相當高。1914年1月有7個人受洗，並建立北婆羅洲第一間教堂。由文字佈道士們所撒下的種子再度結出甜美的果實。

沙勞越也要求傳道人支援。1915年唐書明與妻子前往沙勞越的谷晉，以文字佈道作為自養的傳道人。雖然唐先生以牙醫收入維持家庭生計，但大部分的時間都用在傳播福音上。他說：「如同我舒緩人們的痛苦為他們補牙一樣，我也告訴他們救主將讓他們從罪惡中解放出來，並安排新生活。」

幾個月過後，唐太太的妹妹李女士也和丈夫一起搬到沙勞越。第一位在婆羅洲工作的文字佈道士李先生，後來成為攝影家。這兩個自養的傳道家庭一起在沙勞越辛勤地工作好幾年。

20世紀初期婆羅洲的文字佈道士所開始的事工，現在依然孕育果實。光在沙勞越（南婆羅洲）就有超過12,000人成為基督復臨安息日會成員；而在沙巴（北婆羅洲）甚至超過21,000人。但這還不是最後的結局，每一年都有更多生靈受洗，文字佈道士們也跟隨前人的腳步，將更多書籍帶到更多家庭中。你願意為他們祈禱嗎？

韓國發展的初期

「上帝願意叫他們知道，這奧秘在外邦人中有何等豐盛的榮耀，就是基督在你們心裡成了有榮耀的盼望。」歌羅西書1：27

就像其他國家一樣，韓國的福音工作一開始規模不大；但只要書籍找到途徑傳入人們手中閱讀，一切就會開始運轉，即使在韓國也一樣。

1914年韓國的出版事業蓬勃發展，委員會因此任命兩位國際出版部門的秘書。1918年夏天，克羅斯牧師以第一位全職海外出版秘書的身分，來到韓國領導出版事業的發展。1918年出版社印刷廠也進一步擴充，加蓋兩層樓；隨著文字佈道士的增加，書籍的需求也日益增加。

接下來幾年，韓國的出版業順利發展。由於韓國住有許多日本人，所以一些日本書商到韓國，向日本人推銷書籍。 山正信與杉本佐久白在首都工作多年，專門將基督教書籍販賣給日本人。

1930年1月24日，韓國的出版社印刷廠發生火災，並迅速延燒整棟建築，整座工廠完全燒毀。但人們迅速聚集在出版社四周說：「我們的傳道工作不可被中斷，上帝正透過那些書籍販賣者在整個韓國工作著；讓我們重建，並讓傳道事業得以在韓國繼續發展。」這是一個正義的生靈，上帝也給予他毫不懷疑的勇氣。區會立即開始規劃建築更新更大的出版社。那年底，一棟5,000平方英吋的鋼筋水泥建築已經準備營運，上帝的出版事業再度隆重上路。

1939年10月是韓國出版事業的30週年慶。當時二次大戰的烏雲已漸漸籠罩世界，政府對於書籍是否可以出版有愈來愈多限制。1941年，韓文版《時兆月刊》4月號成為停刊版；在政府中斷雜誌出版之前，每月成長高達39,000本的業績。六年之後，《時兆月刊》與其他書籍才又恢復出版。

儘管戰爭使韓國的事業停擺，我們之前播下的福音種子依然進行；在和平期間文字佈道士們賣出去的書籍，韓國人都津津有味的閱讀著。福音書籍永不歇息——即使文字佈道士在睡夢中、渡假中，甚至生病時，書籍總是持續在工作。被寫下的話語永不停歇，它們永遠準備好在被閱讀時述說上帝的真理，而且真理永不改變。

7月/5日．故事186

真理的先鋒

「作惡違背聖約的人，他必用巧言勾引；惟獨認識上帝的子民必剛強行事。」但以理書11：32

文字佈道士們不只是初期工作的先鋒，至今仍是上帝的先遣部隊。他們為上帝冒險的精神依然存在。文字佈道士們過往的經歷，激勵我們為天父與祂的王國成就功績。讓我們了解多年前菲律賓的事工是如何開始的。

1913年，海依為北呂宋島的伊洛果人開啟事工。當他開始工作時，呂宋島還沒有任何書籍或教會的信徒。有些人認為這是冒險的行為，因為那是一個危險的區域，但海依說：「藉著上帝的幫助與保護，帶著我們的書籍，我們會征服所有困難。」1921年，組織7個教會，並有327位成員。文字佈道士增加到16位，並超過35,000本書籍、3,000份雜誌賣到伊洛果地區。

事業的擴展不只在北方，南方也開始加強賣書者的陣容。羅伯特史都華被送到宿霧島販賣書籍，成績相當優秀，不久他就賣書自養。他把《先祖與先知》、《家庭與健康》(Home and Health)、《再臨之王》(The Coming King)賣到許多地區。

我們的事業已擴展到菲律賓所有島嶼，讓我們回到馬尼拉，芬斯特與高德維爾正勤奮地工作著。當高德維爾努力推廣至未進之地時，芬斯特為文字佈道士主持訓練課程，為信仰轉換者施行洗禮，並管理書籍的出版。在某次旅程中，高德維爾騎著單車征服200哩路，而旅程中其他的延伸地區則以馬匹、木筏，甚至步行前進。

某次，高德維爾訪問這座島嶼北方時，他遇到維藍紐亞，當時是菲律賓避暑勝地，碧瑤市的財務主任。那次的會面可說是神聖的天意，因為不久之後維藍紐亞就成為基督復臨安息日會的信徒。他離開公職，賣掉碧瑤的房子與地產，並為新信仰購買書籍與傳單。出版領導者得知他的能力，便僱用他為當地的翻譯，最後同時兼任編輯與財務管理之職。不久，維藍紐亞的孩子也擔任司庫，最後被任命為菲律賓出版社的經理。

菲律賓的出版事業非常強盛，教會成員的信仰很堅決，這項事業的所有部門都很堅強。出版事業強盛的地方，上帝的教會就很堅固；當出版事業不振，教會也跟著虛弱。

7月/6日・故事187

聖經故事的影響

「並且要以我主長久忍耐為得救的因由。」彼得後書3：15

我們的出版書籍對於全世界的男女老幼都帶來重大的良性影響。文字佈道士的拜訪常為親子問題所苦的家庭，帶來不同的經歷。

某天，文字佈道士對一位女士與她的鄰居展示一本健康叢書，這位鄰居專注地聽，問：「我有一個醫學書籍解決不了的問題。」文字佈道士說：「妳願意對我說這個問題嗎？說不定我們可以找到一個解決方法。」

這位鄰居說：「我有一個10多歲的兒子，他因為偷竊被警察抓走。這已經不是第一次了，我不知道該如何面對這種情況。」文字佈道士說：「我有一本書可能幫得上忙。」她介紹書籍內容後，那位女士決定購買。她們走到她家拿書款，發現犯案的孩子也在家，並且一副悶悶不樂的表情。文字佈道士悄悄地祈禱，請求上帝給她一些話語來幫助他，她相當明白能夠幫助他的不是自己的力量。她說了很多話，也說了天堂是真實的地方，那裡住著真實的人，從事著真實的事工。那個男孩聽著她說話，覺得相當有趣。「那真的是真的嗎？」他說，「我總以為我們只是在那裡晃來晃去無所事事。」

看到他很有興趣，加上旁邊還有更小的孩子，文字佈道士馬上想到了《聖經故事》這套書。她把書拿出來，孩子們都變得很興奮。母親說那男孩為了買書存了100多美金，但法官絕對不會讓他買。這位文字佈道士問他說：「你想讓這些成為自己的書嗎？」

「是的，我願意。」他說，「我在這幾分鐘所學到的東西，已經超越主日學所教的。」他向母親說：「明天請幫我把錢領出來付書錢。」母親非常欣慰，眼淚從臉頰滑過，而文字佈道士的眼眶也因感動而濕潤。

第二天她再度訪問並領取書款，那位母親說：「我的兒子很喜歡你，他說若以前有人願意像妳那樣對他，他不會犯下那麼多錯事。我們家裡以前沒有人可以跟他溝通，一定是上帝派妳來，妳所說的話似乎擁有力量。」

不久，文字佈道士得知法官因男孩心靈的轉變，已開釋罪行。在那男孩決定加入佈道工作之後，整個家庭都開始研讀聖經。

你不認為這是上帝對親愛的孩子生命中的恩典神蹟嗎？

當敵人愈趨狂暴

「我也要救你脫離百姓和外邦人的手。我差你到他們那裡去，要叫他們的眼睛得開，從黑暗中歸向光明，從撒但權下歸向上帝。」

使徒行傳26：17、18

牛靈的敵人不希望上帝的書籍被賣到人們手中，他竭盡心力防止。他常常使用暴力驚嚇文字佈道士或顧客，因為他的工作就是阻止大家上天堂。他有時候會成功，但有些人拒絕聽信，也不會害怕他的攻擊。

一位韓國的學生文字佈道士依照風俗，坐在顧客對面的地板上，向他展示《歷代願望》。這位和善的顧客對書籍相當有興趣，他對廚房裡的妻子喊道：「悠保，幫我拿錢過來。」

他們正值青春期的大兒子粗魯地走進房間大吼大叫；他朝著地板上的學生走去並叫說：「你這惡魔，離開我的家！我們不買書！」他像是被惡魔控制般地走著。文字佈道士還坐在地上，瘋狂的青年抓住他的喉嚨想讓他窒息，憤怒地大喊著：「我要抓破你的喉嚨！」

青年放開手退後一步，一片死寂。母親沒說話，文字佈道士也沒說話，但他悄悄地祈禱著救援。然後那青年抓起文字佈道士的公事包叫道：「我要把你的公事包撕爛！」文字佈道士再度祈禱。幾乎是從青年一踏入房間，他又再度抓狂地喃喃自語，就像是被鬼附身一樣。一家之主的父親出奇地冷靜，他對妻子說：「把我的錢拿來。」並迅速付了書款。

這位父親閱讀書籍，馬上接受了福音，並成為教會的成員。同時他也立即試著拯救他的家人。令人驚訝的是，那位挑起一陣暴動的青年居然也願意接觸福音。他到教會來，並開始攻讀文字佈道工作。多麼驚人的改變呀！耶穌基督的福音中具有多麼強的力量！

到了新進學生在假日中賣書的日子，青年報名參加，並成為一位成功的學生文字佈道士。他完成了學業，如今已成為牧師，而他的父親是當地教會的長老。

這故事再度證明福音的力量遠遠強過敵人。有個生靈從敵人的束縛之中被拯救出來，並成為上帝謙遜、親愛的孩子。

7月/8日・故事189

善惡之爭

「使他們稱為公義樹，是耶和華所栽的，叫他得榮耀。」以賽亞書61：3

播下福音的種子是充滿信仰的工作，獻身於文字佈道工作的人們都相當明白。每當文字佈道士賣出一本書，例如《善惡之爭》或其他富含真理的書籍，它知道在開花結果之前可能必須等候一段很長的歲月。文字佈道士都是有耐心的人，他們相信「上帝的話決不無功而返」的真理。他們持續有耐心地播種，知道耶穌再臨時，他們就會看到結果。

45年以前，有人在西內布拉斯加推銷《善惡之爭》，當時他對這些書將會成就多少善事而存疑。他的勞力可能不會有立即的成果，但他持續工作著，並相信「這本書（善惡之爭）推銷之後果，不能以眼前的情形為斷。」（懷愛倫，《文字佈道指南》102頁）

多年後，實際上是40多年後，約翰法勒牧師在科羅拉多的丹佛舉辦多場的福音佈道會。當他拜訪一位顧客時，發現由內布拉斯加的文字佈道士所賣出的一本舊版《善惡之爭》，已經相當陳舊。一位出席佈道會的女士說，她的姑姑在40多年前買下這本書，接受真理並受洗了，接下來的幾年，她的孩子也加入教會。無疑地，她的許多後輩現在都是忠誠的復臨信徒，並幫助其他人接受福音。只有在天堂裡，這本《善惡之爭》的成果才會被人得知。

還有許多關於福音種子被安置於書架上，等待發芽、成長並結果的故事。除了上帝之外，沒有人能夠讓種子發芽成長。因此我們不該強迫福音種子成長，我們的工作是把種子種下，並在需要時灌溉，天堂的上帝將會自己關注成長的過程。

讓上帝在祂的時間裡以祂的方式讓種子發芽成長，因為只有祂最明白。

今天我們為全世界所有還待在書架上的書籍而祈禱，它們正等待著適當時機成長。你我都可能在某個家庭中遇到它們；因此我們讓聖靈領導我們，告訴我們如何小心灌溉，好為天堂贏得生靈。無論何時何地，當你拜訪一個家庭、朋友或陌生人時，仔細看看書架上有沒有上帝的書籍。然後你要謹慎地鼓勵書籍的主人，去閱讀並發現上帝美妙的真理，並要在聖靈的引導下很機敏的去做這件事，因為我們往往很容易破壞上帝對那人所做的安排。

7月/9日・故事190

協助別人，贏取生靈

「你們要互相款待，不發怨言。各人要照所得的恩賜彼此服事，作上帝百般恩賜的好管家。」彼得前書4：9、10

一位文字佈道士的禮儀與協助，為哈丁一家帶來真理。

「摩文哈丁說：『我的英國籍父親是一位土木工程師，為英國政府在印度的加爾各答工作。某天下午當父親搭乘火車時，他決定要戒菸。他打開車廂窗戶，丟出香菸、打火機、菸斗及菸袋。』

「一兩年過後，我的父母決定戒掉酒精飲料。不久，報紙上出現一則肉品業的負面新聞，父親說：『我們何不吃素好了？』但母親遍尋不著素食食譜。

「某天，一位美國籍女士在門口推銷宗教書籍，母親很直接地拒絕。但當那位女士把門關上時，母親像被控制一樣叫道：『如果妳有素食食譜的話，我就買。』

「兩星期之後，文字佈道士帶著書籍回來，母親欣喜若狂！付錢之後，她站在門口翻看食譜時，那位賣書人問：『妳知道如何烹飪素食嗎？』

「母親回答：『不，妳知道嗎？』

「文字佈道士說：『是的，需要我來幫妳嗎？』

「日後，那位女士常到我家，幫母親準備素食。她們的友誼漸漸發展，久而久之，當她們待在廚房爐邊時，這位訪客就開始談論著聖經。母親對聖經愈來愈感興趣，父親也是。他們兩個不久就接受真理並受洗了。」

這就是哈丁一家成為復臨信徒的經過！三個小孩都獻身人生為教會服事。若那位文字佈道士只賣書卻經營友誼呢？如果她對健康烹調沒興趣呢？如果她忙到沒時間跟我母親一起烹飪、教導她，又將會是何種後果？

文字佈道士們有許多機會和其他人分享救世的喜悅。文字佈道士遇到一個人、賣了一本書，總是會引起幾十個甚至幾百個生靈的連鎖反應，就像哈丁家庭一樣，上帝讓人們戒菸、戒酒，讓他們不再傷害其他事物，準備好進入上帝的教會。這些做好準備的生靈正等著某人來拜訪，引導他們遇見耶穌。其中有些人已經等待多年。

7月/10日．故事191

誰會挺身而出？

「因為還有一點點時候，那要來的就來，並不遲延。只是義人必因信得生；他若退後，我心裡就不喜歡他。」希伯來書10：37、38

就像上帝多年前呼召人們為祂服務一樣，祂依然呼召我們；這一切都沒有改變。上帝需更多奉獻的人們把祂永恆的信息帶給還不知道的民眾。

在贊比亞的盧薩卡，有間可容納4,000人的大教堂。某天，聯合出版的幹事戴爾湯瑪斯在這間教堂佈道，鼓勵信徒們成為基督稱讚的對象；他挑戰說：「若上帝問你們說：『你們做了什麼？』你們能回答說：『上帝，我是忠誠的信徒，並過著美好的生活』嗎？當耶穌再臨時，你已經提醒人民將有再來的審判，並有一位調停者曾經為他們奉獻生命嗎？」

禮拜過後，一位威嚴的男士來找他，並要求會面。當天稍晚他們碰面時，文嘉說：「今天在你的佈道上，你說的人就是我。從我年輕時，就已經成就所有想要的事；我想要生活舒適、富有、好的房子，最後還想要有第二個妻子。我的意識開始干擾我，我想回到教會裡，而我也這麼做了，現在是教會裡的長老。但如您所知，我確實想不起我到底為救世主做了什麼。目前為止，我獲得了所有，而現在我想為祂服務。我希望成為文字佈道士拜訪人們，邀請他們和我一起前往上帝的國；我現在想要為耶穌服務。」

不久，文嘉弟兄為了上帝加入了文字佈道工作，成為一位相當成功的文字佈道士。從那時開始，文嘉弟兄與許多生靈都更加喜樂。他在贊比亞賣出單一訂單交易最高的成績；他對客戶推銷許多書籍，至今依然傳播福音。這些書籍會繼續佈道，直到寬容之門關上，且其中的真理將會持續到最後。到了耶穌再臨那天，文嘉弟兄將會再度見到許多與他一起祈禱、向他買書的顧客。由於文嘉弟兄帶著關懷拜訪，並把他們介紹給他最好的朋友耶穌，那些人將已準備好迎接耶穌的到來。

在贊比亞還有更多生靈，需要有人把耶穌介紹給他們，那個國家的文字佈道士們需要我們的祈禱。他們有許多人在艱困的環境下工作，但他們願意奉獻自己，帶著福音在那美麗的國家裡拜訪人們，我們不該為他們祈禱嗎？

「上帝不情願讓祂的子民困頓，即是延遲多時的原因。」（懷愛倫，《教會證言》卷二，原文194頁）

7月/11日．故事192

戰爭正在上演

「要穿戴上帝所賜的全副軍裝，就能抵擋魔鬼的詭計。因我們並不是與屬血氣的爭戰，乃是與那些執政的、掌權的、管轄這幽暗世界的，以及天空屬靈氣的惡魔爭戰。」以弗所書6：11、12

恰克史瑪哲在內布拉斯加阿爾達的一個小鎮裡賣書。有一位女士對他說，她先生不是基督徒，因此她若購買書籍將會惹得他不高興，但她又說：「我們的小孩需要這些書，我決定買下這些書。」恰克離開之前，他與她一起祈禱，為她報名聖經預言課程，並給她一些書籍。

她說：「你或許可以到街道另一頭拜訪我的朋友。」恰克記下名字並前往拜訪，他向那位女士的朋友展示，她也買了一些書籍。

此時，第一位女士的非基督徒丈夫回到家來。他氣急敗壞通知當地警察，並告知「賣書的人」販賣的地點。當恰克因為賣書佳績，喜悅地走出那戶人家時，馬上被警察警告法令規定不可以沿戶銷售商品。此時，那位非基督徒先生在警車後面停下，走到恰克面前攻擊他，儘管恰克的臉上與那男人的拳頭都有血跡，他卻感覺不到痛楚。警察介入調停，並要那位暴怒的先生開車回家，但他不願意離開。

恰克以150美金獲得保釋，並擇期舉行聽證會。約翰曼森、喬治德羅能、史瑪哲弟兄、羅斯湯瑪士與城裡的律師溝通，當他們向他表明工作的性質，以及他們如何為每個家庭帶來祝福的書籍時，律師也相當感動。在了解他們免費給予聖經課程、書籍，並為人們祈禱時，他知道史瑪哲弟兄是位熱心助人的人，所以他要求史瑪哲弟兄先暫停在阿爾達的事工。

這個案子很快就解決了，他拿回了150美金，並得到一張可以沿戶拜訪的證明。由於那憤怒的先生的妻子堅持，他們的小孩需要這些書籍，史瑪哲弟兄甚至保留了那一筆交易。

當文字佈道士帶著上帝的書籍到一個領域接觸生靈時，他們就是在向惡魔及惡勢力挑戰。除非他們忘記上帝的承諾並放棄，敵人不可能比他們還要堅強，他們不必要害怕任何敵人，因為敵人不過是被擊敗的對手。

7月/12日・故事193

是你賣給我們那些書！

「義人所結的果子就是生命樹；有智慧的必能得人。」箴言11：30

當你遇到一個人對你說：「我很高興你到我們家，並為我們帶來救世的福音，謝謝你。」你將會感到無比喜悅。而你在文字佈道士的訓練課程上再度遇到那個人，明白他在閱讀了你所賣出的書籍後，準備好接受成為文字佈道士時，你將感到更大的喜悅。

這故事發生在文字佈道士的訓練課程期間。有一個團體除了12名新生之外，還加上一些有經驗想更加充實自己的文字佈道士們。講師開始上課，並清楚解釋文字佈道工作的基本時，有一位工作15年的文字佈道士走進來。新生中的一位女士馬上站起來，興奮地看著那位先生，熱情且大聲地說：「你就是賣書籍給我們的那個人！」

這位女新生蕎認出了這位拜訪她的文字佈道士，當時該地區幾乎沒有基督復臨安息日會的信徒。這位文字佈道士理查，可能曾經在那個存在高度偏見的地區有一段艱辛的歲月，而他賣給蕎的書籍也可能就是他那天唯一賣出的一本書。但這都值得，超出千倍的值得！因為現在理查已經可以看到他辛勞的成果，並為上帝感到喜悅。

看到蕎的反應使我想起，當文字佈道士到達天堂時將面臨什麼場景；數十人、甚至數百人來到他的面前，發自內心喜悅地說：「就是你到我們家裡賣書給我們，幫助我們找到上帝的真理，謝謝你。」還有比這個更高的回饋嗎？天堂裡，文字佈道士們將感受到無限的喜悅。有時他心中可能偶然想起，他曾經多麼辛苦地賣書，遇到過多麼極端的偏見，或是有時候他貧困到沒有足夠的經費為他所服務的家庭買書，但他一定會把這些不好的回憶甩開，堅稱說：「這一切都值得，都值得！」而我也確定他所服務的家庭也都會與他同樂，因為他們都在他的光環中佔有一席之地。

文字佈道士的工作是信仰的工作，這就是為什麼成為文字佈道士是一個特殊的呼召。不是每個人都能勝任，只有那些聽得到上帝的呼喚，並在困境中有志氣為真理挺身而出的人。像煮熟義大利麵般柔軟的志氣幫不上什麼忙：不，這需要由上帝自己所創、被增強的、如鋼鐵般的志氣。

今天讓我們為上帝事工中的「救靈」而祈禱。

7月/13日．故事194

快速獲得回應的祈禱

「你們祈求，就給你們；尋找，就尋見；叩門，就給你們開門。因為凡祈求的，就得著；尋找的，就尋見；叩門的，就給他開門。」

馬太福音7：7、8

許多著作説明上帝如何回應祈禱者，尤其是文字佈道士們的祈禱。今天的經驗只是眾多故事中的一篇，希望它可以鼓勵我們更常向美好的天父禱告，祂將樂意以最適當的方式回應我們。

姍蒂丹希克是在賓州的文字佈道士。她向我們敘述這篇故事：「某個安息日時，我與一名婦女討論將她的孫子送到教會學校。由於她和丈夫都已經退休，付不起這筆額外支出，雖然他們真的很想讓他去。我告訴她，他們想讓孫子接受基督教育的想法已足夠，上帝會提供這筆金額。我們一起禱告。

「隔天是週日，我和兒子艾迪一起賣書。我們拜訪一名上晚班的女士，在看過這本書後，她問：『你們是復臨信徒嗎？』我們回答是的，然後她説：『我曾經是一名復臨信徒，也是一名文字佈道士。我丈夫已過世，現在再嫁給一名天主教徒，已經很多年都沒有去教堂了。』

「她繼續説：『你大概不會相信，但我一直向上帝禱告，希望祂可以派某個人來我家，告訴我那裡可以捐錢。』我告訴她，有個年輕男孩想去上教會學校，以及需要學費的事。她説：『你有學費了，多年前當我的孩子還小時，我們因為太窮而無法支付學費，教會的其他成員為我支付了所有的學費。我祈禱我也可以幫助某個人。』

「艾迪和我幾乎説不出話來！我知道上帝會為這個小男孩提供學費，但我沒有想到那麼快就得到聖靈的答覆，而且是來自一位陌生人！她也買了《聖經故事》及《好兒童故事集》給她的孫子們。」

上帝在24小時內回應這個禱告，祂怎麼可能不願意如此做？若必須如此，祂可以立即給予回應。預言家但以理在數秒內即得到回應，上帝非常願意以祂的智慧，給予我們祂認為最適合的回應。

今天我們再次地感謝上帝，在我們的生活中回應的禱告。我們也祈求祂，讓我們了解祈禱真正的意義以及與祂的關係。懷愛倫説，當惡魔看見上帝的子民跪著向偉大的天父祈禱時，惡魔就會發抖。讓我們更常禱告吧！不只是請求幫助，並且為上帝的仁慈及我們每日得到的賜福而讚美祂。

安汪喜

「他必像樹栽於水旁，在河邊扎根，炎熱來到，並不懼怕，葉子仍必青翠，在乾旱之年毫無掛慮，而且結果不止。」耶利米書17：8

我們經常低估了上帝的全能，上帝會以任何方式拯救我們。上帝利用年輕人、老人在祂的葡萄園裡工作，為主施展神積。我們聽說有名6歲大的小孩可以為主贏取生靈，也知道80歲的老人們依然健壯地救贖生靈。

安汪喜弟兄是一名士兵，他是中國陸軍的一名少校。在服役的晚期，他了解上帝的真理並對生靈產生熱愛，所以與人分享上帝的真理成為他生命中的目標，這已是30多年前的事了。他和家人後來遷居到馬來西亞，也就是他成為文字佈道士的地方，把上帝的書籍賣給馬來西亞近百萬人。當這篇故事被寫下時，安弟兄已經超過80歲，但仍十分活躍。在吉隆坡的任何地方，我們都可以發現安汪喜的足跡。有一群文字佈道士到一家販賣公事包的商店，為他們自己尋找適合的公事包。一名文字佈道士向商店經理接洽，想把書籍賣給他。當經理看到這本書時，他說；「你太晚了，安先生已來過這裡，而我也買了。」

當被詢問何時退休時，安弟兄總是說：「我85歲時就會退休。」我們不希望安弟兄退休，因為他為我們這些比他年輕的人帶來刺激。他的女兒在馬來西亞嫁給一位復臨教會的牧師。她跟隨父親的腳步，成為一名全職的文字佈道士。

人們總認為他們太老、太忙、太年輕、太窮、太有錢或教育太低，而無法成為上帝的文字佈道士。千萬別忘記耶穌在多年前曾經呼召那些年輕、忙碌、貧窮及教育低的人民成為祂的信徒。如果祂可以在他們身上展現神蹟，那麼祂今天也可以在你我身上這樣做。如果上帝可以讓年長的安弟兄成為祂成功救靈的器皿，他也可以利用我們這些距離80歲還很遠的人。

查看地圖中你所居住的地區。然後跪下來請求上帝，告訴你該如何做才可以與該區的生靈接觸，並與他們分享救贖的喜悅。你可能會發現文字事奉是與其他人聯繫最成功的方法。何不試試呢？向當地的出版部幹事詢問，如何利用書籍分享上帝真理的資訊，他會非常樂意幫助你，並為你安排必要的訓練。

7月/15日．故事196

上帝永遠在傾聽

「教養孩童，使他走當行的道，就是到老他也不偏離。」箴言22：6

箴言中所羅門說，如果你「教養孩童，使他走當行的道，就是到老他也不偏離。」確實是個真理。這是科德瑞夫婦，保羅和茱蒂在他們的小孩傑夫3歲時所經歷的故事。他們教導傑夫，每當他與天父說話的時候，祂都會一直聆聽。傑夫單純的信念正是我們所渴望擁有的。

有時文字佈道士會經歷銷售衰退期。連續一天、兩天、三天，甚至好幾天都沒有完成交易。這也發生在保羅身上，他有好幾天都賣不出一本書。他和茱蒂開始擔心，因為他們知道自己必須購買食物、繳房租。沒有業績就沒有收入。他們每天向上帝述說，早晨禮拜中，家中三個人會一起跪下請求上帝祝福那天有成功的好消息。每天晚上茱蒂在門口充滿期待地迎接保羅，她總是重複地詢問：「今天成功了嗎？」但每晚她都從樂觀的丈夫口中得到相同的答案：「還沒，親愛的，還沒有。」每天就是這麼反覆地進行著。

3歲的傑夫聽到他的父母與上帝的對話，也發現他們擔心父親沒有辦法賣出書籍。某天傍晚父親正在工作時，小傑夫已經上床睡了，而母親仍然在等父親回來。傑夫醒過來，走向正在廚房裡忙碌的母親說：「媽媽，我們來為爸爸禱告吧！」於是他們禱告了。傑夫回到床上繼續熟睡，在他小小的心中非常確信自己的禱告得到了回應。

當保羅一到家，茱蒂在門口對他大聲的說：「你今晚成功了！」

保羅問：「妳怎麼知道？」

她說：「耶穌喚醒小傑夫為你禱告，而且他多有自信認為天使在那晚會幫助他的父親。」保羅一點都不驚訝，因為他很久以前就知道上帝一直聆聽著，並會在祂所認為適當的時機給予回應。保羅也知道成功並不只是賣出書籍，還包含為所拜訪的人家帶來的影響。有時只是一句鼓勵的話，有時是為拜訪的人家唸一段簡短、誠摯的祈禱，這些都決定著成功與否。

許多身為文字佈道士的父母，都可以證明，家中年幼成員的禱告的確帶來改變。父母親都奉獻於文字佈道工作的小孩，擁有在年幼時學習相信上帝的優勢。他們和父母親一起忠誠地生活著，並看著上帝在生命中如何美妙地引領他們。這是何等的特權！

我的書在哪？

「謹守安息日而不干犯，禁止己手而不作惡；如此行、
如此持守的人，便為有福。」以賽亞書56：2

上帝時常在夢境中與人們説話，等到夢境臨到身上後，使他們感動接受祂的真理。上帝以此為文字佈道士及牧師鋪路，讓他們遇見那些已準備好傾聽並接受真理的生靈。這種情形必定有上百，甚至上千個生靈已經準備好要接受給他們的真理，但是他們始終等待上帝使者來拜訪。

某天，文字佈道士聆聽一位男士述説前一晚的夢境，有人要他拿出聖經閱讀以賽亞書第56章。他醒後起身，翻到夢中的章節，發現了安息日的真理，他不明白為什麼自己以前都沒有發現。當那天稍晚文字佈道士拜訪他時，那位男士對於遇見同樣相信安息日真理的上帝子民感到相當高興。

另一個文字佈道士在敲門後嚇了一跳，因為有位男士打開門，伸出手説：「快進來，我的書呢？」這個文字佈道士非常驚訝，因為這位男士對他而言是一名陌生人。他想起當天早上向上帝禱告祂的庇護及祝福，而他在這裡遇見了上帝安排好購買書籍的顧客。

這名顧客急忙開始解釋。「我做了一個夢，」他説，「在夢中，有位男士帶著一些好書來到我家門前，你就像出現在我夢中的那個人。」

文字佈道士打開公事包，取出《善惡之爭》與《歷代願望》。當那位男人看到書本封面時，他跳起並大聲呼喊：「這些是我的書！它們就是在夢中看見的書，謝謝你把書帶來。」

文字佈道士遇見如此飢渴的生靈，早在約定拜訪時，這人已被聖靈預備好接受自己，文字佈道士的心中是多麼喜悦！你也會同意這是恩典的神蹟。

上帝利用特別的方法找到祂任性的子民。不只是夢境，祂還利用其他的方法喚醒他們心中想要更了解祂的渴望。祂已授予你我這個權力去拜訪這些追尋的生靈，並把他們介紹給我們美好的朋友。

我們今天的禱告中，記起那些此刻正等待某人去拜訪，並引領他們走向耶穌的人們。我們祈禱那人及時出現。

7月/17日・故事198

上帝正在等待

「大山可以挪開，小山可以遷移；但我的慈愛必不離開你，
我平安的約也不遷移。」以賽亞書54：10

日復一日，世界上忠誠的文字佈道士們總是請求上帝，在他們尋找生靈之前先為他們準備好道路。他們的工作既嚴肅且神聖，而且不可輕忽，因為他們生命中每天都在面對生靈的敵人。

當瑪里斯裴爾瑟在南非的約翰尼斯堡販賣書籍時，某個早晨他得到一個非常清楚的指示：「到街尾最後一家去。」那裡不是原先計畫的地方，但他清楚知道當聖靈指示時，就要毫不躊躇地前往。他開車到那戶人家前，遇到坐著輪椅的烏修任先生。彼此交談後，他們得知瑪里斯是一名基督教工作者，並且很關懷他們精神上的安樂。很明顯地，這些人的生命中經歷過一段非常艱難的時期，瑪里斯急切地等著傾聽他們的故事。

烏修任先生說：「四年多前，我聽到了基督復臨安息日會的福音。我確信那是上帝的信息，但我卻抗拒並試著遺忘它。我決定不要跟從上帝對生命的引領，仍按照我之前的方式生活。幾個月後，我發生了一些事，從此癱瘓在輪椅上。過去這四年，我是那麼渴望復原，花光了所有的積蓄，拜訪許多頂尖的醫生以及不同教會裡忠誠的治療師，但都沒有效果，沒有人可以為我做任何事。」

瑪里斯告訴他們今天早上接受聖靈拜訪的指示。他鼓勵他們完全信任上帝，他唸了一個簡短誠摯的禱告，一起低頭將這個故事告訴上帝。數分鐘後，烏修任先生在驚愕的妻子面前，離開輪椅站起來，並開始正常地行走，這是四年來的第一次！他們現在熱愛閱讀我們的書籍，並且在進入教會前參加了聖經研讀課程。這項治癒的消息，影響了這個地區其他存有偏見的家庭，他們也迎接我們的書籍進入自己的家中。

有人會說這不是主的神蹟嗎？只有親愛的天父可以做到這樣美好的事。如果我們願意的話，祂已經準備好要利用我們成就更多事情。

今天我們為南非的所有文字佈道士而祈禱，他們忠誠地為上帝工作，即使常置身於艱難和危險的環境中。

美妙的故事

「因為你必賜福與義人。耶和華啊，
你必用恩惠如同盾牌四面護衛他。」詩篇5：12

菲律賓的基督復臨安息日會的發展歷史是一段美妙的故事，充滿上帝的引導、祝福與照顧。菲律賓是由七千多個島嶼所組成，人民都渴望真理。經歷了數世紀的精神灰暗期，島上的人們伸出渴望的雙手，想要從神聖書頁中接收耶穌再臨的信息。

1888年亞伯拉罕納羅到達香港之後，他在親切船長的協助下，把書籍的包裹送到菲律賓。第一個接觸島群的復臨信徒，是1905年依爾文由澳洲往總會研討會的途中，停留在馬尼拉調查菲律賓展開工作的機會。在研討會上，他建議第一項行動應派遣文字佈道士前往馬尼拉。

被選出前往菲律賓的人是寇威爾。1905年8月，寇威爾獲知要前往菲律賓的消息時，他還在新加坡，並在當月到達馬尼拉。當船開進馬尼拉灣時，他目不轉睛地看著這個人口眾多有圍牆的大城市。他被這個景象深深感動，說：「我會把書籍散佈出去，然後它們會像酵母菌一樣發揮作用。」這就是驚人故事的開端，而現在菲律賓人們都還在編織這個故事。

第一批在菲律賓賣出75本《家庭手冊》(Home Hand Book)。寇威爾以此為契機，與馬尼市的天主教徒進行聯繫，在前幾個月獲得很大的幫助。

麥艾汗斯牧師和妻子麥艾汗斯女士於1905年到達馬尼拉，不久之後，他們就讓500本《時兆月刊》進入馬尼拉的美國教師及士兵手中，甚至某些美國家庭在回美國之前也接受這個福音。一個士兵在閱讀書籍及與麥艾汗斯牧師一起研讀聖經之後，接受基督復臨的信息並在後來成為教會信徒。

1911年，一個安息日學有20名成員會在每個安息日時聚會，並於同年成立第一間教堂。不久教堂成員中的菲律賓人達到24人。這些是第一批收穫，並且開始增加、成長。1913年，教會成員總數已達150人。

今天教會成員已超過100萬，也有超過4,000位的文字佈道士對那些渴望真理的生靈銷售更多書籍。這的確是主的神蹟，一個關於上帝以文字佈道計畫，在這國家中展開美妙的故事。不到90年的時間，從150位增加到700,000的成員，而這還沒結束，每天都有越來越多的生靈加入教會中。

7月/19日・故事200

奉獻獲得生靈

「我為基督的緣故，就以軟弱、凌辱、急難、逼迫、困苦為可喜樂的；因我什麼時候軟弱，什麼時候就剛強了。」哥林多後書12：10

成功的救靈者通常不是擅言詞或敏銳的人，而是沉靜而敬虔，像克萊爾佩帝這樣的人。

克萊爾的朋友有些是文字佈道士，他們多次力邀他加入工作。克萊爾有些膽怯，但他是有決心的人。當他正在填寫申請單，回答「你認為你能以這個工作為生計嗎？」這問題時，他思考很久後，以堅定的神情寫下「是的」。

當他的申請單送達出版委員會時，主席認為這個內向的男子不可能成為一個成功的文字佈道士，但委員會願意給他一個機會。

因為他全心奉獻並認真工作，克萊爾一開始就很成功。他將我們珍貴的書籍帶入基督教會牧師的家中。佛瑞德摩根牧師與妻子閱讀了許多書籍，也會在每晚閱讀一至兩篇故事給孩子們聽。不久佛瑞德寫了一封信說：「請讓我成為你們書籍的代表。」他加入聖經預言課程，一名優秀的學者被派去與他一起研究聖經。他們共同努力研究了一段很長的時間，這是一項十分艱難的工作，對佛瑞德這個信守星期日的教會牧師來說，要他放棄長久以來堅信的真理並不容易。但佛瑞德最後還是在安息日時受洗，並辭掉牧師的工作，並從星期一早晨開始，在他的家鄉擔任一位全職的文字佈道士。

佛瑞德把書賣給鎮上一位叛徒。某天在報紙上，他看到那位叛徒因酒醉爭吵被打成重傷而入院。佛瑞德到醫院探望他，述說耶穌的事蹟和對他的愛。這名叛徒將心給了耶穌，當時他的祖母也在醫院裡，他立刻開始為祖母作見證，而她也將生命奉獻給耶穌。多麼美妙的連鎖反應，一個主的神蹟，由一個內向的、被認為無法勝任文字佈道工作的男子所開啟。

世界上還有許多像故事中的佛瑞德摩根、叛徒和老祖母一樣的人們，他們迫切需要耶穌。不管他們在哪哩，都需要有人去拜訪，讓他們認識耶穌以及祂對他們的愛。你可能也像克萊爾一樣害羞，但是請記得是聖靈在做這項工作，而不是花言巧語或高學歷的人。

今天我們為等待他人拜訪、幫助的生靈而祈禱。祈禱上帝會感動你我的心接下挑戰往前行。

尊重獲得生靈

「各人不要單顧自己的事，也要顧別人的事。」腓立比書2：4

比爾希金斯生命中大部分的歲月都從事文字佈道士的工作。他是一個非常有禮、體貼及尊重的人；人們很快就會喜歡他，並對他的書籍產生興趣。

比爾照著一位女士的指示前行，他的確看到有個農夫和兩名幫手在搭蓋一個新的柵欄。比爾不直接走向男人們工作的地方，反而走到離男人們大約50碼遠，柵欄已搭蓋完成的地方。他往下看著柵欄每個洞口，前進大約10碼後又再看了一次。他一直走，走到讓農夫可以聽見他説話的距離，他說：「我從來沒看過這麼筆直的柵欄。你們在哪裡學到可以蓋得這麼工整？」比爾是真心的，那柵欄的確相當整齊。

農夫微笑並熱情歡迎比爾。他們聊了一會兒之後，比爾該將他的書籍介紹給農夫。除了其他書籍之外，農夫也買下《在家研讀聖經》（Bible Readings for the Home）。他們相互道別，比爾繼續往下一個農場去。

幾年過去，大約是兩年或更久，某天在一個戶外佈道會上，舉行有一場見證活動。一位男士站起來説自己接觸到一位非常有禮貌的男士，並向他購買宗教書籍，而且由於那次的來訪，他和妻子成為基督復臨安息日會的成員，他們都非常感謝那位虔誠的文字佈道士。他不記得他的名字，但希望能有再見面的願望，即使只有一個道謝的機會。

比爾就置身在聽眾之中。當這農夫講述那位文字佈道士如何走進他的農場時，比爾非常清楚地想起了那天在柵欄旁邊的故事。他站起來走向前，並對農夫説：「我就是那個賣書給你的人。」當這兩位男士互相擁抱時，聽眾們也都濕紅了雙眼。他們見證了這恩典的神蹟，那是多麼大的喜悅。

今天我們為所有從事文字佈道工作者祈禱。每年文字佈道士都散佈著百萬本的書籍，將上帝的真理介紹給人們。

7月/21日・故事202

與天使同工

「天上的聖者如今依然來訪問這世界，正如他們在古時與亞伯拉罕、摩西同行共話一般。」《天路》145頁

今天我們來到辛巴威，它是非洲大陸南方的美麗國家。一位文字佈道士敘述他的特殊經歷，上帝不只與他同在，還帶來錢財，取代他失去的東西。

文字佈道士在那紛亂的土地上經歷嚴峻可怕的考驗。有一群反叛軍埋伏攻擊他，警告說：「如果你答應只販賣那些醫藥書籍，而不推銷那些受詛咒的宗教書籍，我們會放你走。」

文字佈道士回答說：「我無法不誠實，也無法承諾做不到的事。上帝呼召我從事這項工作，我必須為祂傳揚福音。」

他們開始撕這些書籍並升起火來，把書籍、雜誌、傳單，甚至是公事包都丟到火燄中，並開始攻擊他，幾乎要取走他的性命。

當他恢復意識時，看到所有書都化成灰燼，他該如何重新開始？他沒有再去購買公事包，以及那些樣本書。在樹叢中踉蹌而行，遇到有人對他說：「你發生了什麼事？」文字佈道士以為又遇到了反叛軍，他起先相當地害怕，但那男士看起來很和善，因此文字佈道士述說他的遭遇。這位陌生人遞給他100美金的鈔票，並說：「再去多買一些書吧！」之後就離開了。文字佈道士馬上跪下，感謝上帝的祝福。

當他到達另一片空地時，發現另一位陌生人也向他詢問相同的問題。這次那陌生人給他較小額的鈔票，並說：「再去多買一些書吧！」之後也離開了。現在文字佈道士的心中不再懷疑，他所遇到的都是來自天堂的天使。

上帝的天使當然知道辛巴威在哪裡，因為他們之前常常與文字佈道士們在那裡工作，至今依然如此。這些忠誠的文字佈道士們，常常必須在極度艱困的環境中工作，把福音帶到那些精神灰暗的生靈手中；然而他們知道上帝的天使都與他們一同工作，並給予勇氣與熱誠。

讓我們今天為所有辛巴威的文字佈道士們祈禱。由於他們認真推銷上帝的書籍，如今有許多生靈進入教會。每年有許多顧客在閱讀書籍之後，都成為基督復臨安息日會的成員。我們特別向那些依然信守呼召的文字佈道士們致意，就像今天的故事一樣，他們也會感激你的祈禱。

尼奧莫瑞諾

「不是你們揀選了我，是我揀選了你們；並且分派你們去結果子，叫你們的果子常存。」約翰福音15：16

今天的故事來自菲律賓。往往必須花費幾週、幾個月才能讓人們轉變信仰上帝，但今天的故事是聖靈如何在幾分鐘之內就讓人們信服上帝的真理。

某天，文字佈道士尼奧莫瑞諾在一位顧客的家中過夜。那家庭中有三個小孩，夫妻倆人在當地大教會中都有相當的分量。

他們向尼奧購買一本《善惡之爭》，並開始詢問許多關於新耶路撒冷的問題，尼奧盡己所能地回答。第二天吃早餐時，他述說新耶路撒冷的故事，有關它的基礎、黃金街道、生命之樹、生命之河，和擺滿各種水果的長桌。

尼奧述說故事時，這對夫婦的臉頰上已充滿淚水。他們慢慢吸收尼奧充滿感情、信心所說出關於新耶路撒冷的字字句句。那位先生對妻子與小孩說，希望成為復臨教會的信徒，並詢問他們是否願意加入。

他們相當快樂地給予願意的答覆，跟隨他加入復臨教會，如此他們便能一起生活在沒有痛楚、死亡、悲傷、哭泣的新耶路撒冷。

這幾乎是立即的信仰轉變。整個家庭，以及住在同一個鎮上的弟兄姊妹都一起改變信仰。由於尼奧拜訪這個家庭，以及持續進行後續的工作，使這屬靈黑暗的城市誕生一座新的教堂。

絕不要低估聖靈讓人信服的力量。他持續教導人心，讓他們更接近上帝。這次他利用尼奧在適當的時機下，告訴這家庭一個美好的故事，幫助他們去支持真理。無疑地，世界上還有許多生靈正等著拜訪，並將他們的想法導向天堂。

我們今天為菲律賓整個國家祈禱。那裡是世界上教會急速成長的國家之一，每年菲律賓都有上千個生靈受洗，大多數人都可將最初的信仰追溯到因閱讀我們的出版物而起。有4,000多位的文字佈道士們在那裡傳播福音的種子，而這數字幾乎每天都在成長。一起為菲律賓的事工祈禱吧！

7月/23日·故事204

文字佈道士女士

「你們多結果子，我父就因此得榮耀，你們也就是我的門徒了。」
約翰福音15：8

今天的故事來自日本，那裡有超過98%的人不是基督教徒，要讓他們改變信仰到教會裡始終不是一件簡單的事。然而，文字佈道士們多次看到自己工作的成果並為受洗的人們作見證，他們不屈不撓的毅力也為他們的心靈帶來喜樂。這就是日本佐世保的辻女士所經歷的故事，她敘述著說：

「某個夏天，我想拜訪另一個教會的信徒，他以前參加好幾次我們的佈道會及安息日聚會。當我到他家門前，忽然有點緊張，開始遲疑是否去拜訪，起初我離開了，但不久後我強烈感受再回去的訊息，至少留一份《時兆月刊》的特刊給他，所以我又回去敲門。他邀請我進去和女主人聊天，她問了許多我們教會的教義，尤其是關於安息日的問題。我盡量簡單的解釋，她似乎也相當感興趣。

「第二天我又再度拜訪，這次我借給她一本《先祖與先知》。這次拜訪很成功，她承諾在下次安息日參加我們的教會聚會。她真的來了，從此之後沒有在安息日缺席，並認真與牧師一起研讀聖經。雖然她在她的教會中擔任重要職務，但她還是決定加入上帝的餘民教會。

「她先生是一位縣警察局的分局長，而她是婦女聯合節制社的社長。城內有些教會都想盡辦法將她留下，但她仍然堅持維護真理。

「最後，在10月裡寧靜的一天，她受洗了，並加入守上帝誡命的家庭。她的丈夫繼續留在原本的教會，堅持自己絕不會成為復臨信徒。後來，從去年12月開始到我們的教會。感謝上帝的靈深深打動人心，那位丈夫的人生完全改變了。」

日本的文字教士們值得讓我們為他們祈禱，不只是今天，還有今後的每一天。當他們在文字佈道工作中獲得成果，看到許多受洗的生靈時，我們也與他們感受相同的歡樂。像日本這樣的國家中，每一個為天堂贏取的生靈都是恩典的神蹟。由於文字佈道士們的忠誠，福音才能在日本傳送到生靈手中，否則他們可能永遠不會有其他的方式接觸到福音。

暴風雨也可能是好日

「以致剩下的，好像山頂的旗杆，岡上的大旗。」以賽亞書30：17

羅斯湯瑪士告訴我們以下這個關於文字佈道士柏妮斯高茲的勵志故事。

柏妮斯高茲從一開始就註定成為一位成功的文字佈道士，因為她愛著人們，也相信他們會願意買書，所以她不害怕要求人們買書。我在某個炙熱的日子與她一同工作，我問她：「妳不覺得又累又熱嗎？」

「不，我若不承受這炎熱去拯救人們，他們將要承受比現在更無法忍受的炙熱。」她如此回答。

柏妮斯在底特律的貧民窟挨家挨戶工作著，但似乎清寒的家庭反而會購買宗教書籍。她來到一棟大宅前，主人很友善地歡迎她，但還是面臨一再推託的狀況：「妳改天再來，我們再談吧！」

約定的日子來臨，柏妮斯卻生病了，而且那個傍晚的暴風雨很大。她說：「我覺得糟透了，頭痛欲裂，但我與上帝有個約定，所以我跌跌撞撞地走出房子，在視線模糊的情況下開車。那家人看到我在暴風雨的夜晚仍信守承諾，感到相當驚訝。他們熱誠歡迎我，並準備好購買書籍。當我詢問是否想參加聖經課程時，他們同意了，所以我安排每週二晚上上課。」

不久，整個家庭接受福音受洗了，女主人也決定成為兼職的文字佈道士。從此，這位住在山上磚造房屋的和藹女士常去拜訪卑微的人家，告訴他們自己有多麼愛著耶穌。像柏妮斯高茲這樣的人，她的生命將會有什麼樣的結果？

我們需要更多像柏妮斯高茲一樣奉獻的人們，把福音帶到絕望世界中，否則當寬容之門關上時，若那裡的人們尚未準備好，他們將要承受極度的炙熱。超過22,000位文字佈道士正傳播著書籍，就像秋天的落葉般，但這還不足夠，我們需要更多的人手。

讓我們在今天的祈禱中，為那些背著重擔，不，為那些對生靈有愛，並願意去接觸精神灰暗的人們而感謝上帝。上帝除了你的手足之外，沒有其他的方式可將美麗的福音帶到這垂死的世界。

是的，你該考慮接下這項挑戰，並確定自己有能力接受上帝給予的賜福。每一項挑戰，都有多樣的祝福與保佑。

7月/25日・故事206

上帝無畏的使者

「那帶種流淚出去的，必要歡歡樂樂地帶禾捆回來。」詩篇126：6

多年來，上帝持續將門打開，讓福音種子在越南種下。隨著戰爭到來，福音的傳播愈顯困難，賣書也變得愈危險，但被種下的種子必會在多年後的今天開花結果。即使目前越南沒有正式成立教會，但賣給人們的書籍將會繼續宣揚福音，並有上百個生靈被拯救接近真理。

有些文字佈道士在文字佈道工作中，付出了極高的代價。

杜汪凱伊1941年畢業於聖經訓練學校，並在越南時兆出版服務直到1946年。隨後他加入文字事奉，在距離西貢約5公里的郊區工作。某天他正挨家挨戶拜訪時，被六名身穿黑衣、配戴槍枝的陌生人攔下；他們帶著他和他的單車走到路的盡頭，那就是他最後的蹤跡。他留下了妻子與2個小孩。

杜汪霍華在1950年加入文字佈道工作。當他在用晚餐時，兩名陌生人帶著機關槍闖入他的住處。他的雙手被電線捆綁，並被強制帶離，留下他的妻子與2個小孩。

奈高凡費從1950年開始在鄉村賣書；他是一位認真的工作者，也是一位成功的文字佈道士。某天一早，費帶著滿滿兩袋書籍和午餐，騎著單車離開住處後，不再回來，妻子與4個孩子再也沒有看過他。

努谷岩凡明與喬曼賽在村莊間賣書並提供聖經課程。9個月積極服務之後的某天，他們前往距離西貢4公里左右的區域工作，卻不再回來。他們各自都留下了妻兒。

列特倫在距離西貢730公里遠的村落工作，不久就失去蹤影；他的妻子開始務農，養活自己與3個小孩。

努谷岩魯積極販賣書籍6個月之後，他在前往鎮上時被綁架，留下了妻子和4個孩子。花了將近5年的時間，他才脫離綁匪回到家裡。

接下來的幾頁還有更多關於越南這些無畏、勤奮的的文字佈道士的故事。這些可敬工人的血，就像種子一樣，在多年後的今天帶來豐收。他們辛苦售出的書籍依然與最初被買時一樣，從無間斷地傳誦著拯救世人的福音。為所有奉獻的文字佈道士們祈禱，即使需要付出自己的性命，他們依然不畏懼把福音帶給這個垂死的世界。

上帝的保護

「耶和華果然為我們行了大事，我們就歡喜。」詩篇126：3

妲與歐娜是兩位在越南為上帝服務的年輕女文字佈道士。某天早上，歐娜問：「妲，妳今天打算穿什麼？」「嗯，我也不知道，大概穿白色的洋裝吧！」妲邊整理頭髮邊問：「那妳呢？」

「我穿粉紅色的洋裝，因為白色那件已經髒了。妳何不也穿粉紅色的？這樣我們就會看起來很一致。」

穿過房間，妲遲疑了一陣才回答：「我覺得白色看起來比較端莊，而且我今天想要賣出很多書。但如果妳喜歡的話，我也可以穿粉紅色的。」

每天早晨這兩位年輕女孩前往她們的工作區域時，都會經過西貢中央市場。這天，她們提著裝滿書籍的公事包出門，由於市場總是很擁擠，所以沒有注意在市場前，正準備舉行一場抗議政府對待佛教徒的示威遊行，她們在這個特殊的早晨沒有感覺任何的異常。

當她們忽然發現自己置身於學生團體中，準備遊行以表達對政府的感受時，可以想像兩位文字佈道士有多麼驚訝，而且她們找不到任何方式離開。

警察快速地行動想平息這場遊行，出動大批警力包圍此團體，他們一個接一個殘酷地把學生抓到卡車上，送到監獄中。兩位文字佈道士嚇壞了，她們怎麼有可能脫身？她們很可能會被認為是這個學生團體的成員，現在只有上帝可以幫助她們了。

奇妙的事情發生了，警察把所有人帶走，單單留下兩位文字佈道士獨自站立在市場前。她們相當困惑，當她們總算控制住自己發抖的雙腿之後，她們快速地前往目的地。她們到後來才知道警察沒有將她們帶走的原因——她們兩個穿著粉紅色的衣裳，而其他的學生們都穿白色。

有了這次的經驗，這兩位年輕女文字佈道士更加堅定信仰，她們不再害怕走訪人家，甚至要在最偏遠的地方工作。

如之前所說，由於政府的限制，目前越南沒有任何一位文字佈道士在活動。讓我們真誠地祈禱這扇門將再度開啟，讓文字佈道士們可以在越南贏取那些珍貴的生靈。因為有上帝同在，所以必能開啟越南文字佈道的大門。

7月/27日．故事208

忠誠的文字佈道士

「因為上帝賜給我們，不是膽怯的心，乃是剛強、仁愛、謹守的心。」提摩太後書1：7

越戰期間，我們的文字佈道士多次面臨死亡關頭；但他們知道是誰呼召他們，並願意在任何情況下表現忠誠。

兩位文字佈道士特蘭凡托與佛戴伊，被派到距西貢約100公里處，三角地區的建和村落工作。兩位文字佈道士搭小船前往，靠岸時一群男子詢問他們的身分及所從事的活動。幾分鐘後，他們被那群男子帶到村落首領面前，當晚他們就被交給越共。

越共蒙住他們的眼睛，整個晚上不停的行進。黎明時，他們到達越共營區，被質問了好幾個小時。當他們說出區會會長是美國人時，他們被指控是美國帝國主義者派來的間諜。在好幾個小時後，他們被關在一間房間內。第二天，他們被帶到一個村莊，允許自由活動但不許離開。兩位文字佈道士盡力地幫助村民，和他們和藹地交談，而村民們似乎也被感動。

時間一天一天過去，這兩位年輕的文字佈道士依舊不知道會有什麼事降臨在身上。他們持續地祈求上帝保護，漸漸地，他們獲得一些人的信任。雖然白天他們可以在村落內自由活動，但晚上還是會被鎖在房間內。

某天，越共再度回來質詢他們。他們被告知，若願意在安息日時工作，並放棄原本工作的話，他們將可以獲得釋放。但這兩位年輕文字佈道士不同意放棄文字事奉的工作，也不願意在安息日工作，越共因此威脅要殺害他們。他們被帶出村莊，在一處跪下，他們要求在執行前禱告。當他們跪下祈禱時，越共似乎變得迷惑且混亂；他們要文字佈道士們起身，並把他們帶回村莊。文字佈道士們再度被關在房間中。

一名越共首領詢問村民這兩個罪犯到底在做些什麼，村民開始訴說這兩位都是好人，不應該接受任何刑罰，應該被釋放。在越共持續受到來自村民的壓力之後，文字佈道士終於被釋放，並被遣回西貢。這些勇敢的文字佈道士不久就重新振作，並再度出發推銷充滿真理的書籍。

上帝現在需要願意為祂的真理挺身的男女。即使面臨身命危險，我們不應該遲疑為祂見證。

7月/28日・故事209

上帝派來警員

「我的膀臂豈是縮短、不能救贖嗎？我豈無拯救之力嗎？」
以賽亞書50：2

文字佈道士威爾斯維藍紐瓦，在菲律賓巴錫蘭省的一座城市Maluso工作時，深深地體會到天使必時時伴隨文字佈道士的應許是千真萬確。他剛好在Maluso小學完成兜售工作，在那裡有一位老師要他去拜訪一位朋友，就住在離學校1公里遠的地方。

當威爾斯朝著那戶人家走去時，他發現自己身後跟著兩名男子。起初不在意，因為他覺得他們可能正要前往自己的農場。但不久，他發現身後增加4人，其中一位拿著大刀，另一個手中握有長棍；他們以回教區方言交談。

威爾斯變換著路徑三次，看看那些男子會不會繼續跟著他。很顯然地，無論他走得快或慢，他們始終保持距離跟蹤。

他發現自己正接近一個隱身處，或許他可以藉此逃脫。此時，他想起上帝曾經承諾會帶來救助，因此他開始祈禱：「上帝，若這是我生命的終點，我絕無異議。但請上帝想想我的孩子們，他們可能在我們的學校完成教育，有一天也將服事您，就像現在我樂意一樣。」

短暫祈禱後當他睜開雙眼，他看到一位警察帶著微笑朝自己走來。他馬上歡喜地與警察握手，並要求與他同行，那位警察也很樂意。

當他們一同行走時，他問警察是否知道跟在他身後的那些人。警察說其中有兩個是強盜，因為對他美麗的公事包相當感興趣，認為裡面裝了許多的錢。在看到這名警察之後，這四人迅速地轉身失去蹤影。

當威爾斯到達客戶家門口時，警察說已經安全了，並祝他好運、道別之後就消失了。威爾斯相信自己是與一位警察姿態的天使一起行走。

「天使被任命為我們的救助者，他們往來於地球與天堂之間。」《南方守望者》（The Southern Watchman, Apirl 2, 1903）

天使就像你每天晚上的床舖一樣踏實。他們尤其會陪伴那些服事上帝叫人們準備好在耶穌乘著天堂的雲再臨時迎接祂的人們。今天讓我們為上帝替僕人們提供的特別服務而感謝祂。

7月/29日．故事210

瑪利亞莉莎布格伊朗（第一部分）

「我是耶和華——你的上帝，教訓你，使你得益處，引導你所當行的路。」以賽亞書48：17

這篇關於瑪利亞莉莎布格伊朗轉變的故事始於1968年，當她前往馬尼拉為自己教區興建學校而籌募基金時，她只是一位修女。在馬尼拉停留期間，收到來自朋友、親戚的捐款，她參加教會社福的慈善活動；在一項火災受難戶的福利活動中，她遇到一群基督復臨安息日會的社福工作人員，與其他社福團體一起行動。

當那些基督復臨安息日會的社福工作人員帶領活動時，瑪利亞有感於他們做事的方式及方法。之後她在他們的真誠與和善中，驗證了這些感動。在這短暫的接觸中，她與一位文字佈道士的太太，盧本邦蒂羅女士建立友誼。

瑪利亞與邦蒂羅談得非常起勁，最後瑪利亞同意參加辛加隆的復臨教會服務，而邦蒂羅是那裡的成員。但瑪利亞並沒有對邦蒂羅表示，她將向復臨教會信徒籌募基金的計畫。

安息日到來，瑪利亞發現自己生平第一次置身於復臨教會。她聆聽詩歌、聖經的研習，以及佈道。她專注的態度看起來是出自有禮而非信仰；她到這裡來不是為了成為復臨信徒，而是想為學校興建計畫籌募資金。

當她為興建學校募款時，辛加隆的教會信徒們大方給予回應，這又讓她對復臨信徒更多了一份感動。從這次拜訪開始，之後又持續數次，直到她離開馬尼拉回到自己的教區，內格羅斯省的杜馬格特市為止。

上帝感動了邦蒂羅，讓她繼續與瑪利亞莉莎藉由信件維持聯繫。她常寫信瑪利亞，並提醒她閱讀《善惡之爭》，那是她在瑪利亞離開前送她的書。邦蒂羅也寄《時兆月刊》給瑪利亞，告訴她可以從閱讀中和朋友分享時獲得樂趣。此時，邦蒂羅和丈夫都不停地向上帝祈禱，請求祂開啟瑪利亞莉莎的心靈，讓她從收到的書籍、雜誌中發現真理的福音。

下則故事繼續閱讀瑪利亞接下來的經驗，並看看她是如何找到耶穌成為自己的救主。復臨信徒的友誼以及他們真誠的關心，完全改變她的生命。今天讓我們為菲律賓強大的文字佈道士團隊而祈禱。他們的熱誠與奉獻正是我們渴求的。

瑪利亞莉莎布格伊朗（第二部分）

「在黑暗中行走的百姓看見了大光；住在死蔭之地的人有光照耀他們。」以賽亞書9：2

邦蒂羅一家人的祈禱並非徒然無功。就像一位奉獻的文字佈道士一樣，邦蒂羅夫婦為他們天主教朋友，瑪利亞莉莎的生靈，背負著重擔。他們不知道上帝將如何回應他們的祈禱，但上帝總早有計畫，且永不落空。

幾個月後，在瑪利亞莉莎閱讀一些復臨教會的出版品後，瑪利亞前往馬尼拉進行體檢。在她心中感受一種渴望，但她卻無法形容。當聖靈對她心靈說話時，她感覺到一種精神上對和平的渴求。由於她將在馬尼拉待一段時間，她需要一個可以感受到人情溫暖、對生靈有所助益的地方。文字佈道士邦蒂羅夫婦是再好不過的選擇，於是她前往拜訪，他們也相當歡喜接待她。

與邦蒂羅一家相處的日子是瑪利亞生命中美好的時光之一。由於住在復臨信徒的家庭中，早晚的禮拜以及進行的家庭活動中，使她更進一步地被引向她的救主。她全神貫注於聖經研讀上，生靈也渴望獲得上帝的話語。她和邦蒂羅家庭定期地出席復臨教會崇拜聚會，參加教會佈道活動、舉行聖經研讀課程，與發送福音書籍等。

邦蒂羅先生與妻子當時正與21位成員講解聖經注釋課程，瑪利亞莉莎主動幫助他們照顧這個大班級，不久之後，21位成員都受洗了。

在離開馬尼拉之前，瑪利亞莉莎在伊朗舉行洗禮，並成為基督復臨安息日會的教友。她前往杜馬格特市，不再加入以前修女們的修道院學校，而是進入了當地的復臨教會完成上帝的事工，就如她所說的一樣：「要做的事情太多，但上帝只剩下極短的時間。」

瑪利亞莉莎多年來一直都是教會中很活躍的成員，不久她的妹妹也跟著受洗。她們兩個開始為那些對城市改革運動有興趣人提供聖經研讀課程。瑪利亞對於貧困、需要幫助的人們有一份特殊的愛，她花了大部分的時間為他們服務。

你不覺得瑪利亞的轉變是一項恩典的神蹟嗎？是的，這的確是！上帝運用一位文字佈道士和他的妻子，把這個珍貴的生靈帶到耶穌面前。今天讓我們為更多奉獻於上帝事工的文字佈道士們祈禱。我們迫切地需要他們！

7月/31日・故事212

文字佈道士與預言

「我不但為這些人祈求，也為那些因他們的話信我的人祈求。」
約翰福音17：20

某個星期日下午，軒拿加保勒羅坐在起居室中閱讀小說，一邊喝酒一邊聽著廣播。他與妻子爭吵過數次，現在正打算離婚。聖經預言課程帶給他相當多的感動，並準備索取廣播通信課程。

軒拿加保勒羅是巴拿馬政府的鉛錘測深調查員。某天他執勤時，來到巴拿馬市一棟公寓作業；那裡住著一群女文字佈道士。他到達這棟公寓，解釋自己的工作，並獲准進入屋內進行探測。那時已是星期五傍晚，接近日落時分。那群文字佈道士的領導人賽諾拉雅李佳感受到自己應該要求這位先生留下來參加日落禮拜；因此她向他說明意圖，雖然他聽到「日落禮拜」時，臉上浮現奇怪的表情，但他還是答應留下來。

她們唸了一段聖經，隨後開始祈禱，並在祈禱中請求上帝保佑軒拿加保勒羅。禮拜過後，他非常好奇的詢問這是何種組織，以及她們在從事什麼樣的工作。她們是基督復臨安息日會的信徒，說明自己所賣的書籍，卻無法在安息日時把書賣給他。

她們繼續詳細解釋自己的工作以及努力爭取的志業；她們所說的話，讓他想起之前的聖經預言課程，便詢問她們是否與聖經預言廣播課程相關，她們很光榮地給予正面的回覆，這又使得他的興趣再度增加。

之後，他幾乎買下所有西班牙文版的書籍。在受邀參加巴拿馬市的傳教會議之後，他贊成他所聽到的事物，並在其他人站起來對大家述說他們決定贏取的生靈數目時，他也起身宣布為自己設定了20人的目標。

不幸的是，他的妻子是當地另一個教會的牧師，她相當不認同自己丈夫的新信仰，並採取與他對立的立場。但無庸置疑地，他決心維護真理，成為復臨信徒。

為軒拿加保勒羅這樣的人祈禱，他們需要許多支持，且全世界存在著許多這樣的人，也為巴拿馬忠誠的文字佈道士們祈禱。

「你若有時間揚聲祈禱，上帝亦必有時間揚聲應允你。」（懷愛倫，《今日的生活》12頁）。

8月/1日・故事213

納米比亞的亞佛瑞德凱茲

「若為作基督徒受苦，卻不要羞恥，倒要因這名歸榮耀給上帝。」

彼得前書4：16

為了把真理帶入人們家中，文字佈道士有時候必須耐心忍受一些傷害、嘲笑，甚至是痛苦。這些亞佛瑞德凱茲都經歷過，他是一位納米比亞忠心的文字佈道士。

某天凱茲弟兄來到一戶人家，準備找個方法好為他所攜帶的真理書籍作展示。然而，在他有機會說話之前，甚至是在他敲門之前，有位男士已衝出門外對他大吼大叫，他不等凱茲弟兄尚未作出任何回應就開始攻擊他，弄壞他的眼鏡，並在他眼睛上方的前額弄出一個大傷口。

這位男士的妻子走出來看到這樣場景，便要她丈夫進入屋內。就在她丈夫一進門，她便帶凱茲弟兄到她祖父的住處。這位祖父非常和善，他們一起把凱茲弟兄帶到醫院去。醫生為他縫合傷口，之後那位女士便送凱茲弟兄回家。

第二天早晨，那位女士、她丈夫、祖父一起到文字佈道士的家，但這不是普通的拜訪。他們來為那男士之前的行為道歉；他現在已冷靜下來，並要求凱茲弟兄原諒。祖父說：「你可以隨意處置他，他做錯了事，無論你怎麼做，他都該承受。」

凱茲弟兄仁慈地寬恕了他，他相當地感激，並買了一些書籍。他開始對凱茲弟兄的信仰感到興趣，現在也研習聖經課程，以更了解耶穌以及祂的愛。

以這種方式讓一個人研讀聖經課程可能很不尋常，但我們常常經歷上帝會運用神奇的方式，把人們帶到真理之中。

今天我們要為納米比亞的文字佈道士們祈禱，那裡還有許多生靈等著聆聽救贖的故事而禱告。我們祈禱文字佈道士們無畏地前進，忠心地做上帝所託付他們的工作。

「若我們願意在上帝面前自我謙卑，親切有禮、和藹、存心溫和、憐憫，那現在只有一人悔改信主的地方，必是有一百人回轉認主了。」（懷愛倫，《教會證言》原文189頁）

8月/2日・故事214

然後，盲者得以見物

「有一件事我知道：從前我是眼瞎的，如今能看見了。」

約翰福音9：25

柯路加是一位華裔馬來西亞人，自他出生開始就已全盲。

但這不妨礙他去愛主耶穌，並成為文字佈道士為祂服務。路加相當獨立，幾乎可以和一般正常人一樣四處旅行。某個星期日，新加坡的文字佈道士傑米玻里帕達前往馬來西亞一座城市，招募並訓練新進的文字佈道士。他在那裡遇到路加，並為他的誠摯和獻身留下了深刻的印象。路加當時還不是基督復臨安息日會的會友，傑米邀請他前往新加坡的家，以便一起研讀聖經。路加自己設法到了新加坡；某天晚上當傑米回家時，便發現路加正在家門口等待。

傑米為路加唸著以賽亞書35章，其中第5節尤其直敲路加的心靈。上面寫著：「那時，瞎子的眼必睜開，聾子的耳必開通。」對於一個出生即全盲的人而言，寫下這段在某天得以看見的應許，吸引了他的注意力。傑米進一步指出，在上帝的國度中，將不再有疼痛、悲哀、哭號，我們將面對面見上帝。路加使用著他的點字聖經，之後他們一起研讀上帝的話語。

隔天早上他們要分離時，傑米邀請他再度來訪共同研讀聖經。第二週，路加又回來尋求更多的精神食糧；當晚他們一起研讀到深夜。路加開始定期拜訪玻里帕達的家，他一再地造訪，以求更加了解上帝的話語。在連續幾個月的聖經研讀之下，路加已清楚地了解真理，並接受耶穌為他個人的救主。不久之後，他就受洗成為上帝教會的一員。

路加決定以自己獨特的方式成為文字佈道士。他拿了一些雜誌，並把它們賣給所有感興趣的人，也向別人分享他的信仰。柯路加的故事是主的神蹟。在最近的一次出版社的訓練會上，路加獲得更多的指點，為他的主成為一個成功的見證人。目前，路加可能受限於見證的能力，但他盡其所能地努力。那麼那些擁有雙眼、視力正常的人呢？他們能為上帝付出更多嗎？

今天我們為這群獻身投入上帝事工的人，願意把復活的救主這美好的福音帶給這陷入悲苦的世界中而祈禱。如路加般這樣獻身的人禱告，同時也為比我們更不幸的人禱告，隨時預備你自己可以為上帝的靈以祂認為最好的方式來使用你。

真實見證的價值

「他們叫我和你們心裡都快活。這樣的人，你們務要敬重。」

哥林多前書16：18

我們無法為一位生靈標出其價值，正如不可能為上帝作見證標出其實際價值一般。很少有人會寫信到我們這裡來感謝文字佈道士們的拜訪，但我們還是收到了下面這一封信，它寫著：

親愛的先生：

最近你們有一位推銷員到我們家裡拜訪，並賣給我們一套《聖經故事》。我想讓你們知道，貴公司有這樣一個人為你們服務，是多麼幸運的一件事。

他是我遇過最友善、真誠的人。在我38年的歲月中，我遇過許多的推銷員，我可以老實地說，他真的是一個特殊的人。他感動了我的丈夫與小孩，不卑不亢。他相當地隨和、真誠，讓我們感覺似乎已經認識他很久了。

他待在我們家裡的45分鐘，讓我們的生活與以往截然不同。在現今的世代已經很少會遇到這樣的人了，我不知道該如何表達那位男士讓我們對推銷員的印象完全改觀，我只知道他讓我們改變了心意。

當你們的推銷員準備離開我們家時，他問是否可以為我們家祈禱。那祈禱簡短有力，我想讓你們知道那禱告有多溫馨，到最後我實在不得不說出「阿們」。我的眼中泛滿淚水，無言以對；他的出現為我們家帶來感動。

他不知道我正在寫著這封信給你們，也不知道那晚我的感受。我覺得他只是單純表達出自己，並不知道他本身對我們的影響。我只是想讓你們知道，你們的員工中有這樣一個好人。

我們買了《聖經故事》，並非常喜歡閱讀故事內容，但我覺得沒有比那位和善的男士來我們家拜訪，還有更好的故事了。我們覺得他就像是一位天使，家帶來和平，並將人性和善的溫馨留給我們。雖然他身為推銷員，但在我的看法中，他卻是一位裝扮成推銷員的天使。

茱蒂L.太太　謹上

一種神清氣爽的生活比起講道更有力量。

8月/4日・故事216

位居要職的人（第一部分）

「萬國要來就你的光；君王要來就你發現的光輝。」

以賽亞書60：3

羅斯湯瑪士，一位實實在在的文字佈道士，於世界各地服務時有了以下這段經歷，這些經驗影響所及之結果只有在耶穌到來時，我們才能得知。

「當我們帶著書籍拜訪時，南韓的四星將軍表現得相當親切。交易完成收到書款後，我們冒昧地問了一個問題：『將軍，我們發現你有些書買了好幾本，而《教育論》卻只買一本，可以告訴我們為什麼嗎？』」

他回答說：「如你所知，這些書將送給我的將軍們，但位居高職的領導必須擁有他的部下所沒有的東西，因此這本書將會留在我的辦公室裡。」我們為他的睿智報以微笑，並感謝他接受我們訪問。我們離開時，並沒有想到不久即將再度拜訪。

軍隊中有些年輕的基督復臨安息日會信徒不願意配戴槍枝，因此我們有些人得與將軍會面，並被要求為這些男孩們說情。

當問題呈上時，將軍回答說：「我希望能以更直接的方式幫助你們，但我卻無法這麼做。軍隊政策規定，一個人若不帶著武器上戰場，就不算是一個士兵。即使我身為將軍也不能改變軍中的規定。」而後他會心微笑說：「我現在告訴你們我所能做的事，我會建議我的指揮官們不要強硬執行這項規定。」

上帝再度以美妙的方式，為祂在韓國軍中服役的子民介入干涉，上帝安排羅斯湯瑪士牧師與其他的文字佈道士，在事前與將軍見面為此鋪路。有些人可能認為這是巧合，但上帝的子民，我們稱這是上帝的看顧，上帝關懷我們，我們也明白祂的愛。

以下也是一些文字佈道士在帶著上帝的書籍，拜訪位居要職的人們所發生的故事。就像巴比倫王面前，上帝與但以理及他的朋友們同在一樣，現在，當祂的子民冒險去拜訪那些「位居要職」的人們時，上帝也與他們同在。

今天我們為這些在「高位」的人們祈禱，為你的政府官員、總理、以及所有致力於國家發展的人們祈禱；同時也祈禱他們的心門將為真理而開啟，並讓真理找到途徑進入他們的手中、心中。上帝可能就要你今天去拜訪這些人，若祂真的如此，你已經準備好出發了嗎？

位居要職的人（第二部分）

「因為耶和華必在你們前頭行；以色列的上帝必作你們的後盾。」
以賽亞書52：12

當羅斯湯瑪士牧師正在中東工作時，他想要拜訪沙烏地阿拉伯的國王，但這不容易，他費了很多心血在秘書的關卡上，因為秘書試圖阻礙他的工作，但忠誠的文字佈道士們深知上帝總有方法將門開啟或關上。以下是羅斯的故事。

我們在中東計畫旅行的「康莊大道」之一，就是去拜訪沙烏地阿拉伯的國王，然而國王的私人秘書拒絕讓我們與國王見面。我問他說：「你在哪裡學到這麼一口流利的英文？」他烏黑的眼睛散發出光芒，回答說：「我畢業於內布拉斯加大學。」我說：「讓我們握個手吧！我才剛從那裡回來，過去5年裡我一直都在內布拉斯加的林肯市工作。」

他們繼續交談，直到警車與摩托車隊到達，羅斯與他的同伴都相當興奮地站著，國王到了！秘書直接走向前去，並示意他們跟著他。在訪問時，國王會在一個大房間輪流、快速地接見來訪者，兩位文字佈道士不只受邀進入房間內，他們還允准在國王的左右坐下。不久，有人為他們各自送上一杯香草茶，象徵著：「歡迎光臨，祝你平安，你與國王共同飲茶。」

國王微笑著，羅斯也以微笑回禮，他們一起喝茶，該是談生意的時候了，羅斯說：「尊貴的哈利德國王，我們家庭健康教育服務社是提供世界上最重要的書籍，並希望與這個國家的人民分享。」在一陣歡樂的談笑中，國王回答：「我們國家歡迎你們的書籍。」並起身與他們握手。會談到此結束，他們走出房間，各自獲得一張國王的親筆簽名照。

我們還無法得知接下來的故事，我們還需要更進一步的溝通與佈道，但這無非是開啟門戶的起點，讓上帝充滿真理的書籍得以進入沙烏地阿拉伯。這個國家有許多富有人家會前往埃及的亞歷山大、開羅渡假，而我們在埃及的文字佈道士們將書籍賣給這些渡假者，他們再把書籍帶回自己的家鄉，總有一天，這條路上的燈光將一直照耀，宛如光明之河一樣。

今天我們為那些依舊緊閉門戶，不接納耶穌基督福音的國家而祈禱，祈禱更多扇門將被開啟，更多光進入這些靈性黑暗之地，因這裡的人尚不知道上帝的真理，光將藉由各種方式進入人心，但同時也迫切需要你的祈禱。

8月/6日．故事218

位居要職的人（第三部分）

「你們倒要稱為耶和華的祭司；人必稱你們為我們上帝的僕役。」

以賽亞書61：6

許多中東著名的回教徒們都為這位耶穌所吸引，文字佈道士羅斯告訴我們以下的故事。

某天，在開羅，我們發現自己身處一個豪華的客廳中，有位友善的女士很爽快地購買我們的書籍。在我們離開之前，我受到感動地說：「女士，我知道妳是一位回教徒，若我請妳買下這本描述耶穌生平的最佳書籍，是否會讓妳感到困擾？」她回答說：「不，我接受你的要求。」

我們離開後，與我同行的文字佈道士說：「妳知道那位女士是誰嗎？她是埃及最有名的演員兼歌手。」

又有一扇門被開啟，讓上帝的真理找到途徑進入身居要職的人家中。

與韓國總統接觸則是一件容易多了的任務。我與一位看起來像大使的退休牧師一起坐在汽車後座，司機由一位美國人擔任，就像貴賓一樣，我們通過了門口的警衛，他們甚至沒有詢問我們是否與韓國總統有約。

總統的秘書很熱情地歡迎我們，我們只花了幾分鐘訪問，就讓總理成為我們書籍引以為傲的人。我們感謝上帝再度讓我們通過保全的大門，得以與高位的人們接觸。除了文字佈道士之外，誰能擁有這種特權？

「你看見辦事殷勤的人嗎？他必站在君王面前，必不站在下賤人面前。」（箴言22：29）

一切都在上帝的運作中。我們何必害怕去拜訪那些高位者，把真理帶給他們？就像耶穌為我們而死一樣，耶穌不也為那些人獻出生命，可不是嗎？一位有勇氣的文字佈道士諾門漢普納曾經送給美國總統一本書，他走向副官說：「我有個禮物要送給總統。」並讓他看一本美麗的書。他獲得允許，當總統經過時，我們的書籍就遞在他手中，總統說出感謝的話，又有一顆真理的種子被種在「要職」。

今天我們為那些被派往接觸「要職」人們，將上帝的真道帶給他們的文字佈道士們祈禱。他們需要勇氣、異象以及你的祈禱，讓他們通過關閉之門，去接觸那些可能永遠不會有其他方式來接受真理的人們。請為他們熱切地祈禱。

8月/7日・故事219

書面的話語將持續其力量

「你們蒙了重生，不是由於能壞的種子，乃是由於不能壞的種子，是藉著上帝活潑常存的道。因為凡有血氣的，盡都如草；他的美榮都像草上的花。草必枯乾，花必凋謝；惟有主的道是永存的。所傳給你們的福音就是這道。」彼得前書1：23－25

被寫下的上帝話語大有力量，比任何事物都要持久，即使只有一頁，其中的真理依然讓人的生命往好處轉變並讓他們認識自己的造物主與救贖主。

丹尼爾佐作與同學都是喀麥隆基督復臨安息日會基督學院的學生，他們必須在學生離開時清理學校宿舍。某天他們發現了一疊舊的安息日學季刊，丹尼爾想：「噢！有了這些書，之後回家的路上就有樂趣了。」他把這些季刊放入行李箱中帶回自己的房間。

幾天後，在前往喀麥隆雅溫得的火車上，丹尼爾認為玩樂的時候到了，他拿出一本季刊往窗外丟去，人們爭奪著它甚至打鬥，丹尼爾看著所有的騷動笑得很開心，所以他一再地將季刊丟出去，玩得多麼愉快！之後他發現自己若以這速度丟下去，將很快就把季刊丟完了，因此他開始把書撕開分散丟出。

四年後，丹尼爾開始在學校與家鄉之間的路段，以學生身分推銷書籍。他拜訪一位修理技師，在他客廳的牆上掛有一幅畫軸，就像安息日學中所掛的一樣。丹尼爾問：「你是從哪裡拿到那幅畫軸的？」那先生快樂地回答：「我是基督復臨安息日會的信徒，四年前在鐵路旁工作時，有個男孩從行駛的火車上丟出幾張書頁，有張就落在我的腳邊，我好奇地撿起它，上帝透過那書頁對我説話，我當場把自己獻給基督，並造訪基督復臨安息日會。」

丹尼爾眼中泛著淚水説：「我就是那男孩！」丹尼爾為了好玩，才從火車中把那些充滿上帝真理的書籍往外丟，但上帝對這些書頁卻別有計畫，它們就是要去接觸生靈，並為他們準備迎接永生。把你讀過的季刊轉送給某人，讓他可以從中發現真理，不正是一個好主意嗎？絕不要輕忽了神聖書籍的其中一頁，即使如此它依然具有力量。上帝對任何一張書頁都有計畫，我們都該與祂共同工作，在適當的時機、地點把書送到人們手上。

今天我們為所有印刷品的工作而祈禱，為全職的、兼職的，與學生文字佈道士、出版社同工，以及與此事工相關的每個人祈禱。願每個接觸這些印刷品的人們都能找到耶穌，而你可以讓這件事成真。接下這項挑戰，看看上帝如何在你生命中展現恩典的神蹟。

8月/8日・故事220

必然的收穫

「然而，人未曾信他，怎能求他呢？未曾聽見他，怎能信他呢？沒有傳道的，怎能聽見呢？」羅馬書10：14

種子的發芽、成長與繁殖是件神奇的事。它被種下時，完全被埋在土裡，看不到它的存在，感覺上把種子種在土壤中不過是徒勞，但時機一到便可看見一片綠葉，不久就出現一棵幼嫩的植株，這就是福音種子的成長。尤其是上帝的書籍，往往感受不到任何事將發生，但忽然間就會出現生命的跡象。

文字佈道士查理斯利普忠誠地從事自己的工作：推銷書籍、與人一起祈禱，並為他們介紹時兆之聲聖經函授課。朵莉絲蓋爾女士是忠實的學員之一。

查理斯拜訪蓋爾女士，她每週都很確實地寫完函授課。她進展得很快，當完成函授課時，查理斯再度問她是否清楚明白每課的內容及要點，她回答：「我相信第七日是安息日，因為聖經上這麼說。」她讓查理斯看一本很舊的《在家研讀聖經》（Bible Readings for the Home），並說：「這本書也這麼說。」她完全相信其中的真理，因為她閱讀了那本書中關於離經叛道的一章。

「蓋爾女士，妳從哪裡獲得這本書？」查理斯問。她已不記得25年前把這本書賣給她的人的名字或長相，但她說自己以前待過維吉尼亞州普茲茅斯，住在當時稱為威廉巷的地區。查理斯相當興奮，因為他還記得自己當初是多麼努力地在那個地方挨家挨戶地推銷這本書。他說：「蓋爾女士，把書賣給妳的人很可能就是我，因為25年前我就在那個地方販賣這本書。」

查理斯邀請蓋爾女士與他一起去教堂，她相當樂意。後來又增加更多聖經研讀課程，不久她就受洗成為基督復臨安息日會的一員。她常常說：「利普弟兄，我每天都感謝上帝，是祂派你到我家來。」播撒福音種子就像撒種的人把種子撒下一般，有時種子很快就發芽成長，有些卻要花很長的時間才會開花結果。但上帝看顧著所有被撒下的種子，這些種子就會依照上帝為它們所定的特殊用途，在未來的某一天實現。上帝的時機是永不出錯的！

在上帝的時間裡，書籍有一天會從書架上被取下來，並為飢渴的靈魂們所閱讀。這將在上帝的時間表中發生，而當文字佈道士們聽見自己的顧客說出那句美妙的話語：「我每天都感謝上帝曾派你到我家來，是你邀請我到這裡來的。」時，那將是多麼榮耀輝煌的一天。

8月/9日・故事221

醫生的處方箋：「聖經故事」

「良言（如聖經故事中的故事）如同蜂房，使心覺甘甜，
使骨得醫治。」箴言16：24

聖經故事及聖經書籍就像治療精神衰弱者的良藥，這可從今天的故事中學到。上帝治療壓力的方法是給人們一週有一天休息的時間，祂治療精神衰弱的方法，大概就是體驗救贖的喜悅。那豈不是解決了世間很多問題嗎？

一名內科醫生承認，聖經故事不只有金錢上的價值，而是比任何他所開的處方箋還有價值。一位憂心如焚的母親荷登太太，決定帶8歲大的小孩大衛去看醫生，她不知道大衛怎麼了，自從他父親最近過世後，他就不再和以前一樣；他不想吃、不想玩，也不想參加同年齡小孩喜愛的任何活動。

經過徹底檢查後，醫生診斷這名小男孩罹患精神衰弱，原因來自父親突然離世，而他和父親非常親密。醫生告訴荷登太太，大衛的年紀太小，無法使用一般的藥物治療。他給了一個更有效的處方箋：「到候診室拿放在展示櫃中的聖經故事，」醫生繼續說，「現在填好這個資料卡，然後把它寄出去，我要妳購買整套的聖經故事，並在每天晚上讀給大衛聽。」

荷登太太謝過醫師的忠告後，拿著聖經故事的資料卡走出去。她不想浪費時間在郵件往返；隔天，她打電話到離她家最近的「家庭健康教育服務社」，要求一名代表儘快來造訪，並向她實地介紹此套書。

一名文字佈道士前來探訪，荷登太太非常高興地買了《聖經故事》及《聖經與你》。她不用等待書籍擇日送來，因為這個文字佈道士的車上有一些書，可以直接拿給她。當晚，她就讀了第一篇給大衛聽，之後每晚都有不同的故事。大衛的反應相當好，6個月後他已經完全康復並且可以再回學校上學了。

你也相信上帝的話語有治癒的作用嗎？當然有！你每天試著讀聖經中的一個章節，去實地體驗它對你的身體和靈魂之治癒神妙吧！

今天我們為我們的社區，及世界上數千個受罪孽所苦的生靈禱告吧！為那些極需被治癒的靈魂禱告；還有，需要他人引領，以獲得治癒自己身體及心靈處方箋的生靈禱告，而你便是你社區中的那個人。

8月/10日・故事222

治療良方：文字佈道

「你們要追念往日，蒙了光照以後，所忍受大爭戰的各樣苦難。」

希伯來書10：32

克里斯是一個忠誠的教友，他和家人按時上教堂守安息日，你永遠可以在崇拜聚會的時候看到他們。克里斯總是想為上帝工作。他對生靈有一份熱愛，但他的健康有很嚴重的問題：他患有癲癇；發作時可以頻繁到一天兩次。他何以覺得自己能夠成為上帝的一位傳福音之人呢？

在帳棚聚會期間，克里斯走向幹事，並告訴他自己想為上帝工作的意願。他也把自己的健康問題告訴他，以及他的家人對於他想成為文字佈道士的不悅。但這是他唯一可以事奉上帝的一種方法，他非常地想要這麼做，但委員會會考慮他的申請案嗎？如果不行，克里斯只能接受事實。

在仔細考慮後，委員會准許克里斯的申請。成為一名全職文字佈道士的門現在已經為他打開了。克里斯開始工作，並且從一開始就非常成功。他是生靈的守望者，幾乎所有的銷量都是自己送上門來。不久之後，他的幾名顧客開始參加聖經研讀。後來，有一部分的顧客也受洗了。克里斯很高興，他的快樂使他的健康也有所改善，現在癲癇他已經很少再發作。他成為文字佈道士有5年的時間，並且帶領不少人進入教會。

之後克里斯決定辭職，他失去為主工作的異象，他到另一家公司工作服務，這可以為他賺取更多的錢。他接受了這個職位，但癲癇很快又發作了。在他朋友心中無疑地認為，當克里斯在為拯救生靈而工作時，上帝治癒了他的疾病，但是當他停止工作時，癲癇也回來了。

在聖經中有一個章節：「上帝的恩賜和呼召，是不能改變的。」祂的呼召是件很嚴肅的事，絕不可以輕而視之。上帝對祂呼召的重視，就像那些忠心為祂工作之人，祂也重視那要給他們的應許。

今天有些人將文字佈道這項聖工視為一項職業，那就讓我們為這些人禱告吧！這是一個非常重要的決定。祈禱聖靈可以引領他們做正確的決定。如果這是上帝要你從事的話，祂必會傾福與你，祂也會傳授一些在你的基督徒歷練中所需要學習的課程。準備好領受這些福份及課程吧！而你將會樂在其中。

在上天特別的眷顧之下

「你們要論義人說，他必享福樂，因為要吃自己行為所結的果子。」以賽亞書3：10

這世界上有些地方是不容易為主工作的，因為這些困苦生靈的敵人盡其所能阻止上帝的工人去接近這些水深火熱的生靈，但是上帝不會讓他的計畫成功的，因為天上的「大軍」隨時待命，預備好飛速前去拯救被敵人包圍的上帝工人。

雖然在許多紛擾不安的第三世界國家中，游擊隊和政治叛亂犯不時攻擊我們的文字佈道士，所以這也讓天使們有許多工作可做，儘管如此，我們的文字佈道士仍是毫無畏懼地奮力傳揚基督之愛的福音。

經過一天忙碌分送書籍後，菲律賓南部一名年輕人在黃昏時邁向回家的路。離他村莊不遠的地方，他被反叛軍攻擊，他們將他擊倒在地並且刺傷好幾刀。一名反叛軍點燃一根蠟燭插在他身旁的沙地上，表示死亡。這四個反叛軍隨即在叢林中消失不見。

幾分鐘後一個過路者看到蠟燭，於是衝向前去探看究竟。他認出了我們的文字佈道士，便急忙去找他的父母。他的父母立刻將他送往附近的醫院。

當醫生及護士走向他時，他恢復意識一會兒，並說：「別害怕，我不會死，我是上帝的工人，我的任務還沒完。」之後他又再度陷入昏迷。他記得在第二次清醒時，聽到醫生說道：「孩子啊，我是基督復臨安息日會的醫生，現在開始我將會一直陪伴你，直到你康復為止。」當醫師在說話時，文字佈道士可以聽見在醫生後面的背景中，有聲音唱著：「站立，站立為耶穌。」

幾天後他已經復原可以回家了。在家調養幾週後，他回到醫院感謝醫護人員對他無微不至的照顧。當他問起那位基督復臨安息日會的醫生時，他被告知說醫院裡根本沒有這位醫生，從來也沒有這樣的醫生。

當他在病得很嚴重時，對他說話的那位醫生是誰？他堅決相信是天使，否則有誰能做到？文字佈道士們都很清楚他們工作中，天使會隨時現身幫助。

今天讓我們為南菲律賓聯合會的文字佈道士禱告吧！包括學生文字佈道士，在這大聯合會中約有兩千名工作人員在服務。他們是奉獻、忠誠且快樂的上帝工人。祈禱聖靈會帶領他們為更多人們準備好迎接上帝的國，並希望他們在此過程中，可以在信奉耶穌的體驗中成長，並學到更多膽量。

8月/12日・故事224

十字架的使者

「所以，我們作基督的使者，就好像上帝藉我們勸你們一般。」
哥林多後書5：20

能跟隨偉人的步伐而行是一種特權，尤其當那人就像寇戴爾弟兄一樣是獻身給上帝的人。來自澳洲的文字佈道士寇戴爾，從菲律賓開始他的工作。

跟隨寇戴爾的腳步，菲律賓的復臨信徒開始印製刊物傳播天國信息。1913年，拉尼爾成立一個菲律賓的文字佈道團開始工作，這團體由瑟吉歐馬拉來西、阿波羅尼爾、艾薩克安里克斯和杰洛尼莫尼可拉斯四人所組成。

由於出版部門力量漸增，使得這些忠誠的工人散布全島。當他們進入新地區時，他們不只是賣書，同時提供聖經研究的函授課。當他們離開這剛剛新進入的地區時，一定都會有悔改歸主的人，於是便有呼召發出要這些工人繼續研究感興趣的題目。因為如此，菲律賓的教會急速成長。到了1935年時，文字事奉的工作已擴大延伸，當時的菲律賓聯合會出版部門秘書維德曼，宣布一個真實的數據：在教會及佈道所中，有85%的基督復臨安息日會信徒，都是經由文字佈道士及信徒佈道的書籍產生興趣。

出版工作在菲律賓擁有穩固的根基並持續地成長。1910年12月的總結明列：一名賣書者在153個小時內可完成167項訂單，價值250美元。到了1914年，銷售量爬升到3,200美元；4年後的1918年數字躍升到65,506元；而十年後，在1928年時，文字佈道士們更將銷售量提升到144,775美元。

當印製各種不同方言的文書時，文字佈道士必將足跡延伸到更多島上的未進之地。上帝將福份賜予這些十字架的戰士，神蹟也不斷發生。在閱讀基督復臨安息日會的書報後，有整個城鎮的居民都遵守安息日。由於文字佈道士的努力，這些島上也組織起一些佈道所。

這還不是故事的尾聲。每天有愈來愈多的書籍在菲律賓售出，在閱讀上帝的書籍後，也有愈來愈多的人接受耶穌是他們個人的救主。這些十字架的戰士們帶著上帝往前進，憑藉無畏的勇氣及決心步及整個島嶼。結局注定是美好的——都是恩典的神蹟。

「凡真心悔改的人，必是被上帝的愛所充滿，渴望要將他自己所擁有的喜樂傳與他人。」（《教會證言》卷九，原文30頁）。

《善惡之爭》—— 一顆定時炸彈

「又有一位天使從殿中出來，向那坐在雲上的大聲喊著說：『伸出你的鐮刀來收割；因為收割的時候已經到了，地上的莊稼已經熟透了。』」啟示錄14：15

一位菲律賓的文字佈道士瑟吉歐馬昆托，回到他一年前派銷書籍的城鎮，內格羅斯省的坎拉翁。他很驚訝，一些人在公共市場為他舉行歡迎儀式；許多人和他握手，也有許多人擁抱他，就好像一個離開很久的弟兄回家一樣。這些人都在一年前向他買了《善惡之爭》。

其中有許多人曾經代表不同的宗教信仰，但他們都已經成為基督復臨安息日會的信徒，起因於閱讀了《善惡之爭》這本書。其中一位告訴馬昆托弟兄說：「若不是《善惡之爭》這本書，我永遠不會知道真理。然而，在讀了這本書之後，我遵守復臨教會的信息並決定受洗。」

救靈並不限定於經驗豐富的文字佈道士，有時上帝也任用新的成員為祂的國度贏得生靈。

一位新任的文字佈道士裴帕，開始從事書籍的銷售並收到許多訂單。在他遞送書籍的三天後，其中一名收到《善惡之爭》的顧客請求裴帕造訪，並為他解釋這本書。

他們安排聖經研讀課程，而這名男子和妻子每天傍晚到文字佈道士的宿舍出席聖經研讀課程。不單是這對夫婦，他們也帶自己的長子和媳婦，以及他們的兩個年輕小男孩。這六個人都是勤奮研讀聖經的學生，在離開這個國家之前，裴帕已經在聖經研讀課程中幫他們上了28個不同主題。

在他離開之後，這六個人繼續查經並為他們新發現的信仰作見證，吸引其他18人的興趣。不久之後，一名牧師從佈道所被派遣為這24人進行洗禮。他們在城鎮裡，北蘇里高省的比里斯建造了一間教堂。再次證明《善惡之爭》在傳達信息給人們中扮演重大的角色。

世界各國許多的家庭裡都有一本《善惡之爭》，真理等待著在適當的時機被發現。地球上的莊稼已成熟，並等著被採集。讓我們今天為接受聖靈引領至真理的人們禱告。

「上帝的目的就是要為等待及渴望的生靈們在黑暗中帶來光明，哀傷中帶來喜悅，並在疲累中帶來休憩。」（《教會證言》卷五，原文216頁）

8月/14日・故事226

女性文字佈道士

「主發命令，傳好信息的婦女成了大群。」詩篇68：11

菲律賓的女性文字佈道士在文字佈道工作中是傑出的救靈者。撒米拉諾小姐和佳保女士被送到朗布隆島販賣書籍。她們一抵達，即開始進行販賣《善惡之爭》。當地居民都存有相當的偏見，並不讓她們進到家裡。在碰壁幾天後，她們決定要用另一種方法。

某天早晨稍早，她們到市場並布置一張餐桌，上面放有蔬菜及一個小型單口爐。她們開始準備餐點。

不久有許多人聚集在四周發問，她們其中一人告訴大家說，她們將要進行一場健康烹飪的示範，如此人們就知道要如何在烹調食物時留住維他命，並攝取到最佳成分。大家對這件事非常感興趣，人們觀看著烹調的示範，每天有愈來愈多的群眾聚集。

幾天後文字佈道士們再次開始她們販賣書籍的工作，這次她們經歷到完全不同的狀況，大門為她們敞開，每一個家庭都願意接受她們。她們輕鬆推銷《善惡之爭》這本書，銷售遍及全島。

不久她們發現人們對聖經研讀有興趣，她們便開始舉辦聚會，並試著成立安息日學。

在朗布隆島工作了3個月之後，她們寄了一封信給佈道部門，要求派遣一位牧師到島上，評估島民的情況並舉行洗禮。會長要求出版部門的秘書去拜訪朗布隆島，並調查該地情況。

當出版部門的秘書到達時，他在星期五下午和將受洗的人見面，並花了4個小時評估。他隨即發現他們都已被正確灌輸關於基督復臨安息日會的信仰，在隔天立即安排一場受洗禮。

安息日早晨，一場美麗的受洗儀式在海邊舉行。50個人受洗。兩位女文字佈道士繼續在朗布隆島工作，並在她們離開之前，第二場受洗儀式中有53個人參與。雖然她們一開始不被支持，撒米拉諾小姐和佳保女士並沒有被擊倒。藉由別種方式，她們見證了103位民眾受洗並接受基督復臨安息日會的信仰。

今天讓我們為全世界奉獻的女性文字佈道士們祈禱。

發佈歡喜音信

「主耶和華說：日子將到，我必命饑荒降在地上。人飢餓非因無餅，乾渴非因無水，乃因不聽耶和華的話。」阿摩司書8：11

在菲律賓的出版事工剛起步時，會長芬斯特牧師為城裡負責印製的印刷店所提供的粗劣、不可信賴的服務品質而相當煩憂。

1912年初，芬斯特一家人回美國休假。他們造訪的地方就是全球總會的辦公室，他們到那裡要求經費來購買小型印刷機。雖然負責人很同情他們，但卻表示沒有可支用的金額來援助這個計畫。之後他們告訴芬斯特：「去教會吧，向大家呼籲，說明你的情形，並以你募得的金額去買一台印刷機。」藉此，芬斯特牧師終於募到足夠的資金購買一台二手的13×19吋的Colt's Amory工作印刷機和一些設備。1913年芬斯特回到馬尼拉後，這台印刷機立即被安裝在位於馬尼拉艾而米區佛蒙特街上，自宅後面的馬廄裡。

現在出版事工開始有顯著的成長，以輪班方式，印刷員們每天從早上5點到晚上10點操作這台小印刷機，以應付與日俱增的書籍需求。1914年，他們已生產了將近三百萬張的書頁。書籍的裝訂是在芬斯特家的地下室完成的。

隨者出版計畫的快速拓展，許多人都意識到大型印刷機的需求。1915年，撥出了10,000美元來建造印刷廠。這棟75×45呎的建築物，座落在靠近馬尼拉的帕塞市，佔地5英畝。1917年，這棟建築完工，大部分設備都來自太平洋出版社。這棟新建築物和其設備很快就證明趕不上大量成長的書籍需求。從1916到1928年，這棟建築物增建了6次，直到它的樓層面積達到13,000平方呎。

菲律賓出版社在1924年轉為自立經營，1927年時，它可印製11種語言，而且領導遠東部門宗教類出版社的領導者。今天菲律賓的印刷事業仍十分穩固，全肇基於十分活躍的出版事業以及超過4,000名文字佈道士的奉獻團隊，他們在菲律賓超過7,000個島嶼上，分送著充滿上帝真理的書籍和雜誌。

「再沒有比在地上所特定給我們為上帝工作的地點，更確實地保證為我們所預備的天上住處了。」（懷愛倫，《天路》282頁）

8月/16日・故事228

律師接受真理

「我將我的話傳給你，用我的手影遮蔽你。」以賽亞書51：16

在敵人堡壘難以攻破的巴西，文字佈道士盡力地進行販售書籍和救靈等有效率的事奉工作。

在巴西埃斯皮里圖州的維多利亞市，住著一位很有名的律師，亞美利哥柯爾荷博士，他不僅是我們教會裡很活躍的會友，也是堂主任牧師的得力助手。他和教會關係非常忠誠，也是一位喜樂的基督徒，總是散發著自信。

幾年前，有位文字佈道士在維多利亞遞送書籍的同時，也向人發出呼召。他拜訪這位律師，開始與他交談，表明自己是慈善機構的代表，在沒有提及教會名稱下，接著展示説明著工作的呼召文章。

在許多場合中，這位律師經手處理過許多城裡的新教徒的教會，他對新教徒的活動多少有些認識，因此隨即想知道這位文字佈道士所代表的是哪一個教會。他們愉快地交換一些關於新教徒的宗教觀點，當文字佈道士的介紹結束，律師請求並詢問他是否具有可以解釋我們的教義和信仰的書籍。當然，文字佈道士對他的問題已有準備，便從公事包裡拿出一本葡萄牙文版的《在家研讀聖經》（Bible Readings for the Home），那正是律師所要的，他當場就買了這本書並開始閱讀。他發現這本書非常有趣，自己也無法將它闔上，於是他繼續閱讀直到清晨三點。

律師説，他當時馬上接受了安息日，並決意一直遵守下去。他繼續地閱讀書籍，並在下一個安息日出現在我們簡陋的聚會地點，不久後就受洗了，並自此再也沒有錯過任何的安息日活動，以及出席教授安息日學。

當這個共和國的總統要來造訪維多利亞時，我們的弟兄被選為其中一名代表，去迎見並歡迎總統，但是總統剛好在安息日時到來。柯爾荷博士對他的同事説自己不能在安息日的早晨去迎見總統，他出席安息日學和崇拜聚會。

巴西忠誠的文字佈道士們需要我們的禱告，上帝正在那個國家展現許多神蹟，為巴西而祈禱吧！

8月/17日・故事229

滲入敵人要塞

「我與他們所立的約乃是這樣：我要將我的律法寫在他們心上。」
希伯來書10：16

聖經明確地指出，上帝的信息必須傳達到各個國家、家庭、語言和眾人。為了完成這個偉大的福音傳播任務，上帝已任命許多的代理人。各教會必須善用所有救靈代理者，去宣揚聖經的真理的時代已經來臨。我們必須要以基督的力量和愛來突破敵人的堡壘，那裡是生靈的黑暗地帶。舉凡公眾的福音傳道、醫療、廣播及一般工作——是的，任何有效率的救靈事業，都必須付諸行動，如此神聖的影響才可以抗衡撒但的堡壘。

上帝用神奇的方法，依照祂的方向和監督下塑造特殊的代理人。文字事奉是一個有力的救靈方法。閱讀我們的書籍會為人們的心靈帶來信仰。

在拉丁美洲的國家中，有很多人和新教徒對抗，但文字佈道士帶著書籍和雜誌，得以家家戶戶拜訪，並為基督贏得珍貴的生靈。而某個家庭中美妙的改變，是起源於一位賣書者的造訪。

幾年前，在古巴聖塔克拉拉的小鎮住著一個家庭。這個父親總是酗酒，而他大概也把所有的錢都花在酒精上。母親和小孩好幾次都沒有足夠的食物，在這樣的狀況下，這個家庭非常不幸福。因為她很懼怕丈夫，所以不敢提醒他身為丈夫和父親該盡的職責。有天她再也無法忍受看到小孩為了食物哭泣，下定決心與丈夫談談。某晚當她丈夫很晚才從酒吧回家時，她對他說：「你缺乏一個身為丈夫應有的愛，更別說是父親的義務……」這可憐的太太根本無法把話說完，因為他極用力地一拳將她擊倒在地板上。孩子們驚醒並開始哭泣。這個父親也殘酷地處罰孩子。幾近瘋狂的，這個太太衝到後院，在黑暗的夜色裡抬頭對著天空哭喊：

「我的上帝啊！派遣某樣事物來改變我的丈夫吧！如果不行的話，請讓我死吧！祢知道我的心已無法再忍受折磨了。」

隔天有人來敲門，訪客是一位陌生人，但那丈夫卻讓他進門。這位母親看到他正在對自己的丈夫展示一本書。幾天後那陌生人又送來她丈夫所訂購的書。當那丈夫開始閱讀基督復臨安息日會的書籍時，他改變了。這對夫妻為信息感到無限歡喜，並成為我們教會裡虔誠的成員。

8月/18日．故事230

22位受洗者

「你們多結果子，我父就因此得榮耀，你們也就是我的門徒了。」
約翰福音15：8

麥克亞當斯在上帝的出版工作多年，擔任一位奉獻的領袖。他的書籍《為上帝敲門》（Ringing Doorbells for God）告訴我們以下的故事：

「1942年我和荷西洛佩茲到古巴西部旅行，我們探訪三個透過我們的書籍理解福音信息的團隊。文字佈道士荷西洛佩茲的努力，這群人中有88個人持續遵守安息日。除了洛佩茲先生之外，我們對於其中兩個團隊而言，是第一次見面的文字佈道士。不久，區會的幹事喬治尼可也來拜訪這些團隊；很快地，傑拉多也來到這裡接續工作。

1943年的9月，強生針對本區的工作送來下列信息。

上週末時，我能夠陪伴西古巴協會的出版秘書裘安帕羅弟兄，造訪由我們忠誠的文字佈道士荷西洛佩茲所開啟事工的地區，這是我的榮幸與特權。

安息日的早晨，我們很高興地看到有30個人參加安息日學。在接下來的聚會中，在此地區與人們共同研讀聖經的艾米里歐傑拉多弟兄，介紹了16個連續幾個月遵守安息日並渴望受洗的珍貴生靈。下午，騎著馬前進約5哩路，越過多處甘蔗田，我們來到一個長滿草的小湖岸。那裡，16個生靈和他們的主一起埋葬受洗，並以新的生命又再度重生。

第二天，星期天的早晨，當清新的陽光曬乾湖邊甘蔗及車前草的露水，一群朋友和有興趣的人們聚集在一起見證另一場受洗典禮。當另外6個親愛的人們浸沒水中，總共有22人因為文字佈道士的奉獻、勤奮、忠誠而成為我們的新成員。上帝無疑地在庇佑文字佈道士的努力。

文字佈道士與人接觸的工作，將人們介紹給他們最好的朋友——耶穌。他們每天在工作中體驗恩典的神蹟，我們在古巴的弟兄姊妹需要我們的祈禱。他們在最艱難的環境下工作，但他們認為為耶穌救靈是一種特權。為上帝今日在古巴的事工而祈禱。

「人類所能企圖的最偉大的事業，乃是救人脫出罪孽化成聖潔的事業。」（懷愛倫，《健康之源》377頁）

奉獻的文字佈道士所帶來的影響

「我聽見這話，就坐下哭泣，悲哀幾日，
在天上的上帝面前禁食祈禱。」尼希米記1：4

文字佈道士在拜訪家庭、販賣書籍時，他們所影響的不只是單一家庭，同時也會影響教會的復興。

打拉省帕尼奎的卡利諾教會已近乎靜止，那裡只剩下三位成員，並計畫要解散教會。但由於一群熱心的文字佈道士們的努力，成為北呂宋島任務中最活躍的教會。

發現到卡利諾的情況，文字佈道士羅克維汀買下教堂附近的一棟房子，他以身示範文字佈道士可以藉由販賣基督復臨安息日會的書籍獲得充裕的生活，透過他的說服，留下來的教會成員之一，科尼里歐卡斯泰羅也成為文字佈道士。由於他們共同的努力，泰歐費羅歌茲曼成為了文字佈道士。卡利諾的教會被注入新的生命，開始成長，而其他人包括帕西菲歌凱斯柏、依曼奇里諾羅萊、奈斯特瑪寇斯，以及帕德羅蘭保歐都成了文字佈道士。

這些文字佈道士們開始在村落中教堂附近舉辦講座，許多感興趣的人們開始參加活動，包含布維那凱斯柏、菲利普凱拉斯，以及奧古斯托雷伊斯；他們馬上吸收文字佈道士的精神，並投入書籍販賣的行列。

由於凱斯柏與維汀的工作，有4個人受洗成為卡利諾教會的會友。泰歐費羅歌茲曼為上帝所用，將5個人帶往真理。帕西菲歌凱斯柏拯救他的弟弟亞森尼歐，與另一個朋友小費納多安契塔；不久，亞佛拉多凱斯也加入教會，這3人都投入卡利諾文字佈道士行列中。

卡利諾教會擺脫瀕死的命運，變得非常活躍。不久，教會成員增為63位，並有78人出席安息日學。一所有2位教師、42學員、經政府各級授權的學校開始運作，並開始設立一間規模擴大的新教堂。

在短短的期間內，卡利諾教會出現了13位文字佈道士，並因這些人販賣的書籍，共有28人被帶到教會裡，有3位如此奉獻的文字佈道士，這座教會受到多麼盛大的賜福！

「那些在凡事上尊上帝為始、為終、為至善的人，乃是世界上最快樂的人。」（懷愛倫，《告青年書》17頁）

8月/20日・故事232

上帝的信息所知無限

「他們尚未求告，我就應允；正說話的時候，我就垂聽。」

以賽亞書65：24

世界上還有許多共產國家，那裡的福音傳播有限，基督教書籍也很少。對於熱愛上帝的人們而言，這些國家無疑是很大的挑戰。很多人都看不見、未察覺上帝正以安靜的方式，教導著那些共產國家中追求福音人們的心靈。

在這樣的一個國家中，我們已執行多年強大的文字佈道計畫。但之後出版社被充公，文字佈道士們被迫停止工作，其中有些人被殺害。人的媒介可以被阻止，但是無法阻止那些已進入各家庭的書籍去傳播福音、去佈道。

這地區每天靠著電波接收著福音，人們聽著廣播信息，並將它與書籍內容仔細比對——雖然書本已經老舊，但依然訴說著相同的信息，當他們發現兩者一模一樣，他們就接受耶穌進入他們的生命。

在聽了廣播的福音一陣子後，有位男士決定寫信給電台，要求派人過去教導他與朋友們理解聖經的內容。由於政治因素，他不能寫上地址，只在信封上寫下自己的名字以及所居住城市的名字。幾個月過去了，電台人員不知道該如何找出寄信者所在位置。又過了幾個月，他們再度收到一封信，這次是一位女士寄來的，要求有人去幫助她理解福音。他們勢必要想辦法找到這些人！

這時，該國一名聖經工作者（Bible worker）被要求去找到這些人，卻沒有任何地址！這簡直是一項不可能的任務。那是個大城市，住有成千上萬的人，該如何只憑著名字就找到那些人？這位聖經工作者騎著機車，到達信中所提到的城市，他穿梭在每條街道，不知道該從何處著手。突然之間，他的機車停下來無法再度發動。聖經工作者依靠機車對著的燈杆走到最近的人家敲門，一位女士來應門，他讓她看看信封，問她是否知道那個名字的主人。她說：「那就是我。」在屋內，聖經工作者找到她的丈夫和其他6個人，他們正一起跪下祈禱上帝派某人去幫助他們。

上帝是否關心？肯定是的！祂甚至在我們呼喚之前就回應了我們。

更多關於越南的故事

「我為這福音受苦難，甚至被捆綁，像犯人一樣。
然而上帝的道卻不被捆綁。」提摩太後書2：9

一位來自中國的文字佈道士譚，常常帶著上帝福音信息的書籍拜訪越南。當他在越南的堤岸時，譚是這些剛悔改信主之人的牧者，但只要他一想到這城鎮尚有許多工作待做，他便覺得他必須繼續下去。雖然他與一個小團體合作，但時間一久就解散了。在他第三與第四次前往西貢的旅程中，也只能找到一個原先的小組。於是，這人對教會就變得很冷淡——當然，這種情形常常發生在沒有牧者的羊群身上。

除了這位中國文字佈道士有目的的造訪外，1929年以前，基督復臨安息日會的信息並沒有對越南人民造成影響。8月時，溫特蘭與妻子抵達西貢，是首位進入該地區的傳道人。溫特蘭牧師深知利用書籍接近人群的價值，因此訂購一些法文福音小冊。到了1930年3月，溫特蘭夫婦挨家挨戶販售這些小冊。這小小的開端只是接觸成千上萬越南人的佈道計畫之初次嘗試。之後的三〇年代，福音小冊與單張也從法國購入，這些教材成功銷售當地。然而，越南文書籍的需求日益增加，但短期內無法達成，他們只能訂購更多法文書。直到1931年，有6位正式的文字佈道士在越南工作，溫特蘭牧師負責訓練，並在他們被法國政府當局拘捕時前往救援。儘管有許多妨礙文字工作的限制，許多人仍接受書籍、福音小冊中的真理。有個和善的法國人，家裡6個人都成為基督復臨安息日會的信徒，他們在往後多年仍是忠心的教友。

當文字佈道士們在越南工作時，他們發現有許多人迫切地想要閱讀本國語的宗教書籍。文字佈道士們向溫特蘭牧師要求越南語言的書籍，他也理解到滿足這項需求的重要性。他說：「我們會在傳福音的計畫中將你們的要求放在最首位，我也會為你們寫一些福音小冊。」當時是1934年，溫特蘭牧師信守承諾，以越南語寫了5本福音小冊：《上帝的話語》、《死後的世界》、《上帝的律法》、《我們的救主耶穌》、《耶穌復臨》。這些早期流傳在越南的書籍是後來教會成長的重要因素。當七〇年代戰爭爆發，即使牧師與文字佈道士們的工作受阻，被強迫停止工作，但這些書籍與福音小冊繼續散播福音。

越南需要我們的禱告，那些人渴望著福音。我們人類可能會受到阻礙，無法繼續傳播福音，但「上帝的道卻不被捆綁」。

8月/22日．故事234

更多發生在越南的神蹟

「智慧人必發光如同天上的光；那使多人歸義的，必發光如星，直到永永遠遠。」但以理書12：3

早期的基督復臨安息日會先鋒E. W.法恩斯沃斯牧師，對越南抱持相當大的興趣。他受到感動，覺得自己應該去幫助在那裡發展的事工，並捐獻了125美金給當時負責越南任務的溫特蘭牧師，以印製5本福音小冊各10,000份，廣泛散播於越南境內。

福音小冊被帶到佛教的寺廟中，讓住持們發給前往參拜的人們，有些福音小冊被送到沱瀼（現在的峴港）。不久，當溫特蘭神父第一次到達沱瀼，就發現有130位信徒，都是因為閱讀了這些福音小冊。

1934年末1935年初，第一本以越南文寫成的書籍終於出版了，此時，文字佈道工作中全職工作者已增加到15名，上千本越南書籍被帶入全國各家庭。

大約同一時期，一位沱瀼的新教研習會教師特蘭宣坊收到一本福音小冊，他相信其中的信息，並開始傳授其中的教義，由於這些教條與他的教會相抵觸，他被解除職位，並被指派為長老教會的牧師，由於他繼續教授基督復臨安息日會的教義，該教會也解除了他的牧師職位。

特蘭宣坊試著找出到底是誰印發這些手冊，但沒有人可以告訴他任何消息。他只知道這些手冊是在西貢印製的，便寫了一封信給「西貢的安息日會牧師」。而這封信被送到溫特蘭牧師手上，他收到信後前往拜訪特蘭宣坊，他因此完全脫離先前的教會，成為安息日會的信徒，教會裡有超過200人都跟著他，並在沱瀼建立一座教堂。

如此，神聖書頁再度成功地對一個尋覓的靈魂傳播上帝的真理，而他也帶領其他的人走向上帝的真理，在越南還有千萬人在尋求真理，他們需要幫助，讓我們今天為他們祈禱。

「上帝卻允許我們，藉著克己犧牲，努力將恩慈轉與別人，以表示對祂的感謝。這是我們向上帝表達愛意和感謝的唯一可行之法，此外，祂並無賜下別人。」（懷愛倫，《給管家的勉言》19頁）

建立起來的教會

「雅各家啊，來吧！我們在耶和華的光明中行走。」以賽亞書2：5

以下的故事來自一位義大利的同工，他證明上帝的話語具有力量。

克里斯席蒙先生住在西西里，某天，他買了一些鞋釘，準備修理鞋子，當他回到家時，發現包著鞋釘的紙是宗教書籍其中的一頁。第一次閱讀被深深打動之後，他一再地閱讀並發現那是聖經裡的書頁，他不知道聖經是什麼，卻非常渴望獲得真理，因此他到處尋找聖經，直到他在鐵匠的店裡發現一本，鐵匠答應把聖經借給他。

每天下午工作結束之後，他都閱讀直到夜深，他的妻子覺得他瘋了，但他還是繼續讀著上帝的話語，徹頭徹尾地改變了個性。他在6個月內將聖經讀完，並且找到了真理。安息日、健康改善、什一奉獻都成了他的信仰，雖然他不知道那些遵守這些教義的人們在哪裡。

幾星期過後，安其羅邦納帝開始在尼榭米地區販賣書籍，他在那裡遇到把聖經出借給克里斯席蒙的鐵匠。他們在對話之中，鐵匠提到多年前他從安東尼諾邦納帝那裡拿到聖經，而他就是安其羅邦納帝的父親；他也提到自己把聖經借給了綽號「先知」的克里斯席蒙，他相當迫切地閱讀聖經。

邦納帝弟兄拜訪了克里斯席蒙的家庭，發生了難以形容的事情。他們兩個都像是早已認識對方很久，互相擁抱叫著對方「弟兄」。不久，克里斯席蒙很快就受洗了，帶著妻子、兒子以及其他10個人一起。尼榭米教會於1948年5月23日建立，歸功於我們的佈道工作。

那些投身於文字佈道工作並散播真理書籍的人們，都被冠上了「文字佈道士」這個名字。那些沿戶拜訪的男女，把以出版形式所呈現的上帝送到人們的手中，無疑地為對大眾傳福音上做了很大的貢獻。

懷愛倫師母告訴我們這些工作者正在「大路及小路上發出肯定的警告聲音，預備一班人應付那快要臨到世界的耶和華大日。」（懷愛倫，《文字佈道指南》11頁）

讓我們為那些福音先驅而祈禱。他們在世上許多國家藉由出版的書籍傳播真理。他們留下書籍的地方，這些被出版的文字繼續地闡揚救世，永不停息。神聖書籍中含有力量。

8月/24日．故事236

《善惡之爭》贏取靈魂

「你便知道我是耶和華；等候我的必不至羞愧。」以賽亞書49：23

西牙買加的蓋依爾弟兄告訴我們這個有趣的故事，關於他如何聽到這被賜福的真理。

「1942年的某天下午，當我坐在房裡時，我聽到敲門聲。把門打開後，看到一個朋友對我說：『蓋依爾，我們今晚到教會去吧！』我問他要去哪裡，他說：『到基督復臨安息日會的教堂。』幾經說服後，我決定和他一起去。第二天，這朋友又來邀請我，但我說：『不要再來了！』他請求我，直到我再度屈服跟著他前往，我發誓這會是我生命中最後一次到教堂去。

「幾天後，我在房內休息時有人來敲門。在我喊了『進來。』之後，一位陌生人帶著包裹進來，他自己坐下來，並開始對我說我們多麼需要從世界的現況中逃脫。然後他說：『你想要看看一本可以教給你這些智慧的書嗎？』當他拿出《善惡之爭》時，我很自然地對它產生愈來愈濃厚的興趣，他讓我看看基督與撒但的圖片，並說：『你必須決定跟隨兩者之一。』我生命中第一次深深地感受到這項事實，並想擁有那本書。這陌生人願意只收取美金2元就把書籍留給我，並點明與書中的真理價值相比，這售價相當低廉。

「我查看我的口袋，掏出錢說：『我要買這本書。』

「那位男士離開後，我開始閱讀，興趣愈來愈濃厚並馬上接受了書中絕妙的信息。我把這本書寄給妹妹，她也在閱讀後接受了真理。後來這本書被送到我叔叔那裡，他和兩個小孩也相當感興趣，並希望成為教會的成員。

「我放棄了在鐵路公司的工作，而我現在的願望就是繼續奉獻於文字佈道工作，到死為止。」

「我蒙指示，上帝所賜的那些重要的有關撒但在天叛逆真相的書，現今應予廣為推銷；因為真理將藉這些書而傳與許多的人。《先祖與先知》、《但以理與啟示錄書淺釋》及《善惡之爭》，乃是現今空前需要的。這些書應當廣為推銷，因其所著重之真理，將啟明許多瞎了的眼睛。」（懷愛倫，《文字佈道指南》98頁）

巴爾的摩人與太平洋島民

「我還要使你作外邦人的光，叫你施行我的救恩，直到地極。」
以賽亞書49：6

這篇故事發生在南太平洋的新英格蘭島。被日軍射下的聯合國飛行員Lt.高登曼紐被當地人民搶救，其中有一位名叫丹尼馬克是基督復臨安息日會學校老師。這場溫馨的救援報導被收錄在昆丁雷諾德的《70,000呎高》（70,000 tall）中，這本書流傳在馬里蘭的圖書館中，一位馬里蘭艾利考特市的熱心讀者亨利菲爾普斯，對於這篇故事相當感興趣，他被當地那位復臨信徒的舉止深深地打動。

當他讀到丹尼馬克拿了三本書：《戰時的安息日會信徒》（Seventh-day Adventists in Time of War）、《善惡之爭》與《聖經》讓高登曼紐閱讀時，引起他的好奇心。為了更加了解復臨信徒和《善惡之爭》這本書，菲爾普斯先生詢問圖書館員，哪裡可以找到這本書。恰巧有一位巴爾的摩的文字佈道士約翰泰勒弟兄，為了紀念戰死的兒子，將《善惡之爭》捐給圖書館。在羅馬天主教家庭養育長大的菲爾普斯先生，在閱讀後有許多疑問；他讀得愈多就愈想要了解基督復臨安息日會。某天有人來敲菲爾普斯先生的家門，他是切薩皮克區會的文字佈道士哈洛賽佛。他說明拜訪的目的，並對菲爾普斯先生展示《在家研讀聖經》（Bible Readings for the Home ），而菲爾普斯先生反而問賽佛是否聽過《善惡之爭》這本書，或是基督復臨安息日會。於是他們展開了一段相當有趣的對話，並訂下聖經研讀計畫。我被要求負責菲爾普斯先生的聖經研讀課程。他邀請朋友一起參加，大約6個月後，菲爾普斯夫婦和另一對年輕夫婦都受洗了。除此之外，另一戶人家開始到教堂去，一位年輕人也進入仙納度溪谷學院，還有5個小孩成為卡頓斯維爾教會學校的學生。在受洗之後，這些人立即投入文字佈道工作，對許多有興趣的人開設聖研讀課程，菲爾普斯先生計畫加入這個文字佈道工作。

「即使丹尼馬克已去世，而他曾經期待造物主的呼召，他的善行依然接續下去，且我相信他也會共享這美妙經驗的報償。」（J. E.居里）

這個故事對我們每個人而言是一項挑戰，要我們盡全力去鼓勵各地的復臨信徒，讓他們接下散播福音書籍的工作。

8月/26日・故事238

與學者共度的夜晚

「你們要知道，耶和華已經分別虔誠人歸他自己；我求告耶和華，他必聽我。」詩篇4：3

上帝的佈道者在散播福音種子時，獲得了一些卓越的經驗。F. W.柯納斯告訴我們多年前他加入這項工作之後不久的這段救靈經歷。

我騎著單車在鄉村工作，並習慣在顧客家中過夜。在那特別的一天，我剛好有時間尋覓落腳之處。最後，一位婦人告訴我可以去看看某位學者的家，她說他住在一棟大房子裡，並有許多房間，因此我開始朝著他家的方向沿途工作。

當我接近他家時，鄰居們開始告訴我關於那位學者性格上的負面消息。他們說他私釀酒，並在穀倉舉辦舞會，我開始擔心自己可能因為從事福音事工而不受他的歡迎。然而，當我走向他家時，他也朝著我走過來，我馬上向他介紹自己以及我的工作。他正要離開，卻很歡迎我，還要我自己弄東西吃。當他離開時，我覺得應該為他準備聖經研讀課程。由於他第一次接觸真理，因此我上了一課選擇我最熟悉的課程：《神的印記與獸的印記》。他有興趣地專心聽著，當課程結束，他對我說：「我想你是正確的，我母親總是說我們守錯日子了。」他與我一起跪下祈禱，然後我們就各自回房休息。第二天早晨我們又再一起祈禱，因為那是星期五，所以我準備回家。

我在星期一早晨再度回到工作區域，他的鄰居向我買了一些書籍與聖經。正當我寫著訂單時，她告訴我，有人在上星期告訴她的鄰居星期六才是正確的安息日，因此他開始守星期六。當她發現我就是那個人時，對我說她曾經去過一次基督復臨安息日會教會，若她要加入教會的話，她會選擇基督復臨安息日會。我答應她我們將努力在那社區中設立一所教會。

不久，我和另一位弟兄開始在當地的學舍舉辦佈道會，從這小小的開端，有12個人受洗，也有3個年輕人進入我們的學校準備參與這項事工。所有的這些都起源於文字佈道士拜訪了一位不像天堂候補者的人士。

現在還有許多人在追尋著真理，祈禱他們將找到自己正在尋覓的東西。

「祂和整個天庭所最關心的，乃是我們這個小小的世界，和我們這些祂賜下獨生子來拯救的人。」（懷愛倫，《歷代願望》360頁）。

甜蜜的報償

「你們要小心，不要失去你們所做的工，乃要得著滿足的賞賜。」
約翰二書1：8

上帝的僕人並非為了報償而工作，而是因為他們熱愛著靈魂，熱愛上帝，並願意全心為祂服務。但聖經中告訴我們，忠誠服事上帝的人必得報償，今天的故事提到「完全的報償」，並非單是特定的報償，我猜測那指的是雙重報償。是的，以任何能力為上帝工作，將會帶來雙重的報償。首先，當你看到生靈接受耶穌成為自己的救世主時，那是一項報償；第二，當耶穌再臨時，你會看到生靈走向你感激地說：「感謝你把我介紹給你的朋友耶穌，若非如此，我將會錯失一切！」這又是一項報償。

文字佈道士們有機會看到顧客們受洗並感受歡喜，對上帝的工人而言，沒有比這更大的喜悅了。這是他們第一個報償；當耶穌再臨，文字佈道士與所有的顧客們再度見面，這喜悅將會再被擴大100倍，這就是第二個報償。

芬蘭的文字佈道士安雅拉卡妮米，預嚐了當耶穌來臨時，所有文字佈道士都會感受到的喜悅。1945年，芬蘭最高法院的法官歐瓦士海基拉購買了一本馬思威的「我們美妙的聖經」（Our Wonderful Bible），卻放置多年不曾閱讀。他在自己的教會中很活躍。後來，他把這本書從書架上取下來閱讀，有某樣東西從內心將他喚醒，他追尋著更多的知識。

後來他遇到安雅，並買下《聖經故事》，不久他又買了整套「歷代之爭叢書」，並讀完所有的5本書。他對《善惡之爭》充滿極度的興趣，並重複閱讀了3次。後來他居住的地區要舉行佈道會，他收到邀請並出席參加。當他聽著某人傳播著上帝的信息，他的靈魂產生深刻的信仰，但他卻與上帝的呼召搏鬥。當他順服於聖靈時，一種甜美的平安充滿了他的心靈。在他受洗的那天，他拿了5本《善惡之爭》給孩子們，希望他們也經驗到救贖的喜悅。

今天我們為上帝交付給我們的話語及真理而感謝上帝。祈禱祂將感動我們，並將我們用作祂的器皿去接觸那些急切需要祂的人們。我們的時間短暫，耶穌就要來臨！「本會的教友們應當興起發光，因為他們的光已經來到，耶和華的榮耀發現照耀他們。凡認識真理的人應當從睡夢中醒起，盡一切力量到人們所在之處去接近他們。」（懷愛倫，《文字佈道指南》12頁）

8月/28日・故事240

東帝汶島的神蹟

「萬軍之耶和華說：『在我所定的日子，他們必屬我，
特特歸我。」瑪拉基書3：17

九〇年代末期，由於戰爭時東帝汶的反叛軍，情況變得很糟。這個故事是關於一個出生在東帝汶的男孩子，他在戰時進入羅馬天主教的修道院就讀；就讓我們稱他為羅伯特。

羅伯特是位奉獻的年輕人，他把自己的心獻給上帝，並想要從事正當的工作。他是一位聰明的學生，也是前途看好的神職人員候選人，但當時東帝汶的情況並不好，當地非常窮困。他被修道院院長送到婆羅洲的沙巴島，賺錢以繼續他的學習。他到了沙巴，很快就找到了一份在棕櫚油農場的工作。事情愈來愈順利，因此他尋找機會以回到家鄉繼續學習。他多麼想要為上帝工作，並終身服事祂。

某天，一位文字佈道士拜訪羅伯特工作的棕櫚油農場。文字佈道士有幾本很有趣的書，他向羅伯特及其他工作人員展示介紹書籍。羅伯特尤其被那些美麗的靈修書籍所吸引，他從來沒看過這樣的書！他該怎麼為自己獲得這樣的書呢？

與文字佈道士會面結束後，羅伯特留在原處，想與他新認識的基督徒朋友私下談談。他們聊了很長一段時間，並建立起良好的友誼，這位未來的神職人員馬上對於從聖經中發現的福音產生興趣。他和文字佈道士一起前往訓練研習會，並對大家表達自己想要跟隨上帝的願望，並且受洗。他無法形容自己的生命在第一次遇見文字佈道士之後，產生多大的變化，並準備回到東帝汶，告訴修道院院長關於他從上帝話語中發現的真理。他帶了一些書籍，與家鄉的朋友分享。沒有人知道這個故事的最後結局，但一位忠誠的文字佈道士與他的書籍，帶給了羅伯特新的希望與生命。

現在世界各地還有許多像羅伯特這樣的人，他們就像你家附近、工作地點、朋友圈中隱藏的珍寶。你可以用像羅伯特一樣的方式去接近他們，帶給他們書籍，並讓書籍去傳教，為上帝以及祂的國度贏取靈魂。

感謝上帝的先驅

「呼籲耶和華的，你們不要歇息。」以賽亞書62：6

當上帝透過祂的先知向祂以前的人民送來信息時，祂常常會提醒他們：「我是亞伯拉罕、以撒、雅各的上帝。」相同地，當我們閱讀過去先人的經驗時，我們知道古昔的上帝就是今天、明天、永遠的上帝。我們首先從接受三天使信息的先驅們，在極度艱困的環境下工作，並獻上無上的犧牲，但今天我們看到了他們的忠誠所結出來的果實。

最成功的先驅中的其中一位是唐海恩女士，她在1906年開啟了爪哇的事工。她很快就學會馬來語，並開始為該城市所有地區人民提供聖經研讀課程，並利用時間翻譯傳單、書籍，把它們送給別人或賣給顧客。之後，她負責執行西爪哇任務，8年的服務之下，她的健康出現問題而送醫治療。當她1916年回到爪哇時，她在巴達維亞和I. C.史密特牧師、師母一起服務。

兩年後，她的健康再度出問題，被送到上海療養院醫院治療。她很快地學會中文，並在上海拯救中國的生靈。

待在中國大陸5年後，為了回應呼召，她又回到了爪哇。當船抵達新加坡，一位在新加坡就讀神學院的印尼籍同工曼納迪瑞賈前去迎接她。他對船長詢問唐海恩女士，但他說：「我必須很遺憾地告訴你，唐海恩女士已於昨天過世了，我們已經準備好埋葬她的遺體。」她被埋葬在新加坡馬來西亞時兆出版社對街的公墓裡，她在那裡等候造物主的呼召。

在那些唐海恩女士樂意奉獻出自己的生命、曾經工作過的地方，上帝的事工如今既強盛，成長也很迅速。遇見造物主的日子已接近，當她看到自己奉獻的成果時，她的靈魂將會是多麼的歡喜。

讓我們為逝去先人們所播下的種子祈禱。祈禱那種子將會成長、發育，並在耶穌再臨時，將眾多的靈魂帶往上帝的國度。同時，讓我們繼續從事由先驅們開啟的美好事工，讓我們在任何地方都不停地播下福音種子。

「義人要發旺如棕樹，生長如黎巴嫩的香柏樹。他們栽於耶和華的殿中，發旺在我們上帝的院裡。」（詩篇92：12、13）

8月/30日・故事242

上帝的監護之下

「我深信那在你們心裡動了善工的，必成全這工，
直到耶穌基督的日子。」腓立比書1：6

今天的故事將帶我們回到印尼事工開始之際，它告訴我們上帝是如何賜福，並讓福音種子在祂的特別監護下成長。在30、40、50，甚至60年後的今天，它依然結實纍纍。許多第一代悔改信主者的孩子們都為了上帝成為成功的傳教士，其中有些仍在致力服事。

印尼的文字佈道士們當時正開拓著新的領域，並傳來接續工作的支援需求。1920年，朱斯特斯・帕蘭登前往北西里伯島賣書。不久，該區居民山繆・藍通，在巴達維亞傳教出版社工作時成為基督復臨安息日會的信徒，他回到家鄉將福音傳播給親戚與朋友。與自己的家人以及其他人家共同查經後，蘭通寫信給聯合會辦公室，要求派遣一位牧師為那些剛悔改信主者舉行受洗禮。他寫下這個經驗：「我向上帝祈禱，請求祂儘快派一位牧師來到美納多地區（district of Menado），因為這裡的人非常渴望獲得上帝的話語。」

1926年12月26日，F. A.德塔摩爾到達Ratahan，而12月30日就有22人受洗。他組織了一個25人的教會，也是島上第一個基督復臨安息日會的教會。之後傳道事工成長得相當迅速，當文字佈道士們種下福音種子時，其他的工作者和其他的人民就開始收獲。1939年，會友人數已達5,000人，當時荷屬東印度聯合會有69名文字佈道士，書籍銷售總量到達全盛，這項事工的前程相當鼓舞人心。但在幾個月後，德國進軍荷蘭，二次世界大戰的烏雲落在印尼上空。荷蘭拘禁所有的德國傳教士，當日本軍隊在1942年侵襲這島嶼時，戰爭的烏雲瘋狂炸開。但上帝的事工不會被中斷，在戰爭時期被種下的種子繼續進行自己的工作，更多的人民從戰爭打斷上帝前行的軍隊之前所購買的書中得知真理。上帝當時掌管一切，現在也是。

在今天的祈禱中，我們為天父特別的關懷以及祂的信息而感謝祂，感謝祂確保我們，在地球上沒有任何事情可以中斷救世計畫的散播，並感謝祂給我們這項特權參與其中。

喔，上帝和人類的天父啊，人們怎會如此盲目，看不到你無與倫比的愛從天上降落在他們身上？——作者不詳

8月/**31**日・故事243

椰子的神蹟

「耶和華的膀臂並非縮短，不能拯救，耳朵並非發沉，
不能聽見。」以賽亞書59：1

一位文字佈道士整天都沒有任何收獲，那天的情況很糟，他已經不知道該如何才能成功賣出書籍。每次拜訪，他得到的都是負面的回應，每次他的書籍被拒絕都讓他更加沮喪。到底是怎麼了？是上帝正在試驗他，還是敵人在打擊他？時間已經是傍晚了，他決定調頭不走原來的路徑，他想和上帝説説話。他應該去哪裡？他發現路邊附近有一些椰子樹，覺得在椰子樹下將會是他和上帝談話的好地方。但他沒注意到，在他選定要祈禱、休息的同一棵椰子樹上，有人正在高處採收椰子。在樹下，文字佈道士虔誠地對上帝祈禱，他正檢視著自己的靈魂，看看其中是否有任何原因造成他今天的失意。當他正祈禱時，樹上的男人摘了一顆椰子，它從男人的手中滑落，並掉落在地上——但問題是，文字佈道士正坐在椰子掉落的路徑上。所幸，椰子並沒有直接擊中文字佈道士，但他確實被嚇了一跳，並立即抬頭往上看。當時，他一直在祈禱上帝把某個正在尋找福音的人送到他面前來，並給予他感動人心的話語，而事情就這麼發生了。碰！第二棵椰子擊中了他。哎喲！但除了接受那位上帝派來、正在採椰子的人之外，他別無選擇。

樹上採椰子的人嚇到了，發現掉下去的椰子可能會把下面那個正在祈禱的人打死。他很快地從樹上爬下，並走向文字佈道士。

「你在這裡做什麼？」那男士問文字佈道士。

「我正在祈禱。」他立即地回答。

他們兩人繼續交談，不久，採椰子的男人就成為福音書籍的擁有者，且文字佈道士為上帝以神奇的方式回應了他的祈禱而歡喜。是意外還是神蹟？我們知道，上帝擁有特殊的方式，幫助我們去遇見那些正在尋求祂盼望信息的人們。或許祂今天正在對你説話，要你去為祂替一些孤獨的靈魂作見證。

可能不是椰子樹——但還會在哪裡？

9月/1日・故事244

你的書籍改變了我的生命

「你們要嘗嘗主恩的滋味，便知道他是美善；投靠他的人有福了！耶和華的聖民哪，你們當敬畏他，因敬畏他的一無所缺。少壯獅子還缺食忍餓，但尋求耶和華的什麼好處都不缺。」詩篇34：8－10

上帝在菲律賓製造了許多神蹟，那裡每天都有上千位的文字佈道士帶著福音去拜訪家庭、辦公室與工廠。今天的故事也是千萬神蹟中之一。

文字佈道士悠瑟比歐法勒在Surigeo Del Sur省的Lingig部落販賣書籍。他遇到一位叫做班達利諾巴林甘的男士；他被指派為鎮上的一名警員，因為市長認為他有能力幫助平息暴躁不安的年輕族群。在巴林甘上任不久，他就與市長吵架，並差點殺了他，從此鎮上的每個人，包括神父都很害怕巴林甘的暴行。

這件事情發生後不久，悠瑟比歐在某個傍晚去巴林甘家裡拜訪，並向他推銷《善惡之爭》。巴林甘訂了這本書，兩星期後，悠瑟比歐將書送到他家。

一個月之後，悠瑟比歐再度去找巴林甘。這位警員告訴他，自己很喜歡閱讀那本書，並詢問自己是否可以購買一本基督教的詩歌本，因為他和家人都計畫去基督復臨安息日會。

悠瑟比歐答應他去找到一本歌本，而接下來的安息日，巴林甘到教會裡來，除了自己的家人之外，還帶來鄰居四戶人家。悠瑟比歐問他為何那些人會感興趣，他回答：「都是因為你賣給我的那本書。」

巴林甘繼續為他的主作見證，且整個部洛民眾開始對基督復臨安息日會的信息產生興趣。即使另一個教會的領袖盡力地打擊他們，他們還是忠誠地參加安息日的活動。幾個月之後，出席安息日研討會的22個人都受洗加入Lingig Surigao教會。

許多人在天堂裡，遇到賣書給自己的文字佈道士時，他們都會說：「你的書改變了我的生命。」他們閱讀了由忠誠的文字佈道士賣給他們書籍之後，述說自己如何深信上帝的真理時，其喜悅與慶祝將是多麼盛大。

在我們今天的祈禱中，我們為聖靈的出現而感謝上帝。是聖靈感動了全世界男女老幼的心靈，並幫助他們理解耶穌基督的福音，也是聖靈領導我們，去體驗救也的喜悅。

戰爭時期（第一部分）

「只因不法的事增多，許多人的愛心才漸漸冷淡了。惟有忍耐到底的必然得救。」馬太福音24：12、13

一位越南文字佈道士努谷岩惕盧在Quay工作大約6個月。雨季來臨，他為了家人的安全，決定回到家鄉隨機應變洪水之災。如他所料，雨勢非常地大，當他到家時，洪水已將他的房屋圍住。

當時正是越戰時期，某天晚上10點左右，越共划著三艘小船到他家裡來。他們一共有10人，每一個人都全副武裝。他們要全家人都安靜不准出聲，並宣布要把家中的丈夫帶走，但妻子可以與小孩一同留在農家裡。當他們走出門時，他們再度警告那丈夫不准發出任何聲音，否則他們會取他性命。

他們整夜不停前進，第二天都過了一半時才來到乾燥的陸地上。他們繼續沿著山路，走到越共的總部。他們花30天的時間停留在那裡。那段期間內，盧一直被盤問，到了晚上，他的雙腳就會被鎖在木樁上。30天後，在同一地區被抓的12個犯人被分成兩組。

文字佈道士那一組獲得一天份的白飯及一些生米，但另一組只獲得一天份的白飯。

當他們用餐後，第二組的人就被帶到稍遠的地方射殺，因為他們在質問時相當不合作。

剩下的犯人旅行了7天，最後來到一座集體農場，文字佈道士必須待在那裡，一共4年。每天都會飛來美國投擲的炸彈，有時越南的南方政府武力經過，他們就必須散開並躲藏起來。越共與犯人們會分成小組，有些人會躲在叢林中，並可能待上幾天，直到他們確定政府軍隊已經離開。然後他們會再度回到農場裡，這樣的生活維持了4年。

然後某件事發生了。上帝以一個美妙的方式為盧打開了脫逃之路。在下一篇故事中繼續閱讀。

「一個基督徒越接近那神聖的模範，他就更確定地使自己成為撒但攻擊的目標。」（懷愛倫，《善惡之爭》529頁）

戰爭時期（第二部分）

「那時，人要把你們陷在患難裡，也要殺害你們；你們又要為我的名被萬民恨惡。」馬太福音24：9

後來越共對於文字佈道士產生信任，因此他獲得一些特權。這些特權包括他可以和越共的領導們一起前往別的地區，如此他便可以從農務中鬆口氣。越共也不再刑罰他。在這些旅程中，他必須負責為越共搬運米以及其他的食物補給到山上，一年中，他必須出差3次，每次最少都花費一週以上。

1969年2月的第3次旅程上，他來到距家鄉2、3小時路程的地區。他可以看到家鄉北方的山脈，心中升起對於自由無限的渴望，想要回到妻子與小孩身邊。他從來沒有想過自己會被釋放，但他有強烈的決心要獲得自由。

在旅程尾聲，他們來到越共的要塞。犯人被分成2至3人一組，住在該區越共家裡。文字佈道士被獨立分開，他自己一人住在特別的房子中。

那棟房子的主人是越共的經濟顧問，他有一座很大的農場，廚房被設在某個角落，文字佈道士就是被監禁於廚房中。從廚房的地板下，以及這座大農場下，有隧道通往地底深處。

夜晚來臨，文字佈道士準備休息，他可以從通道中聽到一些聲音。他聽見小孩子在哭，雖然不知道有多少人，但他知道有人就在地下。那天晚上他無法入睡，有蚊子一直在打擾他，而他也正思索著脫逃計畫。

他的脫逃機會以他未曾預料到的方式到來。在下一篇閱讀中，我們將讀到後續的故事。

今天讓我們為越南的事工而祈禱，在那裡，上帝的見證人都必須在私底下活動，即使他們可能面臨逮捕的命運，但他們依然忠誠。

「當迫害的風暴真正降臨我們身上，真實的羊將會聽到真實牧羊人的聲音……而許多從羊群中迷失墮落的羊隻，將會跟隨偉大的牧羊人。」（懷愛倫，《教會證言》卷六，原文401頁）。

戰爭時期（第三部分）

「王要回答說：『我實在告訴你們：這些事你們既做在我這弟兄中一個最小的身上，就是做在我身上了。』」馬太福音25：40

當盧思索著自己該如何逃亡並和家人團聚時，忽然間，通道中有一位女士問他到底發生了什麼事。她說：「我聽到你就在上面，也知道你睡不著覺，我可以為你作些什麼嗎？」盧猜測這位女士也是越共的一分子，因此他相當謹慎地對應著。他回答說有蚊子一直打擾他，因此他睡不著。

她說：「抱歉，關於這方面我沒辦法幫助你。但你確定那是打擾你的唯一原因嗎？」然後她又問，「你從哪裡來？」也問了他許多關於他的家庭、個人的問題，盧再度小心翼翼地回答了。最後她說：「你真的很想逃跑，不是嗎？」

文字佈道士回答：「我知道沒有機會脫逃，因此我從沒想過這個問題。」

「我可以幫助你，」她說，「但現在正是新年，你將會待在這個地方5天。5天之後我有一個計畫幫助你脫逃。」

這位女士的先生被越共派遣，幾天內不會回來。

脫逃的前一晚，那位女士走過來對盧說：「你可以看到掛在牆上的白袍嗎？那是我公公的外套，我為你把它放在那邊。」（那是一件越南的年長男士所穿的白袍）她繼續說：「在外套的旁邊是一頂老人的帽子。你明天早上5點半起床，穿戴上外套與帽子，出門走個三、四十分鐘，你會到達一個市場，假裝你是要去市場為越共村落購買補給品。若有人問起，你就這麼回答。」

「當你到了市場後，若往右看去，你就會看到一條通往山區道路的小徑。沿著那條路前進約2小時，你就會走到通往Duc My市的公路。當你走到公路上，你就安全了，因為那裡是在政府的統治之下。你繼續前往Duc My，向警方說明身分，然後你就自由了。」

文字佈道士不敢相信從這婦人口中所聽到的話語，他一直在想：「她真的要幫我嗎？難道她是天堂來的天使，要幫我重回家庭？或她其實是越共的忠誠成員，想要陷害我？」

在第四部中閱讀盧的經驗，也是這篇故事的最終部分。繼續為越南的事工祈禱。

9月/5日・故事248

戰爭時期（第四部分）

「主人說：『好，你這又良善又忠心的僕人，你在不多的事上有忠心，我要把許多事派你管理；可以進來享受你主人的快樂。』」

馬太福音25：21

這位婦人指示著文字佈道士盧時，他一直在想：「她說的是真的嗎？如果她是越共的話該怎麼辦？她真的想要幫我嗎？」他不確定自己當晚幾點才入睡。

黎明，他很早就醒來，穿上外套、帽子，準備離開。但那婦人的先生看到他，他問自己的妻子說：「他要去哪裡？」

妻子回答：「他要到村莊去為我們買一些補給品。」文字佈道士對自己說：「如果那位女士願意為我說謊，代表她所說的都是真的。」

他心中懷著害怕地走在路上，但他沒有遇到任何麻煩就來到了市場。從市場到公路上，約需2小時的步行距離。他從市場離開沒多久，越共忽然間出現，追趕並射擊他。而越共曾經訓練他如何躲開南越以及美國子彈的技巧救了他的命。當然，上帝以及祂的天使也在保護他，使他安全抵達公路。

在公路上走了一陣，他遇到政府軍，他投降並被帶到Duc My市裡。南越的士兵花了30天質問他，最後，他們發給他政府證件，並帶他回到Danang市。他終於與家人團聚。超過4年的分離後，父親再度回到家裡，這是多麼喜悅的一件事。

不久，盧被送到西貢，進入基督復臨安息日會的醫院。他罹患嚴重的瘧疾。但在治療以及徹底檢查之後，醫生宣布他體能方面很正常。但他們要求他待在西貢幾個月，為4年的監禁歲月好好調養。他們利用越南的文字佈道士慰問基金來照顧盧的醫藥治療與復健。幾個月後，他從醫師的照護中痊癒，並立即再度開始他販賣書籍的工作。

「磨難的日子乃是鑄成基督化品格的鎔爐。它的用意乃要催促上帝的子民棄絕撒但和他的試探。最後的爭鬥必將撒但的真面目顯露出來，使他們認清他乃是一位暴君，這樣就要為他們作成任何事物所不能作成的工夫，就是要將撒但從他們的愛心中完全拔除出來。」（懷愛倫，《崇高的恩召》351頁」

上帝的突擊隊員

「在指望中要喜樂，在患難中要忍耐；禱告要恆切。」羅馬書12：12

有一位發行人說：我喜歡把文字佈道士們想成上帝的突擊隊員，與英軍的游擊手或是美軍的騎兵隊相當；前往上帝的話語尚未進入或是不普及的地區是他們的職責與特權。他們前往敵人的陣線，直接進入他們家庭，在那裡，撒但與他的黨羽俘虜著獵物。

這令我想起與我們一位文字佈道士共同發生的故事。當我們開進一戶農家的場地裡時，天色漸漸變暗。我們遇到一位非常和善的基督徒夫婦，便對他們兜售一本健康書籍以及預言之靈書籍。他們很喜歡那些書，但他們已經擁有相似的書籍了，因此要我們去向那位先生住在同一區的弟兄推銷，他們說：「如果他們不買，你們就再回來，我們來買。」在弟兄那裡完成現金交易後，我們再度回去拜訪並在那裡過夜。早餐之後，我們向他們展示《好兒童故事集》，正準備問他們是否購買時，那位弟兄進門來斥責我們，說我們是惡魔的使者，或是其他他所能想到的壞東西。我們維持著冷靜以及如基督般的品德回應他，以澆熄他的憤怒。在這長久爭論期間，男主人起身並拿書錢付給我們。理所當然地，那位年輕人無話可說，他轉身走了出去。

我們也為這些人報名聖經課程，他們似乎因此很高興。一位來自牙買加的年輕人，夏天都到那座農場工作，也向他們推薦聖經課程。他說自己曾經參加過，他的繼母與家人都是基督復臨安息日會的信徒。我們感覺到自己身為上帝的游擊隊員，成功地讓敵人感到痛苦。我拜訪的另一位女士購買《善惡之爭》。她似乎非常急於與人談論，並針對教義的不同觀點提出許多問題。她說自己常常注意到，聖經中寫著安息日是第七天，也就是星期六。在研讀了這個部分並經過祈禱後，她承諾要信守著安息日。

「要收的莊稼多，做工的人少。」（太9：37）若我們擁有更多的文字佈道士，更多的牧師去接續以後的工作就好了！」

「萬物的結局近了。世人正是緊急地趨向毀滅之途。」

「救主之愛的每一新展示，將左右一些人的立場。」（懷愛倫，《文字佈道指南》13頁）

9月/7日．故事250

不尋常的故事

「你們務要警醒，在真道上站立得穩，要作大丈夫，要剛強。凡你們所做的，都要憑愛心而做。」哥林多前書16：13、14

以下關於莉拉 U. 拉舒亞的故事，使我感到真實的激勵，因此我希望把這故事流傳下去：「我拜訪了一位浸信會牧師的太太，她告訴我想要擁有我們的兒童書籍，我知道她是認真的，也很熱誠地歡迎我，當時她並沒有辦法購買。她開始提供我教會裡的名單，並問我書中是否包含基督復臨安息日會的教義。我回答是的。她繼續寫名單給我，卻說自己的先生應該會反對購買書籍。她說他先生讀過基督復臨安息日會的教義，並且反對其中的內容。我確定上帝激勵我要撐下去，因此我說：『說不定他某天會成為基督復臨安息日會的信徒。』她回答：『我為此而禱告。』我又說：『那麼妳認為基督復臨安息日會的教義是正確的嗎？』她回答說：『我是基督復臨安息日會的信徒。』接下來的兩小時，我驚訝地聽著她的故事。

「約在3年前，她前往復臨信徒開設的診所。等待時，她拿起《歷代的劇碼》（Drama of the Ages）來閱讀。她之前也看過一些其他書，卻不感興趣，而她現在深受感動，因為她看到醫生的生命中有她不曾擁有卻十分渴望的東西。在讀了《歷代的劇碼》後，她改變信仰並開始向醫生提出許多問題，她接受了這些信息，並信守安息日已達三年。她有三名年幼的孩子，她盡力以最好的方式教育他們。她的先生強烈反對她的信仰，甚至不想讓任何人知道。為了維護家庭的和諧，她盡量與先生合作。由於先生反對她閱讀本會的書籍，她只讀過一些而已。她訂閱《那些時代》（These Times）與安息日學課，並擁有懷愛倫師母的《兒童教育指南》，最近，我給了她一本《善惡之爭》。除了我和另一對復臨信徒夫婦之外，那位待她如自己女兒一般的女醫師，是她唯一認識的復臨信徒。她從沒去過復臨教會，卻急切地想接觸到預言的信息。星期日早晨她通常會在教堂裡，她說：『我徹頭徹尾是復臨信徒，我已經守安息日3年了。』我拜訪她介紹給我的那些人們，當我提起她的名字時，那些門為我敞開，我把充滿真理的書籍提供給他們，他們一定會再繼續訂購，且已有10至12人參加聖經預言函授課程。」

這位女士正為丈夫全心全意地祈禱他將會接受真理，讓我們也為這個家庭祈禱吧！

一本書的效果

「所以，我親愛的弟兄們，你們務要堅固，不可搖動，常常竭力多做主工，因為知道你們的勞苦，在主裡面不是徒然的。」
哥林多前書15：58

亞歷斯薩普朗說：「1920年某天，當父親在屋外與4匹馬一起犛田，有位陌生人騎著腳踏車過來，他是第一位在這沙塵飛揚的路上踩著腳踏車，來到我家附近拜訪的文字佈道士。當父親與陌生人談話時，馬兒似乎對這意外的休息時間感到很滿足。那位陌生人滔滔不絕，父親只是翻閱著那些圖畫。希臘東正教的父親愛極了那些圖片！那是一本《在家研讀聖經》（Bible Readings for the Home），父親以6美元買下那本書，還邀請他留下來用餐、過夜。父親又在田裡繞了幾圈後，就結束了那天的工作。

「當天晚上，文字佈道士與我叔叔佛瑞德一起睡在穀倉中，他們以聖經為主題談論了一會兒。第二天，文字佈道士對母親展示『基督教家庭月曆』。不久後，母親發現每個星期六都以紅字標記，這讓她很困惑。而父親當時正忙於建造一座希臘東正教的教堂，因此他常常在各項儀式中協助神父，並在必要時候負責所有事項。就在這種情況中，父親的弟弟開始在穀倉中閱讀《在家研讀聖經》。有一天，他到家裡來對大家說，守星期日是錯誤的。剛開始父親不在意，但某件事讓他困惑煩惱。那時，那本書在鄰居間傳閱著，有12個家庭對它產生了興趣。我的叔叔開始聯絡基督復臨安息日會的總會；後來，有一位牧師前來為我們講述，他開始在每個家庭中舉辦佈道會。大約有50人接受了三天使的信息，全都歸功於那位忠誠的文字佈道士賣給我父親的一本書。那位文字佈道士直到後來從非洲任務回來之後，才知道這項收穫如此豐碩。在一個帳棚大會中，文字佈道士介紹了一些在茅茅部族（Mau Mau tribe）的傳教活動圖片。群眾們解散後，某些人等著為傳教活動致賀，我的父母與一些小孩也在其中。我的父親想起在1920年，這位傳教士賣給我們一本《在家研讀聖經》，並讓許多人改變了信仰。儘管這位傳教士有點困惑，他還是為救靈成功而感到喜悅。果真如傳道書11章1節中所說：『當將你的糧食撒在水面，因為日久必能得著。』

「直到種子發芽成長，拯救12戶人家約50人口之後，文字佈道士才明白到這項成果。」福音種子永遠不死。

9月/9日・故事252

在法院中對法官推銷書籍

「因為有寬大又有功效的門為我開了，並且反對的人也多。」
哥林多前書16：9

律師、法官以及在高位的人們都必須理解基督降臨的信息。除了神聖書頁之外，還有什麼更好的方式可完成此項任務？J. C. 派普告訴我們一個文字佈道士與海地法官接觸的故事。

有些在海地的文字佈道士們經歷了美妙的經驗，其中一位在海地的戴沙林（Dessalines）鎮工作，他拜訪了市長後前往法院，希望向法官推銷書籍。

那天，法官非常忙碌，法院中有許多案子要審。我們的文字佈道士這麼說：「我站在法庭門邊，等著法官處理一件特殊案件。我的出現似乎為他帶來困擾，讓他分心，因為我發現他並沒有專心聽著律師陳述事情。這讓我開始擔心，並想到：『法官說不定認為我是間諜！』

「最後，法官問我說：『我能為你做些什麼嗎？』我立即回答：『法官，請問我是否有榮幸與你談談？』他回答說：『當然，請進吧。』

「我開始對他介紹《善惡之爭》，法官似乎深受感動，要我走到臺前，好讓在場的每個人都可以聽到，並理解我在說什麼。我按照他的話做，聽眾們都相當專心。

「在我結束展示後，法官立即買了書，而在場幾乎所有人也都買了。不久後，我再度拜訪法官，問問他是否喜歡書籍，他這麼答覆我：『我從來沒有讀過如此美妙的一本書！懷女士是世界上最好的作家！我以前是浸信會的會友，但自從讀了《善惡之爭》後，我現在是基督復臨安息日會的信徒。』」

上帝的僕人在多年以前就告訴我們，必須與「領袖及人們的教育者」接觸。他們通常比我們所相信的更早就準備好去接受那些信息。法官、老師、教授與部長大使們——他們正等著聆聽上帝的真理。

「凡在心中信服上帝，願效力於往這目標邁進之人，耶穌必會接納這種願意努力的人，同時將它當成是人們最美的服事，而祂也會以祂的神恩去彌補其中的不足。」（懷愛倫，《信息選粹》（Selected Messages）卷一，原文382頁）。

文字佈道士的回饋（第一部分）

「因為我們在上帝面前，無論在得救的人身上，或滅亡的人身上，
都有基督馨香之氣。」哥林多後書2：15

在德州市某天炎熱的日子裡，一位文字佈道士走訪了五個家庭，卻沒能賣成一本書。歇息了一下，他看著下一戶人家，下定決心地走到門前。

他按了幾次門鈴之後，轉身決定離開。但他忽然間又停下來，再回去按了一次門鈴。幾秒鐘後，一位心情開朗、50多歲的女士前來開門。在門邊交談過後，他發現這位女士正為這家庭照顧孩子，因孩子的父母都在工作。

他通常不會向褓姆們推銷書籍，尤其是那些自己沒有小孩的褓姆們。但為了某種原因，他與她一起走到屋內她正燙著衣服的地方，並開始對她推銷書籍。這位蘭森女士發現他在介紹的是宗教性質的書籍，在他展示幾分鐘之後，問了他一個很重要的問題，並讓他嚇了一跳。「邦奇先生，請讓我打擾一下，你認為最初將安息日改到星期日的原因是為什麼？」

這讓他呆了一下，但依然微笑回答：「喔，蘭森女士，這是個具爭議性的問題，妳為什麼會這麼問？」她回答說自己曾經參加過20世紀聖經函授課程，卻只完成前面的16堂課，中斷在關於第七天安息日的課程上。

表明了那是自己感興趣的主題之後，他說明自己願意有機會與她一起分享他所有的資訊，以及自己在這主題上的發現。

在他介紹完書籍之後，那位女士建議他到她家拜訪，為她已婚的女兒和小孩安排訂書事宜。他也和她談論了她感興趣的安息日，她要他打電話給她安排見面時間。

當週星期三下午打過電話，他得知蘭森女士與女兒、女婿討論的後果，發現他們在經濟上可能無法負擔。蘭森女士說他們都很想要那些書籍，並感謝他的幫助，但他們現在無法購買。

他提到自己願意登門拜訪，談談安息日的轉變，因此他們約定了當天傍晚來為之前的對話下一個結論。

在下一篇中繼續閱讀這個恩典的神蹟。

9月/11日·故事254

文字佈道士的回饋（第二部分）

「我們不像那許多人，為利混亂上帝的道，乃是由於誠實、由於上帝，在上帝面前憑著基督講道。」哥林多後書2：17

文字佈道士按照約定前往拜訪。短暫介紹後，他再度向蘭森夫婦推銷書籍，而蘭森先生終於有機會可以看到那一套書，並表示出濃厚的興趣。由於蘭森先生領著退休金，因此他們要再重新考慮一下預算。他們談到了上帝將應許的祈禱以及信仰。

他們討論著第七天安息日以及相關的話題，文字佈道士讓他們看看預言之靈課程的摺頁，讓他們知道該主題將可在《在家研讀聖經》（Bible Readings for the Home）中找到。與他們一起禱告後，文字佈道士離開了，並把那張摺頁與《在家研讀聖經》留給他們。

他原本打算在第二天，星期四的晚上再度拜訪，但由於一些意外讓他無法赴約。他後來發現，若他當天依約前往，他現在就無法寫下這個見證。

當他後來在星期五中午前往拜訪時，蘭森先生來應門，帶著微笑開玩笑地說：「我不認識你。」之後他邀請文字佈道士進入屋內，並要他坐下。蘭森先生一邊離開房間一邊說：「把合約拿出來填寫吧！」當他們夫婦一起出現時，他們對文字佈道士解釋說，在之前約定的星期四晚上，他們原本不打算買書。文字佈道士還發現一件重要的事情。當蘭森夫婦在星期三晚上和文字佈道士談論過後，他們祈禱，若上帝要他們買下這本書，並繼續與文字佈道士會面，上帝應讓他們有能力這麼做。星期五早晨，也就是文字佈道士應該去拜訪他們的第二天早晨，他們收到了退休金支票，並比往常還要多出50元美金。當時蘭森夫婦並無法理解到底為什麼。

當時兩位文字佈道士正為準備接下來的星期日所展開的佈道活動。而這位文字佈道士與蘭森夫婦深入對談後，他們同意與文字佈道士一同出席第一場的聖經講座系列。這時，他向他們說明自己是基督復臨安息日會的教友。

第一場的講座中，蘭森夫婦相當喜愛其中的福音信息與音樂，他們請求再度參加活動，並邀請文字佈道士在下一場講座前到他們家裡共用晚餐。

在這恩典的神蹟中所顯露出來的，我們可以看到聖靈如何循序漸進地教導人心。在下一篇中繼續閱讀。

文字佈道士的回饋（第三部分）

「他（摩西）因著信，就離開埃及，不怕王怒；因為他恆心忍耐，如同看見那不能看見的主。」希伯來書11：27

為期三週的佈道會，蘭森夫婦參加了每一場課程。文字佈道士定期地拜訪他們，他們成為相當親近的朋友。佈道會上，每當台上呼召願意挺身而出的人們時，他們卻有些退縮了。某些個人的因素形成他們無法超越的阻礙。

但上帝的工作不是徒勞無功。在最後的佈道會上一個鼓舞人心的信息之後，他們再度呼召，而蘭森先生依然按兵不動。文字佈道士站起來走到他身邊，上帝透過他對蘭森先生說了幾句話，他便站起身來，他們熱烈握手，並一起往前走。回到座位上後，文字佈道士再度向他鞠躬，這次他以從來沒有過的忠心感謝上帝。

朋友們，這是文字佈道士所得到的回饋，這個經驗對他而言具有至高無上的價值。若要從字典中找出能夠表達自己所感覺的辭彙的話，他只能簡單地說：「我的生命中再也沒有其它經驗比這個更美好了！」

上帝透過我們，去接觸那些可能永遠無法以其他方式接近的人們。兩年前為蘭森女士安排聖經課程，並接送蘭森夫婦出席佈道會而促成這篇故事的文字佈道士，也將在蘭森女士的榮冠中佔有一席之地。

讀者們，為全世界所有其他的「蘭森」而祈禱吧。有上千萬的這些人等著聽到上帝的真理，等著要學習如何與他們的天父聯繫起一段關係。上帝以不同的方式對我們說話，有些人祂悄聲說，有些人祂大聲而清晰，而對某些人祂又用特殊的方式與他們溝通。仔細聽！你聽到祂的聲音了嗎？祂今天或許正在呼召你呢！

「上帝在這末日，正在對我們說話。在暴風雨中，轟隆作響的雷雨中，我們都可以聽到祂的聲音。我們亦耳聞在地震中，祂容讓許多的災禍發生，大水所產生的爆炸性破壞力，以及橫掃全地的毀滅性自然力，這些都是祂在對我們說話。我們也聽到在澎湃洶湧的海洋中，許多船隻不幸沉沒其中的故事。這也是祂在對我們說話。上帝對那些不認祂的人說話，有時也在旋風和暴風雨中說話，有時就如祂與摩西般面對面說話。再者，祂靜悄悄地以祂的愛看顧那些天真無邪的小孩，也將祂的愛眷顧老耆之年頭髮灰白的老者。」（懷愛倫，《信息選粹》（Selected Messages）卷二，原文315、316頁）。

9月/13日・故事256

男人與書（第一部分）

「將這默示（信息）明明地寫在版（紙）上，使讀的人（文字佈道士）容易讀。」哈巴谷書2：2

霍金女士寫下一篇關於在澳洲維多利亞從事傳教的伯哥斯先生的故事。

我們回到20世紀初期。當時我和父母、兄弟姊妹住在維多利亞東北部的一個農場上，距離德夫尼什（Devenish）約6英哩。某個夏天清晨，當我和母親正在準備食物時，門鈴響了我去應門，門口站了一位高大、穿著整齊的紳士，非常誠懇向我說明他的工作，因此我請母親過來。他推銷一本醫學書籍，那是醫學博士J. H. 凱洛格的《家庭手冊》（The Home Hand-Book）。母親感興趣地翻閱那本書，但她說父親現在不在家，而且要等到午餐時才會回來。但文字佈道士伯哥斯先生說，若母親不介意，他願意等到父親回來，因此母親請他入門等候。他從11點等到12點多，父親終於回來了。伯哥斯先生與母親對父親說明健康生活的益處，父親也同意母親買下那本醫療書籍。母親邀請伯哥斯先生留下來用餐，我們發現他沒有喝茶，而是以一杯牛奶代替，然後他提到其他健康重建的原則。當時伯哥斯先生向德夫尼什的法瑞斯家庭租借了一個房間，並與這個家庭開始研讀聖經。我的姊姊嫁給法瑞斯家的兒子亞瑟，他聽說過這項課程，並展現出極大的興趣，因此我的姊姊便要求伯哥斯先生到他們家裡（6哩遠）為他們上課。他欣然同意，並開始騎馬往返的生活，他每天完成工作之後，便再騎馬回到我們家中。

我永遠不會忘記他為我們家庭所辦的那些美好的聚會。他帶給我們許多「基督之歌」的讚美詩歌書籍。我們有一台鋼琴，並有一個姊姊會彈琴，因此他便教導我們那些美麗的基督降臨的詩歌。他唱歌很好聽，唱歌時輕鬆而真誠，感動、鼓舞了我們。唱歌結束後，他就會開始祈禱。他對預言之靈課程的計畫，就和現在的牧師們所規劃的相似。我們的第一個課程是但以理書第2章，我們單純地吸收知識。連續幾週，他都持續地以一週兩次的頻率來拜訪我們，同時間中，他與三個法瑞斯家庭和一戶畢托人家一起研讀聖經。

這位帶著書籍的男士並不平凡，他是帶著福音信息的男人。他有一個目標——把人們介紹給他最好的「朋友」，這就是為什麼他的工作會成功。

我們繼續閱讀下一篇。

男人與書（第二部分）

「因為這默示（信息）有一定的日期，快要應驗，並不虛謊。雖然遲延，還要等候；因為必然臨到，不再遲延。」哈巴谷書2：3

霍金女士延續昨天文字佈道士伯哥斯先生的故事。

他的時間安排得很充實。若非他的緣故，我不知道我們如何能聽到這些福音信息，因為當時並沒有收音機，也沒有聖經預言課程；而在那樣的地區中，不會有佈道會，牧師們也不會來拜訪我們。

經過幾週之後，我們接受三天使的信息。我的父親及叔叔當時並沒有接受，但他們之後也加入了。後來，這位文字佈道士為我們組織一個安息日學，我們必須在每個安息日，騎馬、坐馬車前往6哩遠的地方。不久，法瑞斯與畢托家庭也接受了信息，我們又多了一些同伴。伯哥斯先生通知維多利亞區會的會長説，我們已站在真理的一方，會長前來為在伯肯克里克區較年長的成員施行洗禮，那裡距離德夫尼什大約2哩。

那是多麼美好的一天！我們從未見過受洗儀式，當教堂成立時我們相當興奮並成為創始會友。伯哥斯先生後來成為牧師，但他現在已安息主懷了。

接受信息之後，為我們家帶來不少變動。我們之前都定時在農場上擠牛奶、工作，但成為基督復臨安息日會的信徒之後，我最年長的姊姊和她的丈夫，也就是亞瑟法瑞斯夫婦，他們接受了呼召，加入文字事奉的工作。第二個姊姊也開始賣書，並獲得很好的成績。二姊奧莉薇被要求到區會辦公室工作，而另一個姊姊胡因娜和我前往亞芳代爾；在學院中求學幾年之後，我被派到沃柏頓療養院工作。我的弟弟都格德唐洛普進入了學院，之後進了療養院，進修護士課程。他成為一家健康食物商店的主管。我的另一個姊姊前往沃柏頓，並在時兆出版社工作。你可以看到這位忠心的文字佈道士為我們所成就的美好結果。我不知道他是怎麼辦到的，但上帝一定有幫助我們完成這些工作，而我們也不是祂唯一救贖的靈魂。祂還在許多地方拯救許多家庭，把這光輝的信息帶給他們。我希望這些文字佈道士們在事工上得以成功，我很欽佩他們的工作，並祈禱上帝賜福給他們，並讓他們獲得成就。

「我們靠著基督的恩典，足能達成上帝的每一項要求。」（懷愛倫，《天路》260、261頁）

9月/15日・故事258

聖經會說話（第一部分）

「耶和華啊，你的話安定在天，直到永遠。」詩篇119：89

以下關於小野女士的故事由M. H. 瑞德所撰述。的確，年輕的女士們也可以在文字佈道工作中分享她們信仰，並為基督拯救靈魂。

1951年的一月，早晨的空氣清新而冷冽，但當文字佈道士開始為日本聯合文字事奉任務準備第一天的會議時，寒冷早已不令人在意。我無法不感受到瀰漫在會議廳中的那股熱誠、善意；文字佈道士們都很快樂，因為他們剛結束無論在救靈或賣書，都相當有成效的一年。現在這些文字佈道士們，聚集在此學習如何更有效地邀請人們參加歷史上最偉大的結合——與基督的關係。

「沒有太多空間為這歡愉時刻做完整的敘述，但我要告訴你們一個參加講習班時所聽到的故事。一位小女孩在我們的經驗分享時間，走到前方述說自己的故事。我稱她小女孩，是因為她瘦小又年輕，看起來不過12歲；但我後來知道她已經22、23歲了。她的臉部表情甜美而平靜，我對自己說：『這將是不平凡的經驗』，而她的確沒讓我失望。

「早在1950年，小野小姐就完全信服於基督復臨安息日會信息的真理。她閱讀我們的書並參加聖經預言課程。在她下定決心後，毫不等待地查出南日本區會的地址，並馬上搭船前往300哩遠之外的神戶。她到達後，直接找到區會辦公室，找到我們的人並要求受洗。突如其來的要求，令我們有一些懷疑，但在徹底評估後，發現小野小姐已在各方面都準備好受洗。因此，在第二天安息日的下午，他們在神戶附近的海邊舉行了一個特別儀式。

受洗之後，小野小姐立即回到她在四國的家鄉。她內心既充實又快樂，想與大家分享她無上的喜悅，但不知道該怎麼做。她是一位內向的女孩，就像日本的所有女孩子一樣，也完全不知道該如何分享她的信仰。最後，在全然的絕望之下，她印製了聖經的經文，並把那些影本放在電話亭以及鎮上的公佈欄上。大家閱讀了經文之後都很好奇，因為之前都沒看過這樣的東西。」

接下來的故事請閱讀下一頁。

9月/16日・故事259

聖經會說話（第二部分）

「你的話是我腳前的燈，是我路上的光。」詩篇119：105

他們抓不到張貼經文的小野小姐，因為她總是在夜深人靜之時行動。她悄悄地出門，安靜地連狗都不會對她吠叫，並開始張貼上帝的話語。人們開始感到好奇有趣，決定監視到底是誰在張貼這些奇怪的文章。於是他們發現了小野小姐的行為，她嚇壞了，覺得他們會嚴厲地對待她，因為她未經任何許可就擅自使用公佈欄。但事情並非如此，人們只想要知道那些句子是從哪裡引用出來的、具有什麼意義。

小野小姐很樂意安排聖經研讀課程，並解釋經文的涵義。她當然願意讓她家鄉的人民們明白救贖的美麗故事，這不就是她一直在努力的嗎？忽然間她心中閃過一個念頭：「我該如何教導這些人呢？我並不是聖經講師。」她現在真的感到驚慌，她該怎麼做？然後她快樂地想道：「我參加過聖經預言課程，也在區會買了一些書，而且我還有聖經——這些都是我可以使用的。」因此，聖經課程開始了，鎮上眾多的人民都出席聆聽。當她展示她的書籍與信息時，人們表現出購買的意願。我們的這位姊妹寫信到區會請求支援，而出版助理前來幫忙她。在他的幫助下，小野小姐也成為了文字佈道士，她對於自己找到分享信仰的新方法是多麼的喜悅。雖然是個年輕女孩，她每天都花很長的時間賣書直到晚上，並在一週中有幾天晚上展開聖經課程。在受洗10個月後，她帶領4個靈魂到耶穌面前，並計畫更深入地學習。之後她來到了1951年的講習班。

在1951年講習班結束，小野小姐回到四國，卻在幾週後感染日本的瘟疫——結核病。她是如此的瘦弱，我們甚至認為她的文字事奉服務已走到盡頭，但這並非上帝的計畫。我們的姊妹被送到療養院靜養了幾週，雖然她無法行動，但是她能夠說話，並對她的室友述說基督的事蹟。漸漸地，我們的姊妹緩慢地復元；有一天她終於被獲准稍微走動。距離自由行走不過是時間的問題。她一直以話語、書籍以及她始終如一的基督生活見證著。

待在療養院期間，小野小姐與許多人一起研讀聖經。由於這項課程，又有2個靈魂在同一年受洗，之後也有許多人跟進。

如同利用小野小姐一般，上帝今天也想要利用你去成就。

9月/17日．故事260

真理書籍中上帝的關照

「你是行奇事的上帝。你曾在列邦中彰顯你的能力。」詩篇77：14

教會中每個部門的工作，應將目標指定在靈魂的救贖上。拜訪聯絡人與文字佈道士的顧客並非只是販賣書籍或雜誌的對象，重點是拯救靈魂。一位教會成員說：「在華盛頓特區工作時，我遇到一位女士，當我向她表明我是基督復臨安息日會的信徒時，她對我說：『快進來，我有本書要讓你看看，並想問你一個問題。』她迅速走向放書的地下室，並帶回來一本大本、老舊的《在家研讀聖經》（Bible Readings）。

「她問我那是不是一本基督復臨安息日會的書籍，我說：『是的，沒錯。』她說有人對她說那是安息日會的書籍，也是她所讀過最美好的一本書。從書中，她發現了星期六才是安息日，她決定信守安息日，卻惹惱了家中的惡魔。她的先生說她瘋了，但她說自己的信仰很堅定，絕不在星期六從事她平常的工作。然而，她完全不認識基督復臨安息日會的信徒，也不知道華盛頓特區哪裡有復臨教會。然後，她對我述說那本書的故事。

「她有一個性格良好、正值12歲的小男孩。兩年前，他與一些天主教的鄰居男孩在樹林中的水溝旁玩耍，發現了這本《在家研讀聖經》，一定是某人遺失或丟棄的。他把書帶回家，母親對他說：『我們可以快樂地閱讀這本書。』她已經讀了兩年，並說自己學到許多事情。由於全新的光亮來到她的面前，她沉浸在喜悅之中。

「她把書給自己的姊姊看，她也迫切地想要擁有一本。我告訴她我會寫信給一個朋友請他與她姊姊連絡，讓她也能擁有一本。為此她相當感激。」

一名小男孩在水溝中找到一本書。上帝以某種方式引導他將書撿起，並感受到其中的價值。因此，他的母親發現關於救世計畫的真理。上帝關心他的書籍與信息。

「文字佈道可以作成一種偉大良好的工作。主已賜人機智和才能。凡利用這些受託之才幹來榮耀主，將聖經道理織成一片的人，必蒙主賜成功。我們應當作工和祈禱，一心信靠那從不失敗的主。」（懷愛倫，《文字佈道指南》19頁）

神奇的書籍

「聖經都是上帝所默示的，於教訓、督責、使人歸正、教導人學義，都是有益的，叫屬上帝的人得以完全，預備行各樣的善事。」

提摩太後書3：16、17

多年來身為文字佈道士與出版幹事任的亞斯托福送來這篇故事：

我母親宣布：「拉德佛列塔斯先生要來拜訪我們！他是一位賣書人；要到我們家住幾天。」我非常興奮，身為一個小孩，我喜歡家中有人作伴！

30年代初期，我們住在荷屬安地列斯島。我第一個想到的問題是：「他會說哪一國的語言？荷蘭文？帕皮亞門托語？英文？」母親說，都不是；他說西班牙文。我更加興奮，因為這位訪客不懂我們任何一種語言。

佛列塔斯先生來訪的日子到了，我馬上被他吸引，因為他眨眼時多麼友善。我也記得他花了許多時間和我溝通。他所做的第一件事情就是拿出一個小罐子讓我聞聞。那是一種令人愉悅的香氣，或許是我聞過最甜美的氣味。他發現我很喜歡，他又讓我聞了一次。喔！多麼美妙的香水！然後他指著我說：「你，賣書者！」我當場下定決心，那就是我要做的，不管它代表什麼。

佛列塔斯先生讓我看看他的公事包與書籍，像默劇演員一樣，他甚至讓我看看他如何利用它們工作。我看得出來他相當有一套。我也想要有自己的公事包。他離開後，我請求父母，是否能夠擁有自己的公事包與書籍。他們答應了，讓我興高采烈！我立即前往每天一起遊玩、爭吵的同伴的家庭。這些書都是荷蘭文，當我展示書籍時，發現大家都願意購買。有時候，我甚至必須把資金帶回家，讓母親為我換零錢。我喜歡這項工作！我把它認為是我的「馨香香水事業」。

上了小學，我有榮幸可以兼職從事這份工作；到了中學，我申請獎學金，每年賺取自己的學費。我認真地工作，並驚異於這份工作總是歡迎我。即使在高中時期，這份「馨香香水事業」依然為我賺取學費，我也從顧客的眼中和自己的心中找到上帝更遠大的目的。

我敏銳地意識到上帝正在替我預備為祂服務，但那是什麼樣的服務？毋庸置疑！我只有一個目標，那是在我小時候，甜美的香氣依然留在我的鼻腔，佛列塔斯弟兄用他唯一明白的英文說：「你，賣書者！」我為他對我的影響而感謝上帝。

9月/19日・故事262

興起一間教堂

「早晨要撒你的種，晚上也不要歇你的手，因為你不知道哪一樣發旺：或是早撒的，或是晚撒的，或是兩樣都好。」傳道書11：6

一滴墨水會讓百萬人開始思考，出版的書籍中具有力量。以下的故事來自一座美麗的小島——千里達，推廣出文字佈道工作的強大力量。

《在家研讀聖經》（Bible Readings for the Home）應是由威廉阿莫德所推銷販賣，他是早期的文字佈道士先鋒之一，也是首先將信息帶到千里達島的其中一位。那本書被千里達島聖法南度基督長老教會牧師於1892年買下，送給A.路普漢德作為反覆記憶經句的獎品。多年來，這本書被他丟在家裡，有時候被用作擋門的工具。

1929年，他的兒子伊薩基爾路普漢德長大了，他和幾個朋友拿著那本書玩。忽然間書本掀開時，他的注意力被其中一個章節的標題所吸引。無疑地這是聖靈在適當的時機將書本翻開，伊薩基爾路普漢德開始閱讀並充滿極大的興趣，他開始尋找父親是否留下其他本這類的書籍，並找到了另一個寶藏——《善惡之爭》。它記載著相同的日期：1892，顯然是由相同的文字佈道士所帶來的。

不久，伊薩基爾路普漢德和一些鄰居開始守安息日。每到安息日，他們會在附近的兩棵芒果樹蔭下集會，為時約一年。他們的人數開始成長，並自己建立起一個小小的教堂，所有的成員都是東印度人。

所有的事情都起因於一位忠誠的文字佈道士威廉阿莫德；他對靈魂具有愛心，離開了家人、朋友，以及所有家鄉可享有的安適，帶著神聖書頁前去播下福音的種子。這些值得嗎？當然值得！威廉阿莫德可能永遠不知道自己的耕耘帶來了什麼樣的成果，但某天，他將遇見伊薩基爾路普漢德及其他朋友，他們都是因為閱讀了他多年前賣出的書籍而明白上帝的真理。這還不是最後的結局，他們的人數從1929年起一直在增加，現在正等著給那位忠誠的文字佈道士一個大大的驚喜。

「本會的書報現今是撒福音的種子，它們乃是引領多人歸向基督的工具，正如口傳的道理引領多人一樣。推銷這些書報的結果，已有許多整個的教會成立起來。」（懷愛倫，《文字佈道指南》118頁）

多年之後

「主啊，我們所傳的有誰信呢？主的膀臂向誰顯露呢？」
約翰福音12：38

文字佈道士不是永遠有能夠看到自己勞力所得之果實的特權。他們拜訪人家，販賣書籍、雜誌，或許會與這家人共度禱告的時光；書籍送達後，這些工作者再度前行，心中背負著對於救靈的重擔，繼續拜訪下一戶人家。

南大西洋區會的文字佈道士艾德桑普特，某天有機會看到他的努力所帶來的部分成果。是的，那是他多年前種下的種子——書籍，發芽成長，並結出果實。一位忠心的發行人在多年前提供了這篇感人的故事，告訴我們有許多人如何發現珍貴的真理，並接受耶穌成為自己的救世主。

十年前，接近北卡羅來納州首府洛利的地方，一位文字佈道士收到一位女士訂購《在家研讀聖經》（Bible Readings）的訂單。她對這本書充滿極大的興趣，不但借錢訂購這本書，並將文字佈道士介紹給一個朋友，而那位朋友又買下了一本。文字佈道士去送書時，那位女士愛賭博、賣假酒的丈夫拒絕付清書款，因此文字佈道士建議她試著去借錢付清，她也同意這麼做。

某個安息日，文字佈道士來到了洛利的教會。在安息日會學結束時，一位女士向他自我介紹是十年前向文字佈道士購書的顧客。她對他說，自己如何在三年前夢到文字佈道士到家中拜訪她，並在夢中發現第七天是安息日，而之後買下書籍的朋友也同意她的看法。她述說自己當時如何津津有味閱讀那本購自文字佈道士的書籍；直到後來，有位洛利教會的成員搬到她家附近，她因此決定加入基督復臨安息日會信徒的行列。

她從此默默拯救她的家人。她說：「我的父母，以及他們的11個孩子都在這裡。以前賣私酒、愛賭博的先生現在是教會的長老；再加上我們的8個小孩，我們家共有23人都在這裡。向你買書的朋友也接受了真理，但她現在已沉睡，並等待生命賦與者的呼召。她也帶進24名朋友，我們都如此快樂。」莫大的喜悅充滿文字佈道士的心中，為他帶來新的勇氣，繼續為主的事工前行。

「聰明，敬畏上帝，愛慕真理的文字佈道士，是應當受人尊敬的；因為他的地位是與福音傳道人的相等。」（懷愛倫，《文字佈道指南》35頁）

9月/21日・故事264

靈魂的重擔

「行為純正的義人，他的子孫是有福的！」箴言20：7

每位基督復臨安息日會的信徒，都該為靈魂負有重擔。由於基督徒在屬靈工作上不夠努力，生命的關懷與責任常常因此消耗殆盡。但這對E. 高特盧女士不是真的；相反的，她在自己的佈道工作中善用書籍。她接近家人、朋友以及那些萍水相逢的陌生人。她真摯渴求與所有相遇人士分享救世的喜悅。以下是她的經歷。

高特盧女士是加州迪威特高特盧的母親，來自宏都拉斯。高特盧姊妹所買下的《但以理與啟示錄書淺釋》中，扉頁上標示1884年9月16日，加州奧克蘭。高特盧姊妹為她的人們背負重擔，並帶著這本書及其他書籍於1885年回到宏都拉斯。她立即在海灣島以及宏都拉斯發送這些書籍，辛勤整理有興趣的名單送到美國的國際聖經手冊公會。

文字佈道士T. H. 吉伯斯在1887年到這個地區，他是這裡最初的工作者。他發現有眾多的靈魂對信息感興趣。當高特盧女士在當地停留時，她很高興看到有35人守安息日。高特盧女士的書籍對於宏都拉斯共和國海灣島，羅騰法國港口的艾迪艾爾文而言，是至上的珍寶。

這是恩典的神蹟嗎？當然，這是發生在許多人生命中恩典的神蹟，只因為一個上帝忠誠的孩子為靈魂背負著重擔。若我們願意合作，並將上帝的信息帶到人們手中，祂就願意展現神蹟。當聖靈每天帶領人們把書從書架上取下閱讀時，這些神蹟都在發生。

今天我們為宏都拉斯忠誠的文字佈道士們祈禱，他們需要我們的禱告。還有許多靈魂在世界的這個角落，依然不明白真理，有不知道耶穌即將到來。祈禱聖靈將同樣的重擔放在文字佈道士們的心中，就像一百多年前高特盧女士的生命一樣。

「文字佈道士當秉著上帝的話前去，不要忘記凡遵守誡命又教訓別人遵守的，必獲見人悔改的賞賜；並且一個真正悔改的人，必會再引別人歸主。這樣，福音的工作就必向的地區推進。」（懷愛倫，《文字佈道指南》8頁）

9月/22日・故事265

上帝的話語繼續留存

「耶和華啊，認識你名的人要倚靠你，因你沒有離棄尋求你的人。」詩篇9：10

沉浸在真理純淨泉源中的著作，可以為地球黑暗之處帶來明亮的光束，並在角落反射之後，吸收新的力量散播四處。

南非的開普敦住著一位老人。某天，有人問他為何會成為基督復臨安息日會的信徒時，他告訴我們一個很有趣的故事。1949年，他原本是另一個教會堅貞的成員，為他的牧師從事庭園管理與清潔人員。某天，這位牧師收到來自聖經預言課程的傳單，他看了之後便把它撕毀丟在垃圾桶中。這名清潔人員清理垃圾桶時，注意到那些碎紙片，並開始將碎片拼湊起來，小心翼翼地擺好，並閱讀上面的內容。他對於所讀到的事物相當有興趣，他要去哪裡找到更多的資訊呢？然後他注意到傳單中的地址與電話。他撥了上面的號碼，並有人要他前往聖經預言學校。在他到達之後，那裡為他安排了課程研讀。每當他完成學習單之後，需把學習單寄回去批改。這些事情反覆進行著，直到他讀到關於安息日的課程。他從中發現新的事物，並決定直接回到聖經預言學校，誠懇地要求專人為他解釋一切，他從來不知道安息日是星期六，沒有人對他說過這件事。同一週內，他開始在住家附近尋找復臨教會，並對於整個過程都相當感動。這個教會如此不同——他們唱詩歌的方式、安息日學的節目、傳教的方式、研讀的課程，所有事物都是那麼特別。詩歌中的信息帶給他感動，他決定自己將不再回到原本的教會——這裡才是他該停留的地方。要離開教會並不是一件簡單的事。之前的教會成員不斷拜訪他，試著把他帶回去；但他們愈是勸說，他愈堅定前往新教會的決心。他也丟了工作，因為他不想在安息日上班。他成了一位不停祈禱的人。上帝的話語對他而言是一本美妙的書籍，而透過禱告與上帝說話更是豐富自己的體驗。

有人試著毀壞充滿上帝信息的神聖書頁，但這是不可能的。不但無法摧毀，他所排斥的信息卻到達另一個人的心中，並引起他的興趣。上帝的話語不可摧毀！今天我們為聖經預言課程祈禱，它是上帝為祂的國度拯救靈魂的萬能工具之一。

沾有墨水的一枝筆，會讓百萬人開始思考。——作者不詳

9月/23日‧故事266

詩篇的牧羊人

「耶和華是我的牧者，我必不致缺乏。」詩篇23：1

對於文字佈道士的忠誠，有非常多值得記述的地方。在紐西蘭的吉斯本，住著一位退休的文字佈道士亨利巴奈斯先生，如同認識他的顧客朋友們所知，亨利巴奈斯先生是一位真正的基督徒紳士。追逐他腳步前行的文字佈道士彼得希伯德，好幾次在對顧客展示書籍時，人們都強烈表達出購買的意願，因為他們的父母在多年以前都曾向亨利買過相同的書。

某個家庭中，兩姊妹都是聽著《聖經故事》長大。當母親過世，兩姊妹的其中之一繼承了那套書籍；而當另一位看到彼得賣的《聖經故事》時顯得相當興奮，因為她一直渴望為自己的兩個孩子也買下一套，卻不知道該到哪裡購買——交易立即成交！之前，彼得拜訪了一戶人家，因他們寄出了一張「聖經探險錄影帶」以及《聖經故事》的回函卡。那位母親要求購買《好兒童故事集》，她說：「我小時候曾看過那套書。」那是亨利巴奈斯賣給她父母的，她記得亨利是位可親的基督教徒。他為一個小孩留下多麼深刻的印象！結果，他們立即完成價值約1,000美金的交易，而且她可能還會繼續購買。同時，這戶人家也報名聖經課程。亨利巴奈斯在從事文字佈道工作時，觸動許多男女、小孩的心靈。他們尊敬他、喜歡他並愛著他，把他當成自己的朋友及心靈諮詢者。我想起一段故事，在一個集會上，有位男演員被要求背誦出詩篇23章，他做到了，而之後一位也是嘉賓的老牧師，被要求背出相同的章節。結束時，全場鴉雀無聲，而那男演員說：「我知道那個牧羊人的詩篇，但他明白詩篇中的那位牧羊人。」

許多人都可以去販賣書籍，但我們有多了解書籍的作者？永恆將會顯露出許多文字佈道士的忠誠、他們留給人們的印象，以及他們幫助人們決定歸向耶穌基督時的重要角色。今天我們為紐西蘭的文字佈道士們祈禱。他們的挑戰相當驚人，而他們在耶穌中的歡愉也同等巨大。他們跟隨著亨利巴奈斯的足跡，並歡喜從事文字佈道的工作，讓我們為他們祈禱。

「上帝說：因為他專心愛我，我就要搭救他；因為他知道我的名，我要把他安置在高處。」（詩篇91：14）

9月/24日・故事267

不怕危險（第一部分）

「我雖然行過死蔭的幽谷，也不怕遭害，因為你與我同在；你的杖，你的竿，都安慰我。」詩篇23：4

在越戰期間，文字佈道士都處在可能被越共捕捉或殺害的危險之中。由於戰爭的危險，以及被越共所捕的可能性，文字佈道士無法待在西貢之外的地區。他們必須賣書，並避免與越共或其支持者接觸。直到永恆，才能顯露出越南文字佈道士們整體的工作成果。當我們偶而得知這樣一個故事，告訴我們那些十字架精兵們的虔誠、奉獻與見證。

特南加與家人住在一個小鎮上，距離峴港市幾公里。身為一位擁有證照的文字佈道士，特南加多年帶領越南的文字佈道士賣書，他也悉心儲蓄，為自己的家人買了一棟舒適的家。他們是幸福、帶著傳教使命的一家人，也是當地教會的工作者，並以慷慨的捐獻支持教會。

某天，特南加離家前往幾公里遠的鄉間工作。當他中午返家時，在鎮外遇到一個人，告訴他越共已占領了小鎮，而且不准所有人離開。特南加面臨一個重大的抉擇，他該選擇進入小鎮被抓，或是立即前往峴港市？他選擇了第二條路。

到達峴港市之後，他前往妻子姊姊的家中，並告訴她這件事情。在與親戚談論過後，特南加決定等候幾天，看看他的家人是否可能離開小鎮前來峴港市。

特南加日日等待著，花了大部分時間祈禱上帝讓他的家人得以脫困。直到星期五，他還是沒有家人的消息。特南加告訴妻子的姊姊，安息日他將待在峴港市，但星期日時，他會前往小鎮，與家人一起被囚禁，因為他無法繼續讓自己的妻子與小孩獨自活在越共的掌控下。

繼續閱讀本故事的第二部分，為越南的事工而祈禱；在那裡，多年前賣出的書籍正以真理令人們信服。

「切莫忘記，你們是屬於上帝的，祂已用重價買了你們，祂所授託給你們的一切才能，你們必須負責交賬的。」（懷愛倫，《文字佈道指南》43頁）

9月/25日・故事268

不怕危險（第二部分）

「你當剛強壯膽！不要懼怕，也不要驚惶，因為你無論往哪裡去，耶和華你的上帝必與你同在。」約書亞記1：9

安息日過後，當特南加決定要回到被越共囚禁的妻子與小孩身邊時，他先離開他妻子姊姊的家，去市場購買一些補給品。從市場回來的路上，看到他的外甥興奮地朝他跑來對他說，他的妻子與小孩都已抵達他們家。帶著歡喜的心情，特南加全速的跑回去與家人團聚。

當他回到妻子姊姊的家後，重逢的興奮情緒漸漸冷靜下來，特南加知道自己的妻子和小孩假扮成農人在田裡工作，中午時沒有回去用餐休息的地方而是躲在稻田中，事後再鑽進叢林裡，摸索著來到峴港市才得以脫逃。為了自由他們必須捨棄舒適的家園及所有財富，但他們仍慶幸上帝拯救了他們。

不久後，出版部幹事前往探望在峴港外圍難民營的特南加一家人。小小的房子由木片、紙板和一些鋁片組成；房子小到他甚至無法在屋內站立。在與特南加的對談中，他知道特南加已失去所有世俗財富，包括他的家園，但他不減對基督的信仰。他和妻子已經開始在難民營分設安息日學校，並在晚上以及安息日時和許多人一起研讀聖經。特南加繼續像沒發生過任何事般地販賣書籍，不到一個月後，他們蓋起一座簡單的建築，組織了一間教會。

被問到將來的計畫，特南加回答說：「目前我想要待在這難民營中，這可能是上帝要我們經驗的一件事，好讓我將信息傳播給鎮上的難民。我們會盡己所能建立、強化教會，必祈禱有一條道路將被開啟，好讓我們回到自己的家鄉。希望我的房子還在，但若已被摧毀，也不介意。我們會重新開始。我相信當我為上帝繼續賣書的事工時，祂也會繼續賜福給我。我們並不沮喪。事實上，我們感激上帝拯救我們的生命，且我們仍有能力為祂工作。」

多麼忠誠！他們擁有多麼偉大的精神！若上帝所有孩子們都抱持這種態度，現在的世界將多麼不同。讓我們繼續為越南的事工而祈禱，那裡的佈道工作已中止——希望不久之後，我們將能再度將書籍帶到越南的人民手中，為他們準備迎接耶穌再來。

「本會的文字佈道士是上帝的傳道人。」（懷愛倫，《文字佈道指南》31頁）

9月/26日・故事269

不怕危險（第三部分）

「看哪！黑暗遮蓋大地，幽暗遮蓋萬民，耶和華卻要顯現照耀你！
他的榮耀要現在你身上。」以賽亞書60：2

當人們遇到巨大轉變，就像越南的文字佈道士所面臨的一樣，可能很難去理解激勵這些忠心人們繼續活動的動機為何。他們每天暴露在戰爭的危險之中，一直存在被越共綁架的可能性。當文字佈道士外出工作時，他們不只要擔心自己，還必須為家人的情況操心。

讓他們繼續的動力是什麼？當高斯波迪爾牧師還是遠東分部出版部門秘書時，他在越南的旅程中為這些問題找到答案。事情是這麼發生的：

某天晚上，他待在峴港市的旅館房中，戰爭開始在機場展開，他站在窗邊觀看戰火，天空中散布火光，讓士兵們能夠目視，以擊退越共的攻擊。

當他站立觀看並聽著戰爭的聲音時，他想到，為什麼越南的文字佈道士願意讓自己暴露在危險、綁架，甚至於死亡之中，還繼續賣書？當他們在等待戰爭結束的同時能夠從事其他較不具危險性的工作，他們為什麼堅持著上帝的傳教事工？當他心中思考著這些事情時，某個在大廳中的人轉開了廣播，聲音傳遍整棟旅館：國王使者四重唱（King' s Heralds quartet）唱著：「大聲地吹響喇叭，耶穌已再度到來。」那是越南語的聖經預言廣播節目。

他馬上知道這就是他問題的答案，越南的文字佈道士們相信耶穌不久就會再度到來，他們希望盡己所能地提醒越南的人們，也想要告訴那些自1941年起未接觸到和平信息的人們，和平的君王就要為他們紛亂的心來平靜。

因此，由於因信上帝的賜福，和關心上帝事工，他們挺身而出，告訴大家耶穌的故事及祂的愛。儘管危險一直存在，他們願意將一切交在上帝手中，他們樂意看到上帝的旨意成就。

自從這件事情之後，文字佈道士們被迫停止他們偉大的事工。出版社被充公，而越南如今由共產政府所統治。但在多年前種下的福音種子依舊大聲清晰地述說耶穌的故事，世上沒有任何力量可以阻擋它。上帝關懷著祂被出版的話語，而它們也絕不會無功而返。我們肯定會得到豐收，為越南而祈禱吧！

9月/27日・故事270

教會領袖發現新的光明

「因為上帝的國不在乎言語，乃在乎權能。」哥林多前書4：20

上帝的話語及福音書籍中具有力量，很少有人完全理解宣布著末日信息的神聖書頁的重要性，也不明白為何那些書籍必須刻不容緩地送到人們手中。上帝透過這些書籍、雜誌，去接觸所有男女和小孩。我們種下的種子愈多，耶穌來臨時的收穫也愈豐盛。福音書籍是用來治療罪人們的靈魂，以獲得更好的生活，充滿真理的書籍對他們來説，就像是生命之樹的葉片。在啟示錄22：2中我們讀到：「樹上的葉子乃為醫治萬民。」

波多黎各一位男士獲得一本《決斷時刻》（The Decisive Hour）。他是一個平凡的傳道人，已經為自己的教會拯救30個靈魂。他的救靈成績如此輝煌，因此教會領導邀請他加入傳教事工。

閱讀這本書之後，他發現某些從來沒有聽過的重要真理。在深入研究和祈禱之後，他告訴教會領袖，自己已經找到新的光明。他讓他們看看那本為他帶來安息日真理，以及其他從前不明白的知識的書籍，而那些教會領袖卻指稱，基督復臨安息日會的人誤導他步上歧途。然而，他繼續研讀他的書籍，不久就有其他人與他一起學習。他們把那本書與聖經相對照，發現兩本書都在教導相同的事情。

一位牧師開始舉行更多密集的聖經課程，而很快地，24個人都受洗為該社區中基督復臨安息日會的成員，其中有10人都是因為閱讀了那本書而改變信仰，而另外12個人都是由那10個人所拯救的靈魂。如你所看到的，一旦你對於耶穌以及祂的真理感興趣時，你就無法繼續沉默；你不會想要自己守著這件事，而會希望每個人都能明白，並體驗到救世的歡愉。

我們不知道是誰把那本書賣給了波多黎各的那位先生，但在不久後的那一天，兩個人將會相遇，那將會是多麼美好的經驗。

今天我們為生命中充滿聖靈而祈禱，感謝祂顯示給我們的救世計畫。

「若有一種工作比別的任何工作更重要，那就是向公眾推銷本會的印刷品而引導他們查考聖經了。……這種工作乃是非常重要之舉，這正是主要祂的子民在現今要做的工作。」（懷愛倫，《文字佈道指南》5頁）

9月/28日．故事271

一個男孩的夢 ◎臨德爾傑森（美國）

「你看見許多事卻不領會；耳朵開通卻不聽見。」以賽亞書42：20

主利用不可思議的方法來感動人們的生活，好使他們做好回天堂的準備。祂使人們對我們的造訪有所準備，就像祂的見證一樣。以下是上帝的忠誠見證的一個例子。

我在內布拉斯加州哥倫布市的一個牙醫診所提供書籍服務時，發現一個小孩填寫五張書卡，卻留在書本裡。

我在那天傍晚拜訪那戶人家。一個十幾歲的男孩來應門，並邀請我進去。他們來自西班牙，但英文　得非常好。母親把食物移離開火爐，前來聽我介紹書籍，因為她7歲的小女兒（填寫廣告卡的小孩）對這些書很有興趣。父親正在工作，當我在展示書籍時，媽媽和三個小孩都專心地看著。小孩們都會很有禮貌地舉手，提出對於聖經的疑惑。我不僅介紹書，也加上聖經研讀，花了將近一個半小時。那位母親沒去過教堂。她在天主教家庭中長大，但比較偏向新教。很明顯的是她喜歡她的聖經。聖靈無形中幫助我翻出適當的聖經經文，而這個家庭對我的書籍展現出極大的興趣。

這位母親說在她買書（一套《聖經故事》和《聖經參考文庫》（Bible Reference Library））之前，必須先跟丈夫討論。小孩們有禮貌地請求母親買下書，但母親堅持必須先和他們的父親討論過後再決定。

我在離開之前與他們一起禱告，並告訴他們：「可能在進入天國之前，我們都不會再相見。」

那十幾歲的小男孩舉起手，並問我對夢的看法。我告訴他，我們每個人都有一些夢。然後他說「我做過一個夢，夢到這裡的書（指著《在家研讀聖經》（Bible Readings）），也聽到你剛剛說的每字每句，關於天國之前我們不會再見面的話。」我問他是何時夢到這情景，他說：「前天晚上吧！」他的母親非常震撼，她保證一定會認真考慮買書。

上帝真的在為我們做事，即使在年輕人的心中。主再度準備好讓祂的信息進入這個需要福音的家庭。願上帝真正地打開我們的耳朵和眼睛，好親眼見證祂展現的神蹟，讓福音傳到人們的家中。

9月/29日・故事272

《喜樂的泉源》的行動（第一部分）

「並且要以我主長久忍耐為得救的因由。」彼得後書3：15

你將在這篇故事中讀到一封來自南非的信，她買了一本最具啟發性的書《喜樂的泉源》，閱讀這本書治癒了她的靈魂。她寫道：

「我剛讀完懷愛倫所著的《喜樂的泉源》中〈釋疑〉這章，現在只剩下最後一章〈真實的喜樂〉還沒讀完，但我覺得自己必須對你們說些什麼。

「衷心的感謝，獻給你們現在正在進行的工作！或許你們有時會對於佈道工作的價值和智慧不肯定，或是對於它是否真正地達到目的而感到質疑，不知這一切是否都是值得的。但我要向你們保證這工作是絕對需要的，我知道上帝每天都多擔待著你們。我是一個剛滿33歲的黑人女性，大學畢業、已婚、有三個小孩，和一份很好的工作。在成長過程中，我拒絕並譴責任何有關上帝的事物，像是聖經、禱告及作禮拜。我有許多政治、學術及自以為聰明的理由，來譴責所有和上帝有關的東西。在我十多歲時的某個階段，我認識了『無神論』這個字，並真心的接受它的意義。我自認為『無神論者』。幸運的是，撒但降臨和惡魔崇拜並沒有影響到我成長的小鎮，否則我懷疑自己將很容易就被一些儀式慫恿……只是想要否認上帝的存在，以及想表現出與別人的不同。即使到了大學，我嘲笑並瞧不起任何上帝及聖靈神蹟的說法。我不屑於那些可憐愚昧的人們，他們全都相信那些很早以前由年老的白人男性捏造出來，用來鞏固『平民的鴉片』（這是當時我對宗教的稱呼）的真實性的所有故事。到底為什麼大家只因為有些人的片面之詞，就可以相信這一切……缺乏科學的證據？我以自以為是的優越對他們深感同情。當我在寄宿學校的時候，我按時到教會去，有時融入他們的禮拜儀式，但仍堅持拒絕相信上帝的存在。我參加聖餐禮並感覺更接近上帝，但我的心仍拒絕承認祂，祂的力量、祂的愛和所有只有祂才擁有的品德。到了大學沒有人逼我去教堂，但有時我仍會和朋友去參加禮拜。但我的心仍是背離上帝的，並堅持拒絕承認祂。為什麼？因為我所有的辯解，我無法完全信服自己拒絕的理由——我心中總是存疑著：難道我錯了嗎？我說的話惹惱上帝了嗎？我這樣與上帝抗衡有罪嗎？」

「救恩猶如日光一樣，是屬於全世界的。」（懷愛倫，《歷代願望》307頁）

《喜樂的泉源》的行動（第二部分）

「所以過了多年，就在大衛的書上，又限定一日……『你們今日若聽他的話，就不可硬著心。』」希伯來書4：7

一個大學畢業生在她的一生拒絕聖靈，她有時會到教會，卻不願相信上帝和祂的話語。之後，她的心中開始佈滿存疑：她是否與上帝，宇宙的造物主相抗衡？這小小的聲音不停地和她抗辯，要她去傾聽並尋求更好的道路。請繼續閱讀她的故事。

「但我選擇壓抑這小小的聲音，並告訴自己不會笨到要相信那些長鬍子白種男人未經證實的歷史故事，他們總是以白種男人的樣子展現上帝、耶穌的樣貌，而惡魔就是黑的。這些事以及他們對聖經選擇性的解釋，讓我相信這不過就是一個計謀，好讓南非及這個世界可以維持現狀。

「耶穌基督溫柔地以祂的愛，試著要幫助我轉向上帝，但我在憤怒中僵直我的頸項，甚至拒絕直視祂，否則祂會看見我對祂的需要，以及我眼中的存疑。到現在我一直這麼問我自己：『怎麼會有人強迫自己盲目不見呢？』

「我在很奇妙的狀況下得到這本小書──我相信這是上帝送給我的，激發我寫下這封信。這本書對我靈性的成長帶來了很大的影響。我開始閱讀這本書，在聖誕假期的旅程中，我們（我的先生、孩子和我）更是每晚都在讀。它一直給我一種感覺：「哇！這是專門為我而寫的嗎？」我曾有的疑問、害怕及考量，它們的答案都在這本充滿無盡的智慧、愛、應許及和平聖靈的小小書中。

「謝謝你們在我最需要的時候帶給我這本書。我向上帝祈禱我的靈性可以更加提升，並以這樣的肉體盡己所能地與精神相符地生活著。你們已經幫助我往那崇高的目標前進，我會繼續為你們祈禱，並更加感恩主耶穌基督曾在適合的時刻帶給我這樣一本書。」

主又展現了另一個恩典的神蹟。一個從來不會接受福音邀請的靈魂（基於自己的偏見），但《喜樂的泉源》在她孤獨的時候碰觸她的心靈。沉默的信息充滿著力量。它在適當的時機帶來了正確的信息。

「上帝絕不要他們相信無憑無據的事。」（懷愛倫，《喜樂的泉源》，89頁）

祂差了祂的天使

「天使是真正來到我們的世界。他們並非常是看不見的。他們有時會遮掩自己天使的形狀，化成人的樣式，與人們說話，啟迪他們。」《今日的生活》301頁

今天由中美洲的琳懷斯特布魯克分享她的經驗。天使在世界上任何有靈魂需要拯救的地方工作著。讓琳來告訴我們她的故事：

「那是寒冷的一月天，當我敲著門時，我的腳趾凍得發痛，但我仍堅信上帝會賜福給我。這條路上的某個地方，有個恩典正等著我，或是我可以為某人帶來祝福。不久，有一對育有四個小孩的年輕夫妻友善地歡迎我。當我向他們推銷書籍時，他們說自己付不起買書的錢。他們最小的女兒，一個2歲棕眼的美麗小女孩，患有很嚴重的心臟病，醫生預測她無法活過6個月。醫療費用多到他們的保險不足以應付；他們很想買書但就是付不起。

「後來，他們還是買下《歷代願望》，因為我保證他們可從中獲得舒緩。他們要我在6個月後再去拜訪，到時他們就可以為自己的家人買下《聖經故事》。六個月後，我再度前往卻發現他們已經搬家。沒有朋友或鄰居知道他們的新家在哪裡，我沒辦法獲得任何進一步的消息，所以我把他們的資料歸到『無法作用』的檔案中。然後到了我們的特別週，我向上帝禱告：『主啊，祢要我去哪裡呢？』出乎意料地，我感受到自己必須前往一個銷售進度一直很緩慢的地方。我對上帝質疑著，為什麼在大家應該享受勝利的一週中，指引我到達那個地方。祂溫和地堅持，直到我動身前往。

「開車途中，我偶然注意到那位之前已搬家的女士，在一棟房子前佇立著。我停下車，取了公事包走向她，卻沒看到人。很明顯地，她進入屋內了。我敲門之後，她溫暖地問候我，並對我說：『琳，我們祈禱妳會過來。我們的小女孩還是走了，現在我們需要那些書，這樣我們將來有一天就可以與她重逢。』她買了《聖經故事》和《上帝的愛得勝了》（The triumph of God’s love）。當我們談話時，我說：『剛剛在前院看見妳真是太好了，不然我永遠都不會找到妳們。』她臉色蒼白地說：『琳，我有一個小孩生病，而我一整天都沒有離開她。我沒有到外面去。』我們在困惑中沉默地坐著。之後我們都了解是上帝派了祂的天使，來幫助我找到他們。」

今天我們感謝我們的天父，因為祂的天使不懈地與祂忠誠的僕人一同工作，好讓人們準備好在耶穌再臨時與祂見面。

去吧，去販賣書籍 ◎克雷歐 R. 密賽特

「那召你們的本是信實的，他必成就這事。」帖撒羅尼迦前書5：24

「這個夏天去販賣書籍吧。藉由販賣上帝的書籍，把福音呈現給人們，」威廉馬丁尼牧師說，「販賣書籍讓孩子們變成大人。現在你們都是大人了，讓孩子們留下來照顧家禽吧。」

這些話傷了阿尼伊葛洛索。他是神學院的三年級學生，為學校忠誠照顧家禽。他認為學校的主任對於他在菲律賓聯合大學Naga View校區的工作並不滿意。他在學校中所賺的錢的確不太夠支付他的學費和食物，但他從未欠債並且他滿足於現況。他計畫繼續他的工作，好達成他成為牧師的夢想。但上帝給阿尼的計畫比他當時所想像的遠大。當阿尼在幾個月後回到主任辦公室時，是為了表達自己的感謝。在夏季結束時他的銷售量排名第二。

有一天回家的途中，他感受到自己要去對一家雜貨店推銷書籍。商店老闆並沒有買書，卻要他前往另一家店。商店老闆說：「他們是基督復臨安息日會的信徒。」藉由這個消息，阿尼接觸到這位經營一家有基督復臨氛圍店面的男性長輩，他對於自己受到嚴厲的阻攔而感到非常驚訝。之後他明白到這不是一家基督復臨的商店，而這個老男人對於基督復臨的說法存有成見。但他在這裡遇到這名長輩的兒子——曼紐阿曼迪拉。曼紐經營漁業，因此他去過波里里歐島。他在那邊第一次和復臨信徒有所接觸，並對他們印象深刻。曾有人開玩笑地建議他把小孩送到復臨學校就讀，但他不知該怎麼做。

當曼紐聽說阿尼是Naga View校區的學生時，他悄聲地說：「這是上天帶來的解答。」曼紐不理會他父親憤怒的言語，訂購了《聖經故事》並要求立即拿到書。當阿尼把書送給他時，曼紐提議，若阿尼願意指導他的五個小孩，並且管理他們的財務，他願意將他們送到Naga View就讀。交換條件是，曼紐先生會提供阿尼在學校的所有需要。所以這五個小孩都進入Naga view的安息日學校就讀。當禱告週到來時，超過20個人受洗了，包括維納斯阿曼迪拉和克里斯多夫阿曼迪拉。

阿尼很感激自己能聽從販賣書籍的忠告——現在他看見自己努力的成果，和成功的喜悅。

「我們的天父有成千種方法來幫助我們，是我們所不知道的。」（懷愛倫，《歷代願望》333頁）

10月/3日・故事276

恐懼

「不要懼怕，只管站住！看耶和華今天向你們所要施行的救恩。」
出埃及記14：13

亞特佩吉，多年來身為文字佈道士以及發行人，告訴我們關於恐懼的故事，那恐懼曾經幾乎奪走他的成就。

「恐懼不但是很不好的經驗，也最會破壞文字佈道士計畫的成功。當然你絕對不會希望一個像我這樣的工作者，有35年的拜訪經驗，卻仍然屈服於撒但最強大的武器──恐懼之下。但它曾經發生過，而我所學到的真理就是『勇氣不是不存在恐懼，而是即使恐懼也要向前行進！』某天下午，我停在東科羅拉多的肥沃耕地中心的路邊，瞪著樹蔭大道盡頭的一間大房子，周圍有氣勢雄偉的穀倉及小屋環繞著。我單純地『害怕』要去造訪他們，即使一位經驗老到的聖經工作者説的話縈繞我的耳邊：『不過是在一個飢渴的心靈前面，多了一些的磚塊、石頭和水泥罷了。』

「我聽著喬治亞克的卡帶，他引用亞倫萊金的重要問題説：『你現在正在從事上帝要你進行的最重要的事情嗎？』恐懼地坐在那邊，浪費時間，我明白自己沒有做好上帝要我進行的最重要事情，是因為害怕。所以我提心吊膽地開往前去，敲了門，發現自己正想著：『感謝主，沒人在家。』但當我走向車子時，發現一位男士正在工作室的門口更換汽化器。我走向他並真誠地握手，他溫和的回禮讓我知道我們是朋友。

「這裡有個祕訣，夥伴們。在前十秒內，要盡其所能地表現忠誠，使你的新朋友迫不及待地要你分享你擁有的東西。一旦你達到了這樣的關係，書籍的販賣、結束，以及我和弗萊得一起住在新天新地的時間，都會變得短暫而值得。

「弗萊得在接下來的15分鐘向我傾訴了所有的心事。他在三年前離開州立監獄並戒了酒。他現在是一個成功的店員領班，也是一個不再對教會抱有寄望的教友，因為他覺得教會並沒有幫助他獲得耶穌應帶給他的東西。但他仍是位積極的讀者，迫切地想知道啟示錄所預言的未來。

「他陪著我走到車邊，並感謝我帶給他《歷代願望》、《上帝的愛得勝了》、《在家研讀聖經》以及《喜樂的泉源》等美妙的書籍，他説：『我每晚都會閱讀，直到深夜。』與我和弗萊得的經驗相比，我得到的金錢算什麼？撒但當然不會要我往那條路上開去，但是上帝會！」

兩本書的故事（第一部分）

「（我的話）卻要成就我所喜悅的，在我發它去成就的事上必然亨通。」以賽亞書55：11

約一百年前，上帝的僕人寫下了這一段聲明：「不錯，有些人買了本會的書報，將之放在書架上……難得去閱讀。但上帝仍會照料自己的真理，到了時候，定必有人找出這些書報來讀的。或許有一天這家中發生了疾病或不幸的事，上帝就會藉著這些書報中的真理，賜給那憂苦的心靈以平安，希望，與安息。……主就與祂克己的工人合作了。」（《文字佈道指南》117－118頁）

大約在當時，一位忠誠的文字佈道士把一本書帶入一個陳設良好的家中，那是一本《在家研讀聖經》。它被買下後，被放在一個書架上，除了偶爾進行清掃之外，它一直被陳放在那兒，歷經了許多歡樂和幸福的季節。而此時，疾病與窘迫來臨，經濟蕭條的前後在這個家庭留下印記；世界大戰帶來的喧囂依舊，椅子已無人使用，仍舊沒有人閱讀或查閱這本書。最後，在戰後繁榮的頂點，死神造訪帶領那對夫婦進入永恆，那麼這本書呢？

混在其他的書籍及家具之中，它們一起被帶到了拍賣市場。它再度被放在書架上，而叮嚀依然是：「上帝仍會照料自己的真理，到了時候，定必有人找出這些書報來讀的。」（懷愛倫，《文字佈道指南》117頁）。而這的確發生了。當時，有一個年輕的長老教會農夫讀完聖經，對其中與安息日有關的第四誡頗有感觸。上帝的靈魂在與他對話。他翻看日曆，光芒降臨於他。這就是了，他想著。星期六就是安息日。於是他向上帝禱告，請求給予他更多的關於這個主題的啟發，但他不知道這些事情將會以什麼方式到來。之後有一天，他來到一個拍賣市場，以手指觸弄一本《在家研讀聖經》的舊書。

「你喜歡這本宗教書嗎？」拍賣者問。「是的。」他回答。「它是你的了。」

他帶著這本書回去，並迫不及待地要閱讀它的內容，小心地將它與聖經做比較。當他讀到安息日的章節時，他非常地激動，而且當他發現這本書確定了他之前的信念時，他十分欣喜。在向牧師請教時他的熱情稍微被澆息，但他未曾放棄。

「上帝不願祂的子民滅亡，這就是祂這麼長久遲延的原因。」（懷愛倫，《佈道論》275頁）

兩本書的故事（第二部分）

「大山可以挪開，小山可以遷移；但我的慈愛必不離開你。」
以賽亞書54：10

讓我們繼續前一頁未完的故事。當故事展開時，我們可以看見上帝之手巧妙地帶領，以及祂對祂的書籍的特殊照護。

我們暫離我們這部分的故事，先到北方600哩遠的另一個小鎮，並把日曆翻到大約18年前。另一個小鎮，另一個文字佈道士，另一本書。

日子並不好過，書籍也很不容易賣出，但是一位年輕的女文字佈道士表現出這個時代所需的絕對忠誠。她知道什麼叫做飢餓和腳痛，並在惡劣的情況下，有稍帶綠色的草地就是她夜晚的床墊，薄霧是她的毯子，而石頭是她的枕頭。有時她打算要放棄，有些人也認為她的作為似乎是不必要的犧牲。那些聽說她的人，認為她不過是一個經驗不足，卻盡己所能為一本嚴謹的教義書籍《在家研讀聖經》，而努力的工作者。她的銷售量很少、飲食不足、床鋪太硬，但她依然堅持。她對靈魂背負著重擔，雖然對未來不確定，但是她的心是正確的，而且她知道「上帝照料祂的真理」。

她自己不知道，有一戶家人一直在觀察著她，知道這女孩在那個地區生活艱苦，所以他們買書，除了幫助她之外別無目的；當她經過的時候，他們有時會邀請她一起用餐。最後，當她在那個地區的工作完成時，她離開了，並知道現在是讓天國的人明白她的工作成果，並不是沒有結果的。

出於仁慈而買下的書籍被陳列在書架上，一直在那裡沒人去閱讀它。幾年過去，有一天災禍降臨到這個家庭。丈夫得了惡性腫瘤，有名的外科醫生連續三年幾乎都在救他的性命。之後這位外科醫生說：「我不能再開刀了」。疾病和不幸真的進入了這戶人家，上帝透過書中的真理，帶給愁苦的心靈平安、希望與安息。這本舊書終究還是被拿出來閱讀。

現在讓我們回到南方看看我們的農夫怎麼耕作。

他並未因為牧師的不支持而被打垮，他繼續他的研究。他愈來愈堅信地祈禱說：「主啊！請派遣一個守安息日的人到我這裡來吧。請派遣一位守第七天安息日的牧師到鎮上來吧。」但上帝有祂的方式來回應這名男子的心。

「在一顆順服上帝的心中，在努力到底的情況下，耶穌接納這心態與努力乃是人最美好的服事，並且用祂自己的功勞來彌補其缺代。」（懷愛倫，《信心與行為》（Faith and Works）原文50頁）

兩本書的故事（第三部分）

「上帝所差來的，就說上帝的話，因為上帝賜聖靈給他，是沒有限量的。」約翰福音3：34

某天，這個從拍賣主那裡獲得《在家研讀聖經》的男子，急著賣掉自己的財產並想搬到北方。他覺得必須自己去尋找那位不會來找他的人，並希望找到一個不會來煩擾他的教會。所以他收拾行李帶著他的家人往北行。

他在往北走了600哩遠的地方停下。這裡似乎就是他要找的地方，但是他並不著急，決定要去看看是否有他可以耕作的農地。最後他在靠近鎮上的住宅區附近找到一塊地。他還沒見到牧師，還沒看到在星期六作禮拜的教會，但他確定這裡就是上帝領他來的地方。

現在讓我們來看看這裡的另一個家庭。兩個家庭現在住在同一個鎮上，住在彼此對面。我們之前把第二戶人家留在陰影之下，讓他們以閱讀聖經及《在家研讀聖經》來緩和悲痛。其中，他們發現了希望，而且當事工活動進行到這個小鎮時，他們參加了所有的佈道會，並享受得到的信息。他們找到了舒適及盼望。每個佈道會之後的夜晚，他們都會拿出他們的《在家研讀聖經》，將他們所聽見的與書中的內容做比較。他們說：「我們會追隨著這位男士，就像他追隨《在家研讀聖經》一樣。」但是傳教士本身不知道這些事。某個晚上，這對夫妻起身回應，並決定受洗。

安息日來臨，他們準備要去教堂。當他們要跨進車裡時，高挑的年輕農夫在對街叫住他們：「你們穿得如此整齊要去哪裡？」回答道：「去教會。」「什麼？早上九點半去教會，而且是星期六，有什麼事這麼特別嗎？」那位太太答道：「是的，每個星期六都是特別的。」他又問了幾個問題後，便若有所思的回家了。接下來的那個星期六，他帶著自己的小孩子走過街，並詢問這家人是否可以帶他們一起去教會，並告訴牧師說他想跟牧師談談。

牧師在一、兩天後前去造訪，並發現這個男人對於上帝的信息出乎意料地理解；當然，他並不知道你已經知道的故事。之後我們的農夫朋友開始到教堂去，並且在禮拜後和鄰居談話時，眾人對於上帝如何領導、指引這兩家人的方式感到驚奇。

「當將你的事交託耶和華，並倚靠他，他就必成全。」（詩篇37：5）

10月7日．故事280

兩本書的故事（第四部分）

「我來了，是要叫羊得生命，並且得的更豐盛。」約翰福音10：10

這個年輕的農夫承認他曾經有很大的困難。他投資一大筆錢在機器上，想要拓展他的農場。他買了羊群並將羊群安置妥當，但在他新發現的希望的光照下，使他顧及是否該繼續經營？他應該在安息日時以牛奶供應小鎮嗎？

他把這些事告訴他新信仰的教會牧師。牧師問：「你想做什麼？」「若我必須放棄我的合約，將會損失一大筆錢。但我寧願這樣做，而不要違反我的良心。」

他決定去做正確的事，這個牧師知道他已經克服這個最大的困難。「在所有事情都釐清之後，我再來見你。」這個年輕的農夫說。隔週他去見牧師，說：「我已經把羊群圈好，而最後的結果並不算太糟，但我在第一年中無法得到任何利潤。」

「你在擔心那個嗎？」牧師問

「一點也不，」他邊說邊走向書桌，並坐下來開始寫字。不久，他給牧師一張1,000美金的支票，說，「我想把這筆錢用在家庭事工或其他佈道事工。」牧師某天又去拜訪他，當他抬頭看著書架，他記起了在自己販賣書籍時閱讀過的相當珍貴的一段話。

「不錯，有些人買了本會的書報，將之放在書架上……難得去閱讀。但上帝仍會照料自己的真理，到了時候，定必有人找出這些書報來讀的。……這樣，主就與祂克己的工人合作了。」

當下他突然想起，多年前相同的書籍可能以一美金的價格被賣出，但是它仍然散播著它的真理，而它今天已超越其面額一千倍。沿著路，他走向另一個家庭，並在那邊的書架上看見另一本珍貴的章卷；一顆被撒在貧瘠土壤、艱苦歲月下的種子，而現在它已有珍貴的果實及莊稼等待收成。上帝將祂的手放在這家人的頭上，因此他們獲得醫治並得到幸福。

這就是這兩本書的故事。讓我來問你一個問題：這些都是巧合嗎？還是應驗了「上帝仍會照料自己的真理，到了時候，定必有人找出這些書報來讀的。」這句話？

「又要以耶和華為樂，他就將你心裡所求的賜給你。」（詩篇37：4）

一個家庭接受了基督

「我聽見我的兒女們按真理而行，我的喜樂就沒有比這個大的。」
約翰三書1：4

一個基督徒一生中最重要的事，就是擁有一個完整的家庭。充滿真理的書籍和雜誌不只對生命具有啟發性，也有助於把家庭帶入上帝的教堂。一起用餐、閱讀（上帝的書籍）的家人們，有一天也會在上帝的國度中相見。

這本《在家研讀聖經》是一名公立學校的老師向一位文字佈道士買來的，他是第一批進入英屬西印度群島牙買加島的佈道士之一。這位老師略作閱讀後，不想把這類書放在自己的圖書館，所以賣給一位男士，又轉賣給蒙泰戈赫茲。對蒙泰戈赫茲而言，這本書成為他非常重要的資產：仔細閱讀之後，他發現並準備好要接受上帝的真理。

這位弟兄成為非常虔誠的教徒，同時也是教堂裡的執事。除此之外，他的妻子、七個小孩（有四個女兒是學校老師），以及幾個孫子都成為忠實而虔誠的教友。他也一直忠實地從事文字佈道士的工作。

多年前，我們就被告知，要帶著充滿真理的書籍去拜訪領導者及教育者。不用太在意把這些書籍留在人家裡後會發生些什麼事；聖靈會知道如何、何時去執行祂的工作。上帝及整個天庭都愛好佈道士傳佈到世界各地的充滿真理的書，需謹記在心的是，上帝賦予出版佈道事工神聖的職責，並特別監管。任由嘲笑者嘲笑，批評者批評，惡魔的狗咆哮吧，但務必讓文字佈道士們繼續從事上帝賜與的工作，利用神聖的書籍宣告不朽的信息！

今天我們再度為那些把書籍放在書架上、未曾閱讀的人們而祈禱。真理就在他們家裡，但他們卻不知道。許多人不快樂，都在尋找協助及幸福，而真理就在他們家中等著被發現、被閱讀。為他們祈禱吧。

「當把書報傳給商人，傳給福音的教師，他們的心思尚未注意到現代特別真理。當將這信息傳到『大路上』，——給那些在世俗工作上積極活動的人們，教師們，及民間的領袖們。用這種最簡單而謙卑的方法，就可接近成千成萬的人。一個愛上帝的人，能夠非常自然地說出那愛，正如世俗的人能說出那引其最深興味的事一樣。」（懷愛倫，《文字佈道指南》31頁）

10月/9日．故事282

上帝和殘障者

「若有人在基督裡，他就是新造的人，舊事已過，都變成新的了。一切都是出於上帝。」哥林多後書5：17、18

上帝通常會選擇最軟弱的人，經由他們將祂的信息帶給心裡灰暗的人。從前如此，現在也一直在發生。上帝一直在尋找謙卑、受教的人們，作為祂偉大使命的工具。

「不宜。」醫生宣告著，他認為H. L 呼盧艾亞弟兄的慢性肝病已經無藥可醫——他不只生病也失去希望。

儘管呼盧艾亞生病，實際上他的生命也在倒數中，他決定將僅剩的生命奉獻給上帝，成為文字佈道士。

我們很榮幸在新進文字佈道士訓練中，看到呼盧艾亞身在其中。出乎意料地，呼盧艾亞弟兄獲得了「最佳銷售」獎。他全心地奉獻，並要盡己所能地為上帝成就。賣書期間，他有時必須一整天在山丘步行15至20哩。他的健康似乎漸漸進步：不久，他成為該地區中最頂尖的文字佈道士之一。不過，病發的時候，他的口鼻大量出血。即使穿著染血的衣服，他仍然無怨無悔地賣書。

看著他的奉獻，出版部幹事為呼盧艾亞弟兄做了一些安排，好讓他得到更好的醫療照護。接受治療後他痊癒了，而他也以更大的喜樂和決心工作著。

時間允許的情況下，呼盧艾亞弟兄也會舉辦家庭聚會，向大家傳遞《但以理與啟示錄書淺釋》的研習。他僱用畫家來為聚會繪製旗幟，邀請那些向他買書的人們前來學習聆聽。經由這位曾是殘障者的傳教，為基督贏得了超過20個的靈魂。

今天讓我們誠摯地為有更多獻身上帝的兒女從事文字佈道工作而祈禱。佈道工作中我們無法提供你輕鬆、高薪的工作，或讓你住進尊貴的大樓。但我們可以提供你辛勤的工作、滿足、成就感、許多賜福以及在新天地的宅第。你願意考慮嗎？

「上帝藉著祂的話，就是聖經，向我們顯示祂的旨意。上帝的聲音也顯示在祂天命的作為之中；……還有一個聽聆上帝聲音的方法，就是藉著祂聖靈的呼求，在人心中作種種感召。」（懷愛倫，《告青年書》113頁）

為主勇敢

「我豈沒有吩咐你嗎？你當剛強壯膽！不要懼怕，也不要驚惶；因為你無論往哪裡去，耶和華你的上帝必與你同在。」約書亞記1：9

今天的兩個故事來自不同的文字佈道士，他們住在相距甚遠的國家中：衣索比亞和印度。

葉曼是衣索比亞一位勇敢的文字佈道士。他搭乘一架補給軍機前往首都，並且找到出版主任的辦公室。他說：「我要在家鄉提格雷區賣書。」

他的眼神中存在著炙熱的渴望，任何人都可以感覺到他整個人充滿熱情。顯然，上帝曾與這名年輕人對話，已沒有人能夠阻止他。

在他接受一些賣書、接近人群的技巧以及如何面臨被拒絕的指導之後，帶了一些書籍，與同一架運輸機協商，請他們帶他回去家鄉。許多年前，陸上交通運輸並不安全。回到家鄉後，他發現一個可以賣書的市場，在此之前，文字佈道士已超過12年不再拜訪這個省分。

撒但試圖阻止他，使他被關進獄中一個月。聖經上說：「熱切的祈禱最有幫助」，因此整個教堂都為了葉曼的釋放而祈禱，就像當初彼得和約翰都被關進監牢時一樣。主聽見了他們的禱告，葉曼便被釋放了，而他也以更強烈的熱情繼續賣書。

許多印度的書籍販賣者也是勇敢的文字佈道士，他們亦是上帝偉大的靈魂拯救者。1933年，一位馬來西亞神學院的學生前往北方的蘇門答臘島賣書。荷蘭軍隊的瑞博克陸軍中士購買了《救恩的道路》（The Way to Salvation）。不久之後，瑞博克一家人被調到東印度群島的安汶島。

他們到達安汶島後幾個月，山繆藍敦開始舉辦佈道會。瑞博克一家人參加了佈道會，並在進一步研讀後，他們都受洗了。

瑞博克太太受洗後不久，她成為文字佈道士。她從事文字佈道逾30年。在她佈道期間，見證了160位顧客受洗。其中有三位以前是穆斯林教徒，並有21位改信者成為了文字佈道士。

這已是好幾年前的事了。但是在多年前上帝對那些閱讀上帝書籍的人們所賜與的神蹟，仍繼續影響著他們的後代，繼續與他人分享救世的喜悅。這些書一旦被帶入人家中，就不會停止宣揚福音。今天讓我們為衣索比亞及印度的文字佈道士們祈禱；他們需要我們的禱告。

10月/11日・故事284

小孩

「無論何人，因為門徒的名，只把一杯涼水給這小子裡的一個喝，
我實在告訴你們，這人不能不得賞賜。」馬太福音10：42

一杯冷水可以幫助一個小孩止渴，一本充滿真理的書籍可以幫助他了解上帝是愛他的，這兩件事都值得讚揚。喬馬丁要告訴我們他的經歷，關於一個小孩將真理帶入家庭的過程。

「耶穌個別地認識我們，並體恤我們的軟弱。祂知道我們各人的名字，曉得後所住的房子，以及房子裡每一個人的名字。祂往往指示祂的僕人到某城某街某一家去，找祂羊群裡的一隻羊。」（《歷代願望》，487頁）

「我知道那裡就是上帝要我們去的地方。我們正要拜訪一個家庭時，在前門遇見了一位女士，並認為她就是那戶人家的女主人。我一邊說早安，一邊遞給她《聖經故事》的小冊子，開始向她解釋我們基督徒的工作。她是一位部長夫人，立即說我們沒有權利在那個地區工作，因為那裡的人民買不起我們的書。儘管她試著要擊垮我們的信心，我轉向我的朋友並告訴他，這正是我們應該來的地方。我們敲了另一扇門，女主人很高興地讓我們進去，並買了《聖經故事》和《歷代願望》。

「我們仍覺得街上有某個特別的家庭應該要去拜訪。我們繼續敲著門，直到我們來到上帝已為我們準備好的人家前。當我們和那位母親談話時，發現她在幾年前就已經買了《聖經故事》。我們告訴她我們有一些家長專用的特別參考書籍。她的丈夫外出工作，而她堅持認為我們不過在浪費時間。後來她九歲的小孩拉著她的裙子說：『媽媽，買那些書嘛。』那位母親總算願意看看那些書，我們便向她介紹聖經參考圖書系列。她轉向小孩，問他喜歡哪一本書，他指著《上帝的愛得勝了》，他喜歡那本書是因為書中討論到耶穌再臨，聖經中他所喜歡的就是啟示錄。突然間，我發現自己正對這個小男孩介紹《善惡之爭》，比往常更加詳細、完整地解說。我想起他只有9歲，便轉向母親，問她最喜歡哪一本書。她再度詢問小男孩所喜歡的書籍，他也再次地回答：『關於啟示錄的書。』他相信耶穌就要來了。

「這個小男孩用銀行存款付了分期的頭款，而她的母親誠懇地簽下訂購單。他真的相信上帝要他們擁有這本書。我們共同祈禱告後，他感謝我們的到來。

「在下一個安息日，我和當地的教會分享這個故事。在禮拜過後，我收到一個信封，裡面寫著：『為小男孩的書祈禱吧』。」

20年後

「耶和華說：我的意念非同你們的意念；我的道路非同你們的道路。天怎樣高過地，照樣，我的道路高過你們的道路；我的意念高過你們的意念。」以賽亞書55：8、9

愛麗絲柏金敘述以下的個人經驗，告訴我們上帝的確看顧祂的書籍。對上帝來說，16年或20年都像是一天而已，祂以不同於我們的方式看待事情。

「許多年前，有一位女文字佈道士敲我們家的門。在簡短介紹及推薦後，她留下《但以理與啟示錄書淺釋》這本書。16年後，一個來自加州的叔叔來拜訪我們。由於他在西岸遇過基督復臨安息日會的信徒，他可以為我們解釋書裡的象徵及教義，而我們深深地被吸引。我們相信安息日的真理，也想認識其他的復臨信徒，但我們不知道要去哪裡找到他們。

「某天，一位眼盲的文字佈道士在拜訪這條街所有人家之後，來到我家。母親翻閱著他推銷的雜誌，其中發現一則關於第七天安息日的文章。她欣喜若狂地告訴他，她也相信這項真理。他馬上拜訪一位復臨信徒，並把我們家的情形告訴她。幾天之後，我們有位訪客，正是把《但以理與啟示錄書淺釋》賣給我們的那位女士。母親對於再見到這位多年前把書本帶來我們家的女士感到驚訝。在聖經研讀、參加佈道會後，我們加入教會。由於兩位文字佈道士的忠誠，共16個人接受了真理。他們都來自我們的家族和親戚。

「販售充滿真理的書籍需要付出代價。把結果交給上帝，雖然有時需要花費20年或更久才能收成。」

我無法不想像，每年有價值幾百萬元的書籍被帶進許多人的家中。他們就像種子，等待適當季節萌芽長大。時間一到，種子就會開始成長，將有無數忠誠、愛好真理的人們擁抱上帝的真理。試想當耶穌再臨時那盛大的團聚，所有人在10年、20年、50年或更久之後，與賣書給他們的文字佈道士相聚，就像老朋友們的聚會，那時將會有更多的歡欣及喜悅的眼淚。

今天我們為全世界所有文字佈道士們而祈禱。在這被賜福的佈道工作中，有超過22,000位文字佈道士，將神聖書頁帶給黑暗世界中的靈魂。為他們禱告吧，也為現在正在閱讀書籍、發現真理的人們禱告吧。

「必有許多人使自己清淨潔白，且被熬煉。但惡人仍必行惡，一切惡人都不明白，惟獨智慧人能明白。」（但以理書12：10）

10月/13日・故事286

耐心等待的書

「我知道世人，莫強如終身喜樂行善；並且人人吃喝，在他一切勞碌中享福，這也是上帝的恩賜。」傳道書3：12、13

文字佈道士——真正的熱情、敬畏上帝並奉獻的文字佈道士們，尊重神聖的呼召；他們知道結果都是篤定的，因此他們都從工作中獲得成就感。一位在古巴的姊妹用以下的故事，告訴我們這樣一位文字佈道士。

「我對於一位文字佈道士的拜訪記得非常清楚。他對書籍的介紹令人信服，引起我們的興趣，因此在幾分鐘內，他便獲得我母親的訂購。在約定的日子，他為我們帶來一本《善惡之爭》。但不久之後，那極具説服力的推銷被我們遺忘，書籍也置放在書架上，不曾被閱讀。

「五年後，十年後，還是沒有人去讀那本書。終於在14年後，一位曾經在美國住過一段時間的兄弟，帶著在美國買的聖經回來。母親問他花了多少錢買這本書，他回答説：『80美分。』我母親説：『嗯，我有一本聖經比你的更好，因為我的要五塊錢。』

「《善惡之爭》被從書架上取下，整個家庭也開始閱讀研究；我們深信真理。之後我們搬到哈瓦納，並在幾個月後發現了復臨教會。最後，我家人大部分都受洗了。」

我們的書中的力量直達世界各地男女、小孩的心靈，並且為上帝的國度拯救靈魂。無論住在韓國、中國、伊斯坦堡、澳門或西伯利亞的人，神聖的故事都會傳到他們手中，並在上帝的時間中向他們解釋救世的計畫。上帝的書會傳到任何有人居住的地方；上帝的子民等著接收希望和救贖的信息。但若沒有你的手腳，沒有辦法將信息傳遞到祂要它們到達的地方，而上帝也要你在傳遞時獲得滿足——這是來自上帝的禮物。

「《善惡之爭》應當廣予推銷，其中含有過去，現在，及未來之故事。書中有關地球歷史結束情景之綱領，乃是為真理作強力的見證。我十分切望見到本書的銷路比我所寫過的任何其他的書銷路更廣；因為在《善惡之爭》這一本書中，提到那給世人的最後警告信息，比我的其他任何的書所提到的更加明顯。」（懷愛倫，《文字佈道指南》101頁）

包裝紙

「我不以福音為恥；這福音本是上帝的大能，要救一切相信的，先是猶太人，後是希臘人。」羅馬書1：16

上帝如何照料祂充滿真理的書一直是個神蹟。它們有時已被撕成碎片，就像今天的故事一樣；但是無論如何，殘餘的部分還是可以幫助靈魂發現真理。事實上，書籍如何被不尊重地對待，仍然不會改變它固有的信息，它仍在闡述該說的故事，並等待正確的時機。

多年前在荷蘭西印度群島庫拉卡島的一個機構，一位文字佈道士站起來分享他為何投身於這項事工。他來自我們在千里達島的訓練學校，是那裡的學生。他說在好幾年前，當他父親還是待在家中的年輕人時，有位文字佈道士來拜訪，並賣給這個家庭一本書。它被擱置在書架上，好幾年都沒人去翻閱。

他說記得在他還是小孩的時候，常常和兄弟都會把書頁一張張撕下，當成包裝紙包著店裡不過幾分錢的糖。那些年裡，這本書大大地派上用場。

某天，當他們的母親整理房子時，她從書架拿下這本書，準備要把它丟掉。她稍微翻閱，現在這本書只剩下兩個章節了，一個是〈安息日〉，另一個是〈安息日的變遷〉。她開始閱讀，直到讀完這兩個章節。

當晚，她的丈夫回家時，她說：「約翰，在你做任何事以前，我要你先讀這本書。」他們一起坐下來閱讀，並決定要守安息日。

幾年之後，這名男子成為當地一間基督復臨安息日會的長老。他的11個小孩全部成為復臨教會的信徒。其中一個女兒嫁給我們的牧師，講述這個經驗的兒子，則在阿魯巴島成為一位成功的文字佈道士。一本被遺忘、破壞殆盡的書籍獲得多麼豐盛的收穫！就算只剩兩個章節，而正是這兩個章節把一家13個人都帶進了真理。你不認為這是恩典的神蹟嗎？

今天我們感謝上帝，因為無論什麼地方，祂的真理和救贖的信息總是可以傳遞給真誠的靈魂。上帝的出版佈道工作在這末日中，在信息的傳遞上扮演非常重要的角色。生靈的敵人盡其所能地破壞、妨礙，但是明白真理的人們，知道這項佈道工作將會持續進行，直到寬容期結束。

「世上的事物快要滅亡，那些未得神光照亮而未與上帝工作亦步亦趨的人，卻看不出此事。獻身的男女必須出發到大路和小路上傳揚警告。」（懷愛倫，《文字佈道指南》17頁）

10月/15日·故事288

上帝也愛牙買加

「你們多結果子，我父就因此得榮耀，你們也就是我的門徒了。」
約翰福音15：8

許多年前，一位來自牙買加的男子住在他的親戚家，那個親戚是一個大地產的監督者。他在親戚家發現許多有趣的書，因為他很喜歡閱讀小説，所以他讀遍了每一本書，並詢問他的堂兄弟是否還有其他好書可讀。他的堂兄弟要他去書架找，但是他告訴他，自己已經把所有有趣的書都看完了。

他的堂兄弟走到後車廂，拿出一本書。年輕人翻了翻，發現那是一本宗教書籍，但他既然還有許多時間，因此決定閱讀那本書。他發現書中引用許多聖經的原文，將它們與聖經對照後，發現它們都是正確的。那本書的書名叫《晨報》。他寫信去要求更多的書之後他拿到了《先知但以理》和《潘提諾的預言家》。

有人開始寄送《評閱宣報》給他，連續好幾年都一直收到。一位不知名人士持續地寄書給他。不久，他對於閱讀復臨教會的文章感到厭煩，惡魔的介入使他背離了聖經的研讀。不久，他去拜訪一位阿姨，並又開始找書看。當他瀏覽書架上的書後，他發現《我們在預言光照下的日子》。他詢問是否可借閱這本書。「可以，你可以把它拿去。一名男子到我家來，並要我花三塊錢買這本書。」他的阿姨説。

這個年輕人決定不再閱讀復臨教會的書籍，然而主引導一切，讓他再度在1921年4月的某個晚上，帶著聖經祈求主的指引。他在那晚決定要追隨上帝，他仍然孤立了一年。在開始守安息日後的10個月，他遇見他過去見過的第一位復臨教會的傳道人；兩個月後他就受洗了。

不久，一位區會的同工拜訪他，並舉辦了兩場佈道會，促成克萊爾門社群的成立，並有10名成員。之後，這個社群發展成一個擁有100名成員的教會。這名年輕人及教會幾位教友，一起向外發展並組織另外八間教會。短短幾年中，他協助200多人進行受洗。他最後在上帝的事工中成為首席的執行長。他從來不知道到底是誰把《晨報》以及《我們在預言光照下的日子》賣給他們。

「上帝圈中的羊四散遍地，那應該為他們作的工已被人疏忽了。照著上帝所賜給我的光看來，我知道那現在只有一位文字佈道士的地方，應該有一百位才是。」（懷愛倫，《文字佈道指南》18－19頁）

上帝治癒了書籍

「正當那時，耶穌被聖靈感動就歡樂，說：『父啊，天地的主，我感謝你！因為你將這些事向聰明通達人就藏起來，向嬰孩就顯出來。父啊！是的，因為你的美意本是如此。』」路加福音10：21

你若參與文字佈道士的集會，你將會聽到關於上帝是如何的照護、領導、啟發及振奮人心的經驗。今天的故事來自北美的一個機構。

在美國田納西州查特怒加市中的北美分會南方聯合會文字佈道部，有許多驚人的故事，其中有一個故事，提到某年被破壞的書籍被「治癒」了。

我們的一位女文字佈道士，依斯樂布萊克，她傳播我們充滿真理的書籍好幾年，在她的車上總是有足夠的書和幾本大本的聖經。在一次颶風的侵襲下，那些書被遺忘在車上，完全被浸濕，泡在水中。

暴風雨後回到車上，布萊克太太和她的女兒帶著歉意，看著價值數千元的書籍泡在水裡，她們計算著損失。檢查書籍時，許多書上都有掩飾不了的水漬——捲起的頁面、鬆脫的封面、染色的書頁和黏在一起的頁面。但是她們並沒有忘記，那位呼召人們帶著充滿真理的書籍去逐一拜訪家庭的上帝，始終看顧著文字佈道士，並關心著所有的不幸。

虔誠地禱告下，布萊克太太和女兒請求上帝的幫忙和賜福，這位上帝的孩子以最單純的心祈求破壞的書籍得以恢復。幾天後，她們決定把一些破損的書籍分送出去，或以極低的價錢賣掉。當然，她們可以解釋受到損害的原因。當她們將書本翻開呈現給顧客時，卻發現裡面是完好無缺，幾乎沒辦法察覺任何破壞的痕跡。在過去曾經停息了加利利暴風雨的上帝，運用了祂的力量治癒了這些被暴風雨侵襲的書籍。

對布萊克太太和她的女兒而言，對於那些聽過這個故事，或看過其中幾本被治癒書籍的人們而言，這是多麼真實的經驗！

這是另一個恩典的神蹟，祂總是看顧祂的文字佈道士們，以及那些充滿真理的書籍。有任何人可以懷疑上帝的慈悲嗎？沒有人可以像祂那樣慈悲！

今天我們為上帝的保護以及祂出現在我們生命中而讚美天父。祂很樂意以不同的形式向我們顯現。「謝謝祢，天上的父。」

在印度的神蹟

「當將你的糧食撒在水面，因為日久必能得著。」傳道書11：1

當書被賣掉時，買賣雙方常常很快就遺忘它，但這就像播種一樣，數天後就會豐收。所羅門說你應該當將你的糧食撒在水面，因為日久必能得著。

北西里伯島的撒洛伊家，在1937年向一個文字佈道士購買《在家研讀聖經》（Bible Readings）和《喜樂的泉源》。由於他們閱讀這些書籍，幾年之後，這個家庭的父母親都受洗了並加入教會。他們的兒子，阿托，對於這些書籍的印象很深刻，但還沒決定是否受洗。

1946年，阿托參加另一所教會的神學課程，準備為教會服務。他帶著《在家研讀聖經》和《喜樂的泉源》，並愉快地閱讀這兩本書。在接受神學院的短期課程後，他加入服事的行列。

當阿托和妻子住在內陸村莊的小木屋時，某件事發生了。一天當他們不在家時，他們的家及所有家具都燒光了。阿托有一個鐵製的箱子，裝著一些舊衣物和書籍，《在家研讀聖經》和《喜樂的泉源》也在其中。當他打開這個鐵箱子時，他發現除了那兩本復臨教會的書籍，所有東西都燒光了。這又是一個神蹟！上帝保護著祂的書，因為祂對它們有所計畫，就像祂對所有被文字佈道士賣出去的書籍有計畫一樣。

這個經驗讓阿托和妻子留下很深的印象。他們覺得上帝在與他們對話，領導他們去接受這兩本被特殊保護的書籍中所含有的教誨。他們覺得當家中所有東西都被燒盡時，只有這兩本書被完整保護，除了天意別無其他。阿托立刻開始對他的教友傳達《在家研讀聖經》中所學到的教義。那間教會的領導階層立即提出懲戒，於是他辭職跟隨我們一位牧師，更詳盡研讀真理。幾個月後，他便受洗並加入教會。之後他成為一名忠誠的文字佈道士，準備加入北西里伯島訓練學校，後來他在那裡受訓，為了在此廣大的領域中服務。

那已是距今多年的事了。幾年來，北西里伯島的事工在上帝的指引下已有所成長。過去播下的那些種子，依然在阿托的後代及家人的生命中開花結果。將書籍賣給阿托父母的文字佈道士，應該沒想到他謙恭的努力在這些年裡會得到這樣的豐收。

義大利年輕人的精神

「我知道我的救贖主活著。」約伯記19：25

畢區先生告訴我們以下這篇故事，講述第二次世界大戰之後，在義大利一位忠心的年輕人。

我有榮幸出席義大利聯合會在1946年於佛羅倫斯舉行的傳教研討會，那是一次美妙的經驗。在戰爭結束之後，第一次接觸到那個區域。安息日下午的研討會議程，有一位年輕的文字佈道士走上前去，告訴大家他的故事。

他在那不勒斯地區賣書，當他聽到該區的負責人要他到佛羅倫斯參加年會時，他相當高興，並立即準備好行李出發。他買了三等的車票。義大利的文字佈道士們總是說：『我們買三等的車票，因為沒有更低價的了。』的確，在義大利搭火車旅行──頭等、二等或三等，在當時並不是那麼容易的事。而這位買了三等票的文字佈道士只能待在車廂外，盡力地緊抓著不放，一路從羅馬到佛羅倫斯。某一站，有一位男士上車，在文字佈道士的旁邊緊抓著火車。由於他們還有很長的旅程，因此他們開始對話。

「你要到哪裡？」那位新來的問。文字佈道士回答：「喔，我要去參加一個宗教會議。」「什麼樣的宗教會議？」「那是基督復臨安息日會的活動。」

「基督復臨安息日會！」那新來的驚訝地說，「我認識一個復臨信徒，戰爭時我身在波隆納，我們在那城市經歷了一場可怕的經驗。一顆炸彈粉碎了整個城市。第二天早上，他們發現所有區域只剩下一片牆依然直立著，其中一個樓層，還有一個小小的廚房，有一位復臨教會的老婦人正在讀她的聖經。看到這種場景，你不能要我們相信上帝不愛著復臨教會的人們，或是不回應他們的祈禱。他們一定有很堅貞的信仰。」「沒錯，」我們年輕的兄弟同意地說，「他們的確都很忠誠，我是復臨教會的文字佈道士，我也虔誠堅信我的信仰。」「文字佈道士？你從事什麼樣的工作？」「我賣書。」「什麼樣的書？」這位賣書人說：「讓我來為你介紹。」他請求上帝給他力量，讓他單手支撐著，然後他慢慢地、有條不紊地拿出企劃書，對緊抓著火車的朋友推銷書籍。上帝的確給了他一股力量，而他也達成了交易。當那位掛在火車上的朋友艱難地於虛線處簽完名時，他說：「復臨教會的人們果然相當忠誠堅貞。」

發揮成效的祈禱

「因為，凡祈求的，就得著；尋找的，就尋見；叩門的，就給他開門。」路加福音11：10

祈禱是救靈的祕密力量以及成功的原因。儘管似乎存在著無法克服的困難，力量的來源往往為文字佈道士們帶來成功。

「謙卑懇切的祈禱，有助於本會書報的推銷，過於世上一切華貴的裝飾。」（懷愛倫，《文字佈道指南》63頁）

以下的故事中，禱告將失敗化為成功：一位文字佈道士拜訪一戶人家，配送他們訂購的《聖經如此說》（Bible Speaks）。他沒有遇到訂書的女主人，而是由她先生來接待。由於酒精發揮作用，那位男主人吼著：「我不想要你的書！」但這位文字佈道士感覺到特殊的責任，要把書留在這戶人家中，這是他的職責與特權，他請求上帝給他特別的引導與幫助。

回到車上，他發現車胎沒氣了。當他正換著輪胎時，男主人走出來看看發生了什麼事。事情接踵而來，最後，文字佈道士被邀請回到室內，讓他把手清洗乾淨。他把自己的外套與書籍放在客廳桌上，當他回來時，發現書本已經被翻開，而那男士正在閱讀關於祈禱的聖經研習課程。

「你相信禱告嗎？」男主人問。「是的，我相信。」我們的弟兄如此回答。「那麼，請向我證明任何收到回覆的禱告。」「沒問題，我可以告訴你一個不過是在15分鐘前發生的事。」

這位文字佈道士開始述說剛才遭到拒絕的書籍、沒氣的車胎，以及現在出現的轉機。不久後，我們的弟兄榮幸地和這位先生一起祈禱，並幫助他把剩下的酒都倒入水槽中。當然，文字佈道士成功把書留在他的家中，那位男士也開始聖經研讀課程，並期待受洗。

「真誠和正直的道路，並不是一條沒有阻礙的路，不過在每次困難中，要看為是在呼喚我們作禱告。」（《文字佈道指南》64頁）

禱告具有力量！今天讓我們為與天父擁有更好的關係而祈禱，讓祂的愛和喜樂在我們拜訪人們，與他們分享救世之歡愉時，能夠照耀著我們；讓我們祈禱說：「上帝啊，請利用我們去減輕別人生命中的負擔，把我們當成祢手中的器皿吧！」

10月/20日・故事293

上帝回應我們的祈禱

「因為上帝賜給我們，不是膽怯的心，乃是剛強、仁愛、謹守的心。」提摩太後書1：7

在文字佈道工作中，祈禱和成功具有相同的涵義。祈禱的力量通常為文字佈道士們開啟道路，而看似無法超越的困難都成為邁向更輝煌成就的踏腳石。妮娜布可莉的經驗為謙遜、熱情的祈禱，提出清晰的觀點。

「某天，我來到一棟公寓大樓，觀察信箱之後，發現那裡大約住了40戶人家。我在那天早晨如同往常般，虔誠向上帝祈禱，因此我受到祝福，獲得了4張訂單，我愉快地回家。在第二天早晨再度前往時，遇到了管理員，他對我說：『妳不知道自己不能在這裡推銷書籍嗎？我是這裡的管理員，我們這裡住著碼頭的工人們，他們都在日間休息，我無法讓妳在這裡工作。』

「我試著解釋自己會很小心，但還是被他拒絕。我沉重地回到家裡，並對發行人說明這件事情，他說：『布可莉姊妹，妳知道的，上帝會逆轉局勢，所以妳只要祈禱，並回去再度嘗試。』

「我確實在當晚祈禱了，並在第二天早晨誠心地請求上帝對那位先生的心靈說話。我感覺到那棟建築物中還有人要買我們美好的書籍並接受真理。

「第二天早上，我在玄關遇到那位先生，他友善地對我打招呼，並說：『布可莉小姐，我為昨天對你的態度感到非常抱歉，請妳自由地在這棟建築物之中活動，若有人打擾妳的工作，請跟我說，我會去解決事情。』

「我在心中默默對上帝祈禱感謝祂回應了我的禱告。不久，一位婦人對真理產生興趣，她參加查經並受洗了。她的丈夫也表達對真理的興趣，並接受我們的邀請參加晚上的活動。並馬上理解到安息日是第七天的真理。」

生靈的敵人幾乎就要成功地讓管理員封鎖住整棟公寓，阻止我們的文字佈道士在裡面分享真理，因為他非常明白其中住有已準備好要接受上帝真理的人們。幸運的是，我們的文字佈道士理解祈禱的力量，以及我們天父的大愛，而且她對於靈魂的愛也讓她願意回到曾被拒絕的地方。當你遇到敵人時，能辨認出他來是件好事。

今天，我們為祈禱的特權以及上帝回應了我們的祈禱而感謝上帝。多祈禱，多力量；少祈禱，少力量；不祈禱，沒有力量。

10月/21日．故事294

祈禱會改變情況

「你們中間若有缺少智慧的，應當求那厚賜與眾人、也不斥責人的上帝，主就必賜給他。」雅各書1：5

那些投身文字佈道工作的人們，總是不停要面對艱困與不斷的嘗試。以全心的奉獻、不屈的勇氣與堅定的祈禱去面對惡勢力，是一場迷人的冒險。以下的故事對我們證實上帝樂意回應文字佈道士的禱告。一位出版部幹事述説著這個經驗。

「我旅行到海地的南方，去協助一些文字佈道士們。其中一位工作者在某個村莊成功地獲得了18張訂單，但在他送書的那天，只有一個人領了他的書。很明顯地，生靈的敵人正在阻擾我們。我們祈求上帝的幫助，但當我們去拜訪顧客時，他們宣稱無法買下這些書，因為他們的神父指示他們，不得閱讀基督復臨安息日會的書籍。我有技巧地回覆他們的問題，但他們的心還是很堅硬，因此我對文字佈道士説，要堅持下去恐怕不容易。

「我們離開了那個小鎮，花了一天禁食、祈禱，並感受到自己應該再度回去拜訪那些人們。第二天，我們回到相同的人家中，對相同的那些人述説耶穌曾為他們做過偉大的犧牲，並勸説他們買下這些書籍，以求更了解耶穌的事蹟。那17人中有12位之前我們曾經拜訪的顧客終於買了書，並以現金付清。我驚訝於上帝偉大的力量，並察覺到這項工作的確是上帝的事工。」

「職工們應當時時刻刻在祈禱中把心靈高舉在上帝面前。他們沒有一個時候是孤獨的。若是他們相信上帝，覺得使人明白聖經道理的責任是在他們的身上，就可以時刻享受與基督同在之福。」（懷愛倫，《文字佈道指南》64頁）

這些文字佈道士們屈下他們的雙膝，天父對他們而言是實際存在的。他們知道若只憑自己的力量，是不足以成就這項工作的——他們隨時都需要上帝的存在。你不願意加入這個不斷求新的基督教工作者的行列，並體驗祈禱被上帝回應及拯救靈魂所獲得的賜福嗎？

今天我們為上帝給我們的特權而感謝，感謝祂化身神聖的天使，不間斷地呵護、指引文字佈道士們。

10月/22日・故事295

來自天堂的照護

「耶和華的使者，在敬畏他的人四圍安營搭救他們。」詩篇34：7

荷西菲娜，我們在墨西哥灣任務中一位忠誠的女文字佈道士，多年前提供我們這一篇故事。

「前一陣子，我和另一位女孩前往一座位於奇瓦瓦州，名為利門內茲的小鎮工作。8天的工作期間，我們借住在其他場合認識的一位新教朋友的家中。某天，我們到郵局領取訂購的書籍，並開始送書。上帝讓我們的工作進行的很順利。當天我們計畫的行程，讓我們必須工作到夜晚才能完成。當我們拜訪一位專業人士時，她對我們說，在商家都已熄燈的小鎮上，對於兩位年輕女孩而言已經太晚了，不適合工作，並建議我們立即回家。因此我們準備回家，而與我一起工作的女孩感覺到有其他人跟著我們；當我們到家後，我們借住的人家已為我們準備好晚餐。

「我們用完餐後，我們讓那女主人和孩子們聚在一起，開始查經並唱一些詩歌。不久之後，女主人離開房間，但我們沒有注意到這件事，繼續和孩子進行小小的佈道會。不久之後，我們發現有位男士到家裡來，女主人對我們說他是來借住一晚的，不必害怕。我們準備就寢，但始終無法入睡，因為我們感覺到危險。約在凌晨一點，我們聽到女主人和那位男士談論傷害我們的生命，並取走我們的財物。我們愈來愈害怕，因為我們也了解這個黑暗的小鎮上總是犯罪連連。在這裡，我們沒有別的朋友，因此我們唯一能做的事情就是起床向上帝祈禱，請求祂讓我們免於一死。

「第二天早晨，我們發現那奇怪的男士很早就離開了。顯然，他和女主人打算說服我們多留一晚，但我們急忙地完成所有的送書工作，並在當天就離開小鎮。無疑的是，上帝對我們是慈悲的，祂不只保護我們的生命，還讓我們百分之百完成送書的工作。」

「你們在為那將亡之人作工時，是有天使同在的。那千千萬萬的天使，都在等著要與我們的教友合作，將上帝厚賜與我們的光發揚出去，以致可有一班人為基督降臨而預備妥當。」（懷愛倫，《文字佈道指南》86頁）

恆常的情誼

「天上的聖者如今依然來訪問這世界，正如他們在古時與亞伯拉罕，摩西同行共話一般。」《天路》145頁

瓜地馬拉任務中一位忠誠的文字佈道士巴瑞恩都斯，在裘提亞帕鎮上賣了很多書。某天他完成一整天的送書工作，回到旅館用餐時，一位男士前來向他詢問是否在販售的新教的書籍，以及那些書本的售價。他還問了鎮上共賣出多少書、文字佈道士預計待多久，以及文字佈道士接下來要走的路線、要前往的目的地。這讓文字佈道士覺得很疑惑，因此告訴這位男士，天堂的天使們將會是他的保鏢；之後，那男士就離開了。

侍者立即告知文字佈道士，剛才那名男子是惡名昭彰的殺手，他那些問題絕對是因為他企圖在文字佈道士前往下一個目的地的路上傷害他。旅館的人建議他改變路線，或是先去拜訪其他的城鎮，否則很可能會遭遇到麻煩。

我們的弟兄當晚輾轉難眠，但在他想著上帝的承諾時，他決定第二天一早就按照計畫離開，前往下一個城鎮。

第二天早晨，他很早就起床，並在早餐後回到房間，請求上帝在那天的路途上保護他。大約走了一哩半時，他看到兩個人坐在路邊，手上各自拿著大刀，似乎準備好要攻擊他。當他走近那兩人時，他內心祈禱著，並提醒上帝他已奉獻出自己的生命來工作，家中還有妻子、小孩需要他扶養。相信天堂的天使站在自己的身邊，他繼續往前走。當他經過時，那兩個人跳起來，卻再度坐下；巴瑞恩都斯弟兄和善地對他們說了一些話，然後繼續上路了。

三天後，當他在第二個小鎮送書時，他遇到了那名在旅館中對他說話、在早晨的路途中遇到的那個人。他說：「先生，你怎麼對我說你是一個人旅行呢？那天早晨你從我們旁邊走過的時候，我們看到兩位身穿白衣、帶著武器的高大男士，而你正走在他們之間。」「沒錯，」我們的弟兄說，「那兩位天使永遠在我工作時陪伴著我。」

「文字佈道士所負的責任是非常重大。他出發工作之時，應當準備給人講解聖經。當他旅行各處之時，若果全心信靠主，上帝的天使就必在他周圍，賜他當說的話，使許多人生出光明，希望，及勇氣來。」（懷愛倫，《文字佈道指南》87頁）當你家家戶戶地拜訪，從事文字佈道士之職時，上帝或許也想要派遣天使守護在你的身邊，這不是很美好的一件事嗎？

白衣男子

「我將你興起來，特要在你身上彰顯我的權能，並要使我的名傳遍天下。」羅馬書9：17

上帝的天使負責照料、幫助神聖的文字佈道士們，讓他們獲得成功。以下的故事是多年前葛西亞姊妹與天使們的經驗。

「『你的同伴呢？那個穿著白衣的人。』葛西亞姊妹的顧客們這麼問著。葛西亞是呂宋島中南魯宗區會有經驗的文字佈道士；她當時65歲，並已為此任務盡職多年。『不，我沒有任何一起行動的同伴！』我們的姊妹回答著。

『妳一定有！妳讓他待在樓下，現在他人呢？那個穿白衣的男士在哪裡？』布特加斯馬比尼鎮上，一位顧客堅持詢問。

幾個月過後，有一群男文字佈道士被派到相同的地區工作。當他們在鎮上拜訪時，那裡的人們告訴他們曾經有位女士在當地販賣過類似的書籍，並有一位白衣男子同行。這些文字佈道士們明白那位白衣男子的真實身分，並從這項事實中獲得了許多的勇氣；他們知道，若葛西亞女士能擁有白衣男子陪伴，他們也會獲得一樣的同伴，因此他們繼續工作，並受到許多的鼓舞。

後來，大家漸漸產生興趣，也開始在住家舉辦晚間佈道會，而其規模廣大到他們必須在樓下舉行，好讓參加的民眾都能夠聽得到。某天晚上，當牧師述說耶穌再來的時候，一名男子人拿出他的大刀（又大又利的刀），開始威脅著牧師。但有人制止他，要他若不願相信所聽到事物，就該保持冷靜回家，因為傷害別人不會讓他獲得什麼好處，反而可能為他帶來麻煩；因此那名男子留下來安靜地聽道。

佈道會結束一個月後，那名拿著大刀威脅要殺害牧師的男子，已是參加安息日活動的人群之一。他終於決定接受基督，並信守安息日。當教會組織起來，他被選為長老之一，有7個人都因為那場小型佈道會而受洗。之後，又有另外8人受洗；其中有一位老師和她的弟弟，前往我們的學院進修醫學課程。不久，安息日會學校中已有30個成員。

大家都相信，這是上帝天使陪伴著文字佈道士，所帶來的成果。他可能並非隨時可視，但他總是在那裡幫助我們把書籍、雜誌賣給大家並拯救靈魂。」

為上帝的天使在我們服事主耶穌時，伴隨我們的傳教事工而讚美上帝。

10月25日．故事298

不同的生命

「知道向你歡呼的，那民是有福的！耶和華啊，他們在你臉上的光裡行走。」詩篇89：15

我們的書籍對於人們的生命帶來美好的影響，就像下面的經驗表現的一樣。不管人們在哪哩，它們都在人們最需要的時候去接近他們、對他們說話。

玻利瓦爾的一位農場主人拉斐爾賈耶戈，買了我們一本書。他的膽大妄為惡名昭彰：他犯下許多罪、藐視法律、持有左輪手槍，天不怕、地不怕。

但這本純真的書徹底改變他的生命；他把手槍丟在一旁，不再犯罪。大家疑惑著拉斐爾大老（對西班牙男士的敬稱）到底發生了什麼事。他整個人都變了，徹底改變了！不久，每個人都尊敬的改稱他為拉斐爾先生。

不只是他從一個險惡的人，轉變成溫和、謙遜的上帝追隨者，其他看著他的轉變的人們，也都因為他忠誠的傳教活動而降服於福音之下。除了拉斐爾之外，他的妻子、三個兄弟都受洗了——都是他傳教活動的直接成果。

佈道產生的影響開始在社區中傳遞，雖然遭到激烈反對，仍有12個成員加入上帝的家庭。我們文字佈道士的工作，以及書籍的影響力是值得感念的；文字佈道工作扮演重要的角色，將上帝的信息帶到尚未為基督再臨做好準備的百萬人家中。

「書報可以達到那些別無他法可以達到的，住在窮鄉僻壤的人們。我稱這等人為小路上的聽眾。本會的文字佈道士應當把含有救恩資訊的書報傳給這等人。」

「本會的文字佈道士是上帝的傳道人，應當到窮鄉僻壤之處挨家挨戶地工作，向所遇到的人打開聖經。他們必遇到那些甘心切慕明白聖經的人。……」

「我十分切望盡我一切之力去接近那些在大路上及小路上的人。」（懷愛倫，《文字佈道指南》31－32頁）

讓我們藉由傳播福音來加速耶穌的再臨。書籍及其他福音文學可以有效接觸靈魂，何不今天就開始在你所到之處做文字佈道的工作？

今天我們為那些像拉斐爾賈耶戈一樣犯罪的人們而祈禱，因為他們不知道有更好的途徑可以選擇。祈禱他們讓聖靈有機會在他們生命中活動，並在耶穌基督中找到救世的福音。

約翰福音3：16的力量

「上帝愛世人，甚至將他的獨生子賜給他們。」約翰福音3：16

文字佈道士在工作傳播充滿真理的書籍，他常有機會發出聲音，說出對上帝的愛；或是默默祈禱上帝的保護和幫助。

「當耶穌的名字以和愛而溫慈的語氣提出之時，上帝的天使就走近來，使人的心軟化而順服。」（懷愛倫，《文字佈道指南》87頁）

安靜祈禱並沉思上帝偉大的愛，讓一位墨西哥的文字佈道士脫離困境。

馬帝尼茲兄弟在下午拜訪一戶墨西哥人家時，女主人正在作煎餅，她的先生在稍遠的地方砍木材。文字佈道士介紹著書籍，卻無法成功地說服那位女主人，因為她不想要未經丈夫的同意之下貿然買書。

文字佈道士有些疲憊，希望能在等待的同時稍作休息，但女主人堅持他必須離開。她說明自己的丈夫忌妒心強，脾氣也不好，當他回家時若發現文字佈道士待在家中，可能不會有什麼好事發生。但文字佈道士已是一整天都在相距甚遠的農家間行走，感覺相當疲憊，他還是要求能夠待在屋內等待丈夫回家。那位女士說：「我先生的脾氣很糟，他是個惡棍，也殺害了許多人，當他回家時，絕對會在你說明之前就先把你和我殺了，所以求求你離開吧。」

但我們的文字佈道士相信上帝，並對女主人說明這件事。他走到農地的門外，坐在陰影下、他的書本包裹上；而女主人還是堅持他應該離開。

伐木者回來後，他首先就詢問馬帝尼茲兄弟正在做什麼。他回答說：「我是上帝的使者，為你帶來了一個信息。」

那男人說：「我也有是要告訴你：如果你不馬上離開的話，我就會用這把大刀把你砍成4塊。」他抽出他的刀，咆哮揮舞著。

賣書的馬帝尼茲兄弟靜靜地祈禱，並重複唸著約翰福音3章16節：「上帝愛世人，甚至將他的獨生子賜給他們，叫一切信他的，不至滅亡，反得永生。」忽然間，那位凶惡的男人丟下他的刀，邀請文字佈道士留下來共用煎餅晚餐，並借宿他們家中！

這戶人家買下一本書，並對真理產生深切的興趣，因為它讓他們獲得解脫。我們主耶穌的名字確實存在著力量。

至高的犧牲

「你們用什麼能力，奉誰的名做這事呢？」使徒行傳4：7

宏都拉斯灣島的賴爾德庫柏，開始在宏都拉斯賣書，那裡的官方語言是西班牙文。由於他的母語是英文，他努力說西班牙文。某天，當賴爾德嘗試推銷書籍時，他的顧客邀請他前往一位傳教者家中。賴爾德以為他們要去拜訪一位基督復臨安息日會的牧師，因此欣然前往。然而，他發現這位新教牧師不會說英文，而賴爾德自己也僅能說些簡單的西班牙文。最後，在通譯者的幫助之下，新教牧師詢問賴爾德：「你在做些什麼？」「我販賣著美好的書籍與雜誌。」賴爾德回答。這位牧師開始檢查他的書籍，並宣稱：「這些是基督復臨安息日會的書籍！你為什麼不為我們賣書呢？」賴爾德回答說：「我自己就是復臨教會的信徒。」這位新教牧師試著說服賴爾德到一所學校教英文，並保證提供很好的收入，兩年的訓練之後，會給他教會牧師的職位，享有固定的薪資。

賴爾德回答：「謝謝你，但是我很樂意從事文字佈道士之職，為自己師去賺取獎學金——即使我不是很懂西班牙文。」

賴爾德很忠誠，他獲得相當的成就。他堅持不懈地學會西班牙文，到學校上課；最重要的是，他為上帝贏得了許多的靈魂。

不久之後，美洲分部辦公室宣布了一項令人心碎的消息：「我們悲傷地向大家宣布，有一位文字佈道士，賴爾德庫柏，死亡的消息。賴爾德在我們宏都拉斯的學校就讀，準備成為一位牧師。假期之中，他對顧客們推銷書籍並賺取獎學金。今年，他的成績很優秀，除了全額的獎學金之外，他甚至賺得了更多的基金。這位學生文字佈道士庫柏，在他送完書要回到學校的時候，被真理的敵人於鄉間小路上殺害，倒在血泊之中。他送書時所收到的書款全部被拿走，而他被棄置於路邊。附近果園的人員在幾小時後發現了他，嫌犯現在被關在監牢中，等候著審判並被判刑。我們將誠心的憐憫延伸到失去賴爾德庫的親屬家人身上，延伸到宏都拉斯學校的學生們與教職員身上，並延伸到這個區域的所有文字佈道士夥伴身上。」

只有到了天堂，我們才會完全明白這項悲劇，但賴爾德所能得到的回饋絕對在那裡等著他。我們為像賴爾德般奉獻的年輕人們而感謝上帝，他們的生命即使是這樣的短暫，依然證明了這項真理……「殉道者的血是福音的種子。」

聖經的力量

「乃是由於誠實、由於上帝，在上帝面前憑著基督講道。」
哥林多後書2：17

從墨西哥灣任務中，這篇故事是由皮諾耐斯以第三人稱敘述。故事發生在墨西哥的杜蘭戈市，有位文字佈道士拜訪一所名為杜蘭戈研究中心的學校。這所學校由大主教所支援贊助，並由索布拉佛先生主導。他對布拉佛先生推銷書籍，布拉佛先生訂購一本靈修書籍，並預付書款。當他15天後回去送書時，布拉佛先生熱情地歡迎他，看來似乎對購得的書籍相當高興。

約兩週後，文字佈道士走在街上時，遇到了布拉佛先生。他喝了一點酒，但還是認出這位賣書者：「你是賣書給我的那個人。大主教禁止我去閱讀那本書，因為那是新教徒的書，還要我馬上把它還給你。」

他對布拉佛先生說，交易已決定，且他應該給那本書一個機會，最後再自己作評估。布拉佛先生說：「好，現在你和我到城外去，徹底解決這個問題。」文字佈道士鼓起了勇氣跟著他走，但心中著實恐懼。

當他們來到城外時，布拉佛先生掏出一把槍，用左臂抓住文字佈道士，緊緊抓住他，並以槍管抵著他的胸膛質問：「你把生命託付給誰？」文字佈道士毫無抗拒、堅決地回答說：「給我的上帝！」布拉佛先生於是告訴他，大主教命令他取了文字佈道士的生命，並問他是否攜帶武器，文字佈道士回覆說有。他被要求小心打開公事包，並慢慢地拿出聖經。布拉佛先生驚奇地看著他抓著聖經說：「這個就是我的武器！」「哇！你的武器真是瘋狂！」布拉佛先生叫著。文字佈道士小心翼翼地攤開聖經，翻到某段經文大聲地唸著。布拉佛先生放開文字佈道士的外套，並把手槍收回腰間。他們回到了城內，布拉佛先生堅持要文字佈道士陪他到酒館喝些酒。當然，文字佈道士告訴他，自己不能這麼做，並簡單地引用了箴言20章1節：「酒能使人褻慢，濃酒使人喧嚷。凡因酒錯誤的，就無智慧。」布拉佛先生安靜地聽著，並說：「你確實是一位基督徒。可以請你到我家裡來嗎？」在深入討論之後，布拉佛先生說：「我的朋友，你是正確的。可以請你原諒我今天對待你的態度嗎？」

當這位忠誠的文字佈道士離開布拉佛先生的家裡時，他感謝上帝在這整個過程中堅定了上帝對自己的愛，並運用自己順利為布拉佛先生作見證。

10月/29日・故事302

上帝派來救援的教授

「你們所忍受的，是上帝管教你們，待你們如同待兒子。焉有兒子不被父親管教的呢？」希伯來書12：7

靈魂的敵人盡其所能去挫敗那些將自己的生命奉獻於佈道工作的人們。他知道我們的書籍、雜誌具有相當影響力，可以讓人們準備好去迎接上帝。他派遣使者前往世界各地，為他進行骯髒的工作，但實際上他已經戰敗。當耶穌在十字架上，為地球上所有人的罪惡而死時，祂早已贏得了勝利。

巴拿馬一位文字佈道士遭到一位宗教領袖的極力反對，他警告人們不要向文字佈道士購買書籍。然而在他工作期間，他與一位公立學校的教授建立起交情。這位教授對於文字佈道士所販賣的書籍稍有認識，他曾在墨西哥、古巴、西班牙以及其他的國家看過這些書。無論他在哪裡看到這些書籍，他總是有深刻的感動。這位教授意識到文字佈道士在賣書時所遭遇的困難，因此他邀請文字佈道士到他辦公室。當他前往時，教授和善地詢問他：「告訴我，我的朋友，你的情況如何？請告訴我所發生的事情。」於是文字佈道士告訴他，關於城裡宗教領袖之間的麻煩，他警告著聖地牙哥的居民們，不可購買、閱讀文字佈道士的書籍。教授聽到此事，他說：「那個人可能阻止得了此地的佈道工作嗎？不，他不能這麼做！把書給我看看。」文字佈道士對他介紹書籍，這位教授向文字佈道士訂購一批可觀的書籍。幾天後，文字佈道士再度拜訪教授，教授又為他的高中學生們訂了一些書。付了書款之後，他說：「那位宗教領袖儘管來阻止我把書籍賣給學生；這些書籍對於讀者一點壞處都沒有。」他又複誦說：「但要凡事察驗，善美的要持守。」但在深思後又說：「你能期待那些宗教領袖明白這段經文嗎？」他的臉上出現會心的微笑。

這項經歷讓那位文字佈道士在佈道工作獲得成功，教授給他力量，並在社區中重建信心。這不就美妙地證明了上帝關懷神聖書頁的偉大事工？

上帝利用一位顧客，讓這位工作者恢復勇氣，並強化他的工作。他明白上帝的救靈計畫，也明白沒有人得以阻擋。他為上帝指引這位教授的生命，並在他最需要的時候安排他們相見而感謝上帝。他再度被提醒，文字佈道士們確實接受上帝呼召作為祂的工具，帶著神聖的書頁去傳播祂的信息。上帝開啟的門窗，無人能夠關閉，因為祂控管著一切。

一本書，七十個靈魂（第一部分）

「那撒在好地上的，就是人聽道，又領受，並且結實，有三十倍的，有六十倍的，有一百倍的。」馬可福音4：20

文字佈道士是播種工人。有時候這些種子——充滿真理的書籍，落在布滿荊棘的岩石上，沒有任何收穫、沒有任何靈魂被拯救；但這些珍貴的種子也會落在肥沃的土壤上，將靈魂帶往上帝的國度。有時被種下的種子會帶來70次的收成。

1941年二次大戰爆發之前，卡柏勒羅斯、他的妻子，和另一位同伴被派到菲律賓薩馬省的薩爾塞多去販賣書籍，他們推銷《救贖的故事》。由於某些因素，交易很難達成，他們在那裡只賣出一本書。買主是瑪卡汀佩格女士，她對於書中的信息產生濃厚的興趣，並邀請卡柏勒羅斯弟兄為她提供聖經研讀課程。他愉快地與她共同研讀，而她也接受了真理。然而她並沒有受洗，因為戰爭爆發讓牧師沒有辦法進入薩爾塞多。所有沿戶拜訪的工作者都必須回國，雖然瑪卡汀佩格女士依然等著受洗，情況卻非他們所能控制。

瑪卡汀佩格女士為她的新信仰所啟發，知道她身邊還有許多人尚不明白美麗的救贖故事。因此，藉由書本的幫助，她開始與鄰居分享救世的信息。沒多久，超過70個人都表示有興趣，但同時也出現阻撓的勢力。社區中有許多人開始打擊她、詛咒她，甚至意圖殺害她，但上帝的保護罩覆蓋在她身上，他們無法達成任何兇惡的計謀。她先生也打擊她，但她依然見證一切。

因瑪卡汀佩格女士而改信的人中，有一位名叫瑪利亞的文盲。在她的挫敗中，上帝以特殊的方式運用她。某天晚上，瑪利亞夢到有人要她組織信眾，並對他們傳教。了解到自己沒有接受過教育，瑪利亞覺得這是件不可能的事，但命令相當強烈，迫使她不得不實行該項指示。她知道這是來自上帝的指示，來自她親愛的上帝。瑪利亞集合了信眾，讓大家在特定的時間集會，但她不知道怎麼對他們說話，也不知道該說些什麼。而她知道是上帝要她這麼做，她也樂意順服。（明天繼續閱讀虔誠的故事）

「只有那些謙卑等候上帝，尋求祂的引導和恩典的人，才有聖靈賜給他們。」（懷愛倫，《今日的生活》43頁）

10月/31日．故事304

一本書，七十個靈魂（第二部分）

「又有落在好土裡的，就發生長大，結實有三十倍的，有六十倍的，有一百倍的。」馬可福音4：8

當新加入的信眾和感興趣的人們在約定的夜晚集合時，瑪利亞安靜地坐在角落。忽然間，她聽到有人唱起美麗的歌曲，卻好像沒有人聽到歌聲，她也沒看到有人在歌唱。

歌曲結束，瑪利亞被深深地感動，並啟發她想要和等待的群眾分享歌曲中信息的念頭。她站起身，唱起剛才聽到的歌曲；她所散發出的力量打動了每個人。那首歌，加上她簡短的信息與見證，為這群信眾帶來新的勇氣和信念。她覺得那位歌手一定是個天使。

沒有人知道這群信眾的存在，直到1947年11月，兩位文字佈道士被派到薩爾塞多。當他們開始賣書，便發現那裡的人們即便遭到惡意的對待，他們早已遵守安息日。不久，他們組織起一個安息日學校，有超過70名成員，並選出一位臨時幹部來維持秩序。當牧師前來舉行佈道會，許多人都受洗了，並成立教會。

1941年文字佈道士進入該區工作以前，那裡完全沒有基督復臨安息日會的信徒，所有的成果都起源自一本書——在那難以開發的艱難環境下由文字佈道士所賣出的一本書。

表面上多次的失敗，促成了光榮的勝利。每一本所賣出去的書籍都是一種神蹟，每一本書都在等待適當時機展現恩典神蹟。

「基督的快樂即在於幫助那些需要幫助的人，尋找失喪的，拯救將亡的，扶起灰心的，醫治患病的，並向憂苦患難的人說同情及安慰的話。我們越多得祂聖靈的澆灌，就越發熱心為周圍的人作工，而且我們越多為別人作工，我們愛工作之心便越大，及跟從主之樂也越增。我們的心必充滿上帝之愛，並要有懇切及折服人心之能力去傳揚被釘十字架的救主。」（懷愛倫，《文字佈道指南》37頁）

墨西哥的神蹟（第一部分）

「你們當以基督耶穌的心為心。」腓立比書2：5

傳教士E. C. 克里司提告訴我們這篇關於高迪爾弟兄撼動靈魂的故事，他是位忠誠的墨西哥文字佈道士。他並不知道，在他前方修剪落木枝條的男人，他的閃亮的大刀上已有23道刻痕。是的，他已砍殺了23個人，而昨晚他才對妻子說，下一個進入大門的人將會讓大刀上的刻痕增加為整整兩打。

高迪爾弟兄整個早上都走在狹窄的野地上，對陌生人推銷《善惡之爭》，而遠處那位黝黑、高大的男人又是另一個為基督贏取靈魂的機會。

「先生！」高迪爾弟兄快樂地打招呼，並更大聲地叫道：「早安，先生！」那男士抬頭看了一眼，卻又低頭繼續工作，顯然地對文字佈道士的打擾有些不高興。高迪爾弟兄不希望錯過任何一戶人家，他走上泥濘的小徑，快速地穿過遍佈的樹枝。

「早安，先生！」他打著招呼，伸出手。男人瞪著他，最後將大刀換置左手，不情願地與高迪爾握手。

「我今天早上非常忙碌，你來這裡有什麼事？」這位不自在的主人一面修剪樹枝一面問著。

「我的朋友，請給我一點時間，你會明白我為你準備了一本有趣的書，它述說善惡之間、基督與撒但之間、兇手與自我意識之間的大爭戰……」當男人聽到基督—撒但—善—惡—兇手時，舞動中的大刀停頓了一會兒。

他的目光匆匆瞥過書中的一張圖片，眼神在書本和樹枝之間游移，然後他直視著高迪爾弟兄，這個膽敢進入他領地的男子。

「那麼，像我這樣的人要這本書做什麼？」他問道，一面俐落地把一枝2吋粗的樹枝從樹幹上除去。他接著說：「我這把大刀別有用途。」並將它舉起，讓高迪爾兄弟看清楚。長而銳利的刀身將陽光反射入他的眼睛，讓他目眩。

「我看到你的妻子、小孩在房子那邊，我想他們應該會喜歡這本書，而你或許會想在晚上翻翻這本書。」遠方的女主人和小孩正憂心地望著這兩個男人，會發生什麼事？這兇手發現他的第24位受害者了嗎？

請繼續閱讀下一篇，這故事未完的、最精彩的部分，必定是恩典的神蹟！

11月/2日．故事306

墨西哥的神蹟（第二部分）

「你們要靠主常常喜樂！我再說，你們要喜樂！」腓立比書4：4

「請在這裡簽名，先生。我會在接下來的星期日為你送書過來。」文字佈道士拿出筆，遞給這位不自在的男士。忽然間，那位陌生人將大刀深深插入土壤中，不情願地在訂購單上簽名。「先生，你必須先付10披索的訂金。」男人遞過書錢，高迪爾兄弟說：「謝謝你，先生，改天見。」便對孩子們揮手，往路上走去。不久，他又看到另一棟房子。他迅速地走過小橋，並在門口叫喊。一位男士走出來，他們互相道著：「早安！」

高迪爾弟兄如往常般簡短結束推銷說：「這本書於50多年前完成，確實紀錄了過去2千年來的事件，並以神奇的準確率預言了最近幾年發生的事情，並預示善惡的最後爭戰，正如我們眼前所視。」

「沒錯，我的朋友，」這位顧客同意地說，「我們的確目睹著這件事。你看到後面那棟棕色的房子嗎？」他指著高迪爾弟兄才離開的房子。「那裡住了一位名叫剛薩勒斯的朋友，他正需要這本書。我說真的，他真的很需要這本書！」高迪爾弟兄翻了翻顧客的名單。「你說他的名字是什麼？剛薩勒斯？我有他的簽名，就在顧客名單的最後一個。我下星期就會把書送去給他。」那男士驚訝極了。「什麼！你把書賣給那男人？」他用手抓住自己的頭，「那男人是這個國家中最可惡的罪犯！那裡的人沒有人敢跨過小路進入他的地盤，而你居然賣給他一本書？你沒看到他人刀上的刻痕嗎？每一道都代表祂殺過的人！」這位未來的顧客驚訝地不肯相信那個人居然在訂單上簽名，還付了訂金。

「謝謝你，先生，只要上帝願意，我下星期將再來看你。」這是文字佈道士在離開那位依然困惑、呆立在小橋上的先生之前所說的話。文字佈道士哼著讚美的詩歌繼續前進，在他身後，他聽到有人說：「在你送書給剛薩勒斯前，記得先把我的書送過來！」

送書的那一天，剛薩勒斯先生已準備好接受他的書，上帝的真理再度獲勝。神聖的書頁再度進入了其他方式不可到達的地方，而又有另一個家庭有機會明白救世的喜悅。

聖靈的掌控（第一部分）

「聖靈和新婦都說：『來！』聽見的人也該說：『來！』」
啟示錄22：17

「我們最有價值的資產，就是那些可以與人分享卻不見減少，並因分享而增加的東西；而最低廉的資產，就是那些一經分割即縮減的東西。」這樣說明我們屬靈的福氣是最具價值的資產，因它藉由分享而不斷增長我們的靈性，並更堅定我們的信仰。多年以前，明尼蘇達的一位文字佈道士歐維娜迪波特，致力於實踐這項原則，就如我們將在以下故事中所看到的。

「我們沒有辦法對那美好的信息抱持著完全的感謝，除非我們將它分享給其他人。文字佈道士所從事的就是這件事，他們會因為他們的服務而獲得豐盛的賜福。每天，文字佈道士們遇到某些他們要領去基督身邊的人，而那些人可能過著各種生活。我們遇到得意與失落、富翁與窮人、研讀聖經的學生，以及尚不明白聖經的人。有許多人都在等著獲得拯救，還有一些人的前面聳立著偏見的高牆，我們必須小心翼翼地將它擊破。

「大約傍晚五點半，我正要結束一天的工作，但我感覺到一股力量驅策我再去拜訪一戶人家。他們讓我進到屋內，我遇到一位年輕的母親和五個小孩，而先生則在廚房裡幫忙準備晚餐。他聽到我推薦書籍，便出現在門邊，相當不禮貌地說：『如果妳要來賣書的話，妳就不能再進來了，只能待在原地。』我保持著冷靜，而他繼續說：『我聽說過你們的書。你們的人從1月1日起在杜魯市開始舉辦活動。』我問他：『你說的開始舉辦活動是什麼意思？我們已經賣書賣了許多年，我自己也從事這項工作長達三年，而還有其他的代表早在我加入之前就努力工作著。』他回答說：『我遇到4個人，他們都告訴我，你們的人不停地用書籍糾纏大家。』我問他：『你可以告訴我是哪那些人？住在哪裡嗎？』『沒問題，我跟妳說。』他告訴我一些資訊。

「我對他說，應該有人弄錯了，因為他給我的地址屬於我服務的範圍，我卻還沒有開始那個地區的工作。這引起了他妻子的好奇心，她問道：『這些書籍是哪一個教派出版的？』我告訴她我們是基督復臨安息日會，而那位先生說：『我在廚房裡就聽到了，我們不想要買妳的書，不用再多說了。』」

閱讀第二部分，看看聖靈如何接近這位男士的心靈。

11月/4日・故事308

聖靈的掌控（第二部分）

「口渴的人也當來；願意的，都可以白白取生命的水喝。」
啟示錄22：17

善惡之間的戰爭正在上演。生靈的敵人盡其所能地要把文字佈道士趕出這戶人家，但聖靈控制著一切。文字佈道士繼續述說她的經驗。

「我問那年輕人，是否了解復臨教會的信徒。他回答：『說實話，我是浸信會主日學的負責人，我不喜歡研究什麼天主教、衛理公會，因為我相信聖經研究和聖經的內容。我會繼續待在這裡，直到找到更多光明。』

「我回答他：『說不定這就是我到這裡的原因。我們難道不能一起研讀，交個朋友嗎？畢竟我們都在尋找救贖。』

「五個飢腸轆轆的小孩聽著我們交談。我感覺到上帝利用我向他們說明三位天使的信息，並注意到聖靈存在於我們的對話之間，因為那位男士已經被打動。他看著我，說不出話來。最後他說：『妳確實言之有物，我欣賞妳的熱誠、努力與勇氣，妳正在從事多麼美好的工作！』

「我告訴他：『現在，你告訴我，為什麼有些人那麼反對復臨教會的信仰？我不過是帶給你一個信息，而你，不是拒絕就是接受，沒有任何強制。上帝要在地球上成就祂的事工，而我認為能夠參與其中是一種特權。看著靈魂走向耶穌，我和上帝共同感到喜悅。』那位男士同意參加聖經函授課程。我對他說：『我要離開了，但在那之前，讓我們共同為這次的見面感謝上帝吧！』我從來沒有聽過任何人說出比那位男士更美麗的禱文。祈禱結束時，他伸出手，希望我原諒他之前的魯莽。當我要離開時，他說：『只要妳經過這裡，任何時候都歡迎妳過來坐坐。我們很榮幸和妳成為朋友。』」

為上帝工作，難道不值得嗎？上帝只會利用那些樂意投身祂的事工的人們。祂給予我們特權，讓我們和天使共享看到靈魂被帶向基督的賜福，聖經上清楚地寫著：「我告訴你們，一個罪人悔改，在天上也要這樣為他歡喜，較比為九十九個不用悔改的義人，歡喜更大。」（路加福音15：7）」

「推銷書報的工作，若能行之得當，便是最高尚的傳道事業，是向人們宣揚現代重大真理的一種非常優良而有效的方法。」（懷愛倫，《文字佈道指南》5頁）

「善惡之爭」的神蹟

「不可封了這書上的預言，因為日期近了。」啟示錄22：10

一位知名的律師，買了一本《全新的黎明》（The Dawn of a New Day），便喜歡上其中的信息，以及那本書的形式。他之後又買了《健康勉言》，也被書中所使用的文字深深吸引。他又看到《健康之源》的廣告，便詢問如何可以獲得那本書，當然，那本書也寄送到他的手上。

在閱讀《健康之源》之後，他深信除了他購買的那些書，再也沒有其他書籍比這本書還要完整、有益、振奮人心、依循聖經，並總結生命的目的。他繼續索取懷愛倫師母的著作，直到收集齊全。

某天，我們的文字佈道士再度拜訪這位律師，並被要求與律師共同前往一所修道院，政府指派那位律師去審核學生學習的主題。律師宣稱我們文字佈道士不應該因為他們不相信我們的教義而被驚擾。他說：「我需要你在場。」文字佈道士繼續述說接下來的故事：「聽他檢視歷史方面的學問真的很有趣。他會要求一個年輕人談談他所知道的路德、第二個談論茨溫利、第三個說說赫斯，第四個聊聊威克利夫等等，問遍了所有宗教改革者。這些學生們按照課本中的教材回答，那本課本教導他們這些偉人們的教會基本教義。最後，為自己的審核做個總結，他告訴全班，他不會按照他們的回答評分，因為那和偉人們的歷史相差甚遠，但他會以此作為評估教科書的參考。然後他又以伶俐的口才，帶著對《善惡之爭》的賞識如此說道：『有一本書，是每一位研究歷史的學生所該擁有的。我今天把這本書帶來，也希望你們每個人都擁有屬於自己的那一本，好好地閱讀它。』然後他對全班展示《善惡之爭》，並把我介紹給同學們，說明我被授權販賣那本書。於是我接手工作，並獲得了11張訂單，全都在當場付清書款。那些書籍將以郵寄方式寄送給學生們。」

懷愛倫師母寫道：「那些較大的書，《先祖與先知》、《善惡之爭》及《歷代願望》等，也應當在各處推銷。這些書含有應當傳遍世界各地的現代真理。不應有任何事物來阻滯其銷路。」（《文字佈道指南》99頁）時間非常短暫，任務相當偉大，而勞動者卻很少。上帝需要更多的工人。

不與上帝作對

「往尼尼微那大城去，向其中的居民宣告我所吩咐你的話。」
約拿書3：2

上帝提醒約拿，那不是他的信息；要被傳遞出去的，是上帝的信息。若那是上帝的信息，祂就會賜福給我們。

以下的故事來自珠安帕羅，一位忠誠的出版部幹事。它以非常明確的方式說明，儘管困難重重，只要我們有勇氣，並且信靠上帝，祂讓我們的文字佈道士獲得成功。兩位文字佈道士前往聖克魯斯工作，該市的治安官剛好外出，在對秘書、財務主管介紹我們的工作後，卻被告知不得在此販售復臨教會的書籍，因為所有的居民都是天主教徒，他們甚至警告居民有復臨信徒要來推銷書籍。其中一位文字佈道士試著聯絡我，我當時在鄰近的城鎮和另外兩位文字佈道士一起工作。當他告訴我事情的經過時，他顯得十分沮喪，覺得在一個充滿反對聲浪的城市工作，不過是徒勞。

記起上帝承諾說永遠與我們同在，我回到該城市，和他們一起工作。在上帝的面前，我們低下頭，把問題交在祂萬能的手中。憑著對耶穌的信賴，我們開始以治安官為對象，他是一位堅定、積極的天主教徒。他訂了書籍，我們便繼續拜訪其他官員。當我們對陸軍中尉展示我們主要的書籍時，他也訂了書，並向他的士兵們建議買下這本相當有趣並具有啟發性的書。」我們要離開時，他說：「讓陸軍的合作協助你們的事工。」那天我獲得了8張書籍訂購單，還有一些雜誌的訂閱。不久，那8本書送過去，並又增加了17本書籍和其他重要書籍的訂購。我們在那裡的成功，意義相當深遠。

約拿曾試著逃離上帝要他前往的地方，但他做不到。上帝給他明確的信息，要他把信息帶到特定的地點。撒但試著勸阻他，也獲得了相當的成效，但是約拿的經歷教訓我們，不需要因為一些反對而感到沮喪。我們帶著上帝要我們前行的命令，祂必定成功！「當先知（約拿）想起了種種的困難和似乎無法完成這使命時，他就受了試探，疑惑他的蒙召是否為明智之舉。……當他猶豫之時，復進而疑惑，撒但便用灰心失望來打倒了他。……上帝給約拿這個使命，正是委以重大的責任；但那吩咐他出發的主，自必支持祂的僕人而賜他成功。」（懷愛倫，《文字佈道指南》116頁）

上帝將門打開

「聽從你們，不聽從上帝，這在上帝面前合理不合理，你們自己酌量吧！我們所看見、所聽見的，不能不說。」使徒行傳4：19、20

艱苦和困難不能阻擋全心奉獻給主的福音工作者。在奉獻的文字佈道士心中，對主的愛可擊退畏懼；在他們以上帝的書籍進行傳播福音的神聖工作時，救靈的動力引領他們。最佳的真勇氣在以下經驗中得到證明。

在歐洲某個國家，曾禁止我們販售書籍，有位文字佈道士甚至在那裡被捕。在歷經短暫牢獄後獲釋，不過，他被明確要求不可再繼續工作。但因為他的無畏及勇氣，很快又開始販售書籍。同一名警察又將他逮捕入獄。

最後他終於被釋放並被警告說，如果他再被發現販賣異教書籍，他將會被大切八塊。之後這名警察到國家教堂力求協助，以阻止這名文字佈道士。

當地的宗教領袖便命令助手去煽動群眾，驅逐我們的工作者，那位助手開始去尋找他。經過一段時間，他找到文字佈道士所在地區，並找到文字佈道士拜訪的人家。他到下一戶人家要求女主人的同意留在她的家中，並躲在房間的分隔簾後等待，以暗中監視這位工作者。他並沒有等太久，文字佈道士便敲了門，他在獲准進門後，準備介紹所賣的書籍。在分隔簾後的教會官員可以清楚聽到他所說的話。他專心聽著文字佈道士充滿親切與忠誠地提供許多信息。不久，他們準備完成交易。

就在當時，那位教會人員從藏身的地方走出來，並說：「等一下，你是復臨教會的信徒嗎？」那位工作者回答：「是的，我是。」「那是復臨教會的書籍嗎？」他詢問著。「是的。」他堅決地回答。

之後這名官員說明，他自己幾年來一直等待，希望可以見到復臨教會的信徒，並與之會談。他非常熱誠，並對於這次的會面感到很高興。他買了一本書，並告訴那戶人家的人也應該購買。這是上帝為祂的文字佈道士開啟一扇門的最佳例子！真正的，恩典的神蹟！

「那些為上帝作工的人，不免要遇到灰心失意的事，但主的應許隨時都是對他們說的：『我就常與你們同在，直到世界的末了。』（太28：20）上帝要使凡能說『我信靠祢的應許，我必不灰心也不喪膽』的人，獲得一種最奇妙的經驗。」（懷愛倫，《文字佈道指南》90頁）

11月/8日・故事312

他們稱他為「派瑞」

「他從高天伸手抓住我，把我從大水中拉上來。」詩篇18：16

13歲的派瑞病得非常嚴重，整日臥病在床，醫生十分密切照顧他。當他靜臥、虛弱或發燒時，他可以聽見來自附近的歌聲。有時，當他從搖椅中坐起時，他會望向窗外並看見人們在祈禱。那是一個基督復臨安息日會的小團體。他很想加入他們，便要求父親在下次他們到來時，讓他們在家中舉行聚會。這個要求實現了。音樂、祈禱和有趣的聖經研讀深深感動派瑞，他告訴父親說，若他的健康好轉，他要加入復臨教會。

派瑞真的漸漸好轉，最後康復了。在他高中畢業之後，派瑞立刻前往馬尼拉，因他將在那裡就讀大學。他在那裡和一位電影導演的兒子成為好友。因為這種關係，使派瑞在一場電影裡有臨時演員的演出機會。他也善加利用了這個機會。他的俊俏及演出天分使大家都注意到他，隨之而來的是更多電影的演出機會及更重的戲份角色。他的生命徹底遠離上帝。隨著時間過去，派瑞有了家庭，但並不幸福，一切變得令人沮喪。之後，在他家附近的復臨教會舉辦了一系列佈道會。他鼓勵妻子、小孩去參加。他們去了之後，熱愛他們所聽到、學到的所有；他們接受了主並受洗。在不久後，派瑞參加了另一系列的佈道會，派瑞和家人一樣，也把自己奉獻給上帝。他要求再次受洗。

懷愛倫的文字證明了派瑞的人生：「好種可能一時被埋沒在一顆冷淡、自私，和世俗化的心田中，毫無扎根的現象；但後來一經上帝的靈吹入心田之中，那埋藏的種子就發芽生長，最後竟結出果子來榮耀上帝。」（《天路》43頁）

人們仍然記得這個演員派瑞鮑特瑟。但是那只是藝名。實際上，他叫做派里亞克多 M. 凱斯特，但他仍以派瑞鮑特瑟這個名字廣受影迷愛戴。派瑞後來成為文字佈道士，不再過著空虛的舞台生活，成為一個為那些尋求更佳生活的靈魂們，提供暖人心房的信息的傳達者。他以由衷的喜悅工作，不再扮演角色，而是真實地活著！他已真切了解他的主及救贖者為耶穌基督。相較於電影工作，他體會到每當將書籍帶入家庭中時，他會為所有的人們帶來更正面、持久的影響力。今天我們為每天都在為上帝的國度拯救靈魂的那些工作者而祈禱。他們正面臨著許多挑戰，並會感謝你的禱告。

靈魂的獵補者

「義人所結的果子就是生命樹，有智慧的必能得人。」箴言11：30

文字宣教者在服務範圍中拜訪每戶人家，是他們的責任也是獲得喜樂的機會。他必須走向人群，因為人們不會自動走向他。他是個靈魂的狩獵者、漁人。

「耶和華說：『我要召許多打魚的把以色列人打上來，然後我要召許多打獵的，從各山上、各岡上、各石穴中獵取他們。』」（耶利米書16：16）

一名文字佈道士對於他所拜訪的一個家庭印象很深刻。雖然已經很晚了，但是他仍決定要拜訪這個家庭，才讓今天的工作告一個段落。他敲了門，女主人請他進門。這位女士聽完展示後，急忙拿出許多她丈夫在不久前購買的類似書籍。她對於健康的書非常有興趣並決定訂購。

在他第二次造訪那間小屋時，他也見到了男主人，他對於文字佈道士的拜訪似乎很高興。事實上，男主人認為是主為他們派來這位文字佈道士，讓他們可以交談。這名丈夫已是復臨教會的信徒，卻因故離開教會。那是好幾年前當他移居來美國的密西根州時所發生的事，他說自己曾經幾次認真思考自己的靈性，並想讓孩子們在上帝的福音真理下成長。他也希望他的妻子可以學習走向他已背離的道路。那天晚上他們虔誠地要求文字佈道士留下來與他們進行更深入的談話並一起禱告。當夜更深時，天也更冷了。他們甚至邀請他在他們家過夜。他們深切地感受到這個文字佈道士帶給他們的溫暖。這名文字佈道士繼續和他們談話、祈禱。在那小小聚會中明顯感受到主的降臨。那位先生讚美上帝，因祂給予他再次為主奉獻，並回到主的庇護之下的機會。直到凌晨一兩點文字佈道士才離開。

在當地教會的禱告會中，教會成員們為這個家庭做了特別禱告。兩週後，那位男士在安息日的早晨出現在教會，並歡喜宣達他的誓詞。接下來那一週，他的妻子也和他一起上教會。

浪子回頭了！天使們當然很高興他的家人也可以一起加入，這些都是因為有人在文字佈道工作中與個人的接觸聯繫。沒有什麼可以取代個人一對一的見證。這就是耶穌的方法。即使是短暫的接觸，還是有許多人等待著他人的鼓勵，以重回主的懷抱。

11月/10日・故事314

獻給上帝的珍珠

「天國又好像買賣人尋找好珠子。」馬太福音13：45

瓊安巴布羅普拉的故事發生在幾年前的中美洲薩爾瓦多，說明一位忠誠的信奉者，僅以一張小小的傳單，可以成就多麼美好的目標。

在薩爾瓦多的東北部一個叫貝筑可的地方，住著一名叫瓊安巴布羅普拉的農夫。幾年前某天，瓊安在市集聽見一名陌生男子與一名貨車司機朋友講述關於幸福和救贖的新觀念。由於害羞之故，他後來才向朋友請教談話內容。那位朋友並不感興趣，於是把陌生人給他的傳單給瓊安。瓊安看了傳單產生興趣，立即想要和發送這傳單的人聯繫。他找到他的下落，發現他是復臨教會的信徒，住在50哩遠的聖明果小鎮裡。他去拜訪他，並留下來學習關於耶穌復臨的信息。在當地停留期間，他也參加鎮上復臨教會的聚會。在他回去後即寫信請求同工的協助，一位牧師被派去與他一同查經。不久之後他和他的兄弟及父親都接受上帝的信息並且受洗。傳教工作在當地因為瓊安的誠懇和熱情漸漸發展。當成員到達40位時，他們得以建教堂。瓊安讓他的22個家人都接受真理，所以當時教會裡有22個普拉（音同珍珠，pearl）。

有一些鄰居和瓊安部分的家人，因為他為上帝做事而感到非常不滿，並且對於他為他的新信仰贏取靈魂的作法十分憤慨。某晚，他們潛入瓊安的住所，他們無情打劫他。瓊安的兄弟甚至要他離開那個國家。當然，瓊安並沒有離開，也因此惹惱了他們，促使第二次打劫。這次，瓊安認出幾個蒙面徒，是他的鄰居和親戚。他決定要搬走，但是只是搬到附近的裘克羅小鎮。他繼續參加小教堂裡每一個安息日崇拜聚會，他是那裡的長老。

裘克羅裡有些人對於一名新教徒定居此地感到震驚。住在瓊安隔壁的男士經營一家小店面。某天，他帶著大刀來警告我們的弟兄說，如果他要以傳教為由去打擾他的話，他將會好好的使用這把大刀。他要求瓊安搬走。

瓊安表現出自己是善良的基督教徒和好鄰居。這個鄰居重新思考情況之後，改變對瓊安的態度。事實上，他變得很友善、感興趣；他購買聖經，也申請加入線上的聖經研讀課程。沒有多久他也受洗了。奉獻的基督徒的證言又再度獲得勝利。一張傳單的影響開啟了一連串的發展。天國的珍珠啊！

9個珍貴的靈魂

「看哪，我必快來！賞罰在我，要照各人所行的報應他。」
啟示錄22：12

因為上帝出版事業及早開始，顯然是上帝得以將真理延伸給人們的成功因素之一。這件事在事工開始不久後便得到證明，在一個世紀半後的今天，它的力量還是不斷獲得印證。世界上每年有超過四萬名文字宣教士接觸的人們接受洗禮。今天的故事要以1944年的經驗證明這股力量。

1944年初，在波多黎各賣書的瓊安卡斯多迪歐造訪一個家庭；這個家庭的女住人十分熱切又興奮地迎接他。一看到他時，她說：「我早就知道你了。我在夢裡見過你，我還知道你有書要給我。」

在卡斯多迪歐拜訪這個家庭前幾天，這位女士收一封信，來自她在非洲當兵的兒子。信中說她應該拒絕唯心論，並且事奉真正的上帝。現在這個來拜訪她的文字佈道士告訴她，自己正帶來她兒子要她買的書。這戶人家買了書，並迫切地閱讀，她想把書寄給兒子，讓他也可以知曉這個信息。

1944年9月。當地報紙報導她的兒子在一次行動中受傷，即將從非洲返回。瓊安卡斯多迪歐看到了這篇報導，寫了一封慰問信給士兵的母親，並寄了一本聖經給他們。所獲得的回覆竟是一張卡片，以及發現這個家庭的九個成員正一起閱讀聖經，準備受洗的事實。

瓊安卡斯多迪歐的心中湧現極大的喜悅。他多麼希望有更多的文字佈道士可以幫助他探訪每一個靈魂，因他們都等待著傾聽耶穌救贖的好消息。在卡瓊安斯多迪歐弟兄的時代，我們需要許多的文字佈道士，而今天我們需要更多。這個需求一直存在著；機會比從前更多；而賜福是沒有終止的。

「現今需要文字佈道士，出發作得人的漁夫和獵戶。參加文字佈道的工作，應當懇切而堅決。心地柔和謙卑的文字佈道士必能大有成就。」（懷愛倫，《文字佈道指南》30頁）

你難道不想在新天新地中遇到某人對你說：「就是你要邀請我來的」？卡斯多迪歐弟兄絕對會與那些人相見，他將書籍賣給他們而將他們帶到天堂。今天讓我們為波多黎各的事工禱告。1944年所播下的種子仍蓬勃成長、結實纍纍。為所有忠誠進行著上帝指派的工作、傳播祂神聖真理的人們祈禱。

11月/12日・故事316

再多1小時

「我實在告訴你們，從前有許多先知和義人要看你們所看的，卻沒有看見，要聽你們所聽的，卻沒有聽見。」馬太福音13：17

我們有幸可以活在一個可以看見上帝的愛與照顧的時代。身為上帝的孩子，我們見證這些事，並且以感激之情讚美我們的天父。世上仍有數百萬的人無法擁有我們的光明，有些人甚至在自我了斷的邊緣。他們沒有希望、走投無路。

今天的經驗是瓊安派羅所提供的，他在數年前是聖多明哥地區的出版部幹事。瓊安派羅當時正和兩個年輕的學生共事，他們一起賣福音小冊和雜誌。到了星期五，他們總是盡快結束工作，好為安息日做準備。他們已經完成應該工作的時數，但是他們強烈地感覺到今天必須延長工作時間。「再一個小時。」他們彼此同意。所以他們敲著下一家的門，當一位紳士前來應門時，出版部幹事問候他：「您的僕人，瓊安派羅。」「瓊安派羅？」這個男人很驚訝地說：「真的嗎？這也是我的名字！請進。」兩個瓊安並坐著，很快便熟識了。他們在互相交換訊息後，發現他們原來是親戚——表兄弟。真是巧合啊！或是其他？不久，房子的男主人瓊安仔細地聆聽剛相認的表兄弟瓊安介紹書籍。回應他認真的說明：「我的朋友，上帝今天是特意派你來的！」他拿出他的槍對他們說：「我正要以這把槍自我了斷時，你們就來敲門。如果你再晚一些，一切就都太遲了。」是巧合讓他們決定要多工作一個小時嗎？當然不是。是因為上帝對那些悲苦靈魂的愛，祂將他們送到這個男人的家，為他帶來希望及鼓勵。他們朗誦著更多聖經裡鼓勵的話語，然後這名長期沮喪的男子又說：「真的，你真的是上帝派來的！你給了我新的希望。謝謝你的拜訪。現在我想要活下去，再也不會執行摧毀自己的計畫！」

到處都有人在尋求幫助，他們想要終止苦痛。我們這些知曉上帝的偉大救贖有多美好的人，怎麼能夠不去與他們分享這份喜悅！

是的，「再一個小時」，我的朋友，好好想想這一小時的價值。想想這對那名男子的意義。在一天的盡頭多拜訪一個家庭，就會多一個靈魂投奔上帝，並從過早的自我了結中得救。

上帝是否感動你在祂的葡萄園中工作？慎重的考慮吧，因為這可能代表著去拯救某人的靈魂，也可能代表去拯救你自己的靈魂。

每個成員都是文字佈道士

「那時，你看見就有光榮；你心又跳動又寬暢；因為大海豐盛的貨物必轉來歸你；列國的財寶也必來歸你。」以賽亞書60：5

在離巴西聖保羅不遠的城市，我們的小教堂有72個教友。這些教友以我們充滿真理的書籍，仔細並有系統地拜訪鎮上的每一個家庭。小鎮被喚醒了，人們在討論著，另一間教會的宗教領袖也相當關心。某天早晨，這個宗教領袖在街上遇到我們的教會長老，問他說：「你有多少名傳教士在這個小鎮裡？」

我們的弟兄迅速思考，帶著微笑答道：「72名！」

「我也是這麼想的。因為我拜訪的每一個家庭都有你們的書籍，並且了解基督復臨安息日會的教義，這是如何辦到的？」

我們的書籍是每個地方的先驅。每個復臨教會的教友，都應該為上帝活躍於文字佈道工作當中。這不只是對教友個人的精神生活意義重大，也可以為教會帶來新的靈魂。

有一句格言證實全世界都是：「當文字事奉強壯時，教會也會興盛；當文字事奉衰弱，教會也會跟著一蹶不振。」

沒有什麼可取代真理的書籍。電視、網路、錄影帶？每樣東西都有定位，但是它們都無法完全取代人們在自己家中安靜閱讀的書籍。比其他更有意義的是，書籍讓心靈準備好回應聖靈的鼓動。就像上帝的僕人所說：

「在分散小冊，書報，及推銷本會各種印刷物之中要作成佈道的工作。你們不可有人因此種工作很辛苦，及需要光陰及精神，便以為自己不能參加之。如果這種工作需要光陰，就當甘心樂意獻上，上帝的福氣就要降在你們身上。從來沒有一個時候比現今需要更多的工人。從本會各等人，應有弟兄姊妹們訓練自己來參加這種工作。本會在各處的教會，應當作工傳揚真理。」（懷愛倫，《文字佈道指南》16頁）

今天讓我們為世上更多的文字佈道士禱告。我們需要更多勇敢、無畏、任務取向、不自私的人們，前往其他人害怕的地方並宣揚福音。在城市、村莊、農地、工廠、辦公室、家庭、任何地方，我們都需要他們。不久，不久的將來，若再不呼召人們將心獻給上帝，一切都將太遲。

11月/14日．故事318

靈魂獵人

「耶和華說：『我要召許多打魚的，把以色列人打上來，然後我要召許多打獵的，從各山上、各岡上、各石穴中獵取他們。』」

耶利米書16：16

耶穌基督從各行各業中召喚祂的門徒。徵稅員、商人，還有漁人。所以今天，上帝也工廠、農場、辦公室以及世上所有職業。

經驗豐富的文字佈道士，A. E. 麥法廉在成為文字佈道士以前，是北加拿大一個貧瘠地區的獵人。他的生命受到一些基督徒的影響，而當他到外地旅行時，他獲得了一本《善惡之爭》，和一些我們其他的書籍。從閱讀中，他開始認清自己的罪並開始改變。不久之後，他拋下狩獵地，留心於主的召喚以追隨祂。他現在改以狩獵人的靈魂。（耶利米書16：16）

麥法廉弟兄在1939年開始文字事奉的工作。他在大道、小徑上尋獵心靈的正直坦率。他遇到了30人，都因為他的工作而加入了上帝餘民行列中。除此之外，他也在許多人改信的過程之中，扮演協助工具與輔佐的角色。某天，麥法廉弟兄獲得一個特別的經驗。他拜訪一戶幾年前購買《在家研讀聖經》的家庭，但是他們很少閱讀它。當我們的文字佈道士與女主人談話時，他的話又激起了對於之前所購書籍的興趣。她還因為感動而加購《善惡之爭》、《歷代願望》、《但以理與啟示錄書淺釋》、《幸福大道》，訂閱兩年份的《生命和健康》及《這些時光》，以及許多重要的書籍。她開始閱讀她的新書，也發現自己充滿好奇與興趣，不久她就開始守安息日。這個家人住在一個獨立的地區，從來沒有牧師到那個地方拜訪過他們。

這些靈魂只是一開始的成就，而我們知道上帝透過預言的聖靈告訴我們：「我們若謙虛誠信地俯伏在上帝的腳前，祂不久就必為我們施行大事了。……不久在一日之內必有成千以上的人悔改，其中大半的人，若追溯其初次信道之經過，可知是由閱讀本會的書報而來。（懷愛倫，《文字佈道指南》118－119頁）

文字佈道士從工作中得到不錯的薪餉。他不但可以維持生計，他的心和靈魂也因為許多新朋友經由受洗這美麗的儀式，加入上帝子民的行列，而獲得無價的賜福。這些額外的賜福為人生添加了許多熱情及意義。每救一個靈魂，天國的皇冠就會多一顆星，這些星星都會恆久地閃亮。這個忠誠的文字佈道士所得的回報多麼廣大！

兒童書籍（第一部分）

「讓小孩子到我這裡來，不要禁止他們。因為在天國的，正是這樣的人。」馬太福音19：14

「彼得恢復祂傳道職務之後，基督託付他的第一件工作，就是餵養小羊。（約翰福音21：15）……主要他服事兒童和青年，……向他們講解聖經，……在這時以前，彼得未曾預備作這工作，也不明白這工作的重要」（懷愛倫，《傳道良助》182、183頁）

上帝的方法不一定和人類所用的方法一樣。人們常常都想和保羅一樣——以大量的證明文件和高等的教義課程來對亞略・巴古的飽學之士們講授。然而，套句口頭上的用語，這次「手術」或可謂成功，但「病人們」卻是早已命中注定要在「第二次的死」死亡。

我們已發現，「孩童在一至七歲的年齡中所學習的教訓，對於他品格的形成，要比以後在他終身的年月中所學的更為有關。」（懷愛倫，《兒童教育指南》193頁）是千真萬確。因此，我們必須要特別注意，提供「小羊們」良好、完整的閱讀書籍。喬治貝利醫師指出：「要為上帝拯救20個小孩的靈魂所需的時間和努力，比拯救一個成年人還少，而在拓展天國時，一個基督徒孩子比許多大人還有價值。」「把小孩交給我直到七歲，然後任何人都可以擁有他們。」耶穌會的領袖及傳教士，法蘭西斯塞維爾如是說。

什麼樣的書籍可以讓我們放在家中，並在重要的七歲生日之前有效地影響個人？是《在家研讀聖經》、《現代醫療指導》，或是《但以理與啟示錄書淺釋》？這些都是很重要的書。它們都不可或缺，但是我們是不是太常忘記要提供書籍給我們的羔羊呢？

「讓孩子來我這裡，」耶穌說：「因為在神國的，正是這樣的人。」在孩子七歲之前，為耶穌贏取他的靈魂吧。當他或她還小時，慢慢教導他們對聖經的愛，及聖經裡的上帝；當他們不再年輕時……「就是到老他也不偏離。」

對於孩子，我們的書籍是非常有效的救靈。它們不只幫助孩子更了解耶穌，也可以有效地將他們的父母介紹給耶穌。

在下一篇中閱讀更多關於兒童書籍如何救靈。

11月/16日．故事320

兒童書籍（第二部分）

「我實在告訴你們：凡要承受上帝國的，若不像小孩子，斷不能進去。」路加福音18：17

茹絲史脫瑟把《聖經故事》第七冊送到一位女性常客家中。她的丈夫在閱讀第七冊時，對太太宣布：「親愛的，這本書說我們守錯日子了！」

另一位文字佈道士配送了一套《聖經故事》。當天晚上，他的顧客打長途電話，告知我們的文字佈道士，第七本書中出現了錯誤。「有印刷錯誤，」她如是說，並要求，「請問我可以用這一本書換別的嗎？」

隔天，文字佈道士又前往拜訪。她在門口帶著《聖經故事》第七冊問候他。她翻到第67頁說：「你看看這裡怎麼說的。」她開始唸著，「……每個星期五晚上，這個小家庭都會一起跪禱以迎接神聖的安息日。」在一段簡短的聖經研讀後，這位女士很驚訝地發現安息日的確是第七天。她詢問在北美是否有人守著第七天的安息日？她報名了聖經研讀課程。祈禱之後她向文字佈道士保證，以後絕不會在上帝的聖日工作。一個信奉基督教的女士買了一套《聖經故事》。李黎特西回憶那位女士說：「我認為你正在販售世上最偉大的書籍！」她繼續說，藉著唸書給孩子聽，她自己的想法已徹底改變。她在書本中發現一些章句，確定和聖經並不一致。但在確認她的聖經後，她證實說：「我每次都發現這書的內容與聖經相呼應。」當時她正在閱讀第五冊，確定這些書是要為這一代啟發上帝的靈感。她參加了聖經預言課程，並停止了和之前教會的聯繫；今日，她一直守著上帝神聖的安息日。

當你閱讀《聖經故事》時，你會發現安息日的真相以美麗的方式再度地呈現。當你閱讀這些真理的故事，你將會激動地說：「上帝的子民怎麼會如此熱忱地把這些書籍呈現給人們？其中有些人對於他們是如何知道他們的而存疑。」

近代的作者馬思威指出《好兒童故事集》和《孩子們的時間》的內容，幾乎包含所有安息日會教義的重點和實踐。至於《聖經故事》，聖經每一項要義都被包含在這套書裡。

不需猶豫，把這些美麗的書籍賣到家家戶戶吧，尤其是那些有小孩的家庭。這些書為福音贏得朋友，它們的實用性是沒有年齡限制的。

上帝的委派不會讓人失望（第一部分）

「起來！進城去，你所當作的事，必有人告訴你。」使徒行傳9：6

上帝指派大數的掃羅一件事。試著想看看，若掃羅拒絕遵守，或是認為它並不重要的話，將會發生什麼事情。掃羅聽從上帝的指示，而他的生命也就改變了！

多年來擔任全職文字佈道士的安妮梅科邦女士說：「在文字佈道士忙碌的生命中，有的時候我們可能會被慫恿而耽擱呼召，或是毫不停留經過某戶人家，直接轉向似乎比較有希望的事物。然而有時候上帝委派文字佈道士，若不遵守則可能招致悲劇。有些差派具有時間的敏感性，若可以照著做，就代表有機會在當下將某人帶往基督。

「之前，我在密西西比州傑克遜的富裕區域賣書。我敲了門，一位可愛的女士前來回應，並邀我進去。當我向她介紹《聖經故事中的黃金寶藏》（Golden Treasury of Bible Stories），她馬上就認出那是一本復臨教會的書籍。在對話中，她告訴我，他們以前是復臨信徒。我非常高興可以找到他們，並邀請他們到教會去。然後，她對我述說她的故事。

「他的先生接下在傑克遜的工作，卻不知道自己在安息日時也必須上班。由於他們有三個小孩，經濟上也有些拮据，因此決定繼續他的工作。

「她藉口離開房間，不想在我的面前哭泣。我向上帝祈禱，希望祂能夠利用我來幫助這些親愛的朋友，找到方法繼續他們的信仰。當她回來之後，我要求她回到教會去，告訴她，教會需要他們。她回答說：『是我們需要教會。』並開始毫不掩飾地哭泣。我鼓勵她，並在祈禱之後，我就離開了。

「我立即通知我們的牧師，並要求他拜訪這些人；我自己也再回去拜訪了他們幾次。

「那位先生對上司提出辭呈，解釋無法在安息日工作的原因。那位管理人士無法理解這種想法，只好又去找他的上司溝通——這件事一層層地上傳，最後呈報到公司負責人面前。他們試著說服我的朋友不要放棄工作，說他的地位很重要，無可取代，但他還是相當堅定，並請公司在兩週之內做出決定。」

11月/18日・故事322

上帝的委派不會讓人失望（第二部分）

「主對他說：『起來！往直街去，在猶大的家裡，訪問一個大數人，名叫掃羅，他正禱告。』」使徒行傳9：11

我們依然在談論著上帝的委派。今天的經文中，上帝位認了祂的跟隨者亞拿尼亞。亞拿尼亞為了某些原因拒絕履行，但他忘記了一件事，若上帝委派了某個人，沒有任何理由可以質疑。文字佈道士們靠近上帝，就像是聽從了祂的委任，它們都是善的。讓我們回到故事中，繼續昨天未完的部分。

那位先生與家人在一位忠誠的文字佈道士的造訪之後，決定要信守上帝的安息日。他給公司兩週的時間。儘管他有經濟上的負擔，必須養活一家人，但他覺得遵守上帝的指示對他來說，比任何事情都來得重要。他的上司無法理解這件事，因為他們並沒有像他一樣，和上帝維持親近的關係。

在這兩週內，他們不斷說服他放棄守安息日的念頭，繼續工作。當他每次都對他們說，他要遵從的是上帝，不是人，因此他必須守安息日。對他而言，這比其他事情更為重要。

最後，兩週期限來臨之前，他們把他叫到辦公室裡，裡面已經有四位主管正在等候。

「你還是決定要辭職嗎？」其中一位問道。「是的，先生。」他謙遜但堅定地回答。

「這安息日難道重要到你願意放棄這麼好的職位，去找其他工作嗎？」他們詢問。「是的先生，這很重要。」他回答。「那麼，如果安息日對你來說真的那麼重要，我們決定把你留在公司，你在安息日可以不用上班；如果你要為安息日作準備的話，星期五下午也可以早退。另外，我們決定為你加薪。」

喔，當這些親愛的朋友們再度受洗時，文字佈道士的心中是何等的喜悅。她知道自己已遵守上帝指派給她的任務。

上帝委派文字佈道士的這項工作相當地重要——其他的也同等重要。上帝常常委派我們，委派我們一些重要的任務，關係到為祂的國度贏取靈魂。祂現在可能正指派你，為祂成為一位文字佈道士。只有你自己和上帝知道。你決定要遵從這份委託嗎？

人如何受洗？

「眾人聽見這話，覺得扎心，就對彼得和其餘的使徒說：『弟兄們，我們當怎樣行。』」使徒行傳2：37

文字佈道士重大的回饋之一，就是找到正在尋找上帝真理的靈魂，有許多人正在摸索。那些願意傾聽於生命中渴望上帝的人們所發出的訊息的文字佈道士們，可以很快地找到那些人。請求上帝今天為你顯示一位這樣的人。

出版助理喬巴尼斯，正在美國內布拉斯加邦威爾的一間商店中，與一位文字佈道士共同工作。超過70歲的店經理迪克 允許他們在商店中放置免費的聖經展示架，當他們在組合立架時，迪克問他們：「人要怎麼樣受洗？」帶著一些驚訝，喬簡單地回答說：「我相信人要像耶穌一樣受洗，而耶穌是浸在約旦河中受洗的。」這回答似乎讓店主人很滿意，至少當時如此。

當喬在兩週後回去收集展示盒的卡片時，迪克再度用商店內所有客戶都聽到的音量，大聲地問：「人該怎麼樣受洗？」此時，喬詢問迪克是否可以在辦公室內談談，並對迪克推薦《在家研讀聖經》（Bible Readings for the Home）以及家庭用聖經。介紹結束，迪克買了《在家研讀聖經》，而喬把家庭用聖經當作贈品送給他。他們一起研讀關於人該如何受洗的主題。迪克的興趣愈來愈濃厚，他要求更多查經課程。這份真誠的興趣移交給當地牧師負責，牧師很樂意為迪克提供更多深入的聖經課程。迪克從上帝的話語中尋找光明，當兩位文字佈道士踏進商店的那一刻起，他清楚地意識到自己正在尋找的答案到手了。

這次的拜訪徹底地改變迪克的生命，就如同每天，所有文字佈道士們在世界各地改變數千人的生命一樣。那些人到處都是，在各自家庭、公司、工廠裡，甚至在公車站、計程車中、飛機上，都在尋求幫助。他們是上帝正在等待的神蹟。上帝能夠藉由你施展神蹟嗎？當然可以！把你自己完全地交給祂，讓祂支配你的動力，讓祂完全利用你的才能，並實現你最想達成的夢想，祂將會透過你施展神蹟！永遠不要忘記，上帝的呼召就是授予人類權利！

今天我們祈禱聖靈將讓我們的眼睛睜開，去發現我們身邊渴望著上帝的人們。讓我們衷心將他們介紹給耶穌，那位特別的朋友。聖靈正要幫助我們進行這些工作。

11月/20日・故事324

上帝施展的力量

「信耶和華你們的上帝，就必立穩；信他的先知，就必亨通。」
歷代志下20：20

聖靈透過上帝先知的力量相當地顯明，尤其流露在現今教會出版大量預言之靈的書籍中。我們不必費心尋找那些閱讀這些書籍而改變生命、接受賜福的人們，我們在生命最終獲得的特權，是要像「秋天的落葉」一般傳播這些書籍。

某天，羅伯特工作結束回到家中，發現桌上有一本《善惡之爭》。他最近感受到，應該將自己的心交給耶穌，因此今天他拿起這本某位朋友留下的書，並開始閱讀。他讀得愈多就愈著迷，心中產生許多的問題，他在心中渴望的答案。他的疑問愈來愈多，他也更加急著找到答案。

第二天早晨羅伯特帶著這本書去上班，每當一有空閒他就閱讀那本書，逐字逐句，急切地想要讀完《善惡之爭》。新的視野、問題與真理的啟示，似乎就流露在每個段落之中。聖靈激發著他的心靈，幾天之內他就讀完了。

羅伯特與好友史提夫分享他的問題，史提夫也很樂意地將自己所知道的事情告訴他。不久，一位文字佈道士來到鎮上，羅伯特和史提夫一起虔誠出席佈道會。那時羅伯特將自己的心交給基督，他歡喜地受洗，並加入上帝的餘民教會中。這還不是故事的結局，上帝靈魂特殊的影響持續在羅伯特和史提夫的生命中發揮作用。因為研讀、祈禱與奉獻，這兩個人更往高處學習靈性的成長，上帝在佈道工作中運用他們！他們都成為文字佈道士，經由他們的佈道，宣傳上帝特殊的信息，有數百人在這關鍵的末日時刻被帶往耶穌面前。他們於佈道時所分享的，正是一開始便攫取他們心靈的書籍——《善惡之爭》中關於上帝話語的主題。

羅伯特說《善惡之爭》和聖經一直是他與別人分享時，自己靈性滋長的主要來源。在上帝充滿真理的書籍中，上帝的話語的確具有力量。

今天，我們不知道是誰將《善惡之爭》賣給那位把書留在羅伯特家中的朋友，但那肯定是一位忠誠的文字佈道士的作為。當耶穌再臨，他或她將充滿喜悅，屆時，這本書所帶來的成果也將顯露出來。

我們今天為上帝子民的甦醒而祈禱，他們可能看到別人的需要，並被驅使從事上帝書籍的傳播。這個世界迫切地需要這些人。

真實的寶藏

「聽啊！你守望之人的聲音，他們揚起聲來，一同歌唱。因為耶和華歸回錫安的時候，他們必親眼看見。」以賽亞書52：8

上帝珍貴的書籍是真實的寶藏。那些閱讀書籍，了解它們並非只是墨水、紙張、美麗封面的人們將它們視為珍寶。上帝的「守望者」，文字佈道士們為之發聲，並在每天向千萬個尋覓的靈魂展示著這些「珍寶」。

文字佈道士安德魯傑克遜拜訪一位澳洲新南威爾斯巴拉巴的準媽媽。文字佈道士展示書籍時，她的母親走了過來。那位母親因某些原因，對於書籍相當感興趣，並建議安德魯去拜訪自己的丈夫，朗。朗熱情招呼安德魯，在對談之間，發現他是一位熱心的基督徒，熱愛著家庭用聖經及靈修書籍。當他看到《家庭聖經》與《今天、明天與你》（Today, Tomorrow and You），他告訴安德魯當他小時候，他母親擁有一本寶貴的書籍。因為他是家中的長子，因此在他長大之後，那本書就成為他的東西。他相當地珍惜，卻不知為何書籍遺失了，多年來一直找不到。他又述說了自己如何買到了珍貴的新書，卻再度遺失。幾年後，他在一位親戚家中的看到那本書，那位親戚卻不願把書讓給他。他只好難過地到處問人，哪裡可以買到那本書籍。透過一位朋友透過一位朋友的幫助，他獲得了一本書，並驕傲地拿給安德魯看。那本珍貴的書籍名為《再臨之王》（The Coming King），其影響多麼深遠。

我們不知道那書籍對於每一世代的影響有多麼深遠。許多人都會因為在適當的時機下，傾聽書籍對他們講述的福音而獲得拯救。我們的書籍確實為人們做好迎接「即將到來的國王」的準備。

「你們心上經常的負擔應當是：我能夠作什麼去挽救基督為之受死的生靈？」（懷愛倫，《今日偕主行》209頁）

無神論教授

「務要傳道，無論得時不得時，總要專心；並用百般的忍耐，各樣的教訓，責備人、警戒人、勸勉人。」提摩太後書4：2

上帝的信息是有力的，有時在兒童讀物當中，甚至具有更強的力量。孩子們喜歡，家長無法拒絕。我們常常會忘記，在街上走的一般人，他的靈性程度可能還不及一個8歲大的小孩。這是否就是上帝所說的，除非我們都變成小孩，否則都進不了天國？

在南非的斯泰倫博斯，住著一位大學教授，他有一個妻子，以及分別是3、5、8歲的小孩。那位教授是無神論者。他不准太太把任何聖經書籍或宗教教材帶入家中，他們家甚至不能接觸廣播或電視上的宗教談話性節目。

某天，他的妻子上班的醫師診所中，從展示版《聖經故事》中發現一張會談紀錄卡。雖然明白自己的先生對於聖經書籍的態度，她還是填寫好卡片並寄出。該區的文字佈道士內維爾卡森斯收到了卡片，並在適當時刻拜訪那位女士。書卡上提供的地址是她工作的地方，很容易就找到正確的地點。他仔細地為他介紹了《聖經故事》，她也決定買下這些書。內維爾可以讓她立刻擁有書籍，但其中有1、2冊必須在他下次回到該區時才能帶給她。這位顧客提醒他，由於她的先生會為她買的這些書籍不高興，請他千萬不要把剩下的書送到家裡去。兩週後，內維爾依準備好要為她送書過去。他到達診所時，令他震驚的是那位顧客已在前幾天過世下葬。他帶來她已付清書款卻尚未拿到的書籍，但她已經無法收下這些書。內維爾做了誠實的決定，他要到教授的家裡並把書交給他。當他到達時已是晚上。他拿著書籍走到門前，不知道會面臨什麼情況。在他按下門鈴之前，發現從窗簾掀起的一角，可以看到教授坐在客廳的沙發上，那個3歲的小孩坐在他腿上，另外兩個分坐他左右，而教授正為他們唸著《聖經故事》。對於文字佈道士而言，那是多麼美好的畫面，他一點也不想去打擾。他等了一會兒才按下門鈴，書本被教授收下，他的心靈已有明顯的改變。我們的書中對孩子們述說的信息既清楚又簡單，往往會觸動那些已不再是孩子的人們——甚至是教授。

「救恩猶如日光一樣、是屬於全世界的。」（懷愛倫，《歷代願望》307頁）

改變宗教的神蹟

「你當竭力在上帝面前得蒙喜悅，作無愧的工人，按著正意分解真理的道。」提摩太後書2：15

每一個改變信仰的人都是神蹟。今天故事中的不同之處，在於一位新教徒的牧師找到了更多的光明，並誠實接受它。上帝的書籍在這個轉變中佔有重要的地位，這是不久前才發生的事情。

迪歐斯達多隆吉羅是一位忠誠的文字佈道士，他按照規則，在他負責的區域內拜訪著每戶人家。接下來他要去拜訪的，是一位新教牧師的家，而迪歐斯達多沒有足夠的勇氣去拜訪這位教會領袖，因此他決定略過牧師，到下一戶人家拜訪。但當他經過時，卻感覺到一股力量要他前往。

友善的牧師邀請他進入屋內，他很熱誠、完整地為書籍做了介紹。牧師買了一本書，並獲得一本作為贈品的小書。就是這本名為《聖經研讀更輕鬆》（Bible Study Made Easy）改變了牧師的生命。

不久，文字佈道士再度回到該區域拜訪顧客，也決定再去看看那位新教牧師。那天剛好是星期日，因此他先到教會去找他，當他到達教會之後，發現門窗上鎖，也沒有半個人。他納悶地前往牧師家中，驚訝地發現他在整理房子。迪歐斯達多好奇地問：「親愛的牧師，你今天不用作禮拜嗎？」「我們不在星期日作禮拜了，」牧師回答，「我閱讀了你的贈書後，我就相信自己守錯安息日了，還把所有的教會朋友帶上偏途。我請求上帝給我勇氣去接受他的真理，並與教友們分享。」牧師繼續說：「有些教友決定接受安息日的真理，因此我們現在一起在上帝的安息日作禮拜。」

不久，文字佈道士把自己的出版部幹事帶來見見這位牧師。他們展開更多的聖經研讀，之後，牧師和他的妻子都受洗了。很快地，所有的教會成員們都跟著受洗。這座以前在星期日傳道的教堂，現在則在每個真正的安息日時運作。有些牧師之前的群眾都待在這個教會中，並快樂地以真理服事上帝。

這又是一個恩典的神蹟。上帝的書籍在被忠誠的文字佈道士們帶入家庭之後，有效率發揮功用。如同今天的經文所示，要「按著正意分解真理的道」，就是要與別人分享，無論我們「認為」那些人是不是前進天堂的候選人。所有得人都可進入天堂——無論門外漢、牧師，別無分別。

書籍喚醒憧憬

「可見栽種的算不得什麼，澆灌的也算不得什麼，只在那叫他生長的上帝。」哥林多前書3：7

貞妮歌貝蒂女士現在很感謝上帝，因為祂派遣文字佈道士前去喚醒了她的靈魂，追求生命中更美好事物的渴望。若沒有文字佈道士，不知道她的生命會如何？

她的父親是中國人。她從父親那裡學習到優秀、完整的商業頭腦。她的母親是道地的菲律賓人，從母親身上她學到一般的基督徒訓練。她有空就會上教會——事實上並不頻繁。她的經濟寬裕，但工作時間相當長，她都被困在自己經營的商店中，販賣各種的菸酒。她的財富並沒帶給她快樂與滿足。

她愛嘮叨的毛病腐蝕著她的靈魂，和丈夫、孩子間的關係也加速腐敗中。她專注於事業上，也賺了很多錢，每天送來店裡的啤酒裝滿整輛拖車。儘管事業成功，她憂心許多事，也常常不知如何應付。

某天，一位文字佈道士帶著書籍到她的店裡，她為孩子們買了一些書。另一位文字佈道士拜訪時，她買下《歷代願望》和《聖經故事》。這位機警的文字佈道士馬上意識到，她正追求著靈性方面的事物。他邀請她到教會，那裡正在舉辦「禱告週」。她出席了，而清晨的靈修觸動了她的心靈。她參加了定期的聖經研讀課程。不久，她和兩個較大的孩子都接受耶穌為個人的救主，並受洗了。

然後，風暴降臨，她的新信仰面臨極大的考驗。她感覺到基督徒販賣危害健康的菸酒是不正確的事情，因此她停止販賣，事業也結束了。她請求上帝指示她該走的路。後來，她開始買賣不動產，但這項工作讓她每天僅有極少的時間陪伴孩子，因此她也結束這項工作。現在，她在店裡賣米。

貞妮歌貝蒂女士為自己的新信仰而感謝上帝，她知道現在有一個關懷她的上帝正引導她的生命。為了到達目前所在的地方，她經歷過惡水，但她現在為自己選擇跟隨聖靈的決定感到歡喜。

看著基督的勝利，天堂必定充滿歡愉，而帶著神聖書籍去拜訪貞妮歌貝蒂女士，並將上帝的信息帶給她的文字佈道士，他的心中也必定滿是喜悅。

「當上帝的靈魂佔據人類心房時，他就會改變生命。」

11月/25日・故事329

兩個夢，兩篇故事

「我等候耶和華，我的心等候，我也仰望他的話。」詩篇130：5

1984年12月某天，菲律賓人安東尼奧提藍諾走到門邊回應某人的敲門聲。他打開門，文字佈道士琳薩馬奎斯出現在他面前。東尼聽著她的介紹，並向她買了兩本書。

注意到琳薩積極的態度及展示的方式，他向她詢問她的宗教信仰，她的回答開啟了以後每個星期日在東尼家進行的聖經研讀課程。除了她清楚說明的真理之外，他也為這個文字佈道士管理自己的態度感到印象深刻。每當他們邀請琳薩一起用餐，她一定會在用餐前祈禱。她的一舉一動都流露真誠。

不久，琳薩必須前往另一個地區工作。她將正在進行的聖經課程交給當地的教會長老，他之前也是一位文字佈道士。他和妻子持續在東尼家中上課。很快的，東尼走到抉擇的十字路口。他與羅馬天主教堅強的關係不容被破壞，畢竟提藍諾一家在社區中不是一般的天主教徒，而他自己本身也在當地教會的教士團體中位居要職。

東尼決定請求上帝指示他該怎麼做。當晚，他做了一個夢。夢中他在街上行走，街角有名男子在賣鞋。那個人指著東尼的涼鞋說：「那雙鞋太小了，那是給小孩子穿的。」然後，東尼在夢中搭上了一輛公車，所有的乘客都在談論他太小的鞋子，與祂身上其他部分適宜的服裝形成強烈的對比。所有人下車之後，東尼跟著群眾走到大門前。大家都進去了，他在門口徘徊著，然後，他聽到很大的聲音說著：「等待的時候，讓我們跪下來祈禱。」

東尼認為這場夢，是上帝在告訴他，他所踏的靈性鞋子不適合他，認為上帝不想要讓他跟著群眾走，而是應該為他們祈禱。之後，上帝在他另一個夢中清楚地對他說，他應該為祂成為文字佈道士。東尼深信是上帝在對他說話，而他也馬上加入文字佈道士的行列。

現在東尼不只體驗到救世的喜悅，並為他的主服務而感到喜悅。東尼身上所發生的，就是恩典的神蹟。上帝利用祂的書籍為聖靈開路以展現神蹟。

「「是透過聖靈的運作，人被引領至基督的面前，也唯有藉著祂的大能大力，生靈才得以純淨。」（《評閱宣報》1892年3月29日）

11月/26日．故事330

上帝許多的驚喜

「有人問你們心中盼望的緣由，就要常作準備，以溫柔、敬畏的心回答各人。」彼得前書3：15

湯姆威爾森，一位星期日教會的牧師，寄來一張在他的醫師候診間發現的顧客卡。不久，他接到文字佈道士丹彼得斯的電話，準備約時間拜訪。湯姆威爾森與他約好時間，並要教會的執事一起和他看看那些書籍。

丹彼得斯看到顧客卡上的簽名為湯姆威爾森牧師，心想：「應該沒問題吧。」總之，他打了電話，也約了時間。前方有一個驚喜正在等著他。

丹帶著妻子安妮塔一起進行這次特別的拜訪。當他們到達牧師家中，發現牧師與另外兩個教會會友正等著要看他們的兒童書籍，因為他們想要為教會的圖書室增添一些新書。當他們翻著書，討論購買的細節時，安妮塔和威爾森太太一起在廚房中清洗碗盤。

幾天之後，丹彼得斯將牧師訂購的書籍送過去以完成交易。工作結束之後，牧師將椅子前傾，並說：「我不知道該怎麼問你，但你妻子那天晚上對我妻子說，你們是基督復臨安息日會的信徒。……跟我談談安息日吧。」

「湯姆，你對聖經很熟悉。我要對你說說簡短的一課，你將會明白我要對你說的事情的背景。」丹引用了提摩太後書3章16節：「『聖經都是上帝所默示的。』你相信嗎？」牧師點點頭。

「你記得希伯來書13章說道：『耶穌基督，昨日、今日、一直到永遠是一樣的。』嗎？」牧師再度表示贊同。丹繼續說：「瑪拉基書也說：『因我耶和華是不改變的。』現在安息日的研讀課程來到關鍵的阿摩司書3章7節。」「它說了什麼？」牧師問道。

「它說：『主耶和華若不將奧秘指示他的僕人眾先知，就一無所行。』若上帝設立了安息日，在祂要改變之前，祂必須先向祂的先知們宣示。」

看著牧師的眼睛，丹下了一個結論：「你在哪裡找到那樣的宣告？」

他們兩個之間的友誼發展得相當迅速，這位年輕的牧師守了他生平的第一個安息日。從此，他的妻子加入他的決定，他也辭去教會中的牧師職位。又是一個恩典的神蹟！丹所質疑的顧客卡，演變成上帝的驚喜。

在早晨與祂相見

「要醫治那城裡的病人，對他們說，神的國臨近你們了。」
路加福音10：9

她在垂死邊緣。醫生在她的卵巢中發現致命的癌症。這個打擊讓人不知所措，並帶來沉重的傷痛。尤其在沒有任何希望可以超越死亡時，生命顯得多麼美好而不容割捨。沒錯，她是位天主教徒，虔誠地以玫瑰經祈禱。但她不知該如何形容，生命中缺少某些東西，在靈魂深處她空虛得不可言喻。

現在死亡來敲門，她卻還沒有準備好。然後她先生的一位親戚，三描禮示省馬辛陸的文字佈道士薩娃西恩塔布里根，到他們家來借宿。薩娃西恩是一位快樂的基督徒，她認為薩娃西恩以不同的方式敬拜上帝——早晚的靈修、唱聖歌，使她反感厭煩。如果她任性的話，薩娃西恩就必須離開她去到任何地方停留了。她從馬尼拉醫院帶著更嚴重的病回到家中，薩娃西恩開始像個天使一樣向她佈道。祈禱讓她找到新的意義，她的生命起了變化。

當她第二次從醫院治療回來，薩娃西恩給了他們一套《聖經故事》，他們很歡喜地接受。不久，那十本書中美麗的故事開始佔據了她所有的時間。

薩娃西恩塔布里根永遠不會忘記送書的那一天，那時正好有個強烈颱風襲擊馬尼拉。薩娃西恩在Victory Line公車站，及時趕上一班正要發車的巴士。但似乎有人正拉著薩娃西恩，阻止她上車。她不知所以地搭上下一班車，而不久就明白之前有人阻止她上車的原因。前一班車發生車禍，造成兩名乘客死亡，其中一位就坐在薩娃西恩原本可能乘坐的位置上。

那位瀕死的女士將十冊《聖經故事》中所有的故事閱讀完畢。她特別喜歡第七冊，其中討論到耶穌的再臨，她可以從中獲得自己特殊的需求。

臨死之際，薩娃西恩再度到床邊探視她，這次是來見證她的歡喜。她在心中接受了耶穌，並希望在那復甦的早晨與祂見面，薩娃西恩為她做了見證。她對孩子、孫子宣布，《聖經故事》將會遺贈給他們，她平靜地說：「如果你們想要幸福的生活，就該閱讀這些書。」這些話也反映在她最後平和的容顏上。

「我們若能養成始終如一的禮貌，樂意善待他人，正如我們希望別人對待我們一樣，那麼，人一生的痛苦大半就可以免除了。」（懷愛倫，《先祖與先知》106、107頁）

11月/28日．故事332

化哀傷為希望

「感謝上帝，常率領我們在基督裡誇勝，並藉著我們在各處顯揚那因認識基督而有的香氣。」哥林多後書2：14

歐瑪瓦倫西亞是一位甜美、亮麗、樂觀的女孩。她是碧瑤市聖路易斯大學的學生，她的未來充滿希望。然而，發生某件事，她驟然離開人世。

在她去世之前，歐瑪參加靈修會，當時只有15歲。從那個時候開始，她的生命徹底改變。她找到生命中所缺乏的東西，第一次在年輕歲月中經歷了救贖的歡愉。改變立即發生，但她的家人並沒有發現其中的不同。自從她在靈修會上接受耶穌為個人的朋友、救主之後，她在每天的日記中記錄自己靈性上的經驗；這些經驗對她而言相當珍貴。

歐瑪的母親約蘇莎瓦倫西亞，碧瑤市的市區偵查員，永遠忘不了自己女兒過世的那一天。她幾乎要瘋了；即使在歐瑪過世兩年後，母親依然相當悲傷，常常淚流不止。

某天，她在整理歐瑪的房間時，發現了歐瑪的日記。她驚喜地閱讀著歐瑪記載耶穌基督和祂的真理之中所獲得的靈性喜樂。深受女兒經歷的感動之餘，她開始閱讀歐瑪最喜歡的一本書：聖經。她產生了一種欲望，想要找出歐瑪所擁有的事物，並覺得自己能在歐瑪的聖經中有所發現。聖靈引導著瓦倫西亞女士，她很快就發現了「無價珍珠」。真理一個個在前方等待，直到某天，她終於深信人類必須守著上帝的律法，來找到真正的幸福。

某天，一位學生文字佈道士到她家來敲門，並有兩位女文字佈道士，貝絲派遜、喬伊絲亞斯波拉，跟著他。他們帶來美麗的書籍讓瓦倫西亞女士看看。瓦倫西亞女士意識到這些年輕人有些不同，因此她購買了一些書。她開始對他們提出問題，並接受一起研讀聖經的邀請。

現在瓦倫西亞女士不再為她深愛的歐瑪感到哀慟。帶著信仰，她期待在復活的那天，與耶穌還有歐瑪相見。為了確定她可以再見到自己的女兒，她接受了基督為自己的救世主，並且受洗。

尋覓著救贖的喜悅的靈魂遍佈世界各地；他們在城市裡、村落中、農場上、辦公室與家庭中等等，到處都是。正職與學生文字佈道士們必須深入各地找到他們，並將他們介紹給最好的朋友，耶穌。

11月/29日・故事333

新生活

「若有人在基督裡，他就是新造的人，舊事已過，都變成新的了。一切都是出於上帝。」哥林多後書5：17、18

盧本紐茲性格堅硬強悍。他販毒、搶劫，身上總是帶著一把槍。身為市長的貼身保鑣，盧本除了法律的強制力外，也有非法的對頭。

後來盧本入獄，被控告販賣大麻給抗麻藥代理商。正義之輪靜止了幾乎一年，為了某些原因，盧本的案子一直被耽擱。當案子終於被帶上法院審理時，舉辦了馬拉松聽證會；他們認為盧本是「被陷害」的受害者，盧本因而被釋放！

而他待在監獄中的時間實為一項賜福。她的母親是一位基督徒，送了一本聖經讓他閱讀。無事可做的情況下，他拿起書開始閱讀，並為自己所閱讀的內容充滿興趣。他回憶說：「我在獄中學會愛讀聖經以及對上帝祈禱。」

盧本獲釋後受雇擔任大型吉普車的駕駛。當時，正好傳道出版社所屬的牧師開始在該區進行佈道會的活動。兩位文字佈道士被指派去協助牧師舉辦佈道會，他們僱用盧本用吉普車載送每天晚上出席活動的人們，文字佈道士們送給盧本《喜樂的泉源》和一本雜誌，讓他閱讀。

盧本受到兩位文字佈道士的鼓舞，開始帶著妻子定期參加教會的聚會。他證實說：「從那時起，我因上帝的話語感到精神為之一振，我完全將自己貢獻在祂的事工中。」他的生命徹底改變。

盧本紐茲和妻子德瑞莎，在佈道會後都受洗了。他的妻子回顧過去的生活，說：「我感激基督現在引領我們的生命，並帶來和平與愛。」

上帝的話語、真理中都具有力量。它會改變我們的生命，並讓人類成為一個整體。只有上帝以及祂的大能與愛，可以讓人從罪惡變得聖潔。為了許多改變生命的神蹟，我們感謝上帝。

「祂賜予人類有權分享神性，並且能散佈同胞的福分，這是上帝可能賜予人類的最高榮耀及最大的喜樂。」（懷愛倫，《喜樂的泉源》原文79頁）

11月/30日．故事334

所羅門群島的神蹟

「上帝能照著運行在我們心裡的大力，充充足足地成就一切，超過我們所求所想的。但願他在教會中，並在基督耶穌裡，得著榮耀，直到世世代代，永永遠遠。」以弗所書3：20、21

來自所羅門群島北舒瓦瑟爾服拉歌村莊的剛佳先生，是一位受過教育的男士。當他前往拜訪妻子在節拉島的村落時，遇到一位文字佈道士，並向他買了一本《善惡之爭》。他回到家鄉服拉歌時便帶這本書；然而，他對於閱讀這本書並沒有興趣，那書只是被丟在屋裡。

某天，剛佳先生把書拿給弟弟藍諾剛佳，對他說：「你可能會喜歡這本書，我不是很在乎它。」也接受過良好教育的藍諾剛佳獲得這本書，不久他就對書中內容產生極大的興趣。

書中有幾個章節尤其吸引藍諾的注意，包含探討數字666與教皇制度的章節。他讀完整本書，那本書徹底改變他的生命。他更加明白上帝為這個世界、為他個人的計畫；很明顯地，聖靈透過那本書在藍諾的生命中起了作用。

藍諾對於自己在《善惡之爭》中所發現的事物相當興奮，他開始在自己的村莊中，帶著《善惡之爭》與聖經家家戶戶拜訪。他感覺到一股力量驅使他對朋友、親戚提供查經課程，因為他們也必須知道自己所發現的真理。他對此事相當認真，有時甚至忙碌到凌晨兩點才能休息。不久之後，他就開始為20個人舉行定期查經課程。

藍諾愈來愈渴望受洗。他知道《善惡之爭》是基督復臨安息日會的出版物，他開始聯絡當地傳教區。他不用日夜盼望，因為馬上有兩位牧師前往拜訪藍諾剛佳。

藍諾和妻子在1998年9月28日受洗，他的查經學生也準備好接受洗禮。一旦進行洗禮儀式，就代表這個村莊將會被均分為兩個教會組織，這讓新成員面臨強大的考驗，他們必須以真理去接近另外一半的人。

在沒有安息日會的信徒的接觸下，聖靈有力地透過《善惡之爭》影響了這個人，並讓他深信其中的道理。上帝再度運用神聖書頁展現了恩典的神蹟。

「最愛基督的人會行出最多的善行。」（懷愛倫，《歷代願望》原文25頁）

曼谷的神蹟

「上帝所差來的，就說上帝的話。因為上帝賜聖靈給他，是沒有限量的。」約翰福音3：34

閱讀上帝書籍的人們生命中，神蹟無窮盡地出現。正是他們閱讀、打開心靈讓聖靈進入之際，神蹟出現，並改變他們的生命。

兩位文字佈道士拜訪曼谷商家，為老闆與員工們帶來救贖的好消息。他們進入一間家具店，一名年輕人坐在桌前等著顧客上門。兩位文字佈道士帶著微笑進入店裡，充滿自信走向那位年輕人。那位年輕人看到兩位新顧客，顯得很高興，已經準備好要向他們介紹店中的好產品。

文字佈道士們微笑地對他說：「我們今天為你帶來特別的東西。」簡短的介紹後，他們讓他看看兩本書：泰文版的《善惡之爭》與《喜樂的泉源》。他立即回應：「我是佛教徒，我對這些基督教書籍沒興趣。」但文字佈道士並不輕易退縮，其中一個繼續在對他說話。最後，賣家具的人說：「好吧，我用現金跟你們買書。」

兩位文字佈道士非常高興，因為他們又有機會把充滿真理的書籍，帶到另一個基督曾為他犧牲的人的手中。他們離開了那間店，哼著詩歌讚美主。

三年後的某個安息日，在教會裡，一位男士走到拜訪教會的文字佈道士面前對他說：「你記得我嗎？」那位文字佈道士已經忘記，因此問道：「我們在哪裡見過嗎？」

那人問他：「你記得那天，你和夥伴到我的家具店來，並賣給我兩本書的事嗎？我那時跟你們買書是為了讓你們離開我的店，對基督教書籍一點興趣都沒有。但我開始閱讀，不久就對於所學到的新事物充滿興趣。我深信上帝的真理，現在每個安息日，我都會到這個教會來。」

文字佈道士清楚地記起那天和同伴拜訪這位男士的情形。他們當時並不了解那天所達成的交易會帶來如此深遠的後果。那天的工作帶來了恩典的神蹟，並為上帝的國度拯救一個靈魂。

為泰國的事工與其超過6千萬的人民而祈禱。

「我們沒有更多看見上帝的權能，乃因我們缺少信心。」（懷愛倫，《舉目向上看》332頁）

科帕斯家的神蹟

「我們應當靠著耶穌，常常以頌讚為祭獻給上帝，這就是那承認主名之人嘴唇的果子。只是不可忘記行善和捐輸的事，因為這樣的祭是上帝所喜悅的。」希伯來書13：15、16

上帝的話語不受限制，世界上的任何國家，只要有人獻身願意將它傳遞給需要真理的靈魂，都會產生相同作用。迪奧斯達多科帕斯以下面的故事，告訴我們真理如何進入他的家庭。

「在菲律賓邦阿西楠威拉西斯的小村莊中，聳立一棟巨大的椰子屋，那裡住著我的家人：父親、母親與七個小孩。其中一個房間放有一個很大的神像，每個早上，我們都被天主教的母親強迫去敬拜那個神像。樓下是父親經營的賭博室；在賭博室的隔壁，放有許多家庭自製的烈酒。這吸引了所有好賭博、愛喝酒的村民，甚至是居住在更遠的人們。

「某天下午，兩位穿著整齊的男士到我們家來，他們是文字佈道士。他們走向父親，說他在村莊中有一項重要的任務，並希望為他說明。我父親帶他們到小辦公室私下談話。他們為他展示書籍，父親決定購買《善惡之爭》與《喜樂的泉源》。文字佈道士來訪後，我常發現父親在閱讀他所購買的書籍，他對書中內容愈來愈有興趣，我們都發現他的生命逐漸地改變。某種好事正在發生。早在基督復臨安息日會的牧師拜訪我們村莊之前，父親已經在守安息日，在當地的傳教區得知父親的行為之後，他們前來舉辦一系列的佈道會。三個月的佈道之後，許多珍貴的靈魂都接受上帝的真理，並接受洗禮，父親也是其中之一。一座教堂為了這個信眾的新團體而搭建完成。不久之後，母親與我們七個孩子都追隨父親的腳步。

「多年來，我們渴望再見到那兩位忠誠的文字佈道士，但目前，我們還沒有找到他們。我們希望在不久後的新天地中就能與他們重逢，並告訴他們：『是你們邀請我們到這裡來的，謝謝你們。』」

當忠誠的文字佈道士們在新天地中與顧客們重逢，他們的回饋是多麼盛大。顧客們會歡喜於再度見到文字佈道士們，他們會為閱讀書籍整後，在生命中出現的神蹟而一起讚揚上帝。今天讓我們為更多奉獻的男女，帶著上帝的書籍前進這個垂死世界而祈禱。若你今天聽到祂的呼召，不要遲疑，對上帝回應說：「我在這裡，請差遣我吧。」

工作中的聖靈

「從前所交託你的善道，你要靠著那住在我們裡面的聖靈牢牢地守著。」提摩太後書1：14

這篇故事來自美國俄亥俄州的文字佈道士艾柏蒂戴維斯，強調聖靈與我們共同工作，將上帝的真理帶入家庭與人心之中的事實。她述說著：

「某個星期三晚上，我照著會談紀錄卡去拜訪，而那位女士對於我的前往相當高興。貝蒂有天主教的背景，是一位新基督徒，她想更了解聖經。她認為《聖經故事》可以幫助她更快了解，因為那套書的表達方式簡單易懂。

「她的丈夫在介紹書籍時回到家裡，不斷阻止我的工作。最後，我和他們一起祈禱，並感謝他們花時間與我談話。當我正要離開，貝蒂對我說：『妳可以留下姓名與電話嗎？我應該會再和妳聯繫。』下一個星期日午後，貝蒂打電話給我：『可以請妳星期三上午十點過來一趟嗎？請妳一定要來。』

「我在下星期三準時到達她家，得到了她的訂單，包括《聖經故事》、《在家研讀聖經》與家庭用聖經。她說：『艾柏蒂，我有事要對妳說。我先生認為他可以隨便在一家書局就買到這些書，但他不只沒找到書，還發現家庭用聖經出奇昂貴。』她也告訴我，自從我上星期三晚上離開後，有一個細微的聲音一直對她說：『妳家裡有所有美好的東西。妳從來沒有考慮到家具、服裝上的花費。現在，妳已找到我（耶穌），妳不過是在找藉口，不買那些可以讓妳更加了解我的書籍。』貝蒂說：『我知道那是聖靈在對我說話，所以我打電話給妳。當我跟妳說完，掛上電話後，那聲音就消失了。』當她說話時我感到一陣顫動。我送上祈禱，感謝我從不孤單，因為耶穌、天使與聖靈總是在我身邊值勤！

「最近我接到另一位前幾週拜訪過的紳士打來的電話。他對於書籍感到質疑，所以我一離開他家，就把他的會談紀錄卡丟了。而他現在透過電話對我說：『聖靈讓我相信我必須購買你的書。』他購買了整套家庭圖書系列。上帝要真理現在進入這些家庭。聖靈對那些人說話，讓他們深信這些書籍的真正價值和與永恆的關係。讓我們為那些與聖靈交談後，接受充滿真理書籍的人們而祈禱，願他們在研究與閱讀書籍之中，發現所有的真理。

「若是沒有上帝的靈和大能大力，我們所做的工都是徒勞無益的。」（懷愛倫，《教會證言》卷五，原文158頁）

播下的種子——歡喜收割

「這人的腳登山何等佳美。」以賽亞書52：7

1912年，在美國南方農耕是維生方法中重要的角色。農人種植穀物，期待豐收。學生文字佈道士有播下種子，並只有聖靈可以讓它們發芽、結果。這位學生在南卡羅萊納的農業社區中販賣著書籍，遇到一位浸信會牧師大衛桑普特，他在該地區探訪教會信眾。牧師聽著學生介紹書籍，購買《在家研讀聖經》。書籍送到之後，就和其他的書一起放在牧師的藏書之中。

三年後，上帝派了另一位年輕的學生文字佈道士前往南卡羅萊納的漢明威工作。朱利安B. E. 威廉斯是一位在暑期中擔任文字佈道士的神學生。他在該區賣出許多福音書籍，每天騎著單車穿梭在住家與農場之間。

桑普特牧師的妻子諾拉和雙胞胎姊妹亞曼達，每星期都定期聚在一起研讀上帝的話語。後來，他們有機會遇見這位學生文字佈道士朱利安。這兩姊妹的問題開始像槍林彈雨一般朝他襲來：「妳從哪裡來的？」「你們的人有誰？」「你的學校在哪裡？」「你主修什麼？」「你們代表那一支教派？」、「什麼是基督復臨安息日會？」

在購買書籍第一次接觸之後三年，朱利安開始與諾拉、亞曼達進行聖經研讀課程，她們似乎渴望上帝的話語。諾拉和亞曼達是虔誠的浸信會教友，她們在該地區被認為是精神領袖。她們會拜訪家庭，提供聖經課程、照顧病人並與人們一起祈禱。她們來到生命中重要抉擇的那一天。某個星期日早晨，她們以一些問題挑戰佈道者：「哪一天才是真實的安息日？我們應該在星期六做禮拜，還是星期日？」傳教者覺得自己處在極度不舒服的立場。

朱利安該回到學校去了。他騎著單車穿過南卡羅萊納的查理斯敦，距離他工作的地區約60哩。他拜訪復臨教會的牧師威廉H.溫斯頓，告訴他那兩姊妹對耶穌產生的興趣。這位牧師接著後續的工作，不久組織起一個教會，有超過20名成員。這個小團體開始成長，並在南卡羅萊納的巴客斯沃夫建立第二個教會。兩位忠誠的學生文字佈道士，他們的工作促使兩間教會成立，並為耶穌獲得許多靈魂。

今天我們為南美聯合會的事工所祈禱，那裡是這篇故事的背景。故事中的亞曼達，是華德桑普特長老的祖母，他是南美聯合會的執行秘書。

安靜！文字正在工作

「樹上的葉子乃為醫治萬民。」啟示錄22：2

一位委內瑞拉的罪犯屈下雙膝，抬頭向上看；他在胸前抱著一本小書，嘴唇結巴顫抖喃喃自語。他的良心受到侵襲，心中充滿著前所未有的感激，他用結結巴巴的話祈求著全能上帝的慈悲與原諒在他手中是一本《喜樂的泉源》，是一位忠心平信徒送給他的。這個罪犯現在正邁出他的第一步。**安靜！文字正在工作。**

哥倫比亞一位星期日教會牧師悄悄地步入大廳，他自知來到的地方是由基督復臨安息日會傳道人所舉辦的佈道會，他刻意遲到，等到會議開始才進入。特殊的音樂結束，傳道人從講台站起，不久，這位來訪的牧師發現自己一直為演講的內容所吸引。聖經被以一種清楚、正面的方式闡釋，那種必然性是他一直渴望在自己的傳道工作中能夠經歷的。他再度參加佈道會，驚奇發現演講的內容，就和文字佈道士賣給他的《但以理與啟示錄書淺釋》書中內容完美地融合。他經由閱讀所學習到的事物刺激他的興趣，促使他想要參加這類聖經預言的特殊佈道會，現在他對於耶穌獲得了新的意義、光明和看法！在他終於將自己的命運與上帝殘存的子民連結一起時，他發現了真實的活水、足以供他不停吸收的泉源。**安靜！文字正在工作。**

文字的確是個不停默默付出的工作者。事實上，文字的工作是如此地無聲無息，甚至我們入睡時，上帝的書籍依然持續永不停息的任務。在墨西哥，一位文字佈道士將書籍展示在餐桌上，讓全家人都可看到。他對天堂送上短短的祈禱，希望交易成功。他們買了書籍，一起禱告後，他離開了——等著幾週後再度來訪，看看他們喜愛書籍的程度。他們很喜歡書籍，一起討論關於死亡狀態的章節，並為此著迷。他再度離開，他們繼續閱讀；當他回來拜訪時，他們又一起討論。他們閱讀所有購買的書籍，並在文字佈道士每次回來時提出更多的問題。不到一年，文字佈道士快樂地在洗禮儀式上看著那戶人家的父親、母親與十多歲的孩子一起浸在水中接受洗禮。**安靜！文字正在工作。**

透過上帝的書籍，上帝在世界上所有兒女、小孩的生命中製造神蹟。真理以安靜的方式透過書籍、傳單流露出來，對讀者的心靈說話，並讓他們深信上帝偉大的愛；這些只需要有讀者、聖靈和書籍的存在。**安靜！文字正在工作。**

不斷地敲門

「你卻要凡事謹慎，要能吃苦，忍受苦難，做傳道的工夫，
盡你的職分。」提摩太後書4：5

法蘭克佳里恩是位北美分會俄亥俄州的文字佈道士。2月某個寒冷的冬夜裡，法蘭克收到一張會談紀錄卡，似乎在對他說：「再去拜訪這戶人家吧。」他迅速地禱告，確定這是他必須進行的工作。因此，他沒有開車回家，而是掉頭在那附近尋找那棟房子，他已敲了門，卻沒有得到任何回應。

他開到馬路上，發現可以從窗戶中看到微弱的燈光。他想：「或許這次我可以找到他們。」但是幾次敲門仍不得回應，因此決定結束今天的工作，回家休息。但正要離開時，門開了，一位虛弱的80歲老先生穿著睡袍出現。

法蘭克自我介紹，並說明造訪的原因。這位老人確定地說：「沒錯，就是這裡。」以及「是的，卡片是我寄的。」在邀請法蘭克進入屋內之前，他問道：「告訴我，這是不是與基督復臨安息日會有關？」

法蘭克微笑地回答：「是的，先生，事實上就是如此！」此時，老先生也露出微笑，並邀請文字佈道士進入屋內。法蘭克進門——不是30分鐘或1小時，當他離開的時候，已是3小時之後。

老先生的名字是羅藍德，他有許多事要說。他告訴法蘭克在大約35年前，自己是如何成為復臨教會的信徒，以及自己如何愛上一位不同信仰的女士，並結了婚。為了這層關係，他不再到教會去。羅藍德透露說：「從那時起，我的人生再不相同了。」羅藍德失去了某樣東西，他為此很煩惱。現在，他有機會將心事全都說出來。

法蘭克讓他看看我們的書籍，他馬上買下了《聖經參考圖書》（The Bible Library），那是幫助他追求與上帝的新體驗的整套書籍。他們開始聖經研讀，4個月後羅藍德就受洗了。他再度成為一個快樂的人。受洗那天，他對文字佈道士說：「法蘭克，我多麼高興你在那天晚上的造訪！」

幾年之後，羅藍德每況愈下的健康狀態，使他不得不被送到照護中心。之後，法蘭克接到一通電話，得知羅藍德已經過世。他最後對身邊的人所說的話就是：「請告訴法蘭克，我多麼感激他曾經到我家拜訪。」

這樣的回饋，是金錢所無法購買的。

古騰堡——生或死？◎R. E. 阿彭策爾

「此後，我看見另有一位有大權柄的天使從天降下，地就因他的榮耀發光。」啟示錄18：1

我們生長在電子科技發達、資訊普及全世界的時代。大量資訊溝通及儲存的可能性是驚人的。一個小小的光碟片，並薄如硬幣，儲存著懷愛倫所有的出版文章、自傳、聖經及聖經索引，卻仍有剩餘空間。

這代表著我們所了解的閱讀的年代已經過去了嗎？電子資訊淘汰了書本嗎？150年前懷愛倫預言的出版事奉是否和今天相關連？一本最近才出版的書籍，自信地以其吸引人的書名《古騰堡已死》（Gutenberg is Dead）面世。作者認為再過不久就沒有人會閱讀書籍；取而代之的是我們會從電視或電腦螢幕般閃爍的螢幕中，獲取我們需要的資訊。但是那些自稱博學的人必須承認，今天當我們的電腦遇到麻煩時，螢幕上仍會呈現「請參閱使用手冊」，使我們不得不求救於印製的使用手冊。事實上，古騰堡未死！消遣娛樂、教育、資訊及溝通交流的印刷媒體仍存留人性。最新的電子科技交流是有需要的、有幫助的也是必要的，但它只增進了印刷媒體，而非代替。

最近一次在倫敦旅行的火車上，我觀察四周後，發現幾乎所有人都專注於閱讀。這似乎代表著印製媒體的範圍擴及所有同行的旅客——英國泰晤士報、金融報刊，或雜誌、口袋書、漫畫，甚至是教科書。今天，人們仍在閱讀。他們也閱讀復臨教會的書籍。問題不在於讓人們來閱讀我們的書，而是讓我們的書籍吸引人們來閱讀。我們的書沒有輪子也沒有翅膀，而這就是上帝召喚你的原因。在你的城市或村莊裡所有的人們，上帝都已經延及你們並感動著你們，「將書本傳給人們吧！」多麼神聖的召喚！宇宙之王以如此人性的姿態謙卑接近祂的子民，在經營祂王國的事工時，向祂尋求協助吧！不需要神學院的學位也可成為文字佈道士。書籍一到人們手中，便開始傳遞福音，因為從事相同事奉的天使們也看顧著我們的書籍，有如看顧著文字中的福音。沒有理由需要害怕接收電子郵件。文字事奉注定要實現其他天使的工作，帶著偉大的力量從天堂降臨的天使，以及以祂的榮光照亮世界的天使。

是的，古騰堡仍好好地活著，並會與出版事工一起繼續生存下去。基督復臨安息日會的文字事奉的未來是無慮的。你對自己是一個文字佈道士而感到高興嗎？

當上帝召喚時

「你不要害怕，因為我與你同在；不要驚惶，因為我是你的上帝。我必堅固你，我必幫助你，我必用我公義的右手扶持你。」

以賽亞書41：10

在委內瑞拉的賽西莉亞派爾斯是位美國籍文字佈道士。她證實了上帝在她的生命中如何引領她，使她為上帝救靈。

她匆忙整理房子為安息日做準備，但她在一些書和雜誌之間，看到一本光鮮、明亮、引人注目的小冊子，於是她坐下來開始閱讀。這是關於文字事奉的書籍，並像是在直接和她對話一般。她順利地完成工業管理的教育，已婚、三十歲，並有一份穩定及收入不錯的工作。但是她被小冊子裡令人信服的文字深深感動，那是關於文字佈道士一生的服務。她想要加入救靈的行列，這像是專為她所做的召喚。她跪下虔誠地禱告。在她站起來之前，她已明白自己該採取的行動。她向上帝承諾要加入祂救靈的事工。她會離開行政職務並成為一名文字佈道士！她致電給出版部門主任請求諮商。

在出版部門主任的鼓勵下，她記下販售時應該說的話，並且仔細記下所有成功的祕訣。不久她便投入文字佈道士的新工作。一開始她很順利，也有很好的經驗，之後她的銷售量突然下滑，甚至幾乎沒有賣出。她很困惑，跪下來對上帝呼喊：「上帝，我不想賣書了！這使我痛苦，也不如我所預期。」當她這樣禱告時，奇妙的事發生了。她聽見聲音說：「記得妳在這裡對我的承諾。」她突然間理解了。每一件發生的事都在為她準備，以繼續祂要她從事的傳道工作——必要時以奉獻、真正的努力以及犧牲的精神去從事。

當她再度站起來時，她改以正向面對，就像一個突然降臨的迷思，她現在知道自己不只是一個文字佈道士，也是文字事奉裡傳播福音的力量之一。她的誓詞如下：

「自從那天跪禱之後，我已從工作中成長。我和上帝的關係透過佈道工作不斷地增進茁壯。我每天和祂對話，並小心地維持親近關係。身為祂的傳教士，我現在對於工作非常有自信。如果有任何事使我沮喪或停止工作，那也不會持續太久，因為我從以賽亞書41章10節中得到庇護：『你不要害怕，因為我與你同在；不要驚惶，因為我是你的上帝。我必堅固你，我必幫助你，我必用我公義的右手扶持你。』」

我不是銷售員

「所以耶和華說：『你們是我的見證，我也是上帝。』」
以賽亞書43：12

在適當的地方展示書籍，將為銷售及靈魂帶來好結果。當人們在等待就醫或在牙醫診所候診時，他們會拿起展示書籍並閱讀。之後他們就會看見明信片，讓他們填寫資料並寄出，以獲取更多資訊。明信片寄出後，一連串的事情開始發生。這就是文字佈道士約定拜訪時間的好時機，並且需盡快地達成。今天的經驗來自霍華史考金，這故事發生於幾年前他在北美當文字佈道士時。他現在住在莫斯科，是那廣大地區的出版經理。

霍華收到一張明信片，寫道：「不要派銷售員過來。如果你派銷售員過來，我們不會購買的。」這並不會打擊到文字佈道士。霍華去拜訪寄信者，發現那是一位墨西哥裔的五旬節牧師。霍華讓他們看看書籍並要求訂閱，絲毫不顧卡片上所寫的事。幾經討論後，這個家庭決定要購買他公事包裡所有的書籍，那天晚上，這個家庭為他們的生命做了最好的投資。不久，在閱讀之後，他們決定為生活做些改變，當然是好的改變。

霍華離開那個地區，並繼續他在海外的指派任務。隨著時間流逝，十年過去了。有一天他收到了一封信，讓他非常高興。他的弟兄有合約在身，他必須前往那個向霍華購買所有書籍、五旬節教會的家庭所居住的城市。他和平時一樣去參加教會的安息日聚會。安息日學的校長注意到成員中的新面孔，並要霍華的弟兄站起來，向大家介紹他的名字和來處。當校長聽到他的名字時，馬上記起那天晚上帶著書本來拜訪他家的男人，也叫做史考金。

如此巧合，這間安息日學的校長，就是十年前購買大批書籍的那位五旬節牧師。文字佈道士那次的拜訪，徹底改變他們的生活——一個恩典的神蹟。他們在書中找到真理，並決定要去做一件最有意義的事——追隨上帝。

霍華很高興得知自己播下的種子結了果實。這是文字佈道士可以知道的一個案例，但還有其他許多故事的結局，恐怕要等到某天他們在天堂中向他道謝時才會知道。

「上帝旨意的成全，正如天空中的星宿，循著指定的軌道運行一般；既不過急，也不遲延。」（懷愛倫，《歷代願望》34頁）

12月/10日．故事344

真正的悸動

「智慧人必發光，如同天上的光；那使多人歸義的，必發光如星，直到永永遠遠。」但以理書12：3

每一年都有數千人嚮往賽車、機車賽車和不怕死的絕技表演。你可以在小鎮、大城市、高樓及寬敞開放的空間看到這些風潮。人們到任何地方尋求刺激和驚險，但他們從未經歷過真正的悸動，除非他們幫助人們，把他們帶給基督。

追求這個刺激有一個最有效的方法，就是透過文字宣教的工作。下一段話真實地呈現出來：「若有一種工作比別的任何工作更重要，那就是向公眾推銷本會的印刷品而引導他們查考聖經了。」（懷愛倫，《教會證言》卷四，原文390頁）

在海洛大學四年級的春天，他感到自己應在假日時從事文字佈道士的工作。他決定要留在家裡，並在鄰近地區賣書。起初，主讓他相當順利，他也目睹著銷售逐漸增長。但是，他看不到自己去拜訪人們、將書本留在人家裡時，有任何具體的效果。

在夏天中旬時，他拜訪了一位霍吉絲女士。她有兩個學齡中的兒童，所以她對兒童書籍特別有興趣，並訂購了《聖經故事》。幾週後，當他送書過去時，他們做了一次非常有趣的對話，她並表示對於公立學校的不滿意。她說，自己正在為孩子尋找好的私立學校，因為她已決定不讓孩子在公立學校多待一年。當然，這個學生文字佈道士立刻開始讚揚教會學校的優點，包括以聖經教學、親自從事工作。他把牧師的名字告訴她，並建議她和牧師連絡，安排小孩們去就讀。

霍吉絲太太依照他的建議，她的小孩也在秋天開學時便入學。幾個月後海洛非常高興得知，教會中的一對夫妻開始為霍吉絲一家人提供聖經研讀課程。但是最大的震撼及喜悅，則來自於母親的來信，告知他霍吉絲太太和兩個孩子都受洗了。霍吉絲先生不久之後也決定要成為他們的一員。

主承諾著若我們播種，收穫必隨之而來，並在看到尋覓的靈魂獲得救贖的同時，它也會帶來生命中最大的震撼。「去吧……就會看見我與你同在。」如果不去，就無法看見。

上帝會提供成果

「有人問你們心中盼望的緣由，就要常作準備，以溫柔、敬畏的心回答各人。」彼得前書3：15

文字佈道士麗塔第一次遇見傑克懷特太太時，約是50年前的事了，她是一個美麗、黑髮的藍眼睛母親，當時她只有20歲。當她展示美麗的《好兒童故事集》套書時，兩個小男孩正在地上玩。這個年輕的媽媽明白這套有助於品格成長書籍的價值，並且馬上預約訂購。安排好分期付款計畫後，這個文字佈道士便離去，又有一個家庭因為《好兒童故事集》受到庇祐而感到高興。那時她還不知道，這次拜訪對於懷特太太的人生有深遠的影響。

一年後，麗塔又來到相同區域賣書。並且很高興有幸與懷特太太再度見面。她立即就被認出而且受到熱烈歡迎。懷特太太給《好兒童故事集》套書極高的評價，「在讀了那些美好的小故事之後，我已經成為基督徒。透過這些書。我學會如何禱告。」她之後含著眼淚告訴麗塔，從閱讀馬思威叔叔的一個小故事中，她在生命中體驗了獲得回應的祈禱。那故事是關於一個小孩做了簡單的禱告，而上帝聽見了。「我有一個經驗和這個小男孩類似，我想若上帝可以聽見一個孩子的禱告，祂為什麼不能聽見我的？上帝以很神奇的方式傾聽我的祈禱，而現在每當做家事時，我為所有的事祈禱。我目前需要的是有人可以幫助我了解聖經。」

將兩本美好的書籍——《在家研讀聖經》（Bible Readings for the Home）以及《歷代願望》，帶入懷特太太家中，並且幫助她安排聖經預言的函授課程，是多麼令人興奮。在她支付最後一筆書款時，她已經完成聖經課程的十七堂課，並且急切詢問第七天安息日的問題。真正讓這個文字佈道士感到高興的是，她看見懷特太太在尋找安息日真理時的虔誠。幾個月後，她在德州達拉斯一個美麗的復臨教會受洗了。

儘管遭到丈夫堅決反對，懷特太太還是相當虔誠。她在所屬的教堂中成為最熱心的青年領袖之一。中央達勒斯復臨教會的眾多會友都認識貝蒂，她是文字佈道計畫的強力提倡者，她對文字佈道工作的熱愛是無法形容的。

上帝已經準備好要展現更多的神蹟，只要祂的書籍可以被傳遞到更多的家庭中。何不今天就接受這個挑戰呢？

《聖經故事》感動人心

「耶和華說：『我的意念非同你們的意念，我的道路非同你們的道路。』」以賽亞書55：8

文字佈道士某天拜訪一位甜美的美籍日裔的女士——潘娜太太，三個可愛小女孩的母親。文字佈道士受到親切的歡迎，她向潘娜太太推銷《聖經故事》，潘娜太太似乎很感興趣，但是對於其發行者感到好奇，並表示他們一家人都是天主教徒。文字佈道士向她確保這些書籍是為所有信仰所寫，因此她訂購了一套書，並且要求每個月要收到一本。

一段時間過去後，她參加了「二十世紀聖經課程」。文字佈道士在每一次送書給顧客時，習慣隨書附送《時兆月刊》，但因對方的偏見顯而易見，文字佈道士很謹慎地不送給潘娜太太。但某天，她不小心地將《時兆月刊》和書籍一起寄過去。之後，她非常煩惱自己犯了這個錯誤。想像一下當文字佈道士再度拜訪潘娜太太，聽到多年前便有人送過《時兆月刊》給她父親，且潘娜太太也讀過時，文字佈道士的心中有多麼驚訝。和聖靈偉大的工作相比，人們所有的計畫是如何微不足道。

她繼續聖經的課程，開始帶孩子們參加安息日學，之後她便受洗了，並加入上帝的餘民教會，而她的女兒珊卓後來也受洗了。這個故事看似快到結局，其實不然，因為潘娜家出現了一個新成員，六個月大的維吉妮雅。她是安息日學裡活潑、鼓舞人心的成員。怎麼說呢？其實，安息日學的校長每個月都會在全部教友面前，謹慎地為這個甜美的小人兒量體重。教會裡的長老準備了一個精緻的「投資目標」表格，仔細做著紀錄；每當潘娜小寶貝每增加一磅，教會裡的每一位成員便做些捐獻，不管他們捐獻的誓言為何。如果你可以看見那份表格上的記錄，我確信你也會認同潘娜小寶貝是安息日學中最有「進展」的成員。

所有的讚揚、榮譽及為祂的國度所贏得的珍貴靈魂的恩典，都獻給上帝。潘娜家庭便是恩典的神蹟，我們謙遜地鞠躬，以表達感謝並感恩祂的聖靈在人心上所作的偉大工作。為日本更多救靈的神蹟而禱告。

「真正信主的人心中必充滿了上帝的愛，使他渴望用他所擁有的喜樂去影響別人。」（懷愛倫，《教會證言》卷九，原文30頁）

分享你的信仰

「耶和華啊，求你將你的道指示我，將你的路教訓我！求你以你的真理引導我，教訓我，因為你是救我的上帝，我終日等候你。」

詩篇25：4、5

文字佈道提供美妙的機會讓人們為主見證。警覺的文字佈道士們會找到許多已準備好回應聖靈絮語的靈魂——他們只是需要一些鼓勵。

某日早晨，兩位文字佈道士正挨家挨戶地推銷《好兒童故事集》。有一戶人家的女士對於他們的書籍非常感興趣，並要求他們稍後再來拜訪她的丈夫，而他們照做了。

那天傍晚，他們發現那位丈夫在家，並對他們說：「我不需要你們的書，因為裡面有一些我不相信的事情。」詢問過後，文字佈道士們發現那些「事情」是指聖誕夜的慶祝，因為這對年輕夫妻不相信耶穌誕生於12月25日。文字佈道士們由衷地相信這個事實，他們也能向人們解釋自己的信仰。

不久，他們便安排這對夫妻加入星期四晚上的聖經研讀，因為另一個耶和華見證人會的信徒在每個星期二晚上為他們講解聖經。當然，由於耶和華見證人會的教導內容，加上那位男士的父親是當地另一個教派的牧師，他們遇到了一些困難。但在查經幾週並迫切地禱告後，這名男士辭去了一般電子工廠的職務，好讓自己和家人可以守上帝真正的神聖安息日，並參加教會。

漸漸地，他們也接受了上帝其他的教誨，包括不吃有害的食物及飲料。接著他們研讀預言之靈，以閱讀懷愛倫所寫的書籍為樂，並認同她是真正的預言家。

當兩位文字佈道士要離開，繼續尋找更多靈魂時，他們安排當地牧師延續聖經課程。這些慕道者已經準備好要接受真理，在數月後的某個安息日，他們受洗加入教會。在這個神聖的儀式之前，他們三個小女兒已奉獻給主，加入祂的服務。這些神蹟的發生，都是因為兩位靈敏、忠誠的文字佈道士。

「如果你已忽略了撒種的時間，如果你已讓上帝所賜的機會虛度未用，如果你已使自己沉迷於尋歡作樂的事；那麼現在，趁著為時尚非太晚之前，你願否悔改而盡力愛惜光陰呢？應當善用你的才幹為主服務，這重大的責任已落在你的身上。應當來就主，一切完全順服祂。」（懷愛倫，《文字佈道指南》38頁）

12月/14日．故事348

只要是「荊棘」都可以

「因為上帝的恩賜和選召是沒有後悔的。」羅馬書11：29

上帝在末日呼召許多人成為祂的工作者。從工作室、工廠、辦公室、郵局及一些專門機構召喚他們。當上帝召喚一個人來為祂服務時，祂就是認真的，而祂的召喚不可輕以待之。

一位忠誠的文字佈道士在城市裡工作，到每戶人家、每間辦公室販賣上帝的書。儘管這是一個強大的天主教區，他的工作仍然非常成功。

拜訪某個家庭時，他發現女主人正要去工作，她是當地郵局主任。她給他幾分鐘時間，而這個文字佈道士便認真地向她介紹，她訂購了許多書籍，指定在幾天後送達。文字佈道士覺得她不是單純的顧客，其中一定有隱情。

送書的日期到了，他高興地將書籍送去。但他發現她有許多關於聖經真理的問題。現在這裡有一個尋覓的靈魂，和一個願意幫助她的文字佈道士。

這位顧客的先生是一位律師。當他回家時，發現太太買的書。他對這些書也很有興趣，所以他們一起閱讀。聖靈在他們閱讀時，教導他們的心靈。他們相信上帝的許多真理，也明白自己必須下定決心，但這並不容易，他們都必須辭退工作以遵守上帝的話語。

聖經研讀了幾個月後，在文字佈道士及牧師鼓勵下，他們受洗了，他們的5個孩子之後也追隨他們。

他們都聽到上帝呼召他們加入文字事奉，不久後，這個城市便有一組新的夫妻檔文字佈道士逐戶拜訪人們，為進入天國的靈魂做準備。他們很快地發現這位律師及郵局主任的確是成功的文字佈道士。事實上，上帝也同樣的利用漁夫、徵稅員、家庭主婦，獲得同樣的效果，就像摩西及焚燒的荊棘一樣。這與荊棘的種類無關，只要上帝在荊棘中，它就會燃燒。當上帝在律師、郵局主任、家庭主婦及電機工程師中，他們也都會點燃熱情！只要是「荊棘」都可以。

上帝正呼召更多的「荊棘」——成為文字佈道士，在末日為祂燃燒吧！

「為耶穌而作的最卑微的服務，乃是世人所能享受的最大的尊榮。」（懷愛倫，《使我認識祂》313頁）

12月/15日・故事349

愛再度得勝

「因為上帝的國不在乎言語，乃在乎權能。」哥林多前書4：20

愛總是可以找到方法。一顆充滿對上帝的愛以及對真理的熱情的心靈，終將打動人心，不管他們將面對多少困難及艱苦。而這也是惡魔憎恨那些奉獻的文字佈道士的原因——他們從來不說「不」。他們總是可以依著他們心中上帝的愛找到方法。他們可能會失敗，但是他們從不放棄。

菲律賓碧瑤市30公里外的菲立礦區充滿了成見，他們不喜歡推銷員，也排拒所有拜訪他們的陌生人。許多文字佈道士都曾試著在那裡賣書，卻沒有成功。有些人多次嘗試，但每次都面對官方與居民的偏見、反對。

菲律賓聯合大學的9個學生文字佈道士前往那個地區，他們也遇到相同的對待，但他們想到一個方式，並成功贏得人心。

學生們詢問礦區官員，他們是否能為該區的孩子提供暑期聖經課程——免費參加！這辦法成功了！他們獲得批准，把桌椅、黑板搬到網球場，準備在這裡告訴大家，他們不是平凡的學生，而是愛著上帝，並要把救贖的喜悅與菲立礦區的人們分享。礦區官員懷疑為期十天的「學校」會教導他們的孩子什麼，他們靜靜地觀察。

當暑期聖經學校即將結束，學生團裡的隊長華利帕拿利馬收到來自公司的一封信。他慢慢地、焦慮地拆開來，不知道該期待些什麼。出乎意料之外，那封信通知他們，公司將為他們頒發感謝狀。畢業那天，65位暑期聖經學校的學生穿著制服前來，家長也到場，大家都很高興。致詞的來賓是保安經理，他在演講中說道：「我們之前從不曾目睹在十天的學習中，我們的孩子能學會那麼多道理。我女兒學會了禱告，並在參加十天的課程之後，變得更加聽話。」其他家長也點頭同意。礦區經理被自己所見到的成果打動，要求這些學生們在下個暑假再度來訪。他說：「我們永遠歡迎你們。」而學校的老師也喜歡上暑期聖經學校的歌曲，他們要求孩子們教他們唱這些歌。

之後，這些門為他們和他們的書籍開啟，在他們回到學校之前，也組織起一些研讀聖經的團體。這些團體後來交由出版部的牧師繼續帶領。

又是一個恩典的神蹟。

12月/16日．故事350

新加坡的神蹟

「我們行善，不可喪志；若不灰心，到了時候就要收成。」
加拉太書6：9

聖靈對於所有的人心作用，不管他們是佛教徒、回教徒，或是無神論者。新加坡的文字佈道士彼得萊爾，就經歷了非凡的體驗。

當彼得開始成為文字佈道士，他首先決定去拜訪他所有的朋友、親戚，並未他們展示書籍。這是一個好的出發點，因為上帝所有的孩子都會給朋友、親戚一個機會，更加了解耶穌以及祂的愛。他想在天堂遇見所有的親朋好友，不是嗎？耶穌告訴祂的門徒，從耶路撒冷前進撒馬利亞，再前往各地；彼得也這麼做了。

某天早上，他來到一位朋友的辦公室推銷書籍。朋友的秘書聽他們談論基督教，當彼得走出辦公室後，秘書已經帶著許多問題等待著。不久，她產生相當的興趣，並定期接受聖經研讀；起先，她的先生不以為然，但另一位女性朋友也表達出興趣。彼得與這兩位女士共同研讀一段時間，教導她們耶穌所提供的美好事物。她們相當喜歡，但先生們則不是。為了讓他們聆聽上帝話語的解釋，花了很長一段時間的拜訪及許多耐心。

聖靈持續對這兩位男士工作，他們愈來愈有興趣。某天，一個接一個，他們加入了聖經研習。他們的興趣發展得很快。當理解到聖經的確言之有物，他們對於未來也充滿了希望。彼得繼續提供聖經研讀，幾個月後，兩位女士與先生們都受洗了。這4個靈魂現在是新加坡教會的忠實成員。

所有的故事全起源於一位忠誠的文字佈道士拜訪了朋友的辦公室。如果有更多上帝的孩子願意貢獻出自己的生命，帶著祂充滿真理的書籍去拜訪人們，類似這樣的故事會有更多更多。文字佈道士拯救著靈魂，無論他們在何時，前往何處拜訪家庭或公司，他們都在尋找著前進天堂的候選人，並願意為他們提供聖經研習。這就是為什麼近來每年世界上有超過40,000人，在文字佈道士的拜訪之後接受洗禮。

「推銷書報的工作，若能行之得當，便是最高尚的傳道事業，是向人們宣揚現代重大真理的一種非常優良而有效的方法。」（懷愛倫，《文字佈道指南》5頁）

12月/17日・故事351

豐收正等待著

「只等真理的聖靈來了，他要引導你們明白一切的真理。」

約翰福音16：13

從這本書中許多的經驗，我們發現文字佈道士賣出了一本書籍、雜誌，常常被擱置在書架上多年才會有人閱讀，但這並不影響其中的信息，即使經過5年、10年，甚至20年，它依然不曾改變。

多年前，文字佈道士賣了一本《在家研讀聖經》（Bible Readings for the Home）給一個家庭，而另一位文字佈道士之後在相同區域服務。某戶人家的男主人訂了一本書，他是衛理公會主日學的負責人。當他與妻子閱讀這本書中的真理時，他們常常不知該如何看待這奇怪的教義。他們常常厭煩地丟在一邊，開始閱讀自己教會的書籍；但當他們無法在自己教會的書中找到某些重點時，他們又會拾起向文字佈道士所買的那本書。

最後，他辭去主日學負責人的職務，和妻子開始守著安息日。在與基督復臨安息日會的信徒們接觸之前，他們守了6個月的安息日。

住在這位衛理公會主日學負責人附近的一個人，就是那位幾年前買了《在家研讀聖經》，卻將它擱置在書架上，不懂其中美妙真理的那位男士。當一位文字佈道士前來拜訪這家庭，女主人解釋他們已經擁有這本書，但她覺得住在附近的兒子、媳婦可能會有興趣購買這些書籍。她的兒子很快就訂了書，也訂了一些月刊。

他們父子共用一個信箱，當書籍送到、兒子也開始收到傳教月刊之後，父親就會先將月刊拿出來閱讀。這位父親對於所讀到的內容產生相當大的興趣，並決定把書架上的書拿出來。他開始閱讀、研究這本書，發現這本老書蘊含著比他所知還要偉大許多的祝福。

之後，衛理公會主日學負責人與妻子、多年前就已買書的鄰居夫婦、他們的兒子、媳婦都一起受洗了。多年前忠誠的文字佈道士賣出的兩本書籍、雜誌，其成果多麼豐富。

「但願本會有成千成萬更多的人能認識我們現今生活的時代，並明白在服務地區及挨家挨戶的工作上所應作的工。」（懷愛倫，《文字佈道指南》18頁）

12月/18日・故事352

屬靈炸藥

「伸出你的鐮刀來收割；因為收割的時候已經到了，地上的莊稼已經熟透了。」啟示錄14：15

許多上帝忠誠的孩子投身於為那些非我們信仰的人們提供我們的書籍。伴隨著書籍，他們真誠的祈禱絕不會毫無回應。以傳單、雜誌呈現的著作往往會傳到追尋的靈魂手中，他們為了獲得更多資訊而提供自己的聯絡方式。有時候，等待多年才會看到結果，但在沉寂中，依然確保那些書籍保有當初的力量。

1892年，威廉亨利帕莫手到感動，寫信索求書籍。他住在英屬圭亞那地區，穿越海洋來到這位謙遜男子家中的是幾本由加州太平洋出版社的《時兆月刊》。他也收到了巴特克里評論與通訊出版社的《青年人的導報》（The Youth’s Instructor）。有部分雜誌被拆開來閱讀，但大部分都維持著原樣。

1899年，帕莫夫婦生下了一個孩子，而到了1938年，他們的孩子也成為四個孩子的父親，某天他回到舊家探視。他在桌上發現一些包裝未拆的雜誌；那是當天下午，他母親整理家中累積多年、派不上用場的東西時，發現這些泛黃的雜誌而放在桌上的。

這位年輕人看著這些在他出生前七年就到達父母家中的雜誌，拆開其中一個包裝，閱讀後深受感動。他問家裡是否還有類似的雜誌，並開始尋找。從他們的寶藏中發現大量的書籍，包括《現代真理》（Present Truth）、《時兆月刊》、《青年人的導報》，以及凱洛格博士所編的《良好的健康》（Good Health）。愈讀興趣愈濃，最後這位年輕人找到前往教會和耶穌基督之路。

炸藥般的信息塵封46年，卻依然不失其威力。當有人發現它、閱讀它，它就已經準備好傳遞它的信息，如同它被寫下的那天般清楚、令人信服。上帝的神聖書頁具有力量！上帝需要你，去播下福音的種子。

「至於藉著推銷妥善預備的書報所能成就的工作上，我們似乎是睡著了。……但願每位稱呼主名的人發出見證說，萬物的結局近了；應當預備迎見你的上帝。（懷愛倫，《文字佈道指南》114頁）

與世隔絕的地方

「耶穌轉身暗暗的對門徒說：『看見你們所看見的，那眼睛就有福了。我告訴你們：從前有許多先知和君王要看你們所看的，卻沒有看見；要聽你們所聽的，卻沒有聽見。』」路加福音10：23、24

當耶穌來臨，上帝的播種者將獲得美妙的體驗，並與曾經拜訪過、將耶穌介紹給他們的人們相見；那些他們與其分享上帝的書籍、為其開啟上帝的話語、與其共同祈禱的人們。

在高大樹林覆蓋馬德雷山脈的偏遠地區，一個小鎮座落在菲律賓伊薩貝拉省聖非洛美那的平地上。它遠離文明，但這小鎮上住著耶穌曾為其而死的人們。

一位文字佈道士被派到這裡，帶著上帝的書籍拜訪這裡的人們，提供他們一個認識耶穌的機會。他到達之後，發現自己不是第一個來到這裡的文字佈道士——曾經有人來過，賣出幾本書，並喚醒人們對於靈修的興趣。

在文字佈道士尚未拿出書籍展示之前，有一位女士非常專注地聆聽他的介紹，因為她覺得似曾相識。當文字佈道士拿出「善惡之爭」，她很快就認出這本書。幾年前也有人賣給他們相同的書籍，大大地改變了他們的生活，並為他們解釋了許多重要的真理。

她離開一會兒，走到房間，帶著《善惡之爭》回來，說：「我們之前跟像你一樣的人買了這本書，一次又一次閱讀，相信其內容所說，所以我們現在守著第七天安息日，就像聖經教的一樣。」

文字佈道士心中充滿喜悅，他立即聯絡最接近的牧師，為他們安排進一步的聖經研讀課程。他們馬上接受了上帝話語中的所有真理，並接受洗禮。他們的孩子前往我們的學校接受佈道工作培訓，現在他是上帝教會中一位忠誠的牧師。

永遠不要低估神聖書頁的力量，它可以進入其他東西所不能進入的地方。它自有方式深入固執的心，並耐心地等候適當時機，在靈魂準備回應時，提供其中的信息。聖靈與充滿真理的書籍共同合作，為人們準備好與上帝相見。

「我們能藉著傳福音給世人，而催促我們主的復臨。」（懷愛倫，《歷代願望》643頁）

忠誠拯救靈魂

「要對亞基布說：『務要謹慎，盡你從主所受的職分。』」
歌羅西書4：17

今天的故事中，可以看到忠誠的重要性及其深遠的影響。忠誠地成就上帝交託你我的工作相當重要，因為有許多靈魂處在危急關頭。

文字佈道士亨利向一名農夫詢問下一座農場的主人，他回答：「不，孩子，沒有人住在那裡；除了一個單身漢之外沒人住在那裡，他不會對你的書產生興趣，而且他的小木屋距離這裡8公里，你去只不過是浪費時間。」

聽到這些勸告後，文字佈道士不確定自己是否想要步上漫長的砂石路，去拜訪一位孤獨的單身漢：他認為自己只有些微成功的機會。

他遲疑了一會兒，帶著疲憊的腳步踏上沙塵滾滾的路途。他不是答應了上帝要拜訪服務範圍內的每一戶人家嗎？當他走在廣大的成熟稻穀田之間的道路上，他祈禱在路的盡頭，上帝會讓他得到珍貴的收穫。

年輕的農夫看到陌生人越過收割過得殘株朝向他走來之後，停下工作中的收割機。他聽過簡短的推銷後，決定購買《善惡之爭》。亨利在回程上，祈禱上帝能夠保佑所播下的福音種子。

在冬天裡，除了等待氣候回暖，年輕的農夫無事可做，因把他新買的書《善惡之爭」》拿出來閱讀。他發現書本很有趣，並在春天來臨之前閱讀了許多次，他信服於真理，並將自己的心貢獻給上帝和真理。

下一個學期年度開始時，這位年輕農夫已身在安息日會學院之中。他在學校遇到一位基督教女孩，他們結婚，最後他將她帶等到佈道工作之中；他們共同努力了18年，為主拯救許多靈魂。

在永恆之中，我們會知道在上帝的國度裡有多少歡喜的靈魂，因為文字佈道士永不停息地在服務範圍內每個角落辛勤工作著。忠誠的確需要付出，若亨利不去傾聽聖靈的引導，不去拜訪遙遠農場中的孤獨單身漢，試想將有多少靈魂受到影響——不只是他的家鄉，還包含了海外的佈道工作。

「上帝圈中的羊四散遍地，那應該為他們作的工已被人疏忽了。照著上帝所賜給我的光看來，我知道那現在只有一位文字佈道士的地方，應該有一百位才是。（懷愛倫，《文字佈道指南》18－19頁）

帝汶島的奇異恩典

「凡被請赴羔羊之婚筵的有福了！」啟示錄19：9

里歐宏根多普是第一個前往帝汶島，邀請人們參加「羔羊之婚宴」的學生文字佈道士。起初，他覺得要進入人們家中很不容易，因為他們主要都是天主教，非常抗拒他在社區裡販賣基督教書籍。但是這個學生自有計畫。

他拿出小提琴，在黃昏時分為大家演奏福音詩歌。不久，聚集了一群人，他繼續演奏，直到夜晚。人們開始提供他食物，還有人遞給他一隻羊。演奏數曲後，他開始對大家講述聖經，並介紹自己的雜誌、書籍。在多個夜晚，他一邊演奏，一邊賣書；人們愈來愈友善，並開始邀請他到家裡拜訪。

幾年後，另一位學生文字佈道士前往帝汶島，他成功地將更多書籍賣出，並與更多的人接觸。

在第一個學生文字佈道士進入後的17年，一位全職文字佈道士前往這座島嶼，就在此時，情況開始好轉。新的福音種子，加上前兩次播下的種子，全都開始萌發新生命；到處都有人要求查經。這位全職文字佈道士沒辦法同時兼顧文字佈道工作，和為大量感興趣的民眾服務，於是他向福音辦公室尋求支援。

福音辦公室的經理親自到帝汶島，看到了這項事實；他立即安排全職的牧師進駐帝汶島為大家服務。在一群新信眾受洗之後，某個宗教會團體的負責人來找牧師，想知道為什麼有那麼多人加入基督復臨安息日會；他問道：「你們付錢要他們加入嗎？」牧師回答：「不，實際上，當人們成為復臨教會的信徒後，他們要奉獻什一給上帝，並守安息日、做禮拜；他們還必須禁菸、禁酒、不吃豬肉和嚼檳榔。」

這些規定讓這位官員嚇一跳，他就是無法相信。他拜訪之前的牧師和受洗的人們，要求他們探視每名新的信眾，並確定他們的忠誠。而每一個結果都真實可信，他們發現有許多人正等著受洗。

由文字佈道士賣出的書籍在帝汶島上帶來豐收——而且這還不是最後的結局，每天、每個月，都有更多的人要求受洗。為帝汶島上的事工而祈禱，那裡還有許多不認識耶穌的靈魂。

12月/22日・故事356

法國的神蹟

「主耶和華說：日子將到，我必命饑荒降在地上。人飢餓非因無餅，乾渴非因無水，乃因不聽耶和華的話。」阿摩司書8：11

有些人說是靈感，有些說是聖靈在對你說話，甚至還有些人說，那都是你的幻想；但文字佈道士相信那是上帝透過聖靈在對他們說話，並常常告訴他們去哪裡尋找有需求的人們。在美國、日本、韓國、菲律賓、非洲到處都在發生！

文字佈道士吉列斯都朗正沿著法國波爾多與聖地斯之間的公路駕駛，他感到像是有人要他左轉，因此他跟著感覺走，轉了個彎發現自己來到莫札羅勒斯村。當他進入村內，立即感到相同的力量，這次他被領到一戶人家前敲門。一位女士來應門，他解釋著自己來訪的目的，那位女士聽了之後，熱心地請他進來。他很快就發現她對於靈修存有許多疑問，他們聊了很久，在用餐時間，仍一邊用餐一邊繼續交談著。

文字佈道士發現她是一位當地教會的會友，而且她有一個願望，就是在村內組織一個聖經研讀的小團體，但她不知道如何開始。她向吉列斯都朗買了一些書籍，並在之後的會面中繼續購買，吉列斯認為該是把她介紹給當地牧師繼續後續發展的時候了。

那位女士在向牧師學習後，在自家中開始一個查經小組，成員包含她的女兒、兩個孫子、兩個孫女，以及一些村裡的人。她想要在家中組織查經班的夢想已經實現，而她自己則是這個團體的聯絡人。在復臨教會牧師的指導下，這個團體定期聚會，我們確定一定會有靈魂被拯救至永恆。

當有聲音微弱地對你說「去拜訪某戶人家或某個人吧」，千萬不要不理睬；或是你聽到相同的聲音，呼召你善用天賦與時間為上帝投身文字佈道工作，千萬不要猶豫！去與別人分享救贖的喜悅，如此，你自身的靈魂也將更豐富。毫不遲疑地回應說：「上帝，我在這裡，請差遣我吧！」

「文字佈道士所負的責任是非常重大。……若果全心信靠主，上帝的天使就必在他周圍，賜他當說的話，使許多人生出光明，希望，及勇氣來。」（懷愛倫，《文字佈道指南》87頁）

波蘭的莉蒂亞

「主所應許的尚未成就，有人以為他是耽延，其實不是耽延，乃是寬容你們。」彼得後書3：9

莉蒂亞是波蘭的文字佈道士，她認為在公寓中販賣書籍有些好處，因為它讓你在雨天不淋濕；但有時，集合式住宅卻會磨練文字佈道士的耐心

某天，她在一處公寓住宅區工作，一直不是很順利。她推著一輛小台車，載著約10公斤的書籍，花了4小時一戶一戶地敲門，卻沒有人表現出任何興趣。她內心有個聲音要她回家，但另一個聲音則要她繼續，因為上帝可能在某處為她預藏了一個驚喜。那聲音說：「說不定上帝是在教妳要有耐心，或是祂已為妳準備了一樣禮物，只是妳還不知道而已。妳該待在這裡，如妳承諾的工作到晚上9點。」莉蒂亞走到走廊的角落，與上帝說話：「是的主，我會遵守承諾待到9點，但是，主啊，祢是否記得，當祢說：『誰願意前往？』時，我毫不猶豫地說：『我願意。』而祢的承諾說：『我永遠與你同在，也不丟棄你。』上帝，我現在真的需要祢。讓我們這麼做吧，我在這裡等個五分鐘，祢先為我拜訪這樓層的住戶。請祢這麼做，我保證會繼續工作。謝謝你，上帝，我知道這樣會好一些。」

莉蒂亞等了5分鐘，就走到第一扇門前敲門；一位男士前來開門，並邀她進入。他相當友善、滔滔不絕，當莉蒂亞讓他看看書時，他拿起電話，打給工學院，為她預約了一個時間去賣書。莉蒂亞為此感到很高興。

當她離開那位男士的家時，已是晚上8點半，並決定再拜訪一戶人家。她敲了下一戶的門，來開門的女士看到她顯得相當興奮，並在看到書籍時便愛上了所有的書。短短15分鐘之內，莉蒂亞就把所有的書賣給了這位女士，她要把它們當作送給家人的禮物。

然後，莉蒂亞奔跑著去趕公車。她的推車已空，心中滿滿的都是對全能、親愛的上帝的感謝；她感謝上帝帶領她到另一個歡喜接受充滿真理書籍的人家。那結果呢？我們必須留給聖靈去決定——那是祂負責的部分。文字佈道士的工作就是將種子播下，並等著收穫。此收穫勢在必得！

「基督曾應許，我們若跟祂一同負軛就必得平安、慰藉，與盼望，我們也要憑經驗曉得祂的話都是真實的。」（懷愛倫，《舉目向上看》293頁）

12月/24日・故事358

愛的真諦

「你們多結果子，我父就因此得榮耀，你們也就是我的門徒了。」
約翰福音15：8

在婆羅洲的東北，住著一對年輕的夫婦，他們有三個男孩、一個女孩。父親在木材公司工作，到森林中伐木。由於他的工作性質，他沒有很多時間可以和家人相處。母親則是盡責處理家務，就像一般細心周到的母親。

一位復臨教會的會友覺得他們家需要接受福音，因此他開始與女主人研讀聖經，當她的先生回家時，他們也會一起研讀，但這只是很偶然的情形，加上男主人伐木工人的身分，他實在沒有什麼時間研讀聖經，但那位女主人卻相當虔誠地學習，後來成為一位獻身復臨教會的信徒，對於靈魂有深深的愛。

幾年後，那位先生與來自另一個國家的女子發生外遇，他也前往了那個國家；而這位年輕媽媽開始設法獨立扶養四個小孩，並教導他們去愛上帝。

過了5年，那位先生去世，留下外國女子和兩個小孩，一男一女。想到自己的丈夫還有兩個孩子待在另一個國家的某處，那位女士想著：「我不能讓丈夫的孩子在不知道上帝和祂的話語的情況下成長，我一定要找到他們，他們必須認識上帝。」那位小女孩當時約四歲，小男孩則更小一些。

她到了另一個國家，長期尋找，終於找到那兩個孩子。他們在沒有上帝、沒有祂的愛的環境下成長。她試著呼喚他們，他們也回應了——尤其是小女孩，並願意跟隨他們父親的元配。

這位虔誠的妻子帶著先生的私生子回到家鄉扶養，教導他們去愛上帝，把祂當成在天上的父。那小女孩——現在是年輕女孩，已成為快樂的復臨教會信徒，為上帝服事。而她那位具有大愛的大媽也是為主拯救靈魂的文字佈道士。這個特殊的經驗教導我們愛的真諦。

一旦上帝將對靈魂的愛置於你心中，你就會前往任何一個地方為祂拯救靈魂。這位母親並不需要為她先生的私生子付出那麼多，但是她這麼做了，這就是所謂的愛——極致的愛。

《聖經故事》再度救靈

「有人問你們心中盼望的緣由，就要常作準備，以溫柔、敬畏的心回答各人。」彼得前書3：15

學生文字佈道士拯救著靈魂。每個假期有上千位學生到各家庭、公司拜訪，為他們介紹上帝的書籍。這些年輕人總是為追尋真理的靈魂獻身守望。

卡羅費福考特就是這樣的學生文字佈道士。進入學院之後，他就決定暑假時要到印第安那州的法蘭克福賣書。他來到一戶人家，除了小孩之外沒有其他人。他和小孩談話，並讓他看看《聖經故事》。這個孩子對我們的弟兄說，他的母親將在1小時左右回到家，而他對《聖經故事》相當有興趣。

卡羅繼續拜訪其他家庭，介紹自己珍貴的書籍，然後他又回到那戶人家，發現那位母親對於自己是誰，以及所展示的書籍抱持著相當懷疑的態度。起初，她相當有偏見，但還是讓他介紹那套美麗的《聖經故事》，最後，她訂了書。

他們的對話不知不覺地談起是否可以吃豬肉的議題，結果發展成完整的聖經研讀課程；卡羅讓這位女士知道，聖經中上帝為潔淨、不潔淨的動物做了明顯的區分。

這位學生文字佈道士繼續拜訪其他家庭，並為自己遇到許多有趣的人們而感到興奮；他就把這件事忘了。

幾個月後，卡羅回到學校；某個安息日，他前往拜訪法蘭克福教會。禮拜結束，一位女士朝他走來，並問卡羅是否記得她，他說不記得了，那位女士便提醒卡羅，他曾經帶著《聖經故事》去拜訪她，他們也討論過吃豬肉是否適當。至此，卡羅想起來了，並喜悅地發現那位女士已成為復臨教會的信徒。

當晚，學生文字佈道士帶著無限喜悅踏上歸途，他為上帝利用它，幫助某人在耶穌中體驗救贖的喜悅而感到高興。他的心中充滿感激，再也沒有比將靈魂介紹給耶穌還要更偉大的喜悅了。

「不可叫人小看你年輕。總要在言語、行為、愛心、信心、清潔上，都作信徒的榜樣。」（提摩太前書4：12）

12月/26日．故事360

相信良善的敵意

「他被罵不還口，受害不說威嚇的話，只將自己交託那按公義審判人的主。」彼得前書2：23

文字佈道士諾耶米康敏斯和我們分享以下的故事：

最近，我拜訪一位女士，並向她介紹家庭生活系列給她。原本都很順利，但是當我讓她看看家庭用聖經時，她忽然間變得急躁、憤怒，並說：「你相信那種廢物？你一定是基督徒，盲目相信這本書卻不了解事實的笨蛋。」此時，我在心中虔誠祈禱，能夠以適當的態度展示書籍，並說出適當的話。我記得耶穌教過我們，不以爭論來拯救靈魂的例子。因此我說：「妮可，妳一定有什麼理由，才會這樣斷定這本珍貴的書籍。」

「的確，」她說，「我是個靈學家；我相信許多的神，而實際上，祂們不是男神，而是女神。」我問她：「妳曾經讀過聖經嗎？」她答道：「不，那只是浪費時間，你知道，基督徒也不比其他人好，他們比較仁慈是因為那本書限制了他們。」

「妮可，我無法代表所有的基督徒發言，但是我可以說自己的例子。自從我開始虔誠閱讀聖經之後，我的生活真的改變了。我歡喜於上帝愛我，因為我已從耶穌基督那裡收下上帝救贖的禮物，並得到永遠與祂一起的保證。事實上，若不是因為上帝，我也不會在這裡跟妳說話。祂讓我產生和別人分享祂的愛的渴望，因此妳也可以藉由認識祂而找到這份喜樂與平安。」她說：「嗯，但不管如何，我沒有錢，我不會向你買任何東西的。」

我準備要離開，並感激她撥冗以及她的誠實。但因她有4個小孩，我覺得應該讓她看看《給孩子的優良故事》（Great Stories for Kid）系列。她對這些書籍感到興趣並要我再度坐下來，然後她說了一些神奇的話：「當你說話時，我的腦中聽到兩種聲音，一個要我不要理你，另一個告訴我不要讓你走。事實上，我的書架上有一本聖經，我已經厭倦好幾次想要把它處理掉，卻發現自己做不到。如果你有一些好書可以幫助我的孩子變得更好，並讓他們對抗單親家庭所面臨的難題，我會買那些書。不成為基督徒是我的決定，但我的小孩必須自己選擇。」她為她的小孩訂購價值800美金的基督教書籍。上帝運轉成功之鑰、接觸黑暗世界的靈魂的工作，永不受限。

順從天上來的異象 ◎比爾・貝克伍茲

若不傳福音，我便有禍了。」哥林多前書9：16

保羅說：「若不傳福音，我便有禍了。」（林前9：16）又說：「我故此沒有違背那從天上來的異象。」（徒26：19）保羅為上帝所召去進行一項特殊任務，他看到人們重大的需求且上帝讓他知道該如何幫忙填補這項需求。

柯尼在南非約翰尼斯堡外的金礦區工作多年，在一次慘重的礦災中，失去他的腿，並忍受因義肢不合而跛行。即便從此步行成為痛苦的挑戰，他仍願意成為一位文字佈道士，以步行或搭乘交通工具發送充滿真理的書籍。

失去雙腳的柯尼無法繼續在礦區工作，他前往約翰尼斯堡的郊區索維托工作。在那裡他找到了上帝，並接受三天使帶來的信息。他背負著靈魂的重擔，並來到出版經理里法茲牧師面前，不久，柯尼就帶著一袋書籍，回到以前工作的礦區。身為一位文字佈道士，他已和過去多次通過這警備大門、莽撞的礦工身分有所不同。礦區的警衛粗獷魯莽，沒有受過什麼教育。柯尼想和他們分享自己在耶穌那裡找到的自由，但他們阻撓他散播書籍並推擠他，還以此為樂。他們停止嘲弄他之前，開始無情地使用暴力。柯尼的頭部被套住，即使睜開眼也看不清楚。

柯尼奇蹟似地回到索維托的里法茲牧師家中。里法茲牧師打電話給我，說明了一切經過。我跪下來祈求上帝幫助這名真誠的基督徒，不要失去信仰或感到沮喪。我害怕像他這樣新加入的基督徒會認為上帝遺棄他。然而，柯尼痊癒後，他拿了另一些書籍，回到之前被攻擊的礦區！他視服務為天上來的異象。他賣書一年後，獲得5位受洗者，並在之後的每一年都有更多人受洗。柯尼比我們更有理由不去從事上帝的事工，但他聽到上帝的呼召，也回應祂；他確實「沒有違背那從天上來的異象。」事實上，上帝呼召的定義是：一、發現需求；二、明白藉著上帝的恩典，你可以滿足需要。

對於文字佈道士的呼召，上帝指定的僕人懷愛倫清楚地說：「文字佈道士應該感覺到，盡速向世人介紹與其靈性教育及覺悟所必要的書籍，這種工作乃是非常重要之舉。這正是主要祂的子民在現今要做的工作。」（懷愛倫，《文字佈道指南》5頁）

12月/28日・故事362

今日的文字佈道工作

「你去告訴這百姓……」以賽亞書6：9

文字佈道工作有效地興建教會並穩定信眾；透過書籍，教會在早期找到自己在世界的定位。若失去了對世界的影響力，福音將不得其門而入。

在上帝賜福下，今日的文字佈道事工也是如此。在偏遠、窮苦地區，它運作著；在發展中國家，它運作著；在較富裕的地區，它也運作著。書籍一直是上帝最有效率的媒介之一。

復臨教會每年出版大量的書籍，每年銷售額超過一億美金。即使現在電腦與高科技視聽教材如此發達，書籍仍是傳播福音工具中最經濟有廣效的。

神聖的書頁常為至少一個世代作見證，它成為家庭中永存的部分，被傳遞給孩子，以及孩子的後代；它總是不變地傳揚希望、救贖的美麗信息，透過其中溫馨的信息，一本書往往是10多個生命改變的催化劑。

今天，教會裡有超過22,000個文字佈道士貢獻自己，透過神聖的書頁傳播永恆的福音，這是多麼偉大的整體力量。每天，他們拜訪成千上萬需要福音的靈魂，因此文字佈道士們是教會中最可貴的福音工作者之一，因為他們可以接近許多其他方式到達不了的靈魂。結果如何？是的，我們要為爭取到的靈魂感謝上帝。每年有超過4萬個靈魂，因為閱讀購自文字佈道士的書籍而受洗。這代表什麼？代表著若以每100人為單位，就有超過400個教會。書籍是多麼地強力有效，它唯一受限的部分在於缺少樂意奉獻的手腳、心靈與聲音。難怪懷愛倫認為，我們應該要有100位文字佈道士時，我們只得1位。

在許多國家，我們迫切需要更多願意奉獻的文字佈道士，我們需要對靈魂有愛、願意去「先求祂的國、祂的義」的所有人們。賜福如此盛大，信息的傳達相當迫切，而書籍就在手邊。我們極需更多樂意的手、腳，將書籍帶到上帝希望它們成就的地方。讓我們為熱誠的靈魂而虔誠祈禱吧！

「上帝指明兜售工作乃是向人呈現我們書中亮光的一種方法，而文字佈道士應該明白要將這些在靈性教育和啟迪上有用的書，盡速地傳送給這世界。這正是上帝要祂的子民此刻去做的事工。」（懷愛倫，《教會證言》卷六，原文313頁）

我馨香的香水事業

「感謝上帝，常帥領我們在基督裡誇勝，並藉著我們在各處顯揚那因認識基督而有的香氣。因為我們……有基督馨香之氣。」
哥林多後書2：14、15

多年來身為文字佈道士與出版主任的亞斯托福送來這篇故事：

我母親宣布：「拉德佛列塔斯先生要來拜訪我們！他是一位賣書人；要到我們家住幾天。」我非常興奮，身為一個小孩，我喜歡家中有人作伴！

30年代初期，我們住在荷屬安地列斯島。我第一個想到的問題是：「他會説哪一國的語言？荷蘭文？帕皮亞門托語？英文？」母親説，都不是；他説西班牙文。我更加興奮，因為這位訪客不懂我們任何一種語言。

佛列塔斯先生來訪的日子到了，我馬上被他吸引，因為他眨眼時多麼友善。我也記得他花了許多時間和我溝通。他所做的第一件事情就是拿出一個小罐子讓我聞聞。那是一種令人愉悦的香氣，或許是我聞過最甜美的氣味。他發現我很喜歡，他又讓我聞了一次。喔！多麼美妙的香水！然後他指著我説：「你，賣書者！」我當場下定決心，那就是我要做的，不管它代表什麼。

佛列塔斯先生讓我看看他的公事包與書籍，像默劇演員一樣，他甚至讓我看看他如何利用它們工作。我看得出來他相當有一套。我也想要有自己的公事包。他離開後，我請求父母，是否能夠擁有自己的公事包與書籍。他們答應了，讓我興高采烈！我立即前往每天一起遊玩、爭吵的同伴的家庭。這些書都是荷蘭文，當我展示書籍時，發現大家都願意購買。有時候，我甚至必須把資金帶回家，讓母親為我換零錢。我喜歡這項工作！我把它認為是我的「馨香香水事業」。

上了小學，我有榮幸可以兼職從事這份工作；到了中學，我申請獎學金，每年賺取自己的學費。我認真地工作，並驚異於這份工作總是歡迎我。即使在高中時期，這份「馨香香水事業」依然為我賺取學費，我也從顧客的眼中和自己的心中找到上帝更遠大的目的。

我敏鋭地意識到上帝正在替我預備為祂服務，但那是什麼樣的服務？毋庸置疑！我只有一個目標，那是在我小時候，甜美的香氣依然留在我的鼻腔，佛列塔斯弟兄用他唯一明白的英文説：「你，賣書者！」我為他對我的影響而感謝上帝。

12月/30日・故事364

特別的組合（第一部分）

「凡為我名接待一個像這小孩子的，就是接待我。」馬可福音9：37

莉塔波娜女士在六歲時就受洗為安息日會的會友，雖然她的生活經驗讓她漸漸遠離教會，但她依然沒有忘記曾經的感動。

幾年後她結了婚也成為兩個孩子的母親，她的回憶和內在情感將她拉回從前，她重回教會了。然而，悲劇像可怕的洪水般出現——奪走她大女兒的生命。莉塔曾經非常震驚，為自己失去的而埋怨上帝。然後，經過清楚的省察後，她再度抓住信仰，真誠地尋求上帝守護她的生命，不久，她就要得到回應。

夢中，莉塔看到自己為上帝的任務奔走。她確定地明白，這個夢是上帝要她成為文字佈道士的暗示。現在，已是一位45歲、帶著三歲小女孩的母親，莉塔要求加入文字佈道工作。莉塔虔誠地祈禱著，希望獲得勇氣去面對大眾，這對她而言有些困難。她想：「帶著我的小女兒多娜一起工作的話，不知道會發生什麼事？」但從此刻開始，莉塔的故事截然不同。

三歲的多娜很高興可以陪伴著母親，她很快就愛上這項工作，小孩子總是活力充沛，而母親也因此精神奕奕。小多娜不明白賣書的任務。不久莉塔常常會拜訪公司，向經營者推銷書籍，而小多娜就會待在大廳或是店裡散發傳單。她喜歡人群，大家也很快就愛上她。

時光流逝，她對於和母親同行一點也不厭煩，相反地依然熱心，甚至會當母親感到疲倦時，鼓勵母親繼續前往下一個目標。

某天，她們在一棟公共建築內，檢察官辦公室的門外。莉塔耐心等候與顧客預約的會面，而小多娜則非常忙碌地將傳單發給每一個她看到的人。她快速跑到母親身邊，拿了一本《最好的愛》（Best Love），對一位辦公室人員展示。當莉塔發現女兒正在向員工推銷書籍，她來到女兒的身邊，發現多娜已達成交易，那位員工準備用現金購書！母親與她的小女兒一同讚揚上帝的慈善。這真是文字佈道工作中的一個特別組合！

「那在天國裡算是最大的人，必先要變成像小孩子一樣的可以受教。」（懷愛倫，《今日偕主行》222頁）

特別的組合（第二部分）

「讓小孩子到我這裡來，不要禁止他們。因為在上帝國的，正是這樣的人。」馬可福音10：14

今天繼續昨天未完的故事，它述說上帝以美妙的方式，運用一位小女孩和她的母親幫助其他人找到耶穌。

某天，莉塔和小女孩多娜來到一家電話公司，莉塔要打長途電話給一位朋友。當莉塔在講電話時，發現多娜正在為負責人員介紹《聖經故事》第一冊。那位女士拒絕地說：「我已經有這本書了。」多娜就回到母親身邊，從袋子中拿了兩本健康書籍，再回到那位女士身邊繼續說明這些宣導健康書籍的好處。結果呢，交易馬上成功，而她的母親還在講電話呢！

莉塔和女兒現在要拜訪市立醫院的一位顧客。當莉塔對顧客展示書籍時，她無意中聽到多娜活潑的聲音就在附近，解釋著挪亞的故事：「罪人們都溺死了，因為他們不相信。」多娜誠摯地為那些著迷的聽眾述說故事。幾分鐘過後，莉塔完成了一項交易，而多娜正醞釀著一筆《聖經故事》全套的交易，並收到了頭期書款。這小女孩，可能是最年輕的文字佈道士？或者只是幸運？亦或天才？讓人清楚感覺到的是，她是個全身充滿上帝聖靈的小女孩，是一個特殊的混合體，不但擁有靈性的洞察力，還有超乎年齡的責任感，在她的年齡，原本應只有單純、孩子般的信仰。現在在她上幼稚園的年紀，她繼續和母親一起賣書，也繼續為她所深愛的父親見證，希望父親能在耶穌之中找到救贖，就像她想要繼續為別人所做的一樣。

多娜常常在訓練會期的文字佈道研討會中出席。她和文字佈道士們相處非常自在，而她的經驗、見證、歌聲，以及帶領詩班的能力深受大家喜愛。對於母子檔現在的情況只有一些註解，或許某天，會有一本書提到許多這樣的經驗。此時，莉塔虔誠地見證，因為她不知如何表達她廣大的感激之意，為這一個來自上帝的禮物、珍貴的小女孩，可供聖靈自由來去。

上帝需要更多每個年齡層的工作者。祂所要求的只是我們的意願，樂意讓聖靈領導我們去尋找那些渴望聖靈已久的人。透過莉塔、多娜而動工的聖靈，也同樣準備好要透過你來展現恩典的神蹟。

你是一位文字佈道士嗎？如果不是，說不定上帝今天正在呼召你。

真理總結——神聖書頁的價值

神聖書頁永不退卻，永不膽怯，永不和解，無畏不屈！

它永不疲累、永不氣餒，也永不發火。它的行動經濟有效率，不需要租借會場來傳播福音。

無論我們工作或是休息，它都持續工作，甚至在我們過世之後。

神聖書頁進入家庭、留宿的訪客；它訴諸心靈，以最有效率的方式讓人接受——因為它透過安靜的閱讀對我們說話。

它堅持所說，從不撤回聲明，被挑釁時絕不回應；它不與人爭論。

它是恆存於心的食物；有需求時隨時供應。它總是適時、適所。

散播它的人們堅信它的效果。毋庸置疑，他們把它帶到天使害怕踐踏的地方，即使要賠上性命。

發散神聖書頁的光榮佈道工作是至高的呼召——是來自上帝的禮物。

不只是份工作，還是一種邀請、一種生活方式，厭惡去交換這世界所提供的任何東西的一種體驗。

挑戰、刺激、興奮，它以任何形式回饋。

切記！在你全心全意加入全球同行的文字佈道士行列時，來自天堂的力量將加倍強力支持你，而生靈的敵人也就對你宣戰。就在那天，當你的手堅定握住上帝的手，你生命中最美好的部分就要開始。

ABRIDGED VERSION O

「懷愛倫精選集」
全套十冊 將陸續出版

懷愛倫師母生長於19世紀中葉的美國，
她對於上帝的忠心以及上帝藉著她帶給這世界的亮光，
在這一百多年來，讓千千萬萬人受惠。
她也藉著可以超越時空的文字事工，嘉惠多人。
有鑑於現代人喜歡短小精簡的文字，
特別為了初信者和慕道友在真理上的需求，
華安聯合會委託時兆出版社，
製作「懷氏著作精選集」系列叢書，
將原書濃縮調整成百餘頁，
並為了和「完整版」有所區別，及能行銷至大眾通路，
幾經討論決定使用新書名，並重新設計封面，
讓更多人有機會領略懷師母著作中的智慧，
甚至是吸引讀者找來「完整版」閱讀，
進而接受來自上帝豐盛的恩典與慈愛。

LLEN WHITE'S BOOKS

● 2008 年11月最新出版

永恆的盼望（精選自《歷代願望》）

耶穌，創造天地之上帝的獨生子，祂願意付上一切代價，換回你我的生命。即使必須放棄天家的榮耀和神性的威權，承受人類的罪孽疾苦，祂也在所不惜。
本書敘述的即是上帝如何主動尋找失喪的人。藉著耶穌基督在馬槽的誕生、人世間的生活、十字架的犧牲和得勝的復活，使我們擁有永生的盼望。

善惡的對決（精選自《善惡之爭》）

撒但為了破壞上帝的計畫，破壞人和上帝的和諧關係，所以竭盡所能地誘使人類墮落。但上帝愛我們，祂渴想幫助我們，讓我們不受撒但的誘惑。從新約聖經啟示錄時代，到馬丁路德的宗教改革、宗教戰爭，及至現代的宗教衝突，都一一提及人心「善」與「惡」之間的爭戰。作者著述此書，顧名思義要將基督和撒但之間的爭戰過程，從發動、演變及最後結局，作委婉詳盡的陳述，給世人警惕與勸誡。

埋藏的財寶（精選自《天路》）

作者對於耶穌基督在世講道時所引用之比喻加以闡述。耶穌在講解天國道理的時候，常常引用自然界的事物，或是常人在生活中的經驗，以深入淺出的方法教訓人。一方面叫博學之士恍然大悟，另一方面，也讓目不識丁的農夫漁夫能夠領會救恩的奧祕。

售價請詳見時兆網站公布／ http://www.stpa.org

國家圖書館出版品預行編目資料

恩典的神蹟／亞伯拉罕・歐伯霍特（Abraham J. Oberholster）編；中華翻譯社譯. ——初版.
——臺北市：時兆, 2009.1
面；　　公分.——（勵志叢書；5）
譯者：Miracles of Grace
ISBN 978－986－83138－8－0（精裝）
1.基督徒 2.靈修
244.93　　　　97017256

編　　者 亞伯拉罕・歐伯霍特（Abraham J. Oberholster）
譯　　者 中華翻譯社

董 事 長 胡子輝
發 行 人 周英弼
出 版 者 財團法人基督復臨安息日會台灣區會時兆出版社
服務專線 886-2-27726420
傳　　真 886-2-27401448
地　　址 台北市10556八德路二段410巷5弄1號2樓
網　　址 http://www.stpa.org/
電子信箱 stpa@ms22.hinet.net

責任編輯 陳美如
封面設計 時兆設計中心　林俊良
美術編輯 時兆設計中心　邵信成、林俊良、李宛青

法律顧問 統領法律事務所
電　　話 886-2-23212161

台灣總經銷 東芝文化事業有限公司
電　　話 886-2-82421523
地　　址 台北縣235中和市中山路二段315巷2號4樓

I S B N 978-986-83138-8-0
定　　價 新台幣420元
出版日期 2009年1月　初版1刷

若有缺頁、破損、裝訂錯誤，請寄回本社更換。
版權所有，未經許可，禁止翻印或轉載。
Printed in Taiwan

請於此處用膠水黏貼

時兆讀友回函

謝謝您購買時兆的出版品，希望您看了很滿意。也請費心填寫此回函卡，讓我們可依此提升服務品質，我們並將不定期寄上最新出版訊息，以饗讀者。

您購買的書名：____________________

姓名：__________ 性別：□男 □女

生日：______年______月______日

地址：□□□____________________

聯絡電話：__________ 傳真：__________

若您願意收到時兆不定期的新書資訊或優惠活動，請留下您的E－mail：

____

學歷：□高中及高中以下 □專科及大學 □研究所以上

職業：□學生 □軍公教 □服務 □金融 □製造 □資訊 □傳播
□自由業 □農漁牧 □家管 □退休 □其他

您覺得本書價格：□偏低 □合理 □偏高

您對本書的整體評價：（請填代號1.非常滿意2.滿意3.普通4.不滿意5.非常不滿意）

書名____ 內容____ 封面設計____ 版面編排____紙張質感______

您從何處得知本書消息？

□教會 □文字佈道士 □書店（店名：　　　　）□親友推薦
□網站（站名：　　　　　）□雜誌（名稱：　　　　）
□報紙 □廣播 □電視 □其他：

您通常透過何種方式購書？

□教會 □文字佈道士 □逛書店 □網站訂購 □郵局劃撥
□電話訂購 □傳真訂購 □團體訂購 □其他：

您喜歡閱讀哪些類別的書籍？

□宗教：□靈修生活 □見證傳記 □讀經研經 □慕道初信 □神學教義
□醫學保健 □心靈勵志 □文學 □歷史傳記 □社會人文
□自然科學 □休閒旅遊 □科幻冒險 □理財投資 □行銷企劃
□其他：

對我們的建議：

____

____

____

請於此處用膠水黏貼

105-56

台北市松山區八德路二段410巷5弄1號2樓

財團法人基督復臨安息日會台灣區會

時兆出版社 收

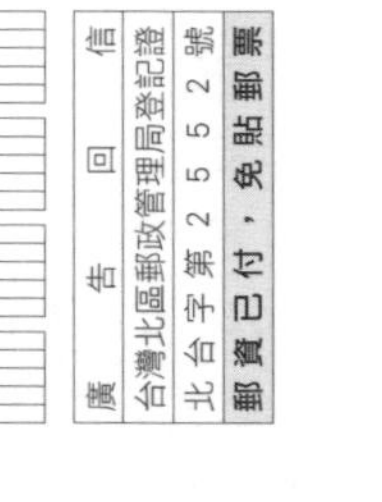

請沿虛線對摺，謝謝！